GRAMMAIRE
DE
L'ANGLAIS
D'AUJOURD'HUI

par
A.J. THOMSON et A.V. MARTINET

Traduction et adaptation de
G. HARDIN, agrégé de l'Université

OXFORD UNIVERSITY PRESS

Titre original :

PRACTICAL ENGLISH GRAMMAR

© Oxford University Press 1960, 1969, 1980 pour le texte original. Tous droits réservés.
© Presses Pocket et Oxford University Press, 1984, pour la version française.

ISBN 2-266-01310-6

PRÉSENTATION

Avec la *Grammaire de l'anglais d'aujourd'hui,* la collection « Les Langues pour tous » s'enrichit d'un ouvrage mondialement célèbre sous son titre anglais : *Practical English Grammar* de A.J. Thomson et A.V. Martinet.

La version traduite et adaptée en français que nous présentons, conforme au texte d'origine, est le fruit d'une étroite collaboration entre les auteurs et l'éditeur Oxford University Press — que nous remercions ici de leur aide et de leur confiance — et les éditions Presses Pocket.

La *Grammaire de l'anglais d'aujourd'hui* s'adresse à un public non spécialisé en linguistique — élèves des lycées et collèges, étudiants, stagiaires de la formation continue, etc. —, auquel elle offre un panorama de l'anglais usuel d'aujourd'hui et de la langue de communication courante qu'il est devenu.

Bien que les auteurs ne se soient pas donné pour tâche dans cet ouvrage de résoudre les questions théoriques que se posent légitimement les linguistes, ces derniers, ainsi que tous les professionnels de l'enseignement, y trouveront de nombreuses réponses aux problèmes spécifiques quotidiens des auditoires francophones face à l'anglais.

Fondée sur la description des règles principales illustrées par de nombreux exemples, tous traduits, rédigée dans une langue accessible à tous, la *Grammaire de l'anglais d'aujourd'hui* permet de progresser, chacun selon ses besoins et son niveau, dans la maîtrise de la langue anglaise. A l'aide de courts dialogues, le système verbal et l'emploi des temps ont été traités avec une grande abondance d'explications claires et précises.

Rappelons qu'il ne s'agit pas d'un cours comportant une progression et qu'en conséquence les difficultés apparaissent en ordre aléatoire. Certaines d'entre elles sont indiquées par un « encadré » (ex. : 276, E). Les débutants pourront en omettre l'étude et la reporter à une deuxième lecture.

Une table des matières en début d'ouvrage et un index à la fin permettront à chacun de consulter rapidement le chapitre ou le point particulier convenant à ses besoins.

La traduction et l'adaptation de *Practical English Grammar* ont été confiées à Gérard Hardin, professeur agrégé d'anglais, enseignant en classe préparatoire aux grandes écoles, Président d'honneur de l'A.P.L.V. (Association des professeurs de langues vivantes).

Nous sommes persuadés que, grâce au talent et à l'expérience pédagogique de G. Hardin, l'ouvrage de A.J. Thomson et A.V. Martinet deviendra pour le public francophone un guide irremplaçable.

Les Directeurs de la collection
« Les langues pour tous ».

TABLE

Pronoms réfléchis et emphatiques : **myself,** etc.

238

will/would exprimant l'invitation, la demande, l'ordre
will exprimant l'habitude, l'obstination, l'hypothèse
would like/care, would rather/sooner
wish that + sujet + would
shall I/we ? exprimant une demande d'instruction ou de conseil
shall avec la deuxième et la troisième personne
should exprimant l'obligation
that...should après certains verbes

XXII. L'INFINITIF 239-256

Verbes suivis de l'infinitif.
Verbes suivis de how, when, where + infinitif.
Verbes suivis de complément + infinitif.
Verbes suivis de l'infinitif sans to.
L'infinitif avec les verbes exprimant les notions de connaître, penser, croire, etc.
L'infinitif après only, the first, the second, the last, etc.
l'infinitif après les noms et adjectifs.
L'infinitif après too + adjectif/adverbe.
L'infinitif après adjectif/adverbe + enough.
L'infinitif en fonction de sujet.
L'infinitif passé.
L'infinitif continu.

XXIII. LE GÉRONDIF 257-266

Le gérondif en fonction de sujet.
Le gérondif après les prépositions et certains verbes.
Verbes + adjectifs possessifs/pronoms personnels complément + gérondif.
mind, suggest, propose
having + participe passé ; le gérondif passif.

XXIV. CONSTRUCTIONS DE VERBES AVEC L'INFINITIF ET LE GÉRONDIF/PARTICIPE PRÉSENT 267-273

Verbes suivis de l'infinitif ou du gérondif begin, start, etc.
regret, remember, forget, care, love, like, hate, prefer, agree, be afraid, mean, go on, propose, stop, try, used (to)
Verbes suivis de l'infinitif ou du participe présent.
Verbes de perception : see, hear, feel, etc.
go et come

XXV. LES PARTICIPES 274-280

Le participe présent après catch/find, spend/waste.
Le participe présent substitué à une subordonnée relative.
Le participe passé actif.
having + participe passé ; participe passé actif.

I. — LES ARTICLES

L'article indéfini

1 Forme

• L'article indéfini a 2 formes : **a** ou **an**
a s'emploie devant un mot commençant par une consonne ou une voyelle correspondant au son [j] ou au son [w] :

a man	a table	a university [j]
un homme	*une table*	*une université*

a one-way street [wʌn], *une rue à sens unique*

• **an** s'emploie devant les mots commençant par toute autre voyelle ou un *h* muet :

an onion	an elephant	an apple	an hour
un oignon	*un éléphant*	*une pomme*	*une heure*

• L'article indéfini est le même aux trois genres :

a man	a woman	an actor	an actress	a table
un homme	*une femme*	*un acteur*	*une actrice*	*une table*

an animal, *un animal*

On peut assimiler **no** devant un nom à un article indéfini négatif (l'article négatif n'existe pas en français) (voir 24 **B**).

2 Emploi de l'article indéfini

A. Devant un nom singulier appartenant à la catégorie des dénombrables (dont on pourra dire un, deux, de nombreux, etc.) lorsqu'il est mentionné pour la première fois dans le discours, ou quand il ne désigne pas une personne, un animal, une chose, un objet précisément identifié :

I need a holiday.	They live in a flat.
J'ai besoin de vacances.	*Ils habitent un appartement.*

There is a policeman at the door. *Il y a un agent à la porte.*

B. Devant un singulier dénombrable, représentant une classe ou un ensemble (singulier de généralisation) :

A car must be insured. *Une voiture doit être assurée.*
A child needs love. *Un enfant a besoin d'amour.*

C. Devant un nom, attribut ou en apposition, y compris ceux qui désignent une profession :

He is a fool.	Margaret became a school teacher.
C'est un imbécile.	*Margaret est devenue institutrice.*

He is a doctor. *Il est médecin.*

D. Dans certaines expressions de quantité comme :

a quarter (of)	half a dozen	a score (of) a lot (of)
un (le) quart (de)	*une demi-douzaine*	*vingt* *beaucoup (de)*

a couple (of)	a dozen	a hundred	a good deal (of)
deux, deux ou trois	*une douzaine*	*cent*	*beaucoup (de)*

He spends a quarter of his time in the U.S.
Il passe le quart de son temps aux États-Unis.

She felt a good deal better.
Elle se sentait beaucoup mieux.

E. Dans l'expression d'un prix, d'un rapport (par ex., vitesse), etc. :

5 p a kilo	sixty kilometres an hour	
5 pence le kilo	*soixante kilomètres à l'heure*	
10 p a dozen	four times a day	£ 1 a metre
10 pence la douzaine	*quatre fois par jour*	*1 livre le mètre*

(**a/an** et **one** ne sont pas, en général, interchangeables, voir 23.)

F. Avec **few** et **little** : voir emploi de **a few** et **a little** (29).

G. Dans les phrases exclamatives, devant un nom singulier dénombrable :

What a pretty girl !	Such a pity !
Quelle belle fille !	*Quel dommage !*

Mais

What pretty girls !	What big dogs !
Quelles belles filles !	*Quels gros chiens !*

H. a peut être placé devant **Mr/Mrs/Miss/Ms** suivi d'un nom de famille :
a Mrs Smith, *une madame Smith*

3 L'article indéfini ne s'emploie pas :

A. Devant les pluriels.
L'article indéfini n'a pas de forme pluriel :
a dog *(un chien),* dogs *(des chiens)*

B. Devant un nom appartenant à la catégorie des noms indénombrables, c'est-à-dire qu'on ne peut pas compter.
Attention, un même nom peut référer à la catégorie dénombrable ou indénombrable selon son sens (ex. : du pain, un pain). Les noms entrant dans ces catégories varient d'une langue à l'autre.

• Les noms suivants sont des exemples de *singulier* indénombrable en anglais.

advice	information	news	furniture
avis, conseils	*renseignements*	*nouvelles*	*mobilier*
toast	baggage	luggage	rubbish
pain grillé	*bagages*	*bagages*	*détritus*

Ils sont souvent précédés de **some, any, a little, a lot of, a piece of,** etc.

You need some more furniture.
Il vous faut encore quelques meubles (= du mobilier).

There isn't any news.
Il n'y a pas de nouvelle.
She's had a lot of toast.
Elle a mangé beaucoup de pain grillé.
I'll give you a piece of advice.
Je vais vous donner un conseil.

Un mot comme **knowledge** *(connaissance)* est également considéré comme indénombrable, mais prend l'article lorsqu'on l'utilise dans un sens particulier :
A knowledge of languages is always useful.
Il est toujours utile de connaître les langues étrangères.
He has a good knowledge of mathematics.
Il a une bonne connaissance des mathématiques.

Hair est indénombrable, dans le sens de « chevelure », mais on dit **a hair, two hairs,** *un poil (ou cheveu), deux poils (ou cheveux) :*
She has black hair.
Elle a des cheveux noirs.
The fisherman used a hair to tie the feather to the hook.
Le pêcheur a utilisé un cheveu pour fixer la plume sur l'hameçon.

Experience est indénombrable lorsqu'il signifie *la pratique de quelque chose*, mais il est dénombrable **(an experience)** dans le sens de *ce qui arrive à quelqu'un.*
He had an exciting experience last night.
Il a eu une aventure passionnante hier soir.

Les mots désignant une matière ou un produit, **glass** *(verre)*, **wood** *(bois)*, **iron** *(fer)*, **stone** *(pierre)*, **wine** *(vin)*, **coffee** *(café)*, **tea** *(thé)*, etc. sont considérés comme indénombrables, mais ils peuvent aussi désigner quelque chose de particulier, dénombrable, et s'emploient alors avec l'article indéfini.

Windows are made of glass.	mais	Have a glass of wine !
Les fenêtres sont en verre.		*Prenez un verre de vin !*
We write on paper.	mais	I've bought an English paper.
On écrit sur du papier.		*J'ai acheté un journal anglais.*
Iron is a metal.	mais	I use an iron.
Le fer est un métal.		*Je me sers d'un fer (à repasser).*

Comme précédemment (3 B), ces indénombrables peuvent être précédés de termes comme **some, any, a piece of, a lot of,** etc.

C. Devant les noms abstraits : **beauty** *(beauté)*, **happiness** *(bonheur)*, **fear** *(peur)*, **hope** *(espoir)*, **death** *(mort)*, etc.
He was pale with fear. *Il était blanc de peur.*
Mais
Some children suffer from a fear of the dark.
Certains enfants ont peur du noir.

D. Devant les noms désignant les repas, sauf s'ils sont précédés d'un adjectif :

We have breakfast at eight.   He gave us a good breakfast.
Le petit déjeuner est à 8 heures.   *Il nous a offert un bon petit
déjeuner.*

L'article indéfini s'emploie également devant un nom de repas lorsqu'il s'agit d'un repas particulier destiné à célébrer, commémorer un événement ou donné en l'honneur de quelqu'un :

I was invited to dinner.
J'ai été invité à dîner.

Mais

I was invited to a dinner given to welcome the new ambassador.
J'ai été invité à un banquet donné pour accueillir le nouvel ambassadeur.

L'article défini

Il a une seule forme **the,** quel que soit le nombre (singulier, pluriel) ou le genre (masculin, féminin, neutre) :

the boy *le garçon*   the girl *la fille*   the day *le jour*
the boys *les garçons*   the girls *les filles*   the days *les jours*

4 Emploi de l'article défini

A. The s'emploie

1. Devant les noms représentant quelque chose d'unique ou considérés comme tels :

The earth   the sea   the sky   the weather   the North Pole
*La terre   la mer   le ciel   le temps   le Pôle Nord
                                   (météo)*

2. Devant un nom déjà mentionné, et qui renvoie donc à quelque chose d'identifié, de précis, de connu :

His car struck a tree ; you can still see the mark on the tree.
Sa voiture a heurté un arbre ; on peut toujours voir la marque sur l'arbre.

3. Devant un nom défini par une expression complément introduite par une préposition, ou défini par une proposition relative.

the girl in blue   the place where I met him
la fille en bleu   *l'endroit ou je l'ai rencontré*

the boy that I met   the man on the donkey
le garçon que j'ai rencontré   *l'homme monté sur l'âne*

4. Devant un nom qui, en raison de l'environnement, ne peut que renvoyer à quelque chose de précis :

Ann is in the garden.
Anne est dans le jardin (de la maison par exemple).

He sent for the doctor.
Il a fait appeler le médecin (pas n'importe lequel, celui qu'il connaît).

Please pass the wine.
Faites passer le vin, s'il vous plaît (celui qui est sur la table).

• Comparez :

Water boils at 100°.
L'eau bout à 100°.

The water is boiling.
L'eau bout (celle qui est là pour faire le thé).

5. Devant les superlatifs (**first** et **last** sont des superlatifs) **second**, etc. et **only**, utilisés comme adjectifs ou pronoms :

Mont Blanc is the highest mountain in Europe.
Le Mont Blanc est la plus haute montagne d'Europe.

Most people think that Monday is the worst day of the week.
La plupart des gens pensent que lundi est le plus mauvais jour de la semaine.

This is the only book I've bought.
C'est le seul livre que j'ai acheté.

B. The + nom singulier peut désigner une classe ou un ensemble considéré dans sa totalité :

The whale is in danger of becoming extinct.
La baleine risque de disparaître (en tant qu'espèce animale).

On ne désigne pas telle ou telle baleine, alors que dans **a car must be insured,** on désigne toute voiture existante. Cf. **2B.**

The deep-freeze has made life easier for housewives.
Le congélateur a simplifié la vie des femmes (« ménagères »).

Attention ! **man** n'est pas précédé de **the** lorsqu'il désigne l'espèce humaine :

If oil supplies run out, man may have to fall back on the horse.
Si le pétrole s'épuise, l'homme devra peut-être en revenir au cheval.

The peut être employé devant un nom singulier pour désigner un groupe de personnes :

The small shopkeeper is finding life increasingly difficult.
Les petits commerçants ont de plus en plus de mal.

Mais en anglais parlé, on préférera employer ici un pluriel indéfini (sans **the**) :

Small shopkeepers are finding...
Les petits commerçants...

The + nom singulier est suivi dans les cas ci-dessus d'un verbe au singulier (le pronom correspondant au nom sera **he, she** ou **it**) :

The first-class traveller pays more, so he expects some comfort. *Le voyageur de première classe paie davantage ; il s'attend donc à trouver un certain confort.*

C. The + adjectif, représentant la totalité d'une classe de personnes : the blind, *les aveugles* (voir **18**), the young, *les jeunes*

D. The est utilisé devant certains noms propres (mers, océans, îles, chaînes de montagnes, déserts, noms de pays au pluriel) :

the Antarctic   the Alps   the Sahara
l'Antarctique (océan ou continent)   *les Alpes*   *le Sahara*

the Falklands   the Netherlands
les Malouines   *les Pays-Bas*

The est également utilisé devant les noms propres formés d'un nom + **of** + nom :

the Cape of Good Hope   the Straits of Dover
le cap de Bonne-Espérance   *le pas de Calais*

the Union of South Africa   the U.S.S.R.   the U.S.A.
l'Union sud-africaine   *l'U.R.S.S.*   *les États-Unis*

The est utilisé devant les noms formés d'un adjectif + nom, à condition que cet adjectif ne soit pas **eat, west,** etc.

the Ivory Coast   the Black Country
la Côte-d'Ivoire   *le pays Noir*

The n'est pas employé devant **east, west** etc. + nom. Ex : **Yucatan is in North America,** *Le Yucatan est en Amérique du Nord.* Mais on emploie **the** si l'adjectif est suivi de **of**, ex. : **The west of Spain** *l'ouest de l'Espagne,* ou si **east, west** etc. sont utilisés seuls (en tant que noms) : **The south is warmer than the north** *le Sud est plus chaud que le Nord.*

Comparez :

I'm going to the south (**south** est ici un nom)
Je m'en vais dans le Midi
et
I'm going south (**south** est ici adverbe)
Je me dirige vers le sud. (Voir 4 1.)

The s'emploie devant certains autres noms propres

the Yemen   the Hague   the Mall   the Strand
le Yémen   *La Haye*   *le Mall (avenue*   *le Strand (rue de*
                         de Londres)   *Londres)*

E. The est utilisé devant les noms d'instruments de musique
She plays the flute.
Elle joue de la flûte.

F. The s'emploie devant les noms désignant un repas qualifié par une proposition relative ou son équivalent :
The dinner we got on the boat was rather disappointing.
The dinner served on board ...
Le dîner servi à bord était plutôt décevant. (Voir 3 D.)

5 Absence de l'article défini

A. The ne s'emploie pas :

1. Devant les noms de lieux, sauf dans les cas cités en 4 ni devant les noms de personnes.

Exceptions :

— **The** + nom de famille au pluriel est utilisé pour désigner *la famille untel* : the Smiths *les Smith,* the Joneses *les Jones.*

— **The** + nom singulier + relative, pour distinguer deux personnes qui portent le même nom.

I want the Mr Smith who works in the Post Office.
Je demande le M. Smith qui travaille à la poste.

— On n'utilise pas **the** devant un titre + nom :
Captain Jones *le capitaine Jones,* **Doctor Black** *le docteur Black,*
mais **the** s'emploie devant le titre seul :

The captain seemed angry with the doctor.
Le capitaine semblait en colère contre le docteur.

— On utilise **the** devant un titre contenant **of** :
the Duke of York, *le duc d'York*

— Enfin, il est possible de désigner deux sœurs célibataires de la manière suivante : **the Misses** + nom propre singulier : the Misses Jones, *les demoiselles Jones.*

2. Devant les noms abstraits, sauf quand ceux-ci sont accompagnés d'une détermination précise :
Men fear death. *Les hommes craignent la mort.*

• Mais :
The death of the Prime Minister left the party without a leader.
La mort du Premier ministre a laissé le parti sans chef.

3. Après un nom au cas possessif ou après un adjectif possessif ou devant un pronom possessif :

the boy's uncle...   It is my book.   It's mine.
l'oncle du garçon...   C'est mon livre.   C'est le mien.

4. Devant les noms désignant un mets :
The Scots have porridge for breakfast.
Les Écossais prennent du porridge au petit déjeuner.

5. Devant les parties du corps, les vêtements, qui se construisent en général avec un adjectif possessif :
Raise your right hand. *Levez la main droite.*

Notez cependant la possibilité de deux constructions dans les exemples suivants :

She seized the child's collar *ou* she seized the child by the collar.
Elle saisit l'enfant par le col de son vêtement.

I patted his shoulder *ou* I patted him on the shoulder.
Je lui donnai une tape sur l'épaule.

The brick hit John's face *ou* the brick hit John in the face.
John reçut la brique dans le visage.

On observera qu'au passif, ou dans une construction qui fait intervenir un agent extérieur, on emploie l'article **the** :

He was hit on the head. *Il reçut un coup sur la tête.*

Comparez :

I've got a pain in my back.	They stabbed him in the back.
J'ai mal dans le dos.	*Ils le poignardèrent dans le dos.*

B. REMARQUE : Notez que dans certaines langues (et notamment en français) l'article défini s'emploie devant des noms pluriels pour exprimer la généralisation (voir 2 B) mais que **the** n'est *pas* employé dans ce cas en anglais :

Women are expected to like housework.
Les femmes (en général) *sont censées aimer les travaux ménagers.*

Big hotels all over the world are very much the same.
Les grands hôtels, partout dans le monde, se ressemblent beaucoup.

Si, dans le premier exemple, on disait **the women,** cela signifierait que l'on désigne un groupe de femmes parfaitement délimité et identifié.

• Ainsi on dira :

Lions are dangerous animals.
Les lions (d'une manière générale) sont des animaux dangereux.

Mais le propriétaire d'un parc zoologique mettra ses visiteurs en garde ainsi :

Be careful ! The lions are dangerous.
Faites attention ! Les lions (par opposition à mes autres animaux) sont dangereux.

Cela montre bien que **the** est l'article par lequel s'opère l'identification précise, s'exprime la spécificité.

C. Nature, désignant l'ensemble de la création, le principe de vie, etc., des animaux et des plantes, n'est pas précédé de **the** :

It is a law of nature.
C'est une loi de la nature.

6 Absence de **the** devant **home,** *maison* ; **church,** *église* ; **hospital,** *hôpital* ; **school,** *école* ; **market,** *marché* , etc.

A. Home. Quand **home** est employé seul, c'est-à-dire qu'il n'est ni précédé ni suivi par une expression qui le qualifie, il n'est pas construit avec **the** :

He went home.	She left home.
Il est rentré chez lui.	*Elle est partie (*de chez elle).
They got home late.	They hurried home.
Ils sont rentrés (chez eux) *tard.*	*Ils se dépêchèrent de rentrer* (chez eux).

They arrived home after dark.
Il faisait nuit quand ils arrivèrent (chez eux).

• **Home** est en fait employé ci-dessus comme adverbe.

Notez l'absence des prépositions **to** et **at** (après **arrived**). Mais **home**, précédé ou suivi d'une expression qualificative, est traité comme tout autre nom, en ce qui concerne la présence de l'article et des prépositions :

We went to the bride's home.
Nous nous rendîmes au domicile de la jeune mariée.

A mud hut was the only home he had ever known.
Il n'eut jamais d'autre logis qu'une hutte de terre.

B. Chapel, church, market, college, school, hospital, court, prison, work, sea, bed *(chapelle, église, marché, collège/université, école, hôpital, tribunal, prison, travail, mer, lit).*

Ces noms de lieux désignent des institutions ou endroits où l'on accomplit des actes de la vie de société. Lorsqu'ils sont pris dans leur stricte fonction, on ne les fait pas précéder de **the** :

We go to	*church*	to pray	:	*on va à l'église (pour prier).*
We go to	*school*	to study	:	*on va à l'école (on est écolier).*
We go to	*college*	to study	:	*on va à l'Université (on est étudiant).*
We go to	*bed*	to sleep	:	*on va au lit (on va se coucher).*
We go to	*sea*	as sailors	:	*on est marin.*
We go to	*market*	to buy or sell	:	*on va au marché (acheter ou vendre).*
We go to	*hospital*	as patients	:	*on va à l'hôpital (comme malade).*
We go to	*prison*	as prisoners	:	*on va en prison (on est incarcéré).*
We go to	*court*	as litigants	:	*on va au tribunal.*
We go to	*work*	as workers	:	*on va au travail.*

De même :

We can be in	*prison/court*	: *on peut être incarcéré, passer devant une cour de justice.*
We can be in	*hospital/bed*	: *on peut être hospitalisé, couché.*
We can be at	*church*	*on peut être à l'église.*
We can be at	*work/sea/market,* etc.	: *on peut être au travail, en mer, au marché* (pour y exercer son activité), *etc.*

We return from work/school/market/church.
On revient du travail/de l'école/du marché/de l'église.

We get out of bed, leave hospital, escape from prison.
On sort du lit, quitte l'hôpital, s'évade de prison.

● Lorsqu'on se rend en ces lieux pour d'autres raisons, on emploie l'article **the** (qui est, dans certains cas, l'équivalent d'un démonstratif) :

I went to the church to see the carvings.
Je suis allé dans cette église pour voir les sculptures.

He comes to the school sometimes to speak to the headmaster.
Il vient parfois à l'école pour parler au directeur.

He returned from the prison where he had been visiting his brother.
Il est revenu de la prison où il était allé voir son frère.

They are at the sea.
Ils sont à la mer (au bord de la mer, en villégiature).

Mais :
They are at sea.
Ils sont en mer (ils naviguent comme marins ou passagers).

He went to the bed.
Il s'approcha du lit.

Mais :
He went to bed.
Il est allé se coucher, il s'est mis au lit.

• Contrairement aux mots qui viennent d'être cités, les noms suivants, d'usage très courant, s'emploient avec **the** : **cathedral** *cathédrale* ; **office** *bureau* = lieu de travail ; **cinema** *cinéma* = lieu de projection ; **theatre** *théâtre, cinéma.*
He is at the office mais **he is at work.**
Il est au bureau mais *il est au travail.*

She is going to the theatre.
Elle va au théâtre.

II. — LES NOMS

7 Nature et fonctions

A. On distingue en anglais quatre types de noms :

Les noms communs : **dog** *chien*, **table** *table*, **man** *homme*.

Les noms propres : **Tom, France, Madrid, Mrs Smith.**

Les noms abstraits : **charity** *charité*, **beauty** *beauté*, **courage** *courage*, **fear** *peur*, **joy** *joie*.

Les noms collectifs : **swarm** *essaim*, **team** *équipe/attelage*, **crowd** *foule*, **flock** *troupeau : oies, moutons par ex.*, **group** *groupe*.

• Cette dernière catégorie, très vaste en anglais, comprend des mots qui peuvent soit désigner une entité sociale : **family**, *une famille ;* **firm**, *une entreprise ;* **staff**, *le personnel d'une entreprise*, etc., soit les personnes qui composent ces entités. Dans le premier cas, ils s'accordent avec un verbe singulier, dans le second avec un pluriel.

His staff is exclusively British.
Son personnel est exclusivement britannique.

The staff agree to a cut in their wages.
Le personnel accepte une réduction de son salaire.

B. Un nom peut avoir les fonctions suivantes :

Sujet d'un verbe : Tom arrived, *Tom arriva.*

Attribut du sujet après **be**, *être ;* **become**, *devenir ;* **seem**, *sembler*, etc. : Tom became an actor, *Tom est devenu comédien.*

Complément direct d'un verbe : I saw Tom. *J'ai vu Tom.*

Complément indirect, introduit par une préposition : I spoke to Tom. *J'ai parlé à Tom.*

• Un nom peut également apparaître au cas possessif :
Plato's works = the works of Plato, *les œuvres de Platon* (voir § 10).

8 Genre

Masculin : hommes, garçons, animaux mâles (repris par les pronoms **he/they** *[il, ils]*).

Féminin : femmes, filles, animaux femelles (repris par les pronoms **she/they** *[elle, elles]*).

Neutre : inanimés, animaux considérés indépendamment de leur sexe, et parfois bébés — considérés comme n'étant pas encore particulièrement sexués (repris par les pronoms **it/they** *[il/elles, ils/elles]*).

• Les genres ne correspondent pas d'une langue à l'autre.

Ainsi **death** *(la mort)*, considéré comme une divinité, un personnage, est masculin **(he)**. **The Thames**, le fleuve *la Tamise*, personnifié, statufié parfois, est également masculin **(Father Thames)**. Le masculin semble associé à la notion de force, de pouvoir.

Exceptions :

Les bateaux, et parfois d'autres véhicules, avec lesquels on a un lien privilégié, sont féminins. Les pays désignés par leur nom propre sont normalement considérés comme féminins.

The ship struck an iceberg which tore a huge hole in **her** side.
Le bateau heurta un iceberg qui fit un énorme trou dans la coque.

Scotland lost many of **her** bravest men in two great rebellions.
L'Écosse perdit nombre de ses fils les plus braves au cours de deux grandes révoltes.

La plupart des noms ont la même forme au masculin et au féminin :

parent	painter	driver	cousin
père ou mère	*peintre*	*conducteur/trice*	*cousin/e*
child	cook	rider	singer
enfant	*cuisinier, ière*	*cavalier, ière*	*chanteur, euse*

Dans certains cas, il existe deux mots différents selon le genre :

brother/sister	uncle/aunt	nephew/niece
frère/sœur	*oncle/tante*	*neveu/nièce*

horse/mare, *cheval/jument* bull/cow, *taureau/vache* cock/hen, *coq/poule* drake/duck, *canard/cane* (mais en général **ducks** : *des canards*) gander/goose, *jars/oie* mais geese, *des oies*, etc.

Certains féminins se forment à partir du masculin + **-ess.**
Les mots se terminant en **-or** ou **-er** perdent souvent le **o** ou le **e** en passant au féminin :

actor/actress	conductor/conductress
acteur/actrice	*receveur/receveuse (de bus)*

Mais : manager/manageress, *directeur/directrice*

Notez aussi :

salesman/saleswoman	spokesman/spokeswoman
vendeur/vendeuse	*porte-parole*

• On assiste depuis peu à une tentative pour réduire cette polarisation considérée comme sexiste. A côté, par exemple, de **chairman/chairwoman**, *président, présidente*, on peut trouver **chairperson**. Il s'agit d'une mode qui peut ne pas durer. Autres exemples : **spokesperson,** *porte-parole,* **salesperson,** *vendeur, vendeuse* au lieu de **spokesman/woman** et **salesman/woman.**

9 Le pluriel

On forme généralement le pluriel d'un nom en ajoutant un **s** au singulier. Ce **s** de la forme écrite correspond souvent au son [z], au son [s] ou au son [iz] suivant les cas, avec parfois d'autres modifications :

dog/dogs [dɔgz], *chien(s)* hat/hats [hæts], *chapeau(x)*
house/houses [haus/'hauziz], *maison(s)*

Exceptions :

A. Noms terminés en **o, ss, sh, ch** ou **x**. On ajoute **es** :

tomato/	kiss/kisses	watch/watches	box/boxes
tomatoes	*baiser(s)*	*montre(s)*	*boîte(s)*
tomate(s)			

Mais les mots étrangers en **o**, ou produits par une abréviation, ont un pluriel en **s** seulement :

piano/pianos	photo/photos	kimono/	biro/biros
piano(s)	*photo(s)*	kimonos	*stylo(s) bille(s)*
		kimono(s)	

B. Les noms terminés par consonne + **y** forment leur pluriel en remplaçant le **y** par **-ies** :

baby/babies, *bébé(s)*   fly/flies, *mouche(s)*

(Mais les noms terminés par voyelle + **y** forment le pluriel en ajoutant **s** :)

donkey/donkeys, *âne(s)*   day/days, *jour(s)*

C. Douze noms terminés par **f** ou **fe** ont un pluriel en **-ves**, comme suit :

wife/wives	life/lives	knife/knives	self/selves
femme(s)	*vie(s)*	*couteau(x)*	*le moi*
(épouse)			
wolf/wolves	calf/calves	shelf/shelves	leaf/leaves
loup(s)	*veau(x)*	*rayon(s)*	*feuille(s)*
		(planche)	
loaf/loaves	thief/thieves	sheaf/sheaves	half/halves
un pain,	*voleur(s)*	*gerbe(s) (de blé)*	*moitié(s)*
des pains			

Les mots **scarf,** *écharpe ;* **wharf,** *quai* et **hoof,** *sabot d'animal* ont deux formes de pluriel :

scarfs/scarves   wharfs/wharves   hoofs/hooves

D'autres mots terminés en **f** ou **fe** forment leur pluriel selon la règle générale en **s** :

cliff/cliffs, *falaise(s)* safe/safes, *coffre(s)-fort(s)*

D. Quelques mots forment leur pluriel par modification de leur voyelle :

man/men, *homme(s)* louse/lice, *pou(x)* foot/feet, *pied(s)*
woman/women, *femme(s)* goose/geese, *oie(s)*
tooth/teeth, *dent(s)* mouse/mice, *souris*

Le pluriel de **child,** *enfant* est **children** ; de **ox,** *bœufs* est **oxen**.

Brother, *frère* a un pluriel régulier **brothers** au sens courant, et un pluriel **brethren,** *frères en religion, membres d'une confrérie.*

E. Les noms de certains animaux ont une forme unique pour le singulier et le pluriel.

Le mot **fish,** *poisson* ne change pas. **Fishes,** *des poissons d'espèces différentes,* existe mais n'est pas d'emploi courant.

Certains noms de poissons normalement ne changent pas au pluriel, mais s'accorderont avec un verbe au pluriel si on les emploie dans un sens pluriel :

salmon	trout	squid	pike	mackerel
saumon	*truite*	*calmar*	*brochet*	*maquereau*

cod, *morue*   turbot, *turbot*   plaice, *plie*

D'autres, cependant, ont un pluriel en s. On dit **herrings,** *harengs ;* **sardines,** *sardines ;* **lobsters,** *homards ;* **crabs,** *crabes ;* **whales,** *baleines ;* **dolphins,** *dauphins ;* **sharks,** *requins ;* **eels,** *anguilles.*

• **sheep,** *mouton* et **deer,** *cerf* sont invariables.

• Pour les chasseurs, **duck,** *canard ;* **pheasant,** *faisan ;* **partridge,** *perdrix ;* **snipe,** *bécasse ;* **ptarmigan,** *perdrix des neiges ;* **teal,** *sarcelle ;* **grouse,** *grouse,* etc. restent invariables. Ceux qui ne chassent pas forment normalement le pluriel de ces mots : **ducks, partridges,** etc.

• Le mot **game** pris dans le sens de *gibier* est toujours singulier et s'accorde à un verbe au singulier.

F. D'autres mots sont invariables :

aircraft, *avion(s) ;* **craft,** *bateau(x) ;* **quid,** mot familier désignant une *livre sterling ;* **counsel,** *avocat.*

• Certains mots sont toujours au singulier :

advice, *conseil ;* **knowledge,** *connaissance ;* **baggage,** *bagage(s) ;* **furniture,** *mobilier ;* **information,** *renseignements ;* **news,** *nouvelles ;* **luggage,** *bagage(s) ;* **rubbish,** *détritus* ou *sottises* (voir 3 B).

• Certains mots sont toujours pluriels : **police,** *police.*

The police have arrested him. *La police l'a arrêté.*

clothes, *vêtements,* de même que les mots désignant les vêtements dans lesquels on peut distinguer deux parties symétriques :

pyjamas, *pyjama ;* **trousers,** *pantalon ;* **breeches,** *culotte ;* **pants,** *slip, caleçon, culotte ;* de même que les *outils* **(tools)** ou instruments formés de deux parties symétriques **(a pair of)** :

binoculars, *jumelles ;* **glasses,** *lunettes ;* **pliers,** *pinces ;* **scissors,** *ciseaux ;* **shears,** *cisailles ;* **scales,** *balance ;* de même que **premises,** *locaux* et **quarters,** *quartier, cantonnement.*

Tous les noms ci-dessus s'accordent avec un verbe au pluriel.

• Un certain nombre de noms terminés en **-ics : mathematics, physics, acoustics, politics,** etc. — *les mathématiques, la physique, l'acoustique, la politique,* etc. — sont normalement accordés à un verbe pluriel :

Politics are his main interest. *Il s'intéresse surtout à la politique.*

• Mais les noms désignant une science, comme **mathematics, physics, ethics,** *l'éthique,* etc., peuvent aussi être considérés comme des singuliers. Comparez :

Mathematics is an exact science. *Les mathématiques sont une science exacte.*

et

His mathematics are weak. *Il est faible en mathématiques.*

Voir § 322, 326 pour les substantifs numéraux et les noms désignant des unités de mesure.

G. Les noms qui ont gardé leur forme originelle grecque ou latine forment leur pluriel selon les règles du grec et du latin.

Erratum, errata ; datum, data, *données* **; radius, radii,** *rayon* **; phenomenon, phenomena,** *phénomène* **; crisis, crises,** *crise* **; thesis, theses,** *thèse* **; basis, bases,** *base* **; axis, axes,** *axe* **; oasis, oases,** *oasis.*

Du point de vue phonétique la prononciation de la dernière syllabe de ces noms en sis/ses est la suivante : [-sis/-si:z].

• **Series,** *série* est invariable singulier ou pluriel.

• En ce qui concerne les mots courants qui ont gardé leur forme grecque ou latine, l'usage est de plus en plus de former le pluriel selon les règles de l'anglais :

dogma/dogmas, *dogme* **; gymnasium/gymnasiums,** *gymnase* **; formula/formulas,** *formule* (bien que les scientifiques emploient le pluriel **formulae**).

• Un nom a parfois deux pluriels, chacun correspondant à un sens différent :

index/indexes, *doigts* ou *répertoires* **; indices,** *exposants* (terme de mathématiques) **; appendix/appendixes,** *appendice* (terme de médecine) **; appendices,** *appendices, annexes* **; genius/geniuses,** *génies, personnes très intelligentes* **; genii,** *êtres surnaturels.*

H. Noms composés :

• C'est, normalement, le dernier terme qui prend la marque du pluriel : **armchair, armchairs,** *fauteuil.*

• Quand **man** ou **woman** sont les premiers termes d'un nom composé, les deux parties de celui-ci prennent la marque du pluriel : **men students,** *étudiants* **; women students,** *étudiantes.*

• Dans les noms composés formés d'un nom + préposition + nom, ou d'un nom + adverbe, c'est le nom qui prend la marque du pluriel : **sister-in-law/sisters-in-law,** *belle-sœur* **; lookers-on,** *spectateurs* **; passers-by,** *passants.*

• Dans un nom composé d'un nom + adjectif, le nom prend la marque du pluriel : **court-martial/courts-martial,** *cour martiale* **;** mais on peut rencontrer **court-martials.**

Dans les noms composés d'un élément verbal + nom complément, ou d'un élément verbal + adverbe, c'est le dernier terme qui porte la marque du pluriel : **pickpocket/pickpockets,** *voleurs à la tire* **; grown-up/grown-ups,** *grandes personnes* (voir 12 A).

• Les mots se terminant par **ful** forment normalement leur pluriel : **armful/armfuls**, *brassées* ; **handful/handfuls**, *poignées*.

• Les mots formés par des initiales peuvent se mettre au pluriel :
VIPs (Very Important Persons), *personnalités*
OAPs (Old Age Pensioners), *retraités*
MPs (Members of Parliament), *députés*
UFOs (Unidentified Flying Objects), *ovnis*

10 Le cas possessif

C'est une construction en gros équivalente au complément de nom en français introduit par *de* (voir les exemples).

Formation :

A. **'s** s'ajoute aux noms singuliers, de même qu'aux pluriels non terminés en **s**.

a man's job, *un travail d'homme* ; **women's clothes**, *des vêtements de femme* ; **the bull's horns**, *les cornes du taureau* ; **Russia's exports**, *les exportations de la Russie* ; **a child's voice**, *une voix d'enfant*.

B. L'apostrophe seule (') s'emploie avec les noms pluriels en **s** :
a girls' school, *une école de filles* ; **the students' hostel**, *la résidence universitaire* ; **the Smiths' car**, *la voiture des Smith*.

C. Les noms propres « classiques » terminés en **s** prennent l'apostrophe seule :
Pythagoras' Theorem, *le théorème de Pythagore* ; **Hercules' labours**, *les travaux d'Hercule* ; **Archimedes' Law**, *le principe d'Archimède*.

D. On peut employer **'s** ou **'** seule avec les noms propres terminés en **s** :
Mr Jones's house ou **Mr Jones' house**, *la maison de M. Jones.*
Yeats's poems ou **Yeats' poems**, *les poèmes de Yeats.*

Ces **'s** se prononcent : **Jones's** ['dʒəunsiz] ; **Yeats's** [jeitsiz]

E. Dans le cas d'un nom composé, **'s** s'ajoute au dernier terme :
my brother-in-law's guitar   *la guitare de mon beau-frère*

• Même chose dans les exemples suivants :

Henry the Eighth's wives	the Prince of Wales's helicopter
les femmes d'Henry VIII	*l'hélicoptère du prince de Galles*

• **'s** peut s'employer après les initiales :
the PM's secretary (the Prime Minister's secretary) :
le/la secrétaire du Premier ministre

• Attention : il faut noter que l'article défini **the** ne peut être employé avec un nom précédé par un cas possessif.
The daughter of the politician, *la fille de l'homme politique* ;
the intervention of America, *l'intervention de l'Amérique*
mais : **the politician's daughter** ; **America's intervention**

11 Emploi du cas possessif et de **of** + nom

A. Le cas possessif s'emploie principalement quand le « possesseur » est une personne, un animal, un pays, comme le montrent les exemples précédemment cités (voir 10).

Mais on peut l'utiliser :

1. Pour les bateaux : **the ship's bell**, *la cloche du navire* ; **the yacht's mast**, *le mât du yacht*.

2. Pour les avions, trains, voitures et autres véhicules, bien que, en ces cas, il soit plus sûr d'employer la construction **of** + nom :
The glider's wings ou **the wings of glider**, *les ailes du planeur*
The train's heating system ou **the heating system of the train**, *le chauffage du train*.

3. Dans les expressions de temps : **A week's holiday**, littéralement, *des vacances d'une semaine, huit jours de vacances*.

> **Today's paper**, *le journal d'aujourd'hui*
> **Ten minutes' break**, *dix minutes de pause*
> **A three days' walk**, *une randonnée de trois jours*
> **A ten hours' delay**, *un retard de 10 heures*

• On notera cependant qu'il est possible de dire aussi
A ten-minute break, a three-day walk, a ten-hour delay
où l'expression de temps devient un adjectif composé (voir 12).

4. Dans les expressions dénotant le coût + **worth**
£ I's worth of stamps, (la valeur d') *une livre de timbres*
Ten dollars' worth of ice-cream, *dix dollars de crème glacée*

5. Dans les expressions **for** + ... + **sake**
For heaven's sake, *pour l'amour du ciel*

For goodness' sake : pour des raisons de prononciation, l'usage ici est de se contenter de l'apostrophe et **goodness** n'est pas à prendre au sens propre de *bonté*. Il évoque **God**, qu'il ne convient pas d'invoquer à tout bout de champ = **for God's sake**, *pour l'amour de Dieu*.

6. Dans certaines expressions comme :

> **A stone's throw**, *un jet de pierres* (notion de distance)
> **Journey's end**, *le terme du voyage*
> **The water's edge**, *le bord de l'eau*

7. On peut dire **a winter's day** ou **a winter day**, *un jour d'hiver* ; **a summer's day** ou **a summer day**, *un jour d'été*.

Mais il n'est pas possible d'employer le cas possessif avec **spring**, *printemps* ou **autumn**, sauf quand ils sont personnifiés : **Autumn's return**, *le retour de l'Automne* (notez le A majuscule).

B. Of + nom est utilisé :

1. Quand un nom désignant « le possesseur » est déterminé par une expression ou proposition qui le suit :

The boys ran about, obeying the directions of a man with a whistle, *les garçons couraient, suivant les directives d'un homme muni d'un sifflet.*

Taking the advice of a couple I met on the train, I booked a room at the Red Lion, *suivant le conseil d'un couple rencontré dans le train, je pris une chambre à l'hôtel du Lion Rouge.*

2. Avec des non-animés, sauf ceux indiqués en A :

The walls of the town, *les murs de la ville* ; **the roof of the church,** *le toit de l'église* ; **the keys of the car,** *les clés de la voiture.*

• Il est souvent possible d'exprimer ces relations en faisant du nom venant après **of** une sorte d'adjectif qui ne prendra pas la marque du pluriel (voir 12) : **the roofs of the churches/the church roofs.**

• Comme il n'est pas toujours possible de remplacer la construction nom + **of** + nom par la combinaison nom + nom, on se contentera, en cas de doute, d'employer nom + **of** + nom.

• **Of** + nom est de rigueur avec les adjectifs employés comme substantifs : **the children of the poor,** *les enfants des pauvres.*

12 Nom + nom ; nom + gérondif

A. Exemples :

1. Nom + nom :

'London 'Transport   'Fleet Street   'Tower 'Bridge
'hall 'door, *porte du vestibule* 'travel agent, *agent de voyage* 'petrol tank, *réservoir à essence* 'hitch-hiker, *autostoppeur* 'sky-jacker, *pirate du ciel* 'winter clothes, *vêtements d'hiver.*

2. Nom + gérondif (gérondif à valeur de substantif verbal) (voir ch. 23 pour l'étude du gérondif) :

'hop picking, *la cueillette du houblon* 'lorry driving, *la conduite des camions* 'hitch-hiking, *le stop* 'weight-lifting, *les poids et haltères* 'bird-watching, *observation des oiseaux* 'surf-riding, *le surf.*

3. Gérondif + nom :

'waiting list, *liste d'attente* 'diving-board, *plongeoir* 'driving licence, *permis de conduire* 'fishing rod, *canne à pêche* 'dining-room, *salle à manger* 'swimming-pool, *piscine.*

Il est également possible de former des noms avec un élément verbal suivi d'un adverbe :

'take-off, *décollage* 'hold-up, *blocage de la circulation, attaque à main armée* 'break-through, *percée.*

B. Quelques manières d'utiliser les constructions nom + nom et nom + gérondif

1. Ces constructions peuvent se substituer à nom + **of** + nom lorsqu'un nom fait partie de l'autre nom (ou lui appartient) :

'town 'walls, *(les) murs de la ville* ; 'car 'door, *porte de voiture* ;

'television 'aerial, *antenne de télévision.*

Cette construction cependant n'est pas utilisée avec des mots indiquant une quantité : **piece,** *morceau* ; **slice,** *tranche* ; **group,** *groupe,* etc. Il faut, avec de tels mots, utiliser **of** : **a piece of cake,** *un morceau de gâteau* ; **a slice of bread,** *un morceau de pain.*

2. Le premier nom peut indiquer le lieu, l'endroit où se situe le second :

'country 'lanes, *sentiers de campagne* 'corner 'shop, *boutique du coin* 'Kew 'Road 'kitchen 'table, *table de cuisine* 'wall 'safe, coffre-fort mural.*

3. Il peut exprimer une notion de temps (date, durée) qualifiant le second :

'summer 'holidays, *vacances d'été* 'Sunday 'papers, *journaux du dimanche* 'November 'fogs, *brouillards de novembre.*

4. Le premier nom peut exprimer la notion de fonction ou de but du second :

'race-track, *piste de course* 'tennis racquet, *raquette de tennis* 'bottle-opener, *décapsuleur* 'nail-scissors, *ciseaux à ongles.*

5. Le premier terme peut être utilisé pour distinguer une variété, un genre particulier du second :

'love story, *histoire d'amour* 'murder story, *histoire de meurtre* ; 'ghost story, *histoire de fantômes* 'parking light, *feu de position* ; 'traffic lights, *feux de circulation.*

6. Le premier terme peut indiquer le matériau dont est fait le second :

'rope 'ladder, *échelle de corde* ; gold* medal, *médaille d'or* ; 'silk 'shirt, *chemise de soie* ; 'leather 'belt, *ceinture de cuir.*
* La forme adjectivale de **gold** est **golden,** mais elle n'est utilisée qu'au sens figuré : **a golden opportunity,** *une occasion en or.*

7. Les mots désignant des zones de travail comme **factory,** *usine* ; **farm,** *ferme* ; **field,** *champ* ; **mine,** *mine* ; **orchard,** *verger,* etc., peuvent être précédés du nom du produit obtenu : **coal mine,** *mine de charbon.* D'un autre côté, le premier nom peut indiquer le type de travail accompli : 'decompression chamber, *chambre de décompression* ; 'language laboratory, *laboratoire de langues.*

8. Ces constructions expriment souvent une notion d'activité (professionnelle ou non) :

'school-teaching, *l'enseignement primaire* 'school-teacher, *instituteur* 'bookselling, *la vente de livres* 'bookseller, *libraire* 'stamp-collecting, *la philatélie* 'stamp-collector, *collectionneur de timbres.*

Toutes ces catégories ne s'excluent pas mutuellement, elles peuvent se recouper : elles sont destinées à donner une idée générale de l'emploi de ces constructions et une indication sur l'accentuation.

C. Comme le montrent les schémas d'accentuation ci-dessus :

1. Le premier terme est accentué, dans ces constructions **nom** +

gérondif ou **gérondif** + **nom**, quand il y a une idée de but, de destination (cf. B 4 ci-dessus ou dans les combinaisons de type B 5, B 7 et B 8).

2. Les deux termes sont généralement accentués dans les combinaisons de type A 1, B 2, B 3, B 4, mais il y a, c'est inévitable, certaines exceptions.

3. Dans les noms de lieu ainsi formés, les deux termes sont, en général, également accentués 'King's'Road 'Waterloo''Bridge ; mais il y a une exception très importante. Dans les combinaisons dont le second terme est **Street,** le mot **Street** n'est pas accentué : 'Bond Street, 'Oxford Street.

III. — LES ADJECTIFS

13 Nature et accord

A. Les principales catégories d'adjectifs sont les suivantes :

1. qualificatifs : **square,** *carré* ; **good,** *bon* ; **heavy,** *lourd* ; **dry,** *sec*
2. démonstratifs : **this, that, these, those**
3. distributifs : **each, every, either, neither**
4. de quantité : **some, any, no, few, many, much, one, twenty**
5. interrogatifs : **which, what, whose**
6. possessifs : **my, your, his, her, its, our, your, their.**
(Pour le sens de ces adjectifs 2, 3, 4, 5, 6, voir ci-dessous.)

B. Accord

Les adjectifs en anglais sont invariables en genre et en nombre :

a good boy	good boys	a good girl
un bon garçon	*de bons garçons*	*une bonne fille*

La seule exception est celle des démonstratifs **this** (pluriel **these**), **that** (pluriel **those**) :

this book/these books   that book/those books
ce livre(-ci)/ces livres (-ci)   *ce livre(-là)/ces livres (-là)*

14 Place des adjectifs et emploi de **and**

• En anglais, l'adjectif se place avant le nom, sauf lorsqu'il s'agit d'un adjectif attribut :

a difficult question   a blue car
une question difficile   *une voiture bleue*

mais avec l'adjectif attribut on aura :
I found the question difficult.
J'ai trouvé la question difficile.

• Il existe aussi quelques exceptions provenant d'emprunts directs au français :

a court martial ; the secretary general ; a notary public, *un notaire* ; a knight errant, *un chevalier errant.*

• Quand deux adjectifs (ou plus) précèdent le nom, ils ne sont pas séparés par **and,** *et,* sauf quand les deux derniers adjectifs sont des adjectifs de couleur :

a big square box   six yellow roses
une grande boîte carrée   *six roses jaunes*

mais

a black and white cap   a red, white and blue flag
une casquette noir et blanc   *un drapeau rouge, blanc, bleu*

• Les adjectifs qualificatifs attributs suivent les verbes tels que **be,** *être* ; **seem,** *sembler* ; **appear,** *paraître* ; **look,** *sembler* ; **sound,** *sembler.* **And** est alors placé entre les deux, ou les deux derniers adjectifs :

He looked sad and miserable.
Il avait l'air triste et malheureux.

The weather was wet, cold and windy.
Le temps était humide, froid et il faisait du vent.

15 Comparatif et superlatif

A. Adjectif-base

dark	tall	useful
noir	*grand*	*utile*

Comparatif

darker	taller	more useful
plus noir	*plus grand*	*plus utile*

Superlatif

(the) darkest	(the) tallest	(the) most useful
le plus noir	*le plus grand*	*le plus utile*

B. Les adjectifs monosyllabiques forment leur comparatif à l'aide du suffixe **-er**, leur superlatif avec **-est** (avec quelques ajustements orthographiques) :

bright	brighter	(the) brightest
brillant	*plus brillant*	*le plus brillant*
new	newer	(the) newest
neuf (nouveau)	*plus neuf*	*le plus neuf*
safe	safer	(the) safest
sûr	*plus sûr*	*le plus sûr*

• On observe une tendance actuellement à utiliser **more and most** pour les adjectifs monosyllabiques en position d'attribut. Comparez :

On closer examination. *A y regarder de plus près.*

We've never been more closer to a a satisfactory solution.
Nous n'avons jamais été aussi près d'aboutir à une solution satisfaisante.

Mais cet usage est très discuté par les spécialistes, et il ne saurait être justifié dans tous les cas.

C. Les adjectifs comptant trois syllabes ou plus ont un comparatif formé par **more** + adj. et un superlatif en **most** + adj. :

frightening	more frightening	(the) most frightening
effrayant	*plus effrayant*	*le plus effrayant*

D. Les adjectifs de deux syllabes se rangent dans l'une ou l'autre catégorie.

• Ceux qui se terminent en **ful** ou **re** prennent **more** et **most**.

doubtful	more doubtful	(the) most doubtful
douteux	*plus douteux*	*le plus douteux*

| obscure | more obscure | (the) most obscure |
| *obscur* | *plus obscur* | *le plus obscur* |

• Les adjectifs terminés par **er**, **y** ou **ly** utilisent généralement le suffixe **er/est** :

pretty *joli* prettier prettiest (notez le changement du **y** en **i**)
holy *saint* holier holiest
clever *intelligent* cleverer cleverest

E. Comparatifs et superlatifs irréguliers :

good	better	best
bon	*meilleur*	*le meilleur/excellent*
bad	worse	worst
mauvais	*pire*	*le pire*
little	less	least
peu de	*moins de*	*le moins de*
+ singulier		
many	more	most
beaucoup de	*plus de*	*le plus de*
+ pluriel		
much	more	most
beaucoup de	*plus de*	*le plus de*
+ singulier		

far	farther	farthest	(distance, espace)
loin	further	furthest	(distance, temps et autres
	plus loin	*le plus loin*	notions)

further est souvent utilisé au sens de **additional**, *supplémentaire, de plus, en plus.*

old	elder	eldest *(pour les personnes seulement)*
vieux	*plus vieux*	*le plus vieux*
âgé de		

• **elder** et **eldest** dénotent l'ancienneté relative plutôt que l'âge réel. On les emploie principalement pour comparer les âges au sein d'une famille, de personnes ayant même statut (frère, sœur, etc.) :

his eldest boy, *son fils aîné*
his elder nephew, *l'aîné de ses neveux* (s'ils ne sont que deux)
my elder brother, *mon grand frère*

Mais **elder** ne peut être suivi de **than**, c'est donc **older** qu'on emploiera dans l'exemple suivant :

My brother ? He is older than I am.
Mon frère ? Il est plus âgé que moi.

• Les superlatifs précédés de **the** peuvent être utilisés comme pronoms (par suppression du nom auquel ils renvoient).

Tom is the cleverest (boy in the class).
Tom est (le garçon) le plus intelligent (de la classe).

The eldest was only eight years old.
L'aîné(e) n'avait que huit ans.

Le superlatif indique ici qu'il y a plus de deux enfants. Pour deux enfants on aurait dit : **the elder was...**

• Les comparatifs peuvent aussi être utilisés de cette manière (comparaisons entre deux éléments) :
I want a strong rope. Which is the stronger of these two ?
Je veux une corde solide. Quelle est la plus solide des deux ?

Cette tournure est considérée comme littéraire. Dans une langue plus familière, on emploiera couramment le superlatif : **which is the strongest ?**

16 Expression de la comparaison

A. Comparaison d'égalité : on emploie l'adjectif avec :

as... as pour une affirmation et **not as... as** ou **not so... as** pour une négation.
A boy of sixteen is often as tall as his father.
Un garçon de seize ans est souvent aussi grand que son père.

Manslaughter is not as/so bad as murder.
L'homicide n'est pas si grave que le meurtre.

B. Avec le comparatif d'inégalité, on emploie **than** :
The new tower blocks are much higher than the old buildings.
Les nouvelles tours sont bien plus hautes que les anciens immeubles.

He makes fewer mistakes than you (do).
Il fait moins de fautes que toi.

(Voir 17.)

C. Le superlatif s'emploie quand on compare quelque chose ou quelqu'un relativement à un ensemble de trois éléments ou plus, sous la forme **the** + superlatif + **in** ou **of**.

• **In** fait référence à une localisation. **Of** ne marque que l'appartenance à un groupe.
This is the oldest theatre in London.
C'est le plus vieux théâtre de Londres.

The best doctor in the town.
Le meilleur médecin de la ville.

The youngest of the family.
Le plus jeune de la famille.

The tallest of the boys.
Le plus grand des garçons.

• On trouve également une construction du superlatif avec une proposition relative. Le temps du verbe employé sera, dans la majorité des cas, un parfait ou un plus-que-parfait (voir ch. 17).

He is the kindest man (that) I have ever met.
C'est l'homme le plus gentil que j'aie jamais rencontré.

It was the most worrying day he had ever spent.
C'était la pire journée qu'il eût jamais passée.

• On notera dans ces phrases l'emploi de **ever** (et non pas de **never**). Toutefois, on peut exprimer la même chose en employant **never** avec un comparatif :

I have never met a kinder man.
Je n'ai jamais rencontré un homme plus gentil.

He had never spent a more worrying day.
Il n'avait jamais passé une plus mauvaise journée.

• Superlatif absolu :
Le superlatif peut exprimer un degré extrême de l'adjectif. Il n'est pas, dans ce cas, précédé de **the**.
You are most kind signifie **You are extremely kind** *(vous êtes très gentil).*

D. Accroissement parallèle : il s'exprime par **the** + comparatif... **the** + comparatif :

HOUSE AGENT, *L'AGENT IMMOBILIER* :
   Do you want a big house ?
   Voulez-vous une grande maison ?

WIFE, *LA FEMME* :
   Yes, the bigger the better.
   Oui, le plus grand sera le mieux.

HUSBAND, *LE MARI* :
   I don't agree. The smaller the house, the less it will cost us to heat.
   Je ne suis pas d'accord. Plus la maison sera petite, moins elle nous coûtera cher à chauffer.

• Remarque : En français, on trouve deux constructions : superlatif *(le plus grand... le mieux)* et comparatif *(plus... moins)*. D'autre part l'anglais juxtapose les deux termes sans employer le verbe **to be** *(être)*.

• Dans **the smaller... the less, the** n'est pas un article, mais un adverbe mesurant l'accroissement (si la maison est deux fois plus petite, elle sera deux fois moins chère).

Autre exemple : soit les deux adjectifs **many**, *nombreux,* et **merry,** *joyeux,* on dira :

The more the merrier.
Plus on est de fous plus on rit.

E. Une variation progressive du degré de l'adjectif s'exprime par deux comparatifs reliés par **and** :

The weather was getting colder and colder.
Il faisait de plus en plus froid.

He became less and less interested.
Il manifesta de moins en moins d'intérêt.

F. Comparaison portant sur des actions :
Riding a horse is not as easy as riding a bicycle.
Il n'est pas aussi facile de faire du cheval que du vélo.

It is nicer to go with someone than to go alone.
C'est plus agréable (d'y) aller avec quelqu'un que d'(y) aller seul.

G. Autres exemples :

This one is the better of the two.
Celui-ci est le meilleur des deux.

Dans cette construction d'une comparaison entre deux éléments, **the** précédant le comparatif est un article défini. Le français, dans ce cas, emploie le superlatif ou l'adjectif simple :

The bigger (of the two).
Le plus gros/le gros.

Mad as a hatter.
*Fou à lier (*m. à m. *comme un chapelier).*

He is (as) strong as a bull.
Il est fort comme un bœuf.

On notera, dans ces expressions toutes faites, l'absence occasionnelle du premier **as**.

17 Than/As + pronom + auxiliaire (voir aussi 311 B)

• Quand la phrase requiert le même verbe avant et après **than/as**, on emploie un auxiliaire qui se substitue au deuxième verbe :

He knew more than I did (I did = I knew).
Il en savait plus que moi.

I earn less than he does (he does = he earns).
Je gagne moins que lui.

• Lorsque **than** ou **as** est suivi d'un pronom personnel première ou deuxième personne, il est d'ordinaire possible de ne pas répéter le verbe du tout :

I am not as old as you.
Je ne suis pas si vieux que vous.

He has more time than I/we.
Il a plus de temps que moi/nous.

• **I** et **we**, considérés comme sujets du verbe non exprimé, sont conservés dans le style recherché. Il est plus courant d'employer **me/us**.

He has more time than me.
Il a plus de temps que moi.

They are richer than us.
Ils sont plus riches que nous.

La règle s'applique également à la comparaison construite avec des adverbes (voir 65).

18 Adjectifs qualificatifs employés comme noms

Good/bad	poor/rich	living/dead, *etc.*
Bon/méchant	*pauvre/riche*	*vivant/mort, etc.*

• Ces adjectifs qualificatifs décrivant l'homme au physique ou au moral peuvent être utilisés comme noms. Ils ne prennent pas le **s** du pluriel, mais s'accordent avec un verbe pluriel. Ils représentent la totalité du groupe, de la classe qu'ils définissent.

The poor are often generous to each other.
Les pauvres sont souvent généreux les uns envers les autres.

After the battle they buried the dead.
Après la bataille, ils enterrèrent les morts.

• Comparez :

The young are usually intolerant.
Les jeunes sont en général intolérants.

Many young people leave school at 16.
De nombreux jeunes quittent l'école à seize ans.

Un substantif (**people, boys/girls,** etc.) est ici nécessaire.

Se comportent ainsi les adjectifs de nationalité en **sh** ou **ch** : **the French,** *les Français* ; **some Englishmen,** *certains Anglais.*

• Des adjectifs de ce genre ont perdu complètement leur statut d'adjectifs et sont employés comme noms : **the blacks,** *les Noirs* ; **the whites,** *les Blancs.*

• Quelques adjectifs exprimant une qualité abstraite sont employés comme substantifs, s'accordant avec un singulier :

The beautiful   I did my best.
Le beau   *J'ai fait de mon mieux.*

19 Emploi des adjectifs qualificatifs avec **one/ones**

• On peut employer les adjectifs qualificatifs sans le nom qu'ils qualifient si le pronom **one/ones** (au pluriel) le remplace, se plaçant après l'adjectif. Cette construction s'emploie principalement quand il s'agit d'exprimer une idée de choix ou une comparaison :

I like those pencils : I'll take the blue one.
J'aime bien ces crayons : je vais prendre le bleu.

Small bananas are often better than big ones.
Les petites bananes sont souvent meilleures que les grosses.

• Mais **one** est souvent omis après **the** + superlatif et parfois après **the** + comparatif. Il est parfois omis, aussi, après les adjectifs de couleur :

I took the largest (one).
J'ai pris le plus grand.

I bought the more expensive (one) (of the two).
J'ai acheté le plus cher (des deux).

Which do you like ? The blue (one).
Lequel voulez-vous ? Le bleu.

IV. — ADJECTIFS ET PRONOMS DÉMONSTRATIFS, DE QUANTITÉ, DISTRIBUTIFS

20 This /these, that/those (adjectifs et pronoms démonstratifs)

A. Exemples d'emploi comme adjectifs :

• Ils s'accordent en nombre avec le nom (ce sont les seuls adjectifs à le faire).

this boy	this girl	these boys	these girls
ce garçon	*cette fille*	*ces garçons*	*ces filles*
that actor	that actress	those actors	those actresses
cet acteur-là	*cette actrice-là*	*ces acteurs-là*	*ces actrices-là*

What is that thing in the sky ?
Qu'est-ce que c'est que cette chose-là dans le ciel ?

• On notera l'emploi de **this/these** et **that/those** suivi d'un nom + **of** + cas possessif ou pronom possessif **of yours, of Peter's, of hers, of Ann's**, etc.

That car of yours is always breaking down.
Votre voiture, elle tombe toujours en panne.

C'est une forme emphatique, comparée à l'énoncé simple : **your car is always breaking down**, *votre voiture tombe toujours en panne*, formée de l'adjectif possessif (ou du cas possessif + nom). D'une manière générale, c'est la tournure que l'on emploiera pour exprimer un jugement critique.

This diet of yours isn't having much effect.
Votre régime n'est pas très efficace (voir 39 B).

B. Exemples d'emploi comme pronoms :

This is my umbrella, that is yours.
Mon parapluie, c'est celui-ci, celui-là, c'est le vôtre.

These are the old classrooms ; those are the new ones.
Celles-ci, ce sont les vieilles classes ; celles-là, ce sont les nouvelles.

What is that ? It's a hovercraft.
Qu'est-ce que c'est que ça ? C'est un aéroglisseur.

• **This/that** peuvent représenter une proposition :

Our car broke down on the way to the airport. This made us late for the plane.
Notre voiture est tombée en panne. Cela nous a mis en retard pour l'avion.

He said I was not a good wife. Wasn't that a horrible thing to say ?
Il a dit que je n'étais pas une bonne épouse. N'était-ce pas une chose horrible à dire ?

C. This/these, that/those employés avec **one/ones**

Pour exprimer l'idée de comparaison, de choix, le pronom **one/ones** est souvent placé après ces démonstratifs mais il n'est obligatoire que dans la construction démonstratif + adjectif + **one(s)** (3) :

1. This chair is too low. I'll sit in that (one).
Ce fauteuil est trop bas, je vais prendre celui-là.
2. Which do you like ? I like this (one) best.
Lequel voulez-vous ? Je préfère celui-là.
3. I prefer this blue one/these blue ones.
Je préfère ce bleu/ces bleus. (Au sens de *cette chose qui est bleue*, et non pas *cette couleur bleue* qui serait simplement **this blue**.)

21 Each, every, everyone, everybody, everything : adjectifs et pronoms distributifs, couramment appelés « indéfinis »

A. every et **all**

En théorie, **every** renvoie à des personnes ou des choses prises individuellement, **all** à un groupe ; mais, en pratique, **every** et ses composés sont souvent employés lorsque l'on renvoie au groupe.

B. each (adjectif et pronom) et **every** (adjectif)

• **each** s'emploie pour un nombre d'éléments pris individuellement.

• **every** peut aussi s'employer dans ce cas, mais sans insister autant sur la référence à l'aspect individuel. **Every man will have a weapon** : celui qui parle a constaté qu'il y a autant d'armes que d'hommes et il peut dire : *tous les hommes auront une arme.* **Each man had a weapon** implique que le locuteur a pu constater que chacun des hommes, pris individuellement, avait effectivement une arme : *chaque homme était armé.*

• **each** est pronom et adjectif : **Each (man) knows what to do.**
Chacun sait ce qu'il faut faire.

• **every** ne peut que s'employer comme adjectif : **every man knows...**

• **each** peut être employé lorsqu'on se réfère à deux éléments ou plus, mais il s'agira, le plus souvent, d'un nombre limité. **Every** ne s'emploie pas, en général, quand il s'agit de petites quantités.

• **every** et **each** se construisent avec un verbe au singulier ; l'adjectif possessif correspondant est **his/her/its.**
(Pour le pronom réciproque **each other**, voir 27 D, 47.)

C. Everyone/everybody et **everything** (pronoms)

• **Everyone/everybody** + verbe au singulier est normalement préféré à **all (the) people** + verbe au pluriel. On dira : **everyone is ready**, au lieu de **all the people are ready**, *tout le monde est prêt.* Il n'y a pas de différence entre **everyone** et **everybody.**

• De même, on préfère **everything** à **all (the) things**, et on dira par exemple : **everything has been wasted**, *tout a été gaspillé* plutôt que

all the things have been wasted.

• Les expressions **all (the) people, all (the) things** s'utilisent devant une proposition, devant une expression qui les complémente :

I got all the things you asked for.
J'ai tout ce que tu as demandé.
All the people in the room clapped.
Toute la salle applaudit.

Leur emploi est assez rare par ailleurs.

D. Pronoms et adjectifs possessifs avec **everyone/everybody** et **everything**

Comme **everyone/everybody** s'accorde avec un verbe singulier, le pronom personnel devrait en principe être **he/him, she/her** et les pronoms possessifs **his** et **her**. Mais ceci ne se rencontre qu'en anglais littéraire, recherché. L'anglais ordinaire utilise plus volontiers les formes du pluriel **they/them** et **their** (dans la mesure ou **everyone/everybody** renvoie au groupe, le pluriel permet d'éviter d'avoir à choisir entre masculin et féminin singulier).

Has everyone got their books ?
Est-ce que tout le monde a son livre ?
Devant une classe mixte, il faudrait dire... **his or her book** !
(Voir également 46.)

Everything est repris par le pronom **it**, et l'adjectif possessif **its**.

22 Both, either, neither (pronoms et adjectifs)

• **both** signifie *l'un et l'autre (les deux)* d'un ensemble constitué par deux éléments. Il s'accorde avec le pluriel :

Both banks of the river were covered in bushes.
Les deux rives du fleuve étaient couvertes d'arbustes.

She has two sons. Both are taller than she is.
Elle a deux fils. Ils sont tous deux plus grands qu'elle.

• **Neither** signifie *ni l'un ni l'autre* et se construit avec un verbe singulier affirmatif :

Neither (of them) drinks coffee. *Ni l'un ni l'autre ne boit de café.*

• **Either** signifie *l'un ou l'autre.*
Either will do. *L'un ou l'autre fera l'affaire.*

• Du point de vue de la signification, **neither** + verbe affirmatif = **either** + verbe négatif mais **neither** se place de préférence en tête de phrase.

Neither book gives the answer.
Aucun des deux livres ne donne la réponse.

Either ne pourrait pas s'employer ici et il ne s'emploierait pas pour répondre négativement à une question :

Which did you buy ? Neither.
Lequel avez-vous acheté ? Ni l'un ni l'autre (aucun).

En revanche, on dira :

Did you like his two songs ? No, I didn't like either (of them).
Avez-vous aimé ses deux chansons ? Non, je n'ai aimé ni l'une ni l'autre.

• Pronoms et adjectifs possessifs renvoyant à **neither, either** (en parlant de personnes) :

Puisque **neither** et **either** se construisent avec un singulier, le pronom devrait être **he/him** et **she/her**, les adjectifs possessifs **his** et **her**. Mais, en anglais familier, on constate une tendance de plus en plus forte à employer **they/them** et **their** :

Style recherché : **Neither of them could make up his mind.**
Anglais familier : **Neither of them could make up their minds.** *Ni l'un ni l'autre n'arrive à se décider.*

Autre exemple : **Neither of them knew the way, did they ?** *Ni l'un ni l'autre ne connaissait le chemin, n'est-ce pas ?* (Voir également 46.)

(Pour **both... and, neither... nor, either... or,** voir conjonctions 94.)

23 a/an et one, adjectifs et pronoms numéraux

A. Les adjectifs numéraux présentent peu de difficulté (voir 32 1-4).

On notera la nécessité d'employer **ones** après adjectif numéral + adjectif qualificatif là ou le français se contente de l'adjectif seul.

Have you got a big plate ? No, would two small ones do ?
As-tu une grande assiette ? Non, est-ce que deux petites iraient ?

B. a/an et **one**

1. Emplois comme adjectifs

• Lorsque l'on compte ou mesure le temps, un poids, etc., on peut employer **a/an, one** pour le singulier :

£ 1 = a/one pound, *une livre*

Pour le singulier d'un ordre de grandeur :

£ 100 = a/one hundred pounds, *100 livres*

• Autre exemple :

Lessons cost a/one pound an hour.
Les leçons coûtent une livre de l'heure.

Il n'est pas possible de remplacer le **an** de **an hour** par **one.**

• Dans d'autres énoncés, **a/an** et **one** ne peuvent normalement être substitués l'un à l'autre car ils ont des sens différents : **one** + nom signifie *un seul* ; **a** + nom désigne seulement un élément d'un ensemble :

A shotgun is no good.
Un fusil de chasse ne sert à rien (= ce n'est pas le genre de chose dont on a besoin). Valeur générique de **a** + nom.

One shotgun is no good = *un seul fusil de chasse ne suffit pas*
(c'est-à-dire : il en faut deux ou trois).

- Emplois particuliers de **one** :

    1. **One** (adjectif/pronom) employé avec **another/others** :

    One (boy) wanted to read, another/others wanted to watch TV.
    *L'un voulait lire, un autre voulait/d'autres voulaient regarder la
    télé.*

    One day he wanted his lunch early, another day he wanted it
    late. *Un jour il voulait déjeuner de bonne heure, un autre tard.*

    2. **One** peut précéder **day, week, month, year, summer, winter,**
    etc. ou un nom de jour ou de mois, pour désigner le moment
    où s'est produit quelque chose :

    One night there was a terrible storm.
    Une nuit, il y eut une tempête terrible.

    One day a telegram arrived.
    Un jour, un télégramme arriva.

    3. **One day** peut aussi signifier *à une date ultérieure* (**some day**
    serait également possible) :

    One day you'll be sorry you treated him so badly.
    Un jour, vous regretterez de l'avoir si mal traité.

    (Pour **one** et **you,** voir 45.)

2. a/an et **one** employés comme pronoms

One est le pronom équivalent à **a/an** + nom :

Did you get a ticket ? Yes I managed to get one.
Avez-vous eu un billet ? Oui, j'ai réussi à en avoir un.

Le pluriel de **one,** dans cet emploi, est **some** (voir paragraphe
suivant) :

Did you buy records ? Yes I bought some.
As-tu acheté des disques ? Oui, j'en ai acheté (quelques-uns).

24 Some, any, no et none

A.

1. some et **any** (pronoms et adjectifs) signifient *un certain nombre
de* ou *une certaine quantité de.* Ils s'emploient devant les noms
pluriels ou non dénombrables.
Utilisé avec un pluriel, **some** peut servir de pluriel à **a/an** et **one**
(voir ci-dessus).
(Pour **some/any** employés avec des noms dénombrables singuliers,
voir section A 3.)

2. Comparaison de **some** et **any**

- **some** s'emploie :

dans des phrases affirmatives :

They took some honey.
Ils ont pris du miel.

Dans des questions, quand la réponse attendue est *oui* :
Can I have some coffee ?
Puis-je avoir du café (un peu de café : forme de politesse) *?*
Can you give me some information about... ?
Pouvez-vous me donner des renseignements sur... ?

Dans des énoncés exprimant l'offre, une demande :
Would you like some wine ?
Voulez-vous du vin ?
Could you do some typing for me ?
Pourriez-vous me taper (dactylographier) quelque chose ?

• **any** s'emploie :

Dans des phrases négatives :
I haven't any matches, and Tom hasn't any either.
Je n'ai pas d'allumettes et Tom n'en a pas non plus.

Avec **hardly, barely, scarcely,** *à peine, guère,* qui sont quasi négatifs :
I have hardly any time.
Je n'ai guère de temps.

Dans des questions, à l'exception de celles citées ci-dessus :
Did you see any eagles ?
Avez-vous vu des aigles ?

Après **if/whether** et dans les énoncés exprimant le doute :
I don't think there is any petrol in the tank.
Je ne pense pas qu'il y ait de l'essence dans le réservoir.
If you have any difficulty, let me know.
Si vous avez un problème, faites-le-moi savoir.

3. some ou **any** employés avec des noms dénombrables singuliers

• **some** peut être utilisé dans le sens de *un,* non spécifié, non connu :
Some idiot parked his car outside my garage.
Un crétin a garé sa voiture devant mon garage.
He doesn't believe in conventional medecine, he has some remedy of his own.
Il ne croit pas à la médecine classique, il a un remède à lui.
(voir **some** + nom singulier + **or other,** 27 C)

• **any** peut signifier *n'importe quel/quelle* :
Any book about riding will tell you how to saddle a horse.
N'importe quel livre d'équitation vous dira comment seller un cheval.

• **anybody/anyone/anything** peuvent prendre un sens semblable (mais peuvent aussi, bien sûr, fonctionner comme 1-2, ci-dessus) :
Anyone will tell you where the house is.
N'importe qui vous dira où est la maison.

What would you like to drink ? — Oh, anything.
Que voulez-vous boire ? — Oh, n'importe quoi.

B. no et **none**

• **no** (adjectif) et **none** (pronom) s'emploient avec un verbe affirmatif pour former un énoncé négatif ; ils sont équivalents à *verbe négatif* + **any** :

I have no apples = I haven't any apples.
Je n'ai pas de pommes.

Tom has none = Tom hasn't any.
Tom n'en a pas.

• La construction verbe négatif + **any** est plus usuelle que verbe affirmatif + **no/none** (sauf dans une réponse brève, ou énoncé emphatique) :

Is there any reason for this ? None (= no reason).
Y a-t-il une raison à cela ? Aucune.

• *Attention !* Les deux énoncés suivants n'ont pas le même sens :

He is not a doctor
Il n'est pas médecin.

He is no doctor.
Ce n'est pas un médecin (et pourtant il exerce cette profession).

Attention : ne pas confondre **none** et **no one** (voir ci-dessous).

25 Someone, somebody, something, anyone, anybody, anything, no one, nobody, nothing

A. Les mots formés avec **some**, **any** et **no** suivent les règles décrites en 24 A 1 et B ci-dessus.

A : Somebody/someone gave me a ticket for a pop concert.
    Quelqu'un m'a donné un billet pour un concert pop.

B : No one/nobody has ever given me a free ticket for anything.
    Personne ne m'a jamais donné de billet gratuit pour quoi que ce soit.

Do you want anything from the chemist ?
Voulez-vous quelque chose à la pharmacie ?

Would anybody like a drink ?
Est-ce que quelqu'un veut à boire ?

B. Someone, somebody, anyone, anybody, no one, nobody peuvent s'employer au cas possessif :

Someone's passport has been stolen.
Quelqu'un s'est fait voler son passeport.

I don't want to waste anyone's time.
Je ne veux faire perdre son temps à personne.

C. Pronoms et adjectifs possessifs associés à **someone, somebody, anyone, anybody, no one, nobody**

• Tous ces termes s'accordent avec un verbe singulier :

Someone wants to speak to you.
Quelqu'un veut vous parler.

• Le pronom personnel devrait donc normalement être singulier, **he/she** et l'adjectif possessif **his/her**, mais, pour éviter d'avoir à utiliser l'expression **his** ou **her** quand le genre est incertain, on emploie en général **they** et **their** :

No one saw Tom go, did they ?
Personne n'a vu Tom partir, n'est-ce pas ?

Has anyone left their luggage on the train ?
Est-ce que quelqu'un a oublié ses bagages dans le train ?

Évidemment, quand il n'y a pas de doute sur le genre, on emploie **he/him/his** ou **she/her/her**.

• Avec **something, anything, nothing**, on utilise **it** puisqu'il n'y a pas de doute sur le genre :

Something went wrong, didn't it ?
Il y a quelque chose qui n'a pas marché, n'est-ce pas ?

26 else, placé après someone/anybody, nothing, etc.

• **someone/somebody/something, anyone/anybody/anything, no one/nobody/nothing, everyone/everybody/everything** et les adverbes **somewhere, everywhere, anywhere, nowhere** *(quelque part, partout, n'importe où, nulle part)* peuvent être suivis de **else**.

someone else = some other person = *quelqu'un d'autre*

somewhere else = in/at/to some other place = *quelque part ailleurs.*

• **somebody/someone, anybody/anyone, nobody/no one + else** peuvent prendre le cas possessif :

I took someone else's coat.
J'ai pris le manteau de quelqu'un d'autre.

No one else's luggage was opened.
On n'a ouvert les bagages de personne d'autre.

27 other, another, others, associés à one et some

A. Formes de **other** :

	adjectif	pronom
Singulier	another	another
Pluriel	other	others

A : Have you met Bill's sisters ?
Avez-vous rencontré les sœurs de Bill ?

B : I've met one. I didn't know he had another (sister).
J'en ai rencontré une. Je ne savais pas qu'il en avait une autre.

A : Oh he has two others/two other sisters.
  Oh, il en a deux autres.

B. one... another/other(s), some... other/others

One student suggested a play, another (student)/other students/others wanted a concert.
Un étudiant proposa une pièce, un autre (étudiant)/d'autres étudiants/d'autres voulait(ent) un concert.

Some tourists/some of the tourists went on the beach ; others explored the town.
Certains touristes allèrent sur la plage, d'autres explorèrent la ville.

C. some + nom singulier + **or other**

Comme on l'a déjà vu, **some** peut signifier *un* — non spécifié ou inconnu — c'est-à-dire que le locuteur ne sait rien de la personne/chose. On peut ajouter **or other** pour souligner que le locuteur ne s'intéresse aucunement à ce qu'il mentionne :

He is taking some exam or other.
Il passe un examen ou un autre.
(Le locuteur ne s'intéresse/ne veut pas s'intéresser à ce genre de chose.)

Who does that enormous yellow Rolls Royce belong to ? — Oh, I expect it belongs to some film star or other.
A qui appartient cette énorme Rolls jaune ? — Oh, je pense qu'elle appartient à une quelconque vedette de cinéma.

D. one another et **each other** (pronom réciproque) :

Tom and Ann looked at each other.
Tom et Ann se regardèrent (l'un l'autre).

Les deux expressions peuvent s'utiliser dans le cas où il y a deux sujets ou plus, bien que l'on préfère employer **one another** au-delà de deux.

28 **many** et **much** (adjectifs et pronoms)

A. En tant qu'adjectif, **many** s'emploie devant un nom pluriel dénombrable ; **much** s'emploie devant un singulier non dénombrable :

He didn't make many mistakes.   We haven't much milk.
Il n'a pas fait beaucoup de fautes.   *Nous n'avons pas beaucoup de lait.*

Ils peuvent l'un et l'autre s'employer comme pronoms :

Tom gets lots of letters but Ann doesn't get many.
Tom reçoit beaucoup de lettres, mais Anne n'en reçoit pas beaucoup.

You have plenty of petrol, but I haven't much.
Vous avez beaucoup d'essence, moi, je n'en ai pas beaucoup.

• **many** et **much** s'emploient surtout dans des phrases interrogatives ou négatives.
A la forme affirmative, **many** est souvent remplacé par **a lot (of).**
A lot (of) peut être employé dans une phrase interrogative. **Much** est généralement remplacé par **a lot (of)** ou **a great deal (of).** Ces deux expressions peuvent être employées dans des interrogatives, à condition que l'on s'attende à une réponse positive.

B. many et **a lot (of)**

• Phrase interrogative :

Did you take many/a lot of photos ?
Avez-vous pris beaucoup de photos ?

• Phrase négative :

No, I didn't take many (photos).
Non, je n'en ai pas pris beaucoup/je n'ai pas pris beaucoup de photos.

• Phrase affirmative (en fonction du complément d'objet) :

Yes, I took a lot (of photos).
Oui, j'en ai pris beaucoup/j'ai pris beaucoup de photos.

many est possible, cependant, en anglais recherché, et en anglais courant lorsqu'il est précédé de **a great/a good/so/too** :

I have met many people who share your views (anglais recherché).
J'ai rencontré de nombreuses personnes qui partagent votre point de vue.

I took a great/a good/many photos.
J'ai pris pas mal de photos.

I took so many photos that I had no film left.
J'ai pris tellement de photos que je n'avais plus de pellicule.

I took too many photos the first day.
Le premier jour, j'ai pris trop de photos.

• Phrase affirmative (en fonction du sujet) :

many ou **a lot (of)** peuvent être employés comme sujet ou partie du groupe sujet d'un verbe :

many people think/a lot of people think/many think...
beaucoup (de gens) pensent...

C. much et **a lot (of)/a great deal (of)**

• Phrase interrogative :

Did you have much/a lot of/ a great deal of trouble getting visas ?
Avez-vous eu beaucoup de mal (problèmes) pour avoir des visas ?

• Phrase négative :

No, I didn't have much trouble.
Non, je n'ai pas eu beaucoup de mal.

• Phrase affirmative (en fonction du complément d'objet) :

Yes, I had a lot of/a great deal of trouble.
Oui, j'ai eu beaucoup de mal.

Cependant, **much** est employé avec **so** :

He ate so much that he was sleepy afterwards.
Il avait tellement mangé qu'il avait, par la suite, envie de dormir.

• Phrase affirmative (en fonction du sujet) :

much peut être, en anglais recherché, employé comme sujet (ou partie du groupe sujet) :

Much will depend on what he says.
Beaucoup de choses dépendront de ce qu'il dira.

Much time has been wasted.
On a perdu beaucoup de temps.

Mais

A lot of time has been wasted serait plus usuel en anglais parlé courant. (Pour **not many/not much** se substituant à **few/little**, voir 29 B.)

29 A little/a few et little/few (adjectifs et pronoms)

a little/little s'emploient avec les indénombrables :

a little money   little money
un peu d'argent   *peu d'argent*

a few/few s'emploient avec les dénombrables pluriels :

a few people	few people	a few cars	few cars
un peu de monde	*peu de monde*	*quelques voitures*	*peu de voitures*

A. a little, a few

• **A little** dénote une petite quantité, ou ce que le locuteur considère comme tel.

• **A few** dénote un petit nombre, ou ce que le locuteur considère comme tel.

• **Only** précédant **a little/a few** souligne la petitesse de la quantité ou du nombre, dans l'esprit du locuteur.

• **Quite** précédant **a few** exprime la notion d'un nombre non négligeable, voire important :

I have a few books on mathematics (= deux ou trois, ou plus).
J'ai quelques livres de mathématiques.

I have quite a few books... (= a lot of).
J'ai pas mal de livres...

• **A little** s'emploie également comme adverbe de degré devant un comparatif d'adjectif ou d'adverbe :

The paper should be a little thicker than this.
Le papier devrait être un peu plus fort (épais) que celui-ci.

Couldn't you work a little faster ?
Ne pouvez-vous pas travailler/aller un peu plus vite ?

B. little et few

• **Little** et **few** dénotent la rareté, la faible quantité et, en fait, ont une valeur quasi négative (voir 106) :

There is little danger of an earthquake (not much, hardly any).
Il n'y a guère de risque de tremblement de terre.

Few towns have such splendid trees (not many/hardly any towns).
Peu de villes ont d'aussi beaux arbres/Rares sont les villes qui ont de si beaux arbres.

• Cet emploi de **little** et **few** est principalement constaté en anglais écrit (peut-être parce qu'à l'oral, il y a risque de confusion avec **a little** et **a few**).

Dans la conversation courante, on utilisera plutôt **hardly any** ou **not much/not many**.

We saw little = we saw hardly anything/we didn't see much.
Nous n'avons pas vu grand-chose.

Few people know this = hardly anyone knows this/Not many people know this.
Peu de gens le savent.

• Cependant, **little** et **few** s'emploient assez largement s'ils sont associés à **very, too, so, extremely, comparatively, relatively,** etc.

We have so few technicians that the machines are not serviced properly.
Nous avons si peu de techniciens que les machines ne sont pas entretenues comme il faudrait.

• Il n'y a pas de différence du point de vue de la notion de quantité entre **little** et **very little**, non plus qu'entre **few** et **very few**, mais, en employant **very**, le locuteur se veut plus emphatique.

Very little/few peuvent également s'employer seuls, en réponse brève à une question :

Have you friends in this town ? Very few.
Avez-vous des amis dans cette ville ? Très peu.

You have saved something, surely ? Very little.
Vous avez certainement fait des économies ? Très peu.

30 so et not peuvent représenter une proposition entière

A strictement parler, ce ne sont pas des pronoms, puisqu'ils ne se substituent pas à des noms, mais ils seront examinés ici parce qu'ils ont une fonction analogue (reprise d'un élément du discours, et complément d'un verbe).

A. Après **believe**, *croire* ; **expect,** *s'attendre à* ; **suppose,** *supposer* ; **think,** *penser* ; et après **it appears/seems,** *il semble* :

Will Tom be at the party ? I expect so/suppose so/think so = I expect/suppose/think/he will be at the party.
Est-ce que Tom viendra à la réception ? Je crois, je suppose, je pense.

Pour la négation, on emploie :

1. Un verbe négatif + **so** :

Are they making good progress ? It doesn't seem so.
Est-ce qu'ils font des progrès ? Il ne semble pas.
Ou

2. Un verbe affirmatif + **not** :

• Attention ! Il ne faut absolument pas confondre cette construction avec la forme négative du verbe :

A : **It won't take long, will it ?**
Ça ne prendra pas longtemps, n'est-ce pas ?
B : **No, I suppose not** (ou **I don't suppose so**).
Non, je ne pense pas.

Notez que **I think not**, utilisé pour répondre à une suggestion ou demande de permission, signifierait que la suggestion est repoussée ou la permission refusée :

Shall we eat in the garden ? I think not.
Est-ce que nous mangerons dans le jardin ? Non.

I don't think so signifierait *je ne pense pas (mais je ne sais pas quelle décision a été prise).*

B. **so** et **not** s'emploient également après **hope**, *espérer* et **be afraid**, *avoir bien peur que = avoir le regret de dire que* :

Is Peter coming with us ? I hope so.
Est-ce que Peter vient avec nous ? Je l'espère/j'espère.

Will you have to pay duty on this ? I'm afraid so.
Est-ce que vous devez payer un droit dessus ? J'en ai bien peur.

La forme négative s'obtient avec le verbe + **not** : **I hope not/I am afraid not.**

C. **so** et **not** peuvent être employés après **say**, *dire quelque chose*, et **tell**, *dire à quelqu'un* :

A : **How do you know there is going to be a demonstration ?**
Comment savez-vous qu'il va y avoir une manifestation ?
B : **Jack said so/Jack told me so.**
C'est Jack qui l'a dit/Jack me l'a dit.

• Avec **tell**, la seule forme négative est : verbe négatif + **so** :
Tom didn't tell me so.
Tom ne me l'a pas dit.

• Avec **say**, les deux possibilités existent mais chaque construction a un sens différent :
Tom didn't say so.
Tom n'a pas dit qu'il y aurait une manifestation.

Tom said not.
Tom a dit qu'il n'y aurait pas de manifestation.

• Cet exemple montre bien l'importance pour le sens de la place ou du point d'impact de la négation (cf. 24 B).

D. **so** peut être utilisé après **do/did** mais ce n'est pas très fréquent en anglais contemporain :
You should take an hour's walk everyday. I'd do so if I had time.
Vous devriez faire une heure de marche/promenade tous les jours. Je le ferais si j'avais le temps.

• On préférera dire : **I would if I had time.** C'est-à-dire qu'il suffit de prendre l'auxiliaire.
Autre exemple :

They had been told to read these two books but they didn't do so.
On leur avait dit de lire ces deux livres, mais ils ne l'ont pas fait.

• Mais on préférera : **They..., but they didn't.**

V. — ADJECTIFS, PRONOMS ET ADVERBES INTERROGATIFS

31 Adjectifs et pronoms interrogatifs

Forme et nature

Pour les personnes	sujet	**who**	(pronom)
(masculin féminin)	complément	**whom/who**	pronom
	possessif	**whose**	(pronom et adjectif)
Pour les neutres	sujet	**what**	(pronom et adjectif)
	complément	**what**	(pronom et adjectif)

Pour tous les genres, quand le choix ou la question porte sur un ensemble connu, délimité et précis :

	sujet	**which**	(pronom et adjectif)
	complément	**which**	(pronom et adjectif)

• **What** (adjectif) peut également être utilisé lorsqu'il s'agit de personnes (voir 33 C, D). Tous ces adjectifs et pronoms ont la même forme au singulier et au pluriel.

• **Who, whose** + nom, **what, which** en fonction de sujets, sont normalement construits avec un verbe à la forme affirmative. Autrement dit, quand on veut savoir quel est le sujet de l'action considérée, on emploie **who** ?, **whose** + nom ?, **which** ?, avec un verbe à la forme affirmative :

Who pays ? Ann (does).
Qui paie ? Anne.

Whose horse won ? The Queen's horse (did).
A qui appartient le cheval qui a gagné ? (C'est le cheval de qui qui a gagné ?) Le cheval de la reine.

Which of your brothers is getting married ? Tom (is).
Quel est celui de vos frères qui se marie ? (c'est) Tom.

• **What** ? peut s'employer de la même façon :

What happened ?	What delayed you ?
Qu'est-ce qui s'est passé ?	*Qu'est-ce qui vous a retardé ?*

• Mais dans les questions construites sur le modèle suivant :

Who/what, etc., + **be** + nom/pronom, le verbe est à la forme interrogative :

What day is it ?
Quel jour est-ce ?

Si cette question est mise au discours indirect, elle deviendra :

He wants to know what day it is.
Il veut savoir quel jour c'est.

Exemple d'emplois de **who, whom, whose, which** et **what** interrogatifs :

A. Who, whom, whose

• **Who** sujet

Who keeps the keys ? The caretaker keeps them.
Qui garde les clés ? Le gardien.

Who are these boys ? They are Bill's students.
Qui sont ces jeunes gens ? Les étudiants de Bill.

Who took my gun ? Tom took it.
Qui a pris mon fusil ? Tom.

• **Who/whom** complément

Who/whom did you see ? I saw the secretary.
Qui avez-vous vu ? Le (la) secrétaire.

Who/whom did she pay ? She paid Tom and me.
(A) qui a-t-elle payé ? (à) Tom et moi.

Who did they speak to ?/To whom did they speak ? To Tom.
A qui ont-ils parlé ? A Tom.
(Voir 32.)

• **Whose**

Whose books are these (**whose** = adjectif) ? They are Ann's.
A qui sont ces livres ? Ils sont à Anne.

Whose are there ? (**whose** = pronom)
A qui sont-ils ?

Whose umbrella did you borrow ? I borrowed Bill's.
Vous avez emprunté le parapluie de qui ? Celui de Bill.

Whose car broke down ? George's.
C'est la voiture de qui/quelle est la voiture/qui est tombée en panne ? Celle de George.

On notera, dans ce dernier exemple, que **whose car** étant sujet, le verbe n'est pas à la forme interrogative (inversion verbe-sujet).

B. What

• Sujet :

What delayed you (**what** = pronom) ? The storm delayed us.
Qu'est-ce qui vous a retardés ? La tempête.

• Complément :

What paper do you read ? (**what** = adjectif).
Quel journal lisez-vous ?

What did they eat ? (**what** = pronom).
Qu'est-ce qu'ils ont mangé ?

What did they eat with ? With chopsticks (**what** = *pronom*).
Avec quoi ont-ils mangé ? Des baguettes.

C. Which

• Sujet :

Which of them arrived first ? *(le verbe n'est pas à la forme
interrogative)*
Lequel est arrivé le premier ?

Which of them is the eldest ?
Lequel est l'aîné ?

• Complément :

Which do you like best (**which** = pronom) ? Tom or Jim ?
Lequel préférez-vous ?

Which university will he choose ? (**which** = adjectif).
Laquelle (de ces universités)/quelle université choisira-t-il ?

32 Who et whom compléments du verbe (directs ou indirects)

A. Complément direct

Whom est théoriquement correct et s'emploie dans la langue
recherchée, écrite et orale. Cependant, en anglais courant, on
emploie presque constamment **who**. On entendra ou verra rarement
whom did you meet ? *(qui avez-vous rencontré ?)* mais **who did
you meet ?**.

B. Complément indirect (introduit par une préposition)

En anglais recherché, littéraire, l'interrogatif est immédiatement
précédé de la préposition :

With whom did you go out ?
Avec qui êtes-vous sorti ?

En anglais usuel, la préposition est renvoyée en fin de phrase : celle-
ci commence donc par l'interrogatif (ce qui semble plus naturel) qui
garde sa forme **who : who did you go out with ?**

33 What (adjectif et pronom)

A. What s'emploie avec les neutres :

What time is it ?	What street is this ?
Quelle heure est-il ?	*Quelle est cette rue ?*
What did you say ?	What do you call this ?
Qu'avez-vous dit ?	*Comment appelez-vous cela ?*

What colour is it ? (**what** = adjectif).
De quelle couleur est-ce ?

Lorsque **what** est complément indirect, la préposition qui le gouverne
est placée en fin de phrase :

What did you open it with ?
Avec quoi l'avez-vous ouvert ?

B. What... for ?

Cette construction a deux sens possibles :

• Notion de but, de finalité :

What is this used for ? It is used to open oysters.
A quoi est-ce que cela sert ? Ça sert à ouvrir des huîtres.

• **What... for** peut également, en anglais courant, se comprendre comme l'équivalent de **why** ? *pourquoi* ?

What did you do that for ? (= **why did you do it** ?). Because...
Pourquoi avez-vous fait cela ? Parce que...

C. What + be... like ?

• Permet de formuler une demande de description et peut s'employer pour les personnes comme pour les choses :

What was the weather like ? It was terrible.
Comment était le temps ? Affreux.

What was the food like in your hostel ?
Comment était la nourriture, dans votre résidence ?

Utilisé avec des masculins/féminins, **what** peut introduire une question relative aux traits physiques ou de caractère :

What is he like ? He is a friendly sort of man ; he is a tall man with a grey beard.
Comment est-il ? C'est un homme sympathique ; il est grand avec une barbe grise.

What are your students like ? They are very talkative.
Comment sont vos étudiants ? Très bavards.

• **What does he/she/it (do) they/look like ?**

Ne concernent que l'apparence physique et peuvent être synonymes de **what does... /do... resemble** ? (*A quoi... ressemble* ?).

What does he looks like ?	He looks like a scarecrow.
De quoi a-t-il l'air ?	*Il a l'air d'un épouvantail.*
A quoi ressemble-t-il ?	It's black and shiny.
What does it look like ?	*C'est noir et luisant.*
Cela ressemble à quoi ?	It looks like coal.
C'est comment ?	*Ça ressemble à du charbon.*

D. What is he ? (= quelle est sa profession ?)

What is his father ? He is a tailor.
Que fait son père ? Il est tailleur.

What (adjectif), se référant à des personnes, est possible mais peu usité :
On peut dire **what men are you talking about ?**, mais on utilisera **who are you talking about ?**, *de qui parlez-vous ?*

E. What (adjectif) est très employé dans les questions relatives aux mesures, associé au substantif approprié à l'expression (âge, taille, poids, hauteur, largeur, profondeur) :

What height is this room ?
Quelle est la hauteur de cette pièce ?

What is the height of your room ?
Quelle est la hauteur de votre chambre ?

What age is he ?
Quel âge a-t-il ?

What size is the parcel ?
Quelle est la taille du paquet ?

What is the depth of the lake ?
Quelle est la profondeur du lac ?

Notez l'emploi obligatoire de **be** dans ces expressions (cf. également **what colour is it ?**).

Les questions ci-dessus, relatives à la mesure, peuvent être formulées également à l'aide de **how** + adjectif :

How old is he ?
Quel âge a-t-il ?

How high is your room ?
Quelle est la hauteur de votre chambre ?

(Voir 35 D.)

34 Which, comparaison avec who et what

Who est le pronom interrogatif pour les personnes (masculin féminin).

What est le pronom et adjectif interrogatifs utilisés principalement pour les neutres.

Which (pronom et adjectif) s'emploie au lieu de **who** et **what** dans le cas d'un choix, d'une question portant sur un ensemble d'éléments précis, limité, connu.

A. Exemples d'emplois de **which** et **what** neutres :

What will you have to drink ? What have you got ?
Qu'allez-vous prendre (boire) ? Qu'est-ce que vous avez ?

We have gin, whisky and sherry.
Nous avons du gin, du whisky et du xérès.

Which will you have ?
Qu'est-ce que vous prendrez (= laquelle de ces boissons...) ?

Which s'emploie ici car le choix ne peut porter que sur les éléments de l'ensemble précis, limité, connu de boissons énumérées *(gin, whisky, xérès).*

B. Exemples d'emplois de **which** et **who** masculins féminins.

Who do you want to speak to ? To Mr. Smith.
A qui voulez-vous parler ? A M. Smith.

We have two Smiths here : John and Joe. Which (of them) do you want ?
Nous avons deux Smith ici : John et Joe. Lequel voulez-vous voir ?

• **Which** pronom ne s'emploie pas seul en fonction de sujet, mais associé à **of** + pronom personnel (**which of** us/you/them).

TEACHER (to a class) : which of you knows the formula ?
Le professeur (à la classe) : lequel d'entre vous connaît la formule ?

Of you est indispensable, mais il est ici possible de dire : **who knows
the formula** ? *qui connaît la formule ?*

C. Which (adjectif) peut être employé avec des personnes lorsque
la question/le choix porte sur un ensemble qu'il serait possible de
délimiter :

Which poet do you like best ? = which of all the poets.
Quel poète préférez-vous ?

L'ensemble **poets** peut être considéré comme limité, clos et connu.

What serait peut-être plus logique. Il est de fait possible ici, mais
what adjectif portant sur des personnes est habituellement évité en
anglais.

35 Adverbes interrogatifs

Ce sont **why, when, where, how.**

A. Why, *pourquoi ?*

Why was he late ? I don't know why she is late.
*Pourquoi était-il en retard ? Je ne sais pas pourquoi elle est en
retard.*

B. When, *quand ?*

When do you get up ? He didn't tell me when he got up.
*A quelle heure vous levez-vous ? Il ne m'a pas dit à quelle heure il
s'est levé.*

C. Where, *où ?*

Where do you live ? Ask him where he lives.
Où habitez-vous ? Demandez-lui où il habite.

D. How, *comment ?*

How did you come ?   They don't know how they will go.
Comment êtes-vous venu ? Ils ne savent pas comment ils iront.

E. Ces adverbes peuvent se construire avec un verbe à l'infinitif.

Why se construit avec l'infinitif sans **to** :

Why do it now ?
Pourquoi le faire maintenant ?

When, where et **how** se construisent avec l'infinitif avec **to** :

They didn't know how to do it.
Ils ne savaient comment le faire.

      /where to go
       où aller
      /when to begin
       quand commencer (voir **240**)

F. How peut être employé

1. avec des adjectifs ; il est l'équivalent alors de **what** + nom (voir

33) :

How old is he ?	How high is Mount Everest ?
Quel âge a-t-il ?	*Quelle est la hauteur de l'Everest ?*

How long does it take ?
Combien de temps cela prend-il ?

2. avec **much** et **many** :

How much do you want ?
Combien voulez-vous ?

How many pictures did you buy ?
Combien de tableaux avez-vous achetés ?

3. avec d'autres adverbes :

How fast does he drive ? Much too fast !
A quelle vitesse conduit-il ? Beaucoup trop vite !

How often do you go abroad ? I go every year.
Allez-vous fréquemment à l'étranger ? Tous les ans.

How quickly can you say « Tottenham Court Road » ? I can say it
in a quarter of a second.
*Combien de temps vous faut-il pour dire T.C.R. ? (A quelle vitesse
pouvez-vous dire T.C.R. ?) Je peux le dire en un quart de seconde.*

How is she ? est une question concernant la santé (voir 33 C). Ne
pas confondre **how are you,** *comment allez-vous ?* et **how do you
do ?** qui n'est pas une question mais une formule de politesse quand
on présente une personne à une autre :

John, I'd like you to meet George.
John, j'aimerais vous présenter George.

John à George :	**How do you do.** *Enchanté.*
George à John :	**How do you do.** *Enchanté.*

(Voir 123.)

36 Ever après **who, what, where, why, when, how**

Après les adverbes interrogatifs **ever,** qui n'est jamais nécessaire à
la correction grammaticale de la phrase, est utilisé pour souligner la
surprise, l'étonnement, l'irritation, la désolation, etc., du locuteur.
Il est synonyme d'expressions comme **on earth/in the world** (cf. en
français *diable, que diable, ou diable,* etc.).

Why ever did you wash it in boiling water ?
Pourquoi diable l'avez-vous lavé à l'eau bouillante ?

Where ever have you put my briefcase ?
Ou diable avez-vous fourré mon porte-documents ?

• On notera aussi l'emploi de **why ever not** ? et **what ever for** ?

You mustn't wear anything green. Why ever not ?
*Vous ne devez pas porter de vert. Et pourquoi donc ? (= je ne
comprends pas cet interdit).*

Bring a knife to class tomorrow. What ever for ?

Apportez un couteau en classe demain. Pourquoi faire, je me le demande ?

Attention ! Ne pas confondre avec **whoever, whichever, whatever,** etc., écrits en un seul mot (voir 62).

VI. — ADJECTIFS ET PRONOMS POSSESSIFS, PRONOMS PERSONNELS, AUTRES PRONOMS

Adjectifs et pronoms possessifs

37 Formes

Adjectifs possessifs	Pronoms possessifs
my *(mon, ma, mes)*	mine *(le mien, etc.)*
your *(ton, etc.)*	yours *(le tien, etc.)*
his, her, its *(le sien, etc.)*	his/her *(le sien, etc.)*
our *(notre, etc.)*	ours *(le nôtre, etc.)*
your *(votre, etc.)*	yours *(le vôtre, etc.)*
their *(leur, etc.)*	theirs *(le leur, etc.)*

Notez l'absence d'apostrophe (ne pas confondre **it's** = **it is** (44, 109) et **its**.

• Dans la Bible, ou la langue poétique, on peut rencontrer la forme, par ailleurs inusitée, de la 2e personne du singulier : **thy**, *ton, etc.* ; **thine**, *le tien, etc.*

38 Accords des adjectifs possessifs

L'adjectif possessif en anglais s'accorde avec le possesseur, alors qu'en français, il s'accorde avec ce qui est possédé.

• Tout ce qui est propriété d'un masculin (homme, garçon) est, en anglais, **his** « thing » :

Tom's father is his father. Tom's mother is his mother.
Le père de Tom est son père. La mère de Tom est sa mère.

• Tout ce qui est propriété d'un féminin (femme, fille) est, en anglais, **her** « thing ».

Mary's father is her father. Mary's mother is her mother.
Le père de Mary est son père. La mère de Mary est sa mère.

• Ce que possède un animal ou une chose est précédé de **its** :

A tree drops its leaves in autumn.
Un arbre perd ses feuilles en automne.

A dog wags it tail when it is happy.
Un chien remue la queue lorsqu'il est content.

• Lorsqu'on connaît le sexe de l'animal, on peut employer **his/her**.

• S'il existe plusieurs possesseurs pour une même chose (humains ou non), on emploie **their**.

• L'adjectif possessif ne varie pas en nombre : **my book, my books.**

39 Les pronoms possessifs se substituent au groupe adjectifs possessifs + nom

A. Ils suivent les mêmes règles d'accord que les adjectifs possessifs.

This is my pen.	This is mine.
C'est mon stylo.	*C'est le mien.*
Are those your books ?	No, they are hers.
Est-ce que ce sont vos livres ?	*Non, ce sont les siens.*

A la troisième personne du singulier neutre, il n'existe pas de pronom, on emploie **its** suivi d'un nom.

B. of + pronom possessif = **one of** + adj. possessif + nom.

a friend of mine	=	one of my friends
un ami à moi		*un de mes amis*
a sister of yours	=	one of your sisters
une sœur à vous		*une de vos sœurs*

• Adjectif possessif + **own**

Cette construction est l'équivalente du pronom possessif :

A : Will you take my car ?
   Prendez-vous ma voiture ?

B : No, I'll take my own.
   Non, je prendrai la mienne.

Cette tournure exprime une certaine insistance sur la propriété, comme c'est le cas dans le renforcement de l'adjectif possessif renforcé par **own** :

A girl likes to have her own room.
Une fille aime avoir sa propre chambre. (Une chambre bien à elle.)

Pronoms personnels

49 Formes

	Sujet	Complément
Singulier		
1re personne	I	me
2e personne	you	you
3e personne		
(masc. fém. n.)	he/she/it	him/her/it
Pluriel		
1re personne	we	us
2e personne	you	you
3e personne	they	them
Langue biblique et poétique		
2e personne		
singulier	*thou*	*thee*

41 Il y a peu de différence entre l'emploi de ces pronoms en anglais et le fonctionnement des pronoms en français

On emploie couramment la forme complément après le verbe **to be** :

It's me.	That's him over there.
C'est moi.	*C'est lui, là-bas.*

sauf si le pronom est suivi d'une proposition relative ou dans une question **who/what** ?

He has the right to make the decision since it is he who pays the bill. *Il a le droit de décider puisque c'est lui qui paie.*

Dans une question, si on ignore qui est la personne, on emploie **it** :

Someone on the phone for you. Yes, who is it ?
Quelqu'un au téléphone pour vous. Oui, qui est-ce ?

There's a gentleman downstairs who wants to see you. Yes, who is it ? *Il y a un monsieur en bas qui veut vous voir. Oui, qui est-ce ?*

42 Position des pronoms compléments directs ou indirects

A. Verbes à double construction (voir 79).

I told Tom/him a story.
J'ai raconté une histoire à Tom/je lui ai raconté...

I made Ann/her a cake.
J'ai fait un gâteau pour Anne/je lui ai fait un gâteau.

B. Cependant, il est usuel de placer le pronom objet direct directement après le verbe, et d'employer les prépositions **to** ou **for** (voir 74) pour introduire le second complément :

I told it to Tom.	I made it for Ann.
Je l'ai dit à Tom.	*Je l'ai fait pour Anne.*

Cette règle ne s'applique pas aux pronoms indéfinis **one, some, any, none**, etc. On peut dire aussi bien :

He bought one for Ann *ou* he bought Ann one.
Il en a acheté un à/pour Anne.

He didn't give any to Jack *ou* he didn't give Jack any.
Il n'en a pas donné à Jack.

43 Place su pronom complément des verbes composés

Verbe + adverbe ou verbe + préposition (voir 32).

● Verbe + adverbe : quand le complément est un nom, il peut se placer *avant* ou *après* l'adverbe :

Blow up the bridge/blow the bridge up.
Faites sauter le pont.

Le pronom complément se place avant l'adverbe :
Blow it up, *faites-le sauter.*

● Verbe + préposition : certaines particules pouvant être adverbes ou prépositions (**in, off, up**, etc.), il est naturel qu'elles précèdent le complément, nom ou pronom, lorsqu'elles sont employées comme prépositions :

He turned off the main road. He turned off it.
Il quitta la grand-route.

Off est ici préposition. Mais dans **he turned off the light/the light off/he turned it off** *(il éteignit la lumière),* **off** est adverbe (voir 90).

44 Le pronom **it**

Troisième personne du singulier neutre.

Il a la même forme comme sujet ou complément. Son pluriel est **they/them.** L'adjectif possessif correspondant est **its.**

Emplois

A.

- Il s'emploie donc pour les choses, les animaux en général quand la mention du sexe n'importe pas, et parfois pour un bébé ou un petit enfant.

- Pour les personnes : dans les questions où l'on demande l'identité de la personne, et dans la réponse correspondante (voir 41 B) :
  Who is it ? It's me. *Qui est-ce ? C'est moi.*

- Dans l'expression **it is/was,** etc. + nom de personne (singulier ou pluriel) + relative :
  It was Peter who lent us the money.
  C'est Pierre qui nous a prêté l'argent. (Voir 54.)

B. it est employé :

- pour exprimer des états de la situation :

it + **to be** + adjectif :
It is cold/it is quiet in this room.
Il fait froid/c'est tranquille dans cette pièce.
It's raining. *Il pleut.*

- pour identifier un moment du temps :
What is the time ? It is six.
Quelle heure est-il ? Il est six heures.

What is the day/the date ? It is Monday/the 1st of April.
On est quel jour/quelle date ? C'est lundi/le 1ᵉʳ avril.

- pour identifier une somme, une durée, une distance...
It is ten pounds. It is 400 kilometres.
Ça fait dix livres. Ça fait 400 kilomètres.
It is ten years since...
Cela fait dix ans que... (voir 182 E).

- et dans les questions correspondantes :

How much is it (does it cost) ?	How far is it ?
Ça fait combien ?	*C'est loin ?*
How long is it since... ?	
Ça fait longtemps que... ?	

C. Lorsqu'un infinitif est le sujet réel de **be** + adjectif (et expressions équivalentes), la construction est la suivante :

It is easy to criticize.
Il est facile de critiquer/Critiquer, c'est facile.

• Dans les expressions **to find, to think, to make,** etc. + **it** + adjectif + infinitif.

We found it impossible to cross the road.
Il nous fut impossible de traverser la rue.

• Avec **to occur** :

It never occurred to me to doubt him.
Il ne m'est pas venu un instant à l'esprit de mettre en doute ce qu'il dirait.

D. On peut employer **it**, là ou une proposition complète est sujet d'une phrase — la construction avec **it** étant la plus usitée : on peut dire :

That he has not returned is strange.
That prices will go up is certain.

mais on dira :

It is strange that he has not returned (voir 237).
Il est étrange qu'il ne soit pas revenu.

It is certain that prices will go up.
Il est certain que les prix augmenteront.

Notez aussi :

It occurred to me that he was trying to shield someone.
Il m'est venu à l'idée qu'il essayait de couvrir quelqu'un.

It struck him that everyone was unusually silent.
Il fut frappé de constater que tout le monde observait un silence inhabituel.

E. it s'emploie comme sujet de verbes impersonnels :

it seems/appears/looks (that), *il semble que* ; **it depends**, *cela dépend* ; **it happens that**, *il arrive que.*

45 **You** et **one** employés comme indéfinis

On peut employer l'un ou l'autre.

Can one camp in the forest ?/Can you camp in the forest ?
Peut-on camper dans cette forêt ?

One est impersonnel, très général, moins employé que **you. You** est plus courant en anglais parlé ; il est moins impersonnel (suggérant que le locuteur peut, le cas échéant, se trouver dans la situation exprimée).

Il est indispensable de veiller à la concordance entre le pronom personnel et l'adjectif possessif :

One has to show one's pass at the door.
Il faut montrer son coupe-fil à la porte.

You have to show your pass at the door.

La tournure en **one's** est plus fréquente que la tournure en **your** pour exprimer une généralité :

It's easy to lose one's/your way in Venice.
Ce n'est pas difficile de se perdre à Venise.

46 Emploi de **they/them/their** avec **neither/either, someone/anyone/no one,** etc.

Ces expressions (voir 21 **D**, 22) s'accordent en principe avec un verbe singulier. Le pronom personnel qui les reprend devrait donc être **he** ou **she**, le possessif **his/her**. De nombreux anglophones préfèrent **they/their**, même lorsqu'il n'y a qu'un sexe en cause :

Neither of them remembered their instructions.
Ni l'un ni l'autre ne se souvenait des consignes reçues.

Everyone has read the notice, haven't they ?
Tout le monde a lu l'avis, n'est-ce pas ?

Would anyone lend me their binoculars ?
Est-ce que quelqu'un voudrait bien me prêter ses jumelles ?

Pronoms réfléchis et forme emphatique du pronom personnel

47

A. Formes : **myself, yourself, himself, herself, itself, ourselves, yourselves, themselves**

La forme correspondant à l'indéfini est **oneself**. Ils sont accentués sur la finale **self/selves**.

B. Emploi du pronom réfléchi

Il s'emploie quand sujet et complément du verbe sont une même personne, qu'il s'agisse d'un complément direct ou introduit par une préposition :

I cut myself.	She looked at herself.
Je me suis coupé.	*Elle se regarda (dans une glace).*

Tom and Ann blamed themselves for the accident.
Tom et Anne se sont sentis responsables de l'accident.

• Attention ! Du fait de la confusion qui peut naître du français : *ils se regardent (dans la glace)* = réfléchi, et *ils se regardent en chiens de faïence* (réciproque), il faut bien distinguer par exemple :

Tom and Ann blame **themselves**
et Tom and Ann blame **each other** (voir 27 **D**) = *Tom blâme Anne et Anne blâme Tom.*

• Si la préposition exprime la notion de localisation, on n'emploie pas le réfléchi :

They put the children between them.
Ils placèrent les enfants entre eux deux.

Did you take the dog with you ?
Avez-vous emmené le chien ?

Has he any money on him ?
A-t-il de l'argent sur lui ?

48 Les réfléchis peuvent s'employer avec une valeur emphatique :

• Après le sujet (il peut être omis sans changer le sens de la phrase) :

The king himself gave her the medal.
(C'est) le roi lui-même (qui) l'a décorée.

• Après le verbe intransitif ou le complément d'objet :

Tom went himself.   Ann opened the door herself.
Tom y alla lui-même.   Anne ouvrit la porte en personne.

• Si le verbe intransitif est suivi d'une préposition + nom, le pronom réfléchi peut être placé après ce nom :

Tom went to London himself *ou* Tom himself went to London.
Tom s'est rendu en personne/lui-même à Londres.

• Quand il met l'accent sur un autre nom, le réfléchi le suit immédiatement :

I spoke to the President himself.
J'ai parlé au président lui-même.

She liked the diamond itself but not the setting.
Elle aimait le diamant lui-même mais pas la monture.

• Remarquez la différence entre :

I did it myself. *Je l'ai fait moi-même.*

et I did it by myself. *Je l'ai fait tout seul.*

A rapprocher de : **He sat by himself**, *il était assis tout seul (dans son coin).*

VII. — LES PRONOMS RELATIFS ET LES PROPOSITIONS RELATIVES

On peut distinguer trois sortes de propositions relatives : les relatives déterminatives (49-55), les relatives non déterminatives (56-59), les relatives conjointes (60-62).

Les relatives déterminatives

49 Ces propositions qualifient leur antécédent de manière à le distinguer de tout autre élément appartenant à la même classe

La relative déterminative est indispensable à la claire compréhension du nom qu'elle qualifie ; elle est immédiatement associée à son antécédent dont elle n'est pas séparée par une virgule. L'exemple extrême est fourni par des expressions comme *le premier homme qui..., le seul... qui* où la relative exprime quelle particularité, quel caractère, etc., permet de dire que le sujet est unique en son genre, *premier, seul.*

50 Les pronoms relatifs sont invariables du point de vue du genre et du nombre

	Sujet	*Complément*	*Cas possessif*
Masculin ⎫	who	who/whom	whose
Féminin ⎬	that	that	
Neutre ⎭	which	which	whose/of which
	that	that	

(Voir **55** D.)

51 Relatives déterminatives avec antécédent masculin/féminin

A. Sujet : **who** ou **that**

On emploie généralement **who** :

The man who robbed you has been arrested.
L'homme qui vous a volé a été arrêté.

The film is about a group of people who are trapped in a lift.
Le film raconte l'histoire d'un groupe de personnes qui se fait bloquer dans un ascenseur.

That est moins courant que **who,** sauf après les superlatifs **(first, last,** etc.), **only** et des pronoms comme **all, nobody, no one, somebody, anybody,** qui peuvent se construire avec **who** ou **that** :

He was the first man that/who walked on the moon.
Ce fut le premier homme qui marcha sur la Lune.

All who/that heard him were delighted (voir **52** B).
Tous ceux qui l'ont entendu ont été ravis.

B. Complément **whom/who** ou **that**

La forme complément est en principe **whom**, mais s'utilise de moins en moins en anglais parlé courant où il est remplacé par **that** et quelquefois **who**. Mais l'usage, la pratique la plus usuelle est de ne pas exprimer le pronom complément :

The man whom I saw/The man who I saw.
The man that I saw/The man I saw.
L'homme que j'ai vu.

C. Complément introduit par une préposition : **whom** ou **that**

• En anglais recherché, la préposition précède le pronom relatif qui est alors **whom**, obligatoirement :

The man to whom I spoke.
L'homme à qui j'ai parlé.

• Dans la langue courante, on déplace volontiers la préposition en fin de proposition. **Whom** est alors plus fréquemment employé que **that**, mais il est encore plus courant de ne pas l'exprimer :

The man that/whom/who I spoke to/the man I spoke to.

The man from whom I bought it/the man I bought it from.
L'homme à qui je l'ai acheté.

The friend with whom I was travelling/the friend I was travelling with.
L'ami avec lequel je voyageais.

D. Possessif

Whose est la seule forme possible :

The film is about a spy whose wife betrays him.
Le film raconte l'histoire d'un espion que sa femme trahit.

People whose rents have been raised can appeal.
Les gens dont les loyers ont été augmentés peuvent faire appel de cette mesure.

52 Relatives déterminatives avec antécédent neutre

A. Sujet

Which ou **that** : s'emploie dans une langue plus recherchée.

This is the picture which/that caused such a sensation.
Voici le tableau qui fit tellement sensation (voir **B** ci-dessous).

B. Complément du verbe

Which ou **that**, ou omission du relatif

Après **all, much, little, everything, none, no** et les composés de **no**, après les superlatifs, on emploie **that** ou, dans le cas du complément, on n'emploie pas de relatifs :

This is the best hostel (that) I know.
C'est le meilleur hôtel que je connaisse.

C. Complément indirect

• La construction préposition + **which** est le plus souvent délaissée ; l'anglais préfère rejeter la préposition après le verbe et employer en tête de préposition **that, which** ou rien :

The ladder on which I was standing began to slip.
L'échelle sur laquelle j'étais monté se mit à glisser.

The ladder which/that I was standing on/the ladder I was standing on.
(La construction préposition + **that** est impossible.)

• **In/on which** se rapportant à une notion de temps peut être remplacé par **when** (relatif) :

The day when they arrived.
Le jour où ils arrivèrent.

• Dans ce cas, où il est relatif, **when** peut être suivi d'un futur :

We'll arrive at 12, when we'll have lunch.
Nous arriverons à midi, heure à laquelle nous déjeunerons.

• **Where** peut être substitué à **in/at which** (notion de lieu) :

The hotel where they were staying.
L'hôtel où ils étaient descendus.

• **Why** peut remplacer **for which** (notion de raison) :

The reason why he refused.
La raison pour laquelle il a refusé.

D. Cas possessif du relatif neutre

Whose peut s'employer mais il est souvent remplacé par **with** + groupe nominal :

Living in a house whose walls were made of glass would be horrible.
Vivre dans une maison dont les murs seraient en verre serait horrible.
Living in a house with glass walls would be horrible.

E. Such... as peut être considéré comme un relatif (également avec un masculin/féminin) :

Such... as est un relatif qui renvoie à la classe à laquelle appartient l'antécédent, classe qui est définie par la propriété exprimée par la relative.

They made such arrangements as were possible (= They made what arrangements were possible).
Ils ont pris les dispositions qui étaient possibles.

They shared such food as was available (= They shared what food was available)
Ils ont partagé ce qu'il y avait de disponible comme nourriture.

De même, notez, dans une langue littéraire un peu artificielle, la différence entre :

They installed such machines as had never been used before.
Ils utilisaient des machines qui n'avaient jamais été utilisées avant
(= d'un type nouveau).

et

They installed machines which had never been used before (**which** *est sujet de* **had been**) : *des machines qui n'avaient jamais été utilisées* (des machines neuves).

53 Le pronom relatif **what**

What est un relatif avec antécédent intégré (**the thing which/that, that which = what**). Ceci explique pourquoi il n'est pas possible d'avoir des constructions comme **all** suivi de **what** :

The things that we saw astonished us/what we saw astonished us.
Ce que nous avons vu nous a étonnés.

• Il ne faut pas confondre le relatif **what** avec le relatif de liaison **which** (qui peut se paraphraser en : **and this,** le plus souvent sujet du verbe qui suit) :

He did not understand what I told him.
Il n'a pas compris ce que je lui ai dit.

What est à la fois complément de **understand** et complément de **told.**

He did not know what had happened.
Il ne savait pas ce qui s'était passé.

What est à la fois complément de **know** et sujet de **had happened.**

mais :

Some of the roads were flooded, which made our journey more difficult.
Certaines routes étaient inondées, ce qui a rendu notre voyage plus difficile.

Which reprend la première proposition ; notez la présence de la virgule (voir également 60).

54 **it is/was** + nom/pronom + proposition relative

It was Tom who helped us.
C'est Tom qui nous a aidés.

Au lieu de : Tom helped us. *Tom nous a aidés.*

On insiste sur le fait que c'est Tom et non un autre.

It is/was s'emploie même si le nom qui suit est pluriel :

It is the Americans who landed first on the moon.
Ce sont les Américains qui se sont posés les premiers sur la Lune.

De même :

It was in Rome that we met.
C'est à Rome que nous nous sommes rencontrés.

= à Rome et non ailleurs. **Which** ne s'emploie pas dans ces constructions, mais tous les autres relatifs (à l'exception de **what**) peuvent y être associés.

55 Une proposition relative peut parfois être remplacée par un infinitif ou un participe

A. Après **the first/the second,** etc., et après **the last, only,** et quelquefois après les superlatifs :

The last man to leave the ship = the last man who leaves/left.
Le dernier homme à quitter le bateau = qui quitte, qui a quitté.

L'infinitif remplace ici un pronom sujet + verbe. Il ne peut être utilisé pour remplacer un pronom complément. Par exemple : **the first man that we saw,** *le premier homme que nous vîmes,* ne peut être remplacé par **the first man to see** qui signifie *le premier à voir, qui vit, voit, verra.*

• Cependant, si **that** est le sujet d'un verbe passif (par exemple, **the first man that was seen**), on peut remplacer la relative par un infinitif passif : **the first man to be seen,** *le premier à être vu.*

B. Lorsqu'elle exprime une notion d'intention ou de permission :

He has a lot of books to read = he has a lot of books that he can/must read. *Il a beaucoup de livres à lire = qu'il peut/doit lire.*

A garden to play in = a garden they can play in.
Un jardin où/pour jouer.

• C'est le contexte qui permet de lever l'ambiguïté possible de l'emploi de l'infinitif :

The first man to see is Tom = the first man we must see is Tom.
Tom est la première personne à voir.

• mais

The first man to see me was Tom = the first man who saw me was Tom.
Tom fut la première personne qui me vit.

C. Relative remplacée par un participe présent

1. Quand le verbe de la relative est à la forme progressive (ou continue) :

People who are/were waiting for the bus/People waiting for the bus... *Les gens qui attendent/attendaient l'autobus...*

2. Quand le verbe exprime une action habituelle ou constante :

Passengers who travel on this bus/Passengers travelling...
Les passagers qui voyagent dans ce bus...

A notice which warned people/A notice warning people.
Un avis qui avertissait...

A letter which told/a letter telling...
Une lettre qui disait...

3. Quand le verbe de la proposition est **wish,** *souhaiter* ; **désire,** *désirer* ; **want,** *vouloir* ; **hope,** *espérer* (impossible avec **like,** *aimer*) :

People who wish to go on the tour = People wishing to go.
Ceux qui souhaitent participer au voyage...

Fans who hoped for a glimpse of the star = Fans hoping...
Des « fans » qui espèrent apercevoir la vedette...

4. Une proposition relative non déterminative (voir plus loin) dont le verbe exprime la notion de savoir ou d'opinion : **know,** *savoir* ; **think,** *penser* ; **believe,** *croire* ; **expect,** *s'attendre à,* peut être remplacée par un participe présent :

Peter, who thought the journey would take at least two days, said...
= Peter, thinking that the journey would take...
Pierre, qui pensait que le voyage durerait au moins deux jours, dit...

Propositions relatives non déterminatives

56

A. Elles suivent un nom préalablement défini. Cette relative apporte une information complémentaire, elle n'est pas indispensable à l'intelligibilité de l'énoncé. Elle est séparée de son antécédent par une virgule. Elle est plus courante dans la langue écrite que dans la langue parlée. Le pronom relatif ne peut y être omis.

B. Pronoms relatifs utilisés dans les relatives non déterminatives.

	Sujet	Complément	Possessif
Personnes	who	whom, who	whose
Neutres	which	which	of which

57 who, whom, whose

A. Sujet : **who**
Peter, who had been driving all day, suggested stopping at the next town. *Pierre, qui avait conduit toute la journée, proposa de s'arrêter à la ville suivante.*

On trouve ce type de relative surtout dans la langue écrite. En anglais oral courant on aura plutôt :

Peter had been driving all day, and he suggested/so he suggested...

En anglais parlé, ces relatives sont par contre très courantes lorsqu'elles s'appliquent au complément du verbe principal ou à un nom précédé d'une préposition :

I've invited Ann, who lives in the next flat.
J'ai invité Anne, qui habite l'appartement voisin.

I passed the letter to Peter, who was sitting beside me.
Je passai la lettre à Pierre qui était assis à côté de moi.

B. Complément **whom, who**

• Il n'est pas possible de l'omettre. **Whom** est la forme convenable, bien que **who** puisse parfois s'entendre en anglais parlé :

Peter, whom everyone suspected, turned out to be innocent.
Pierre, que tout le monde soupçonnait, se révéla être innocent.

On dira plus volontiers :

Everyone suspected Peter, but he turned out to be innocent.

• Ces relatives sont très usitées en anglais parlé, après le complément du verbe principal ou préposition + nom :
She introduced me to her husband, whom I hadn't met before.
Elle me présenta à son mari, que je n'avais encore jamais rencontré.

C. Complément indirect, préposition + **whom**

La préposition se place normalement avant **whom** qui ne peut être omis.
Dans la langue orale, la préposition peut être placée après le verbe et le pronom sera de préférence **who** :
Mr. Jones, for whom I was working, was very generous about overtime payments. *M. Jones, pour qui je travaillais, payait très généreusement les heures supplémentaires.*
Mr. Jones, who/whom I was working for,...

• Si la proposition contient un complément de lieu ou de temps, celui-ci demeure en fin de proposition :
Peter, with whom I played tennis on Sundays...
Pierre, avec qui je jouais au tennis le dimanche...
Peter, who/whom I played tennis with on Sundays...

D. Possessif : **whose**

Ann, whose children are at school all day, is trying to get a job.
Anne, dont les enfants sont à l'école toute la journée, essaie de trouver un travail.

Plus couramment, on dira : **Ann's children are at school all day, so...**

La langue parlée procède plus par juxtaposition et coordination (**but, and, so,** etc.) que la langue écrite, où s'emploient davantage les subordonnées relatives et conjonctives.

58 Both, some, most, all, several, few, etc. + of + whom/which

Ces termes + **of** + **whom/which** permettent de ne considérer qu'une partie d'un ensemble. Bien qu'en français, on dise : ... *dont quelques-uns/certains/plusieurs/beaucoup,* il ne faut pas confondre cette construction avec un possessif.

Cette construction peut paraître lourde dans la langue parlée. Des équivalents possibles sont suggérés ici :
Her brothers, both of whom work in Scotland, ring up every week.
Ses frères, qui travaillent tous deux en Écosse, téléphonent chaque semaine.
= Both her brothers/her two brothers work in Scotland, but/and they ring up...

The house was full of boys, ten of whom were his own grandchildren.
La maison était pleine de garçons, dont dix étaient ses petits-fils.
= The house was full of boys ; ten of them...

59 Relatives non déterminatives : **which, whose** (neutres)

A. Sujet, **which**

The 8.15 train, which is usually punctual, was late today.
Le train de 8 h 15, qui est d'ordinaire à l'heure, avait du retard aujourd'hui.

En anglais parlé, on dirait plutôt : **The 8.15 train is usually punctual, but...**

B. Complément, **which**

Il n'est pas possible d'employer **that,** ni d'omettre **which** :
She gave me this jumper which she had knitted herself.
Elle m'a donné ce pull, qu'elle avait tricoté elle-même.
She gave me this jumper ; she had...

C. Complément indirect

La préposition se place avant **which** ou, dans une langue plus courante, après le verbe et son complément direct :
His house, for which he paid £ 20,000 ten years ago, is now worth £ 60,000.
Sa maison, qu'il a payée 20 000 livres il y a dix ans, en vaut 60 000 aujourd'hui.
Ou : The house he paid £ 20,000 for ten years ago...

D. Which + verbe composé (verbe à particule)

Les verbes composés comme **look foward to, look after, put up with,** etc. (voir **32**) doivent être considérés comme un mot unique, la particule ne peut être séparée du verbe :
This machine, which I have looked after for twenty years, is still working perfectly.
Cette machine, dont je m'occupe depuis vingt ans, marche toujours à la perfection.
Your inefficiency, which we have put up with far too long, is beginning to annoy our customers.
Votre incompétence, que nous tolérons depuis trop longtemps, commence à ennuyer nos clients.

E. Cas possessif : **whose** ou **of which**

Whose s'emploie généralement pour les animaux et les choses. **Of which** n'est pas impossible mais son emploi est limité à une langue très littéraire ou recherchée :
His house, whose windows were all broken, was a depressing sight.
Sa maison, dont toutes les vitres étaient cassées, offrait un spectacle lamentable.

The car, whose handbrake wasn't very reliable, began to slide backwards.
La voiture, dont le frein à main n'était pas très sûr, se mit à reculer doucement.

Propositions relatives conjointes

60 Pronoms **who, whom, whose, which**

Ces relatives se rapportent généralement au complément (direct ou indirect) du verbe principal ; elles ne constituent pas un apport d'information nouveau permettant de décrire ou de définir leur antécédent. Leur fonction est de poursuivre un récit, une narration. Elles sont équivalentes à des constructions avec **and** ou **but** :

I told Peter, who said it was not his business. = I told Peter, but he said...
Je l'ai dit à Pierre, qui a dit que ce n'était pas ses affaires.

Ces relatives sont parfois difficiles à distinguer des précédentes.

• **One, two,** etc., **some, several, few,** etc. + **of** + **whom/which** (voir 58) peuvent être employés pour former une relative conjointe :

I bought a dozen eggs, six of which broke when I dropped the box at my door = I bought a dozen eggs and six of them broke when I dropped the box at my door.
J'ai acheté une douzaine d'œufs et j'en ai cassé six en laissant tomber la boîte sur le pas de ma porte.

• **Which** peut représenter une proposition complète, précédemment exprimée (voir 53) :

They said they were French, which was not true.
Ils dirent qu'ils étaient français, ce qui n'était pas vrai.

Il y a parfois des risques d'ambiguïté, qu'une virgule peut lever :

He spent the morning reading a novel, which his mother disapproved of.
Il passa la matinée à lire un roman, ce que n'aimait pas sa mère.

Mais :

He spent the morning reading a book which his mother disapproved of. *Il passa la matinée à lire un roman que sa mère n'aimait pas.*

Notez que, dans ce deuxième exemple, toute ambiguïté disparaît, si on remplace **which** par **that** ou si on omet le relatif.

61 Importance de la virgule dans les relatives

Elle permet de distinguer une déterminative d'une non-déterminative, lesquelles ont, l'une et l'autre, un sens très différent :
The travellers who knew about the flood took another road.
Les voyageurs qui étaient avertis de l'inondation prirent une autre route (certains, non avertis, eurent des problèmes).

The travellers, who knew about the flood took another road.
Les voyageurs, qui étaient avertis de l'inondation, prirent une autre route (tous les voyageurs, parce qu'ils étaient au courant, ont modifié l'itinéraire).

62 Whoever, whichever, whatever, whenever, wherever, however

Ces divers termes, de sens varié, peuvent introduire des propositions relatives ou d'autres types de propositions. Ces autres propositions ne font pas, techniquement, partie de ce chapitre mais il semble opportun d'envisager ici l'ensemble de ces termes en **-ever**. **Ever** signifie une généralisation de la notion exprimée par le terme qu'il complète.

Par exemple :

where, *où,* **wherever,** *où que ce soit,*
who, *qui,* **whoever,** *quiconque, qui que ce soit.*

A. Whoever (pronom), **whichever** (pronom et adjectif) signifient *celui/celle/*etc. *qui...* (peu importe qui) :
Whoever gets home first starts cooking the supper.
Celui qui rentre le premier à la maison commence à préparer le dîner.

Whichever team gains the most points wins (**whichever** = adjectif).
L'équipe (quelle qu'elle soit) *qui marque le plus de points est déclarée gagnante.*

B. Whatever (pronom et adjectif), **whenever, wherever** :
You can eat what/whatever you like (**whatever** = pronom).
Vous pouvez manger (tout) ce qui vous fait plaisir.

When you are older, you can watch whatever programme you like (**whatever** = adjectif).
Quand tu seras grand, tu pourras regarder n'importe quelle émission que tu voudras.

My roof leaks whenever it rains.
Il y a des fuites dans mon toit chaque fois qu'il pleut.

You'll see this product advertized wherever you go.
Vous verrez de la publicité pour ce produit partout où vous irez.

C. Whoever, whichever, whatever, whenever, wherever, however peuvent prendre le sens de *peu importe qui,* etc.
Whatever happens, don't forget to write (no matter what).
Quoi qu'il arrive, n'oubliez pas d'écrire.
I'll find him, wherever he has gone (no matter where).
Je le trouverai, peu importe où il est allé.

• **Whatever you do** s'emploie souvent avant un ordre ou une demande, pour souligner son importance :
Whatever you do, don't mention my name.
Quoi que vous fassiez, ne faites pas état de mon nom.

• **However** adverbe permet d'envisager tous les degrés possibles de l'adjectif ou adverbe auquel il se rapporte et qu'il précède immédiatement. C'est pourquoi il peut être employé comme d'autres adverbes se terminant en **-ever** avec **may** :

I'd rather have a room of my own, however small.
Je préférerais avoir une chambre pour moi seul, si petite soit-elle.

However small = even it if very small = however small it may be.
                    Même si elle est très petite.

However hard I worked, she was never satisfied.
Quels que fussent mes efforts, elle n'était jamais contente. = Even if I worked very hard.

• Notez que **however** est en tête de proposition et précède immédiatement l'adverbe ou l'adjectif auquel il est associé, quelle que soit la place de ce terme dans l'usage normal :

Even if I work very hard (adverbe de degré après le verbe) =
However hard I work : however exclut tout autre adverbe de degré.

D. Whatever, wherever peuvent dénoter l'ignorance ou l'indifférence du locuteur :

He lives in Wick, wherever that is (je ne sais pas où c'est et du reste cela ne m'intéresse pas).
Il habite à Wick ou un bled dans ce genre.

He says he's a phrenologist, whatever that is.
Il se dit phrénologue, ou un truc dans ce genre.

Ne pas confondre avec **who ever, when ever,** etc. (voir 36).

VIII. — LES ADVERBES

63 Nature

On peut classer les adverbes en 8 groupes :

1. de *manière* : quickly, bravely, hard, fast, well...
2. de *lieu* : here, there, up, down, near, by... (voir **90**)
3. de *temps* : now, soon, yet, still, then, today...
4. de *fréquence* : twice, often, never, always...
5. de *certitude* : certainly, surely, definitely, obviously...
6. *interrogatifs* : when, where, why... (voir **35**)
7. de *degré* : very, fairly, rather, quite, too, hardly...
8. *relatifs* : when, where, why... (voir **52 C**)

64 Formation d'adverbes à partir des adjectifs

A. La plupart des adverbes de manière et certains adverbes de degré se forment en ajoutant **-ly** à l'adjectif correspondant :

slow → slowly **grave** → gravely **immediate** → immediately
lent   *grave*   *immédiat*

beautiful *beau* → beautifully

• Modifications orthographiques :
1. y final → i : **gay** *gai* → gaily

2. e final est conservé sauf dans **truly (true)**, *vraiment*

duly (due), *dûment* **wholly (whole)**, *totalement*

3. Les adjectifs terminés par **-able/-ible** perdent le e final et le remplacent par **y** :

sensible → sensibly   **capable** → capably
raisonnable   *capable*

B. Exceptions :

1. L'adverbe qui correspond à **good** est **well**.
2. A l'exception de **kindly**, les adjectifs terminés par **-ly** n'ont pas d'adverbe correspondant. On emploie, à sa place, un autre adverbe ou une périphrase :
c'est le cas de **friendly, likely, lonely, lovely, lowly** :

friendly, *amical* **in a friendly way,** *amicalement*

likely, *probable* **probably** (adv.), *probablement*

3. **high, low, deep, near, far, fast, hard, early, late, much, little, direct** *(tout droit)*, **straight, pretty, wrong, kindly, enough** peuvent être employés comme adjectifs ou comme adverbes :

Adjectifs	Adverbes
A high mountain	**The bird flew high**
Une haute montagne	*L'oiseau volait haut*
A fast train	**The train went fast**
Un train rapide	*Le train allait vite*

She is a pretty girl	**The problem is pretty difficult**
Elle est jolie	*Le problème est très difficile*
I have just enough time	**She didn't run fast enough**
J'ai juste assez de temps	*Elle n'a pas couru assez vite*

4. Les formes **highly, lowly, nearly, lately, hardly, directly, wrongly** existent, mais prennent un sens plus restreint que les adjectifs correspondants :

- **highly** s'emploie dans un sens abstrait :
  He was highly placed.
  Il avait un poste élevé.

They spoke highly of him.
Ils ont dit grand bien de lui.

- **lowly** : adj. = *humble*

- **deeply** a principalement un sens affectif :
  He was deeply hurt.
  Il était profondément blessé.

- **nearly** = *presque*
  lately = *récemment*
  hardly = *guère, à peine* (voir 76, 72)

- **directly** est principalement un adverbe de temps :
  He'll be here directly.
  Il sera là sur-le-champ.

- **wrongly** s'emploie le plus souvent avec un participe passé :
  You were wrongly informed.
  On vous a mal informé.

5. **warmly, hotly, coolly, coldly, presently, shortly, scarcely** et **barely** ont également un sens différent de celui de l'adjectif correspondant :
warmly, hotly, coolly et **coldly** s'emploient principalement dans un sens affectif :

She welcomed me warmly.
Elle me fit un accueil chaleureux.

He denied the accusation hotly.
Il rejeta l'accusation avec indignation.

They behaved very coolly in a dangerous situation.
Ils firent preuve d'un grand sang-froid face au danger.

We received them very coldly.
Nous leur avons réservé un accueil glacial.

presently : *quelque temps plus tard/bientôt*
shortly : *brièvement/bientôt*
Pour **scarcely** et **barely**, voir 76.

6. **Surely** est légèrement différent de l'adjectif **sure** (voir 69).
Just *(juste)* a un adverbe **justly**, mais **just** est également adverbe de temps (voir 67, 180) et de degré (voir 71).

65 Les adverbes au comparatif et au superlatif

A. Les adverbes de deux syllabes et plus forment leur comparatif avec **more** + adverbe, leur superlatif avec **most** + adverbe :

quickly	more quickly	most quickly
rapidement	*plus rapidement*	*très rapidement*
		le plus rapidement

Les adverbes monosyllabiques, ainsi que **early**, forment leur comparatif avec le suffixe **-er**, leur superlatif avec le suffixe **-est**.

hard	harder	hardest
dur/durement	*plus durement*	*très durement/le plus durement*
early	earlier	earliest
tôt	*plus tôt*	*très tôt/le plus tôt*

Comparatifs et superlatifs irréguliers :

well, *bien*	better, *mieux*	best, *le mieux*
badly, *mal*	worse, *pire*	worst, *le pire*
little, *peu*	less, *moins*	least, *le moins*
much, *beaucoup*	more, *plus*	most, *le plus*
far, *loin*	farther, *plus loin*	farthest, *le plus loin* (pour les distances seulement)
	further	furthest (distance, temps et sens abstrait)

B. Schémas comparatifs (voir aussi **311**)

Quand les deux propositions requièrent le même verbe, on emploie généralement un auxiliaire dans la seconde.

1. Comparaison d'égalité

• **As... as** :

He worked as slowly as he dared.
Il travaillait aussi lentement qu'il l'osait.

not as/so... as

He doesn't snore as/so loudly as you do.
Il ne ronfle pas aussi fort que vous.

2. Comparaison d'inégalité

• Comparatif + **than**

He went further than the other explorers.
Il est allé plus loin que les autres explorateurs.

He eats more quickly than I do/than me.
Il mange plus vite que moi (voir **17**).

• **The** + comparatif... **the** + comparatif : cette structure qui exprime la notion d'accroissement parallèle s'emploie également avec les adverbes :

The sooner the better.
Le plus tôt sera le mieux.

The earlier you start the sooner you'll be back.
Plus vous partirez tôt, plus tôt vous serez de retour.

On notera ici la différence entre **early** et **soon**, et surtout la place des deux adverbes, en tête de chacune des propositions juxtaposées.

3. Avec le superlatif, il n'est pas impossible d'employer **of** + nom, mais on préfère généralement tourner la phrase autrement :
on peut dire : he went the furthest of the explorers.
on dira : he went further than all the other explorers.
Par contre, on trouvera souvent superlatif + **of all** :
He ran fastest of all.
Il a couru le plus vite.

Très souvent **of all** renvoie à d'autres actions faites par le même sujet :
He likes swimming best of all.
Il aime par-dessus tout nager (plus que tout autre sport).
Mais il n'est pas nécessaire dans cette construction :
He likes swimming best.

4. **Most** devant un adverbe ou un adjectif peut être l'équivalent de **very, extremely** (superlatif absolu) :
She behaved most generously.
Elle se montra très généreuse.

Place des adverbes

66 Adverbes de manière et de lieu

A. Adverbes de manière

1. Après le verbe intransitif :
She danced beautifully.
Elle dansait à la perfection.

2. Après le complément d'objet :
They speak English well.
Ils parlent bien anglais.

He gave her the money reluctantly.
Il lui donna l'argent à contrecœur.

On ne place pas l'adverbe entre le verbe et son complément direct.

3. Dans la construction verbe + préposition + complément, l'adverbe peut se placer avant la préposition ou après le complément :
He looked at me suspiciously/He looked suspiciously at me.
Il me regarda d'un air soupçonneux.

Si le complément d'objet est très développé, on met l'adverbe avant la préposition :
He looked suspiciously at everyone who got off the plane.
Il dévisageait d'un air soupçonneux tous ceux qui débarquaient de l'avion.

4. De même, dans le cas du complément direct, la longueur du complément peut influer sur la place de l'adverbe. Au lieu de verbe + complément + adverbe, on aura adverbe + verbe + complément :

She carefully picked up all the bits of broken glass.
Elle ramassa soigneusement tous les morceaux de verre cassé.

Exceptions : **fast, hard** et (voir **7**) **well, badly.**

5. Un adverbe placé après une proposition ou une expression modifie normalement le verbe de cette proposition ou de cette expression :

They secretly decided to leave the town.
They decided to leave the town secretly.

Le premier exemple est une application de 4 :
Ils décidèrent secrètement de quitter la ville.
Le second a un sens différent :
Ils décidèrent de quitter secrètement la ville.

6. Adverbes exprimant des notions relatives au comportement, au caractère, à l'intelligence, par exemple : **foolishly, kindly, stupidly,** etc. ; placés avant le verbe, ils signifient que l'action faite pourrait être qualifiée par l'adjectif correspondant :

He kindly waited for me/It was kind of him to wait.
Il eut la gentillesse de m'attendre.

I foolishly forgot my passport/It was foolish of me to forget my passport. *Je commis la sottise d'oublier mon passeport.*

• Placés après le verbe, ils ont un sens différent :

He spoke kindly to her.
Il lui parla avec bonté.

• On observe la même chose si l'on compare verbe + complément + adverbe, et adverbe + verbe + complément :

He answered the question foolishly.
Il répondit sottement à la question.

He foolishly answered the question/It was foolish of him to answer.
Il eut la sottise de répondre à la question.

7. **Well** et **badly** peuvent être employés comme adverbes de manière ou comme adverbes de degré.
Adverbes de manière, ils se placent après le verbe, après le complément d'objet ou avant un participe passé :

He reads well.   She speaks French well.
Il lit bien.   *Elle parle bien français.*

The troops were well led.
Les troupes furent bien conduites.

She was badly treated.
Elle n'a pas été bien traitée.

• Comme adverbe de degré, **well** se place de la même manière :

He knows the town well.
Il connaît bien la ville.

The children were well wrapped up.
Les enfants étaient bien couverts.

Le sens dépend parfois de la place de l'adverbe :
You know well that I can't drive.
Tu sais que je ne sais pas conduire.

You know that I can't drive well.
Tu sais que je ne sais pas bien conduire.

Badly, adverbe de degré, se place en général après le complément ou avant le verbe :

The door needed a coat of paint badly/the door badly needed a coat of paint. *La porte avait grand besoin d'une couche de peinture.*

B. Adverbes de lieu (**here, there, near, behind, above,** etc.)

Comme les adverbes de manière, ils se placent généralement après le verbe seul et après le complément d'objet :

I looked everywhere.   She painted that picture here.
J'ai regardé partout.   *Elle a peint ce tableau ici.*

Lorsqu'il est associé à un adverbe de manière, l'adverbe de lieu vient en seconde position :
He played well there.
Là, il a bien joué.

• **Somewhere, anywhere** s'emploient comme **some** et **any** (voir **24**) :
I saw your keys somewhere.
J'ai vu tes clés quelque part.

Did you see my keys anywhere ?
As-tu vu mes clés quelque part ?

I didn't see your keys anywhere.
Je n'ai vu tes clés nulle part.

• **Nowhere** s'emploie principalement dans des réponses courtes :
Where are you going ? Nowhere.
Où vas-tu ? Nulle part.
Pour les prépositions/adverbes **near, above, below, behind, in, out, up, down,** etc., voir **90** et **72 B.**

67 Adverbes de temps

1. **Afterwards, eventually, lately, recently, now, soon, then, today, tomorrow,** etc.

2. **Late, yet, still, just, immediately**

A. Les adverbes du groupe 1 se placent normalement en tête ou en fin de proposition ou de phrase, le plus souvent à la fin :
He is coming tomorrow.
Il vient demain.

Eventually it stopped raining.
Finalement la pluie s'arrêta.

B. Late et **immediately** se placent en fin de proposition ou de phrase :

He came late.   I'll go immediately.
Il est venu tard.   *J'irai immédiatement.*

Mais **immediately** est en tête de proposition lorsqu'il est conjonction de subordination :

Immediately the rain stops we'll set out.
Nous nous mettrons en route dès que la pluie s'arrêtera.

C. Yet et **still** employés comme adverbes de temps ne se placent pas de la même manière. **Yet** se place de préférence en fin de proposition ; **still** se place normalement avant le verbe (mais après **to be**) :

He hasn't finished yet. (*Plus rarement,* He hasn't yet finished.)
Il n'a pas encore fini.

She still loves him.
Elle l'aime toujours.

She is still in her bath.
Elle est toujours dans son bain.

• **Yet** signifie que « *jusqu'au moment où l'on parle, le fait ou l'action considéré n'a pas eu lieu, mais aura lieu ultérieurement* ». Le locuteur constate que le moment de l'action ou du fait en question est prévu mais pas encore venu. C'est pourquoi on trouve le plus souvent **yet** associé à un verbe à la forme négative :

He hasn't returned yet.
Il n'est pas encore rentré.

On peut le trouver associé à une forme affirmative :

The worst is yet to come.
On n'a pas encore vu le pire.

Mais on voit ici que le verbe **is... to come** (voir **111**) implique, au moment où l'on parle, **has not come.**

Employé avec la forme interro-négative, **yet** exprime la surprise, l'impatience du locuteur :

Aren't you ready yet ?
Tu n'es pas encore prêt ?

• **Still** signifie que l'action ou l'état exprimé par le verbe continue. Lorsqu'il est accentué dans la langue parlée, il exprime la surprise ou l'irritation du locuteur :

She is 'still in bed !
Quoi, elle est encore au lit !

Indiquant qu'un état, une action se poursuit, **still** est le plus souvent accompagné d'une forme affirmative mais il peut se rencontrer avec une forme négative :

He still doesn't understand.
Il continue de ne pas comprendre/il ne comprend toujours pas.

Cela implique qu'on ne voit guère à quel moment il comprendra, alors que « He doesn't understand yet », *Il ne comprend pas encore,* implique qu'il comprendra, plus tard, mais que ce moment, à l'instant où l'on parle, n'est pas encore venu.

— Ne pas confondre avec les emplois de **yet** et de **still** (= **nevertheless** = *cependant*) comme conjonctions (voir **91**).

— Ne pas confondre avec les emplois de **yet** et **still**, adverbes de degré avec le comparatif :

Still more difficult/more difficult yet (plus rare)...
Encore plus difficile...

Yet another problem...
Un autre problème encore...

D. Just, adverbe de temps, s'emploie avec le « present perfect » ou le plus-que-parfait, et se place après l'auxiliaire. Il exprime la notion de passé récent (voir **180**) :

They have just left.
Ils viennent de partir.

I had just posted the letter when...
Je venais de poster la lettre quand...

Pour **just** adverbe de degré, voir **71**.

68 Adverbes de fréquence

1. Always, continually, frequently, often, sometimes, occasionally, once, twice, periodically, repeatedly, usually, etc.

2. Ever, never, rarely, seldom, hardly ever

Les adverbes de ces deux groupes se placent normalement au contact du verbe :

A. Après **to be** employé à un temps simple :
He is always in time for meals.
Il est toujours à l'heure pour les repas.

B. Avant les autres verbes employés à un temps simple :
They sometimes stay up all night.
Parfois ils ne se couchent pas de la nuit.

C. Après l'auxiliaire (ou le premier auxiliaire) de tous les temps composés :
He can never understand.
Il ne pourra jamais comprendre.

You have often been told not to do that.
On vous a souvent dit de ne pas faire ça.

Après auxiliaire + sujet dans une forme interrogative :
Have you ever ridden a camel ?
Êtes-vous déjà monté sur un chameau ?

• Exceptions :

1. **Used to** et **have to** sont précédés de l'adverbe de fréquence :

You hardly ever have to remind him ; he always remembers.
Vous n'avez guère besoin de le lui rappeler ; il s'en souvient
toujours.

2. Les adverbes de fréquence peuvent se trouver devant les auxiliaires
employés seuls, pour faire une remarque complémentaire ou donner
une réponse brève :

Can you park your car near the shop ? Yes, I usually can.
Pouvez-vous vous garer près du magasin ? D'habitude, oui.

I know I should take exercise, but I never do.
Je sais que je devrais faire de l'exercice, mais je n'en fais jamais.

3. Dans une expression emphatique, quand l'auxiliaire du verbe est
accentué, l'adverbe se place avant l'auxiliaire :

I never 'can remember.
Je n'arrive jamais à m'en souvenir.

Même chose avec le **do** emphatique :

But I always 'do arrive in time.
Mais si, j'arrive toujours à l'heure.

On peut aussi obtenir le même effet d'accentuation en accentuant
l'adverbe qui reste alors à sa place après l'auxiliaire :

You should 'always check your oil before starting.
Vous devriez toujours vérifier l'huile avant de partir.

D. Les adverbes du groupe 1 ci-dessus peuvent aussi se placer au
début ou à la fin d'une proposition ou phrase.

Exceptions :

• **Always,** que l'on trouve rarement au début d'une proposition ou
phrase.

• **Often** qui peut se placer en tête, mais ne peut qu'être précédé de
very ou **quite** en fin de proposition ou de phrase :

Often he walked.   He walked quite often.
Souvent il y allait à pied.   *Assez souvent il y allait à pied.*

• Les adverbes du groupe 2 ci-dessus (**hardly ever, never, rarely,**
seldom) (mais jamais **ever** employé seul) peuvent aussi se placer au
début d'une phrase, mais l'inversion sujet-verbe principal est alors
obligatoire :

Hardly ever did they manage to meet unobserved (voir **72**).
Ils n'eurent presque jamais la possibilité de se voir sans être observés.

Notez que **hardly ever, rarely** et **seldom** s'emploient avec la forme
affirmative du verbe, bien que l'emploi avec la forme interrogative
ne soit pas impossible (pour **hardly, never, ever,** voir **76**).

69 Adverbes exprimant les degrés de certitude

1. Apparently, certainly, evidently, obviously, presumably, probably,
undoubtedly
2. Clearly, definitely
3. Surely

• Les adverbes du groupe 1 peuvent suivre les règles du groupe **68**-1 et se placer :

— après **be** :

He is undoubtedly more intelligent than his brother.
Il est sans aucun doute plus intelligent que son frère.

— devant le verbe principal (après l'auxiliaire des formes composées) :

They certainly worked hard.
Ils travaillaient certainement beaucoup.

They have presumably sold their house.
Ils ont probablement vendu leur maison.

— ou se placer au début ou à la fin d'une proposition ou phrase :

Apparently he knew the town well/He knew the town well apparently. *Apparemment il connaissait bien la ville.*

• **Clearly** et **definitely** peuvent être placés au début ou à la fin, cette seconde position étant la plus usuelle.

• **Surely** se place normalement au début ou à la fin, bien qu'on puisse le trouver près du verbe :

Surely you've saved some money ?/You've saved some money surely ?/You've surely saved some money ?
Vous avez certainement fait quelques économies ?

• On notera que si les adjectifs **sure** et **certain** ont des sens très voisins, il n'en est pas de même des adverbes : **certainly** = **definitely**

He was certainly there ; there is no doubt about it.
Il était bel et bien là ; il n'y a pas de doute.

• **Surely** indique que le locuteur n'est pas tout à fait sûr que l'énoncé qui suit est vrai. Il veut une confirmation :

Surely you know Peter ?
Vous connaissez sûrement Peter ?

70 Ordre des adverbes et locutions adverbiales de temps, de manière et de lieu dans une même phrase

• Les expressions relatives au temps se placent normalement au début ou à la fin de la phrase (voir **67**) :

On Monday he bought the tickets/He bought the tickets on Monday.
Lundi il a acheté les billets.

• Si on ajoute un adverbe de manière, il se place après le verbe, et après le complément d'objet s'il y a lieu :

On Monday he played well/He played well on Monday.
Lundi il a bien joué.

Every weekend she cleaned the house thoroughly.
She cleaned the house thoroughly every weekend.
Chaque week-end, elle faisait le ménage à fond.

• Les adverbes ou locutions adverbiales de lieu se placent après les adverbes de manière :

She put the bottles carefully on the doorstep.
Elle déposait soigneusement les bouteilles sur le seuil.

On peut ajouter l'adverbe de temps après les deux autres :
He played very well at Wembley yesterday.
Il a très bien joué hier à Wembley.

71 Adverbes de degré (**almost, nearly, quite, just, too, enough, extremely, entirely, completely, really, so, well, only, quite, hardly, barely,** etc.)

A. L'adverbe de degré modifie un adjectif ou un autre adverbe. Il se place devant l'adjectif ou l'adverbe :
It was too hot to work.
Il faisait trop chaud pour travailler.
He played extremely badly.
Il a très mal joué.

B. Enough suit l'adjectif ou l'adverbe :
He didn't work quickly enough.
Il ne travaillait pas assez vite.

(Pour too/enough + proposition infinitive, voir **251)**

C. Les adverbes de degré suivants peuvent aussi modifier un verbe : **almost, nearly, quite, hardly, scarcely, barely** et **just.** Ils se placent avant le verbe principal (et après l'auxiliaire) comme les adverbes de fréquence (voir **68**) :
I can nearly swim.
Je sais presque nager.
I quite understand.
Je comprends bien.
I really enjoyed it.
Cela m'a vraiment plu.

D. Only peut aussi modifier un verbe ; il se place avant les verbes, adjectifs et adverbes, avant ou après les noms et pronoms :
1. He had only six apples.
Il n'avait que six pommes (= et pas plus).
2. He only lent the car
Il n'a fait que lui prêter la voiture (= et non la donner).
3. He lent the car to me only.
Il n'a prêté la voiture qu'à moi (= pas à d'autres).
4. I believe only half of what he said.
Je ne crois qu'à moitié ce qu'il a dit.

• Mais en anglais parlé, on le place couramment avant le verbe et l'on obtient l'effet de sens recherché par l'accentuation du mot adéquat :

He only had 'six apples = 1
He only 'lent the car = 2

He only lent the car to 'me = 3
I only believed 'half of what he said = 4

E. Just, comme **only,** précède en principe le mot qu'il qualifie :

I'll buy just one.   I had just enough money.
Je n'en achèterai qu'une.   *J'avais juste assez d'argent.*

Il peut se placer avant le verbe :

I'll just buy one.   I just had enough money.

Parfois, ce changement de position peut entraîner une modification de sens :

Just sign here.   Sign just here.
Contentez-vous de signer ici.   *Signez à cet endroit-ci.*

72 Inversion sujet-verbe après certains adverbes

A. Un certain nombre d'adverbes ou locutions adverbiales, la plupart de sens restrictif ou négatif, peuvent être placés en tête de phrase ; ils sont suivis alors d'une construction inversée sujet-verbe :
adverbe + auxiliaire + sujet + verbe
ou adverbe + **do/does/did** + sujet + verbe.
Exemples :

He had hardly left the house when the storm broke/
Hardly had he left the house when the storm broke.
A peine avait-il quitté la maison que l'orage éclata.

They not only rob you, they smash everything/
Not only do they rob you, they smash everything.
Non seulement ils vous volent, mais ils cassent tout.

Les principaux adverbes qui entraînent l'inversion sont :
never, seldom, scarcely, ever, scarcely/hardly... when, no sooner... than, nowhere, in no circumstances, on no account, only by/only when/only in this way, not till, not only, so, neither, nor.

Autres exemples :

He became so suspicious that...
So suspicious did he become that...
Il devint si méfiant que...

He had no money and didn't know anyone he could borrow from.
He had no money, nor did he know anyone he could borrow from.
Il n'avait pas d'argent et ne connaissait personne à qui emprunter.

Neither serait impossible ici (**nor = and not ; neither = not either**)
(voir également **94 B, 108**).

B. Les adverbes **there, in, out, up, down, round, over, back, forward,** etc., peuvent être placés en tête de phrase et sont suivis de verbe + nom sujet :

In came Tom.   Down fell a dozen apples.
Et voici que Tom entra.   *Et voici que tombèrent douze pommes.*

Si le sujet est un pronom, l'ordre est adverbe + pronom + verbe :

In he came.   There it was.
Il entra.   *Il était là.*

Signification et emploi de certains adverbes

73 Fairly et rather

• Ces deux adverbes peuvent signifier « *assez* », « *plutôt* », mais **fairly** s'associe surtout à des adjectifs ou adverbes de connotation positive (**good, bravely, well, nice,** etc.) alors que **rather** est associé à des connotations négatives (**bad, stupidly, ugly,** etc.) :

Tom is fairly clever, but Peter is rather stupid.
Tom est assez intelligent, mais Peter est plutôt stupide.

Fairly rich, *assez riche*   Rather poor, *Plutôt pauvre*

On notera que **quite** pourrait se substituer à **fairly,** avec un sens renforcé. L'article indéfini peut se placer avant ou après **rather** :

This is rather a silly book/This is a rather silly book.
C'est un livre plutôt bête.

Mais il précède **fairly** :

A fairly interesting lecture. *Une conférence assez intéressante.*

• **Rather,** ainsi employé, peut, à l'occasion, exprimer la surprise.

Ann : 'I suppose the house was filthy.' « *Je suppose que la maison était sale.* »

Tom : 'No, as a matter of fact it was rather clean.' « *Non, à vrai dire, elle était plutôt propre.* »

• **Rather** peut être employé devant **enjoy, like** et parfois **dislike, object** ou verbes semblables.

Dans ce cas, il sert à exprimer un goût qui peut apparaître surprenant pour autrui ou qui peut surprendre le locuteur lui-même :

I rather like the smell of petrol. *J'aime assez l'odeur de l'essence.*

I tried oysters and found that I rather liked them. *J'ai goûté des huîtres et je me suis aperçu que j'aimais cela* (plus que je ne m'y attendais).

Il peut être employé pour renforcer le verbe :

I rather like Tom implique un sentiment plus fort que :
I like Tom. *J'aime bien Tom.*

Il est toutefois recommandé de ne pas abuser de cet emploi. Pour **'d rather (would rather),** voir 230, 288, 243.

74 Quite

Cet adverbe est souvent cause de confusion car il a deux sens.

A. Il signifie « *complètement, tout à fait* », avec des adjectifs ou locutions exprimant l'idée de totalité, d'achèvement, de plénitude, etc., comme **full, finished, determined, ready, right** (ou leur contraire **empty, wrong**) et lorsqu'il est avec un adjectif ou adverbe qui, par nature, ne peut avoir différents degrés, comme **perfect, extraordinary, horrible** :

The bottle was quite empty.
La bouteille était complètement vide.

You're quite wrong.
Vous avez tout à fait tort.

B. Lorsqu'il est employé avec d'autres adjectifs ou adverbes, **quite** a pour effet d'atténuer la force de l'adjectif : **quite good** est moins élogieux que **good.**
En ce sens, **quite** est assez proche de **fairly,** mais le degré qu'il exprime varie beaucoup selon la manière dont il est accentué :
Quite good (**quite** et **good** également accentués) signifie « assez bon ».

Quite good (**quite** accentué) est bien inférieur à **good.**

• Moins on accentue **quite,** plus fort est le degré de l'adjectif ou de l'adverbe qui le suit, et plus on accentue **quite,** plus on affaiblit l'adjectif ou l'adverbe qui le suit.

• Notez la place de **a/an** :

Quite a long walk.   Quite an old castle.
Une assez longue promenade.   *Un château assez ancien.*

75 Much

• Dans une phrase affirmative, **much** est généralement précédé de **very** :
Thank you very much. *Merci beaucoup.*

Ce n'est pas le cas dans une phrase négative :
I don't much like it/like it much. *Je ne l'aime pas beaucoup.*

• **Much** peut également être employé comme adverbe de degré avec les comparatifs et **too** + adjectif :

much better   much too difficult
bien meilleur   *bien trop difficile*

Far peut s'employer de même que **much** dans ces deux cas.

76 Hardly, barely, scarcely, et never, ever

A. Hardly, barely, scarcely

Ces trois adverbes sont assez semblables. Ils ont une valeur quasi négative (et se comportent comme des négatifs).

• **Hardly** s'emploie principalement avec **any, ever, at all** ou avec **can.**
Hardly any = *très peu de (pratiquement pas de)* :
I have hardly any money. *Je n'ai pratiquement pas d'argent.*

Hardly ever = *très rarement, pratiquement jamais* :
I hardly ever go out. *Je ne sors pratiquement jamais.*

Hardly avec **can** = exprime l'idée d'une grande difficulté :
I can hardly see the mark. *Je ne vois presque pas la marque.*

Hardly peut s'employer seul :
He hardly limps at all. *Il ne boite presque pas.*

Ne pas confondre **hardly** et **hard** :

| He hardly works. | He works hard. |
| *Il ne fait pas grand-chose.* | *Il travaille beaucoup.* |

Hard est l'adverbe intensif employé avec **work** *(travailler)*, **try** *(essayer)*.

• **Barely** « *tout juste* » est souvent employé avec des adjectifs comme **enough** et **sufficient** :
He had barely enough to eat. *Il avait tout juste de quoi manger.*
He was barely sixteen. *Il avait tout juste seize ans.*

• **Scarcely** signifie « *pas tout à fait* » ; il est un peu plus négatif que **barely** :
There were barely a hundred people there (= not more than). *Il n'y avait pas plus de cent personnes.*
There were scarcely a hundred people there (= probably less than). *Il y avait à peine cent personnes.*

B. Never, ever

• **Never** : *jamais, à aucun moment,* négatif :
I never saw him again. *Je ne le revis jamais.*

Mais il peut jouer le rôle de la négation, sans référence au temps :
I waited for him but he never turned up. *Je l'ai attendu mais il n'est pas venu.*

• **Ever** signifie « *à un moment ou à un autre* ». Il est surtout employé dans les interrogations et avec un superlatif :
Have you ever marched in a demonstration ? *Avez-vous jamais participé à une manifestation ?*
This is the best book I have ever read. *C'est le meilleur livre que j'aie jamais lu.*

• **Never** peut répondre (négativement) à une question avec **ever** :
Have you ever marched in a demonstration ?
No, I never have./No, never. *Non, jamais.*

• **Never** est le négatif de **ever,** et également de **always** :

| He is always late. | He is never late. |
| *Il est toujours en retard.* | *Il n'est jamais en retard.* |

Pour **ever** employé après **how, where,** etc., voir **36** et **62**.
Pour **ever** et **never** dans les comparaisons, voir **16 C**.

IX. — LES PRÉPOSITIONS

77 Introduction

Les prépositions sont des mots généralement suivis d'un nom ou d'un pronom (mais, voir **78**, elles peuvent occuper une place différente). Elles peuvent être suivies d'un verbe qui, dans ce cas, sera nécessairement le gérondif ou nom verbal (forme en **-ing**) :

He is talking of emigrating. *Il parle d'émigrer.*
They succeeded in escaping. *Ils réussirent à s'échapper.*

Il est essentiel de savoir si une construction requiert une proposition et, le cas échéant, laquelle, étant entendu qu'une construction qui requiert une proposition en français n'a pas nécessairement son équivalent en anglais, et vice versa :

He obeyed the orders.   *Il a obéi aux ordres.*
He came to study.   *Il est venu pour étudier.*

Ici en français : préposition + infinitif ; en anglais : infinitif complet (infinitif + **to**), exprimant la notion de but.

Il convient également de noter que certains mots utilisés comme prépositions peuvent être aussi employés comme conjonctions ou comme adverbes.

78 Place des prépositions

A. Placée devant le nom, la préposition peut cependant se trouver déplacée en fin de proposition/phrase :

1. Dans les questions qui commencent par **whom, which, what, whose** (cette construction appartient à la langue parlée familière) :

With what did you open it ?/What did you open it with ?
Avec quoi l'avez-vous ouvert ?
To whom are you talking ?/Who are you talking to ?
A qui parles-tu ?

2. Dans les propositions relatives introduites par **whom** et **which** (dans ce cas, le pronom relatif est fréquemment omis) :

The people with whom I was travelling/The people I was travelling with... *Les gens avec qui je voyageais...*
The company from which I hire my TV set/The company I hire my TV set from... *La société qui me loue mon poste de télé...*

B. Dans les verbes composés (verbe + préposition, voir chapitre **32**), la préposition reste placée immédiatement après le verbe :

The children I was looking after were interested in puppets. *Les enfants dont je m'occupais s'intéressaient aux marionnettes.*

Which flat did they break into ? *Dans quel appartement ont-ils pénétré (par effraction) ?*

Dans la combinaison verbe + adverbe, l'adverbe peut rester immédiatement derrière le verbe ou passer après le complément (voir **43**) :

They blew up the bridge/They blew it up. *Ils ont fait sauter le pont/Ils l'ont fait sauter.*

Which bridge did they blow up ? *Quel pont ont-ils fait sauter ?*

79 To et for + complément indirect ; verbes à double complément direct

A. 1. Un verbe tel que **give** peut se construire de deux manières :

I gave the book to Tom. *J'ai donné le livre à Tom.*

ou

I gave Tom the book.

Dans le premier cas, **to** introduit le complément indirect ; dans le second, « Tom » est devenu premier complément direct. Se construisent ainsi les verbes suivants : **bring, give, hand, leave** *(léguer par testament),* **lend, offer, pass** *(passer quelque chose à quelqu'un),* **pay, play** *(jouer d'un instrument),* **promise, sell, send, show, sing, take, tell** *(raconter)* :

I showed the map to Bill/I showed Bill the map.
J'ai montré la carte à Bill.

They sent £ 5 to Mr. Smith/They sent Mr. Smith £ 5.
Ils ont envoyé 5 livres à M. Smith.

2. De même :

I'll find a job for Ann/I'll find Ann a job.
Je trouverai un travail pour Ann.

Cette seconde construction est possible après les verbes **book, build, buy, cook (bake, fry, boil,** etc.), **fetch, find, get, keep, knit, leave, make, order, reserve** :

I'll get you a drink/I'll get a drink for you.
Je vais vous chercher à boire.

I bought James a book/I bought a book for James.
J'ai acheté un livre pour James.

B. Ces deux types de construction peuvent normalement s'employer. Mais :

1. La construction sans préposition est préférable quand le complément direct est une proposition, ou un groupe nominal, ou son équivalent :

Show me what you've got in your hand.
Montrez-moi ce que vous avez dans la main.

Tell her the whole story.
Racontez-lui toute cette histoire.

2. La construction avec la préposition est préférable :

• Quand le complément indirect est une proposition, ou un groupe nominal, ou son équivalent :

We kept seats for everyone on our list.
Nous avons réservé des places pour tous ceux qui figurent sur notre liste.

We kept seats for everyone who had paid.
Nous avons réservé des places pour tous ceux qui avaient payé.

I had to show my pass to the man at the door.
J'ai dû montrer mon coupe-file à l'homme qui était à l'entrée.

• Quand le complément direct est **it** ou **them**, la construction verbe + nom + **it/them** est impossible :

They kept it for Mary.   We sent it to George.
Ils l'ont gardé pour Mary.   *Nous l'avons envoyé à George.*

• Si le complément indirect est aussi un pronom (**I sent it to him**), on peut parfois avoir une construction sans préposition (**I sent him it**), mais on ne peut l'avoir dans le cas de **for** : **I bought it for him** est la seule forme possible.

Ces restrictions ne concernent que **it** et **them** :

I sent one to Bill/I sent Bill one.
J'en ai envoyé un à Bill.

He bought some for Mary/He bought Mary some.
J'en ai acheté pour Mary.

C. Tell, show, promise peuvent être utilisés sans **to** quand le complément d'objet n'est pas exprimé :

Tell him.   Show him.   Promise us.
Dis-lui.   *Montre-lui.*   *Promets-nous.*

Read, write peuvent s'employer avec le seul complément indirect, introduit par **to** :

Read to me.   Write to them.
Fais-moi la lecture.   *Écris-leur.*

Play, sing peuvent se construire avec le seul complément indirect introduit par **to** ou **for** :

Play to us/Play for us.   Sing to us/for us.
Jouez pour nous.   *Chantez pour nous.*

80 Emploi avec ou sans **to** des verbes exprimant la notion de communication

A. Les verbes exprimant les notions d'ordre, demande, invitation, conseil : **advise, ask, beg, command, encourage, implore, invite, order, recommend, remind, request, tell, urge, warn,** peuvent être suivis directement de la personne à qui l'on s'adresse + infinitif avec **to** :

They advised him to wait.
Ils lui conseillèrent d'attendre.

I urged her to try again.
Je la pressai d'essayer une nouvelle fois (voir **301** et **241 A**).

• Après **advise, remind, tell, warn,** on peut trouver une autre construction à la place de l'infinitif :

He reminded them that there were no trains after midnight.
Il leur rappela qu'il n'y avait pas de trains après minuit.

They warned him that the ice was very thin.
Ils l'avertirent que la glace était très mince.

They warned him about the ice.
Ils le mirent en garde au sujet de la glace.

• Le verbe **recommend,** lorsqu'il est suivi d'une autre construction que l'infinitif avec **to**, a obligatoirement son complément introduit par **to** :

He recommended me to buy it.
Il me recommanda de l'acheter.

mais

He recommended it to me.
Il me le recommanda.

• Avec **ask,** lorsqu'il est suivi d'une autre construction que l'infinitif avec **to** il n'est pas nécessaire d'exprimer le complément représentant la personne à qui l'on s'adresse. Lorsqu'il est exprimé, ce complément est construit directement après le verbe :

He asked (me) a question.
Il (me) posa une question.

He asked (me) if I wanted to apply for the job.
Il (me) demanda si je voulais poser ma candidature pour cet emploi.

She asked (her employer) for a day off.
Elle a demandé un jour de congé (à son patron).

B. Call (= shout)**, complain, describe, explain, grumble, murmur, mutter, say, shout, speak, suggest, talk, whisper** se construisent avec **to** devant le complément représentant la personne à qui l'on s'adresse, mais ce complément n'est pas indispensable :

She said nothing (to her parents).
Elle ne dit rien (à ses parents).

Peter complained (to her) about the food.
Peter s'est plaint de la nourriture (auprès d'elle).

He spoke English (to them).
Il (leur) parla anglais.

Shout at s'emploie pour marquer la colère, l'hostilité du sujet envers celui auquel il s'adresse :

He shouted at me to get out of his way.
Il me cria avec colère de ne pas me mettre sur son chemin.

mais

« He shouted **to** me » signifierait *il me cria...* (parce que j'étais loin, par exemple).

81 Prépositions de temps : **at, on, by, in**

A. at, on/a time

• **at**, à un certain moment

at dawn	at six	at midnight	at 4.30
à l'aube	*à six heures*	*à minuit*	*à 4 h 30*

• **at an age**, à un certain âge

at sixteen/at the age of sixteen
à seize ans

• **on a day/date**, un certain jour (nom ou date)

on Monday	on June 4	on Christmas Day
lundi	*le 4 juin*	*le jour de Noël*

• Exceptions :

at night	at Christmas	at Easter
le soir	*à Noël* (l'époque)	*à Pâques* (l'époque)

On/the morning/afternoon/evening/night + of

We arrived on the morning of the sixth.
Nous sommes arrivés le 6 au matin.

mais

We'll arrive in the afternoon.
Nous arriverons dans l'après-midi.

B. By a time/date/period (moins précis que **at, on...**) signifie : *à cette date ou avant, pas plus tard que cette date* et implique souvent *avant* cette date :

The train starts at 6.10, so you had better be at the station by 6.
Le train part à 6 heures, aussi vous feriez mieux d'être à la gare vers les 6 heures (pas plus tard).

By May my garden will be a mass of blossom.
En mai (pas plus tard) *mon jardin ne sera qu'une fleur.*

By est souvent employé avec un futur antérieur :

By the end of July I'll have read all those books.
D'ici la fin juillet, j'aurai lu tous ces livres.

By next summer he'll have taken his final exams.
*L'été prochain, il aura passé ses derniers examens (voir **210**).*

Ou avec le plus-que-parfait :

By (the age of) fifteen he had mastered violin technique.
A quinze ans, c'était un violoniste accompli.

C. On time, in time, in good time

• **On time** : *à l'heure* (juste).
The 8.15 train started on time.
Le train de 8 h 15 est parti à l'heure.

• **In time/in time for** + nom : indique qu'il n'y a pas de retard (en temps voulu) :

Passengers should be in time for their train. *Les passagers doivent arriver en temps voulu pour prendre leur train.*

In good time (for) indique qu'il y a une avance confortable :
He arrived at the concert hall in good time.
Il est arrivé en avance à la salle de concert.

D. On arrival, on arriving, on reading, on getting to...

On arrival/on arriving, he... : *à son arrivée/lorsqu'il arriva, il...*

On peut s'employer de la même manière avec le gérondif d'autres verbes (principalement ceux qui expriment la notion relative à la recherche ou découverte d'information) :

On checking, she found that some of the party didn't know the way.
En se renseignant, elle constata que certains membres du groupe ne connaissaient pas le chemin.

On hearing that the plane had been diverted, they left the airport.
En apprenant que l'avion avait été dérouté, ils quittèrent l'aéroport.

On learning that...
En apprenant que...

E. At the beginning/end, in the beginning/end, at first, at last.

At the beginning of the book there is a table of contents.
Au début du livre, il y a une table des matières.

At the end there is an index.
A la fin il y a un index.

• **In the beginning/at first** = *dans la période initiale,* impliquant qu'ultérieurement il y a eu un changement.

In the beginning/at first we used hand tools. Later we had machines.
Au début, on utilisait de simples outils. Plus tard, on a eu des machines.

• **In the end/at last** = *en fin de compte* (**eventually**), après un certain temps.

At first he opposed the marriage, but in the end he gave his consent.
Au début, il s'opposa à ce mariage, mais finalement, il donna son consentement.

82 Temps : **from, since, for, during**

A. From, since et for

1. **From** s'emploie normalement associé à **to/till/until** :
Most people work from nine to/till five.
La plupart des gens travaillent de 9 h à 5 h.

From peut aussi s'employer avec un nom de lieu (voir **84 A**) :
Where do you come from ?
D'où venez-vous ?

2. **Since** s'emploie pour le temps, jamais pour le lieu. **Since** renvoie

à l'origine d'une action. Il est le plus souvent associé au « present perfect » ou au plus-que-parfait (voir **182-183**) :

He has been here since Monday.
Il est ici depuis lundi.

He wondered where Ann was. He had not seen her since their quarrel. *Il se demandait où était Ann. Il ne l'avait pas vue depuis leur dispute.*

• **Since** est également conjonction de temps :

He has worked for us (ever) since he left school.
Il travaille pour nous depuis qu'il a quitté l'école.

It is two years since I last saw Tom.
Cela fait deux ans que je n'ai pas vu Tom.

On peut dire la même chose d'une manière différente :

I last saw Tom two years ago.
J'ai vu Tom pour la dernière fois il y a deux ans.

I haven't seen Tom for two years.
Je n'ai pas vu Tom depuis deux ans.

• **Since** peut avoir d'autres sens :

Since you don't trust him, why do you employ him ?
Étant donné que/Puisque vous n'avez pas confiance en lui, pourquoi l'employez-vous ?

On notera que **since** conjonction de temps ne peut être associée à un temps présent ou futur.

3. **For** introduit un complément exprimant la durée et peut être associé au passé, au présent ou au futur :

He travelled in the desert for six months.
Il a voyagé dans le désert pendant six mois.

Bake it for two hours.
Mettez au four pendant deux heures.

He has worked here for a year (voir **182-183**).
Il travaille ici depuis un an.

Il ne faut pas confondre durée et origine de l'action :

I've been waiting for two hours.
J'attends depuis deux heures (= 120 minutes).

I've been waiting since two o'clock (p.m.).
J'attends depuis deux heures (de l'après-midi).

B. During et for

Alors que **for** permet de répondre à la question « **how long ?** » *(pendant/depuis combien de temps ?)*, **during** permet de répondre à la question « **when ?** » *(quand)*. Il s'emploie devant les noms désignant une période (**Christmas, Easter**) ou une durée définie.

During the summer of that year	During 1941
Au cours de l'été de cette année-là	*Pendant l'année 1941*
During the Middle Ages	During my holidays
Au Moyen Age	*Pendant mes vacances*

During the war
Pendant la guerre

L'action peut se dérouler au cours de toute la période, ou se produire à un moment donné dans cette période :

It rained all Monday, but stopped raining during the night.
Il a plu toute la journée, mais la pluie s'est arrêtée dans la nuit (à une certaine heure de la nuit).

He was ill for a week, and during that week he ate nothing.
Il a été malade pendant huit jours et n'a rien mangé de la semaine.

Avec des noms de périodes ayant une durée bien définie, on emploie **for** dans le sens de « *pour la durée de* », associée à une idée de but :

I went there/I hired a car/I rented a house for my holidays/for the summer.
J'y suis allé/j'ai loué une voiture/j'ai loué une maison pour mes vacances/pour l'été (= *pour y rester/pour l'utiliser, pour y habiter durant l'été/les vacances*).

Pour **for** conjonction, voir **93**.

83 Temps : **to, till/until, after, afterwards** (adverbe)

A. To et till/until

• **To** peut s'employer pour le temps et le lieu (voir **84**), **till** et **until** ne s'emploient que pour le temps.

On peut utiliser **from... to** ou **from... till/until** :
They played bridge from 6.00 to/till midnight.
Ils ont joué au bridge de 6 heures à minuit.

Mais si **from** n'est pas employé, on ne peut avoir que **till/until** :
Let's start now and work till dark (**to** est impossible ici).
Commençons maintenant et travaillons jusqu'à la nuit.

• **Till** s'emploie souvent avec un verbe négatif pour souligner le caractère tardif de l'action ou événement :
We didn't get home till 2 a.m.
Nous ne sommes pas rentrés avant deux heures du matin.

He usually pays me on Friday but last week he didn't pay me till the following Monday.
Il me paie d'ordinaire le vendredi, mais, la semaine dernière, il ne m'a payé que le lundi suivant.

Till s'emploie souvent comme conjonction de temps :
We'll stay there till it stops raining.
Nous resterons ici jusqu'à ce qu'il ne pleuve plus.

B. After et afterwards (adverbes)

• **After** est une préposition et doit donc être suivi d'un nom, d'un pronom ou d'un gérondif (nom verbal) :

It is unwise to bathe immediately after a meal/after eating.
Il est imprudent de se baigner tout de suite après un repas/après avoir mangé.

It is unwise to have a meal and bathe immediately after it.
Il est imprudent de manger et de se baigner tout de suite après.

Si on n'emploie ni nom, ni pronom ou gérondif, on ne peut employer **after** ; il faut employer **afterwards** (= **after that**) ou **then** :

They had a bathe, and after the bathe played games on the beach.
Ou : They had a bathe and/afterwards played games/played games afterwards.
Ou : They had a bathe and then played games.
Ils se sont baignés puis ont fait des jeux sur la plage.

• **Afterwards** peut être placé en tête ou en fin de proposition, et être modifié par **soon, immediately, not long,** etc. :

Soon afterwards we got a letter.
Peu de temps après, nous avons eu une lettre.

84 Prépositions dans l'expression de la notion de mouvement : **from, to, at, in, by, on, into, onto, off, out, out of**

A. From : point de départ, **to :** destination.
They cycled from Paris to Rome.
Ils sont allés de Paris à Rome à vélo.
When are you coming back to England ?
Quand revenez-vous en Angleterre ?

(Voir ci-dessous pour **home.**)

B. Arrive at/in, get to, reach

Arrive in : avec nom de pays ou ville.

Arrive at ou **in :** avec nom de village.

Arrive at : avec tout autre type de destination ou aboutissement.

Get to (comme **reach**) s'emploie quelle que soit la destination :
He got to the station just in time for his train.
Il est arrivé à la gare juste à temps pour prendre le train.

• **Get in (in** = adverbe) dans le sens d'*arriver à destination* s'emploie surtout en parlant des trains :
What time does the train get in ?
A quelle heure arrive le train ?

Notez aussi l'emploi de **get** avec **there/back** (adverbes).

C. Home

Les verbes de mouvement tels que **go, come, return, arrive, get,** etc. peuvent être suivis directement de **home,** sans préposition :
It took us an hour to get home.
Il nous fallut une heure pour rentrer.

Mais lorsque **home** est accompagné d'un déterminant (**the, his, her, my,** etc.) il est nécessaire d'employer une préposition :

She returned to her parents' home.
Elle retourna chez ses parents (voir **6 A**).

D. By, on, get in/into/on/onto/off/out of :

• We travel *(Nous voyageons)* by car (*mais* **in**/the/my/Tom's car), **by** bus/train/plane *etc.,* **by** sea/air, **by** a certain route *(un certain itinéraire),* **by (via)** a certain place :

We went by the M4.
Nous avons pris l'autoroute M4.

We went by Reading.
Nous sommes passés par Reading.

We walk/go *(Nous allons)* **on** foot *(à pied),* **on**/**by** bicycle, **on** horseback *(à cheval).*

We get **into** a car, a bus.
Nous montons en voiture, dans le bus.

Mais :

• We get in (adverbe)	to get in	get in !
nous montons	*monter*	*montez !*

We get **on**/**onto** a public vehicle, *ou* get **on** (adverbe).
Nous montons dans un véhicule de transport en commun.

We got on the train at Reading.
Nous avons pris le train à Reading.

We are on the train.
Nous sommes dans le train.

We get on board a boat/we get on board.
On embarque/nous embarquons.

to get on board	get on board !
embarquer	*embarquez !*

• We get **out of** a vehicle/**get out.**
On descend d'un véhicule.

to get out	get out ! *ou* get off
descendre	*descendez !*

• We get **off** a public vehicle, a horse, a bicycle, *etc.*
On descend d'un véhicule de transport en commun, de cheval, de vélo.

to get off *descendre*	get off ! *descendez !*

E. get in/into/out/out of s'emploie aussi quand il s'agit de rentrer ou sortir d'un bâtiment, d'un pays, d'une institution, au lieu de **go, come, return** pour indiquer qu'il y a quelque difficulté à entrer ou sortir :

It is difficult to get into a university nowadays.
Il est difficile d'entrer à l'université aujourd'hui.

The house is on fire ! We'd better get out.
La maison brûle ! On ferait bien de sortir.

F. La direction est indiquée à l'aide de **at, on, to, into, along**, etc.
(préposition et adverbe), parfois associés à la conjonction **till** (+
verbe) :

Turn right at the Post Office.
A la poste, tournez à droite.

Take the first turning on/to the/your right/left.
Prenez le premier tournant à droite/à gauche.

Go along the Strand till you see the Savoy on your right.
Suivez le Strand jusqu'à ce que vous aperceviez le Savoy à droite.

Ne pas confondre **till** + verbe et **to (83)**.

85 at, in, into, on, onto

(voir **84 B** pour **arrive at/in**)

A. at et **in**

• **at**

to be at home/at work/at school
être chez soi/au travail/à l'école

to be at the office/at the university
être au bureau/à l'université

to be at an address/at the bus stop/at the crossroad
être à une adresse/à l'arrêt du bus/au croisement

• **in**

to be **in** a country, **in** a town, **in** a village, **in** a square, **in** a street...
in s'emploie quand il s'agit de lieux clos ou délimités ; mais des
lieux d'étendue réduite : **square** *place,* **street** *rue,* peuvent être
considérés comme des points et précédés de **at** :

We met at Trafalgar Square.
On s'est rencontrés à Trafalgar Square.

in a building/**at** a building
in = *à l'intérieur*
at = *à l'intérieur ou à l'extérieur*
I'll be waiting for you at the station.
Je vous attendrai à la gare.

in the sea/lake/river	**at** the sea/...
dans la mer, le lac, la rivière	*au bord de la mer*

mais : **at** sea = *en mer (embarqué,* voir **6 B**)
life **at** sea : *la vie à bord*

B. in et **into**

• **in**, comme on l'a vu, exprime la situation.

• **into** exprime le mouvement (changement de lieu, entrée dans,
changement d'état, transformation en) :

Thieves broke into my house.
Des voleurs se sont introduits chez moi par effraction.

Water is turned into steam.
L'eau se transforme en vapeur.

• Avec le verbe **put** on peut employer **in** ou **into** :
He put his hand in/into his pocket.
Il mit sa main dans sa poche.

In, seul, s'emploie comme adverbe : Come in ! (*Entrez !*)

C. on, onto

• **on** s'emploie pour la situation et le mouvement :
He was sitting on his case.
Il était assis sur sa valise.

Snow fell on the hills.
La neige tomba sur les collines.

• **onto** s'utilise principalement en relation avec des êtres animés (personnes, animaux) quand il y a mouvement entraînant un changement de niveau :
People climbed onto their roofs.
Les gens montèrent sur leurs toits.

The cat jumped onto the mantelpiece.
Le chat sauta sur la cheminée.

On, seul, s'emploie comme adverbe : **go on !** *(continuez !)*

86 above, over, under, below, beneath

A. above et over

above (préposition ou adverbe), **over** (préposition) peuvent signifier l'un et l'autre « *plus haut que* » et on peut, dans certains cas, employer l'un ou l'autre :
The helicopter hovered above/over us.
L'hélicoptère était au-dessus de nous.

Flags waved above/over our heads.
Les drapeaux flottaient au-dessus de nos têtes.

• **over** peut également signifier « *sur* » = *au contact de,* ce qui n'est pas le cas pour **above**.
We put a rug over him.
Nous lui avons mis une couverture.

• **over** exprime également l'idée qu'une limite est dépassée, d'où son emploi dans les mots composés : overwork (*surmenage*), overtime *(heures supplémentaires)* ou qu'un espace est parcouru : over there *(là-bas),* overseas *(outre-mer).*
He lives over the mountain.
Il habite de l'autre côté de la montagne.

I paid over £ 5.
J'ai payé plus de 5 livres.

Notez les emplois suivants :

They talked over a cup of tea.
Ils ont bavardé en prenant le thé.

She sat for thirty minutes over a sandwich.
Elle est restée une demi-heure en mangeant un sandwich.

• **over** signifie aussi « au-dessus de » dans une hiérarchie :
He is over me.
C'est mon supérieur immédiat.

Notez :
There is a bridge over the river.
Il y a un pont sur la rivière.

There is a house above the bridge.
Il y a une maison en amont du pont.

• **above** peut faire fonction d'adjectif :
the above statements
les déclarations ci-dessus

B. below et under

below (préposition et adverbe) et **under** (préposition) signifient l'un et l'autre « *plus bas que* » et peuvent parfois s'employer indifféremment.

• Mais **under** indique qu'il y a un contact :
She put the letter under the pillow.
Elle mit la lettre sous l'oreiller.

• **Below** indique qu'il y a séparation entre les deux niveaux considérés :

They live below us.   We live above them (voir **A**).
Ils habitent en dessous.   *Nous habitons au-dessus.*
      (au 3e et nous au 4e)

• **below** et **under** signifient aussi *d'un rang inférieur,* **under** indiquant le rang immédiatement inférieur :
He is under me.
Je suis son supérieur immédiat.

C. beneath peut être employé à la place de under, mais il convient de le réserver à des emplois où la notion d'infériorité est beaucoup plus abstraite :

He would think it beneath him to tell a lie.
Il considérerait indigne de lui de dire un mensonge.

She married beneath her.
Elle s'est mariée avec un homme d'un rang social inférieur.

D. beside, between, behind, in front of, before, opposite

Sens général :
beside : *à côté de*
between : *entre*
behind : *derrière*

in front of : *devant*

Si Mary et Tom sont assis chacun d'un côté d'une table, on dira :

Tom is sitting opposite Mary (*ou* facing Mary).

Tom est assis en face de Mary (dans le sens de *faire face*).

He stood in front of me.

Il était devant moi.

(Cela ne dit pas s'il tournait le dos ou faisait face = **he stood before me.**)

Quiconque habite une rue dira :

The house opposite (us).

La maison d'en face.

Cette restriction ne s'applique pas à d'autres choses :

She put the plate on the table in front of/before him.

Elle mit l'assiette sur la table devant lui.

Where's the bank ? Just in front of you !

Où est la banque ? Juste devant vous !

E. Ne pas confondre :

beside = *à côté de* et **besides** (préposition) = . *en plus de*, ou (adverbe) = *de plus*.

I do the cooking and the cleaning and besides (that) I help my husband. *Je fais la cuisine et le ménage et, en plus (de cela), j'aide mon mari.*

F. between et **among**

• **between** s'emploie pour indiquer qu'une personne/chose est entre deux autres, mais peut s'employer aussi quand on a affaire à un nombre défini :

Luxemburg lies between Belgium, Germany and France.

Le Luxembourg est situé entre la Belgique, l'Allemagne et la France.

• **among** s'emploie quand il n'y a pas de nombre défini :

A village among the hills.

Un village dans les collines.

He was happy to be among friends again.

Il était heureux de se retrouver avec (parmi) des amis.

G. with peut être également utilisé dans ce sens de **among** :

He was among (with) friends.

Il était avec des amis.

Bien entendu, au singulier, on aurait seulement :

He was with a friend.

• Autres emplois de **with** :

— Le moyen :

He cut it with a knife.

Il l'a coupé avec un couteau.

The mountains were covered with snow.
Les montagnes étaient couvertes de neige.

— Équivalent de **on** :
I have no money with/on me.
Je n'ai pas d'argent sur moi.

— Dans les descriptions :
The woman with red hair...
La femme aux cheveux roux...
The boy with his hands in his pockets...
Le garçon aux mains dans les poches...

87 Prépositions employées avec des adjectifs ou participes

A. Certains adjectifs ou participes utilisés comme adjectifs sont suivis d'une préposition + nom/ou **-ing**. Il ne peut être question d'en faire ici la liste. Consultez attentivement le dictionnaire. Certains adjectifs ont deux sens, suivant la préposition qui gouverne le complément :

He is anxious for promotion.   She is anxious about Peter.
Il désire une promotion.   *Elle s'inquiète à propos de Pierre.*

Citons aussi :
To be good at mathematics.   To be bad at languages.
Être bon en mathématiques.   *Être mauvais en langues.*
I'm sorry/**for** being late on Monday/**about** Monday.
Je suis désolé d'avoir été en retard lundi.

Mais :
I'm sorry **for** him.
Je le plains.

B. **like** (préposition) exprime la comparaison :
It's like a prison.   It's like being in a prison.
C'est comme une prison.   *On se croirait en prison.*

• **feel like** + nom/pronom/**-ing** : *avoir envie de*
Do you feel like a drink ?
Voulez-vous prendre un verre ?
I don't feel like walking ten miles.
Je n'ai pas envie de faire dix miles à pied.

(Pour **like** et **as**, voir **92**.)

88 Verbes et prépositions

Les plus courants seront examinés au chapitre **32**.

Il est très important de faire le différence entre **to** (préposition) + **-ing** et l'infinitif complet (avec **to**). Certains verbes, en effet, ou expressions comme **be** + adjectif sont suivis de **to** + **-ing** : **attend, conform, object, occur, refer, resort,** etc.

Be used to (voir **159** et **260**).

I don't object to helping you.
Je veux bien vous aider.

89 Le gérondif après une préposition (voir aussi § 259)

Tout verbe qui est placé immédiatement après une préposition est au gérondif, qui est aussi appelé « substantif verbal » ou « nom verbal ». Seul un adjectif possessif, ou un pronom personnel, peut séparer la préposition du gérondif :

Is there any likelihood of his changing his mind ?
Peut-on penser qu'il changera d'avis ?

Do you object to my smoking ?
Voyez-vous un inconvénient à ce que je fume ?

I object to your smoking.
Je ne veux pas que tu fumes.

• Exception : après **but** et **except**, le verbe est à l'infinitif sans **to**.

He did nothing but complain.
Il ne faisait rien d'autre que se plaindre.

Lorsque **but** est conjonction de coordination, il introduit une proposition qui peut commencer, entre autres, par un infinitif avec **to**.

To be idle sometimes is agreeable, but to be idle all the time...
Ne rien faire quelquefois, c'est agréable, mais ne rien faire tout le temps...

90 Prépositions/adverbes

Le même mot peut être préposition ou adverbe. Les plus importants sont les suivants : **above, about, across, along, before, behind, below, by, down, in, near, off, on, over, round, through, under, up.**

Ces termes sont particulièrement importants dans la mesure où ils sont associés à un verbe pour former un verbe composé (voir chapitre 32).

Quelques prépositions comme **after, before, since, till** peuvent être aussi conjonctions :

After he had explained the position.
Après qu'il eut expliqué la situation.

I've not seen him since he came back.
Je ne l'ai pas vu depuis qu'il est revenu.

X. — LES CONJONCTIONS

Les conjonctions qui introduisent une proposition circonstancielle de condition, de but, de comparaison, de cause, de temps, de conséquence et de concession seront plus spécifiquement traitées au chapitre **20** pour les conditionnelles, et au chapitre **30** pour les autres. Ce chapitre est consacré aux couples ou groupes de conjonctions qui sont le plus souvent confondues les unes avec les autres.

91 though, although, nevertheless, yet, but, however, in spite of

(**in spite of** n'appartient pas techniquement à la famille des conjonctions, mais il est opportun de l'envisager ici car il est très souvent confondu avec **although**.)

Ces termes sont employés pour exprimer une opposition ou un contraste entre deux énoncés. Les différences qui les caractérisent apparaîtront à l'examen des exemples proposés :
Si l'on prend deux énoncés :
1. He was angry.
Il était en colère.
2. He listened to me patiently.
Il m'écouta patiemment.

on peut les combiner en une phrase complexe de plusieurs manières :
A. He was angry, **but/yet** he listened to me patiently.
Il était en colère, mais/cependant *il m'écouta patiemment.*

Though/although he was angry, he listened to me patiently.
He listened to me patiently **though** he was angry.
Bien qu'il fût en colère, il m'écouta patiemment.

B. Avec **in spite of** + nom/pronom/-**ing**
In spite of being angry he listened to me patiently.
In spite of his anger...
En dépit de sa colère...

C. Avec **nevertheless** (= **in spite of this/that**) ou **however**, ou **all the same** qui peuvent aussi avoir ce sens :
He was angry, **nevertheless/however** he listened...
Il était en colère, néanmoins/pourtant, *il m'écouta...*

(Voir **315**, surbordonnées concessives.)

92 like (préposition) et as

• **like** + nom exprime la notion de comparaison :
He fought **like** a madman.
Il s'est battu comme un fou.

Si la comparaison est exprimée au moyen d'une proposition, il convient d'employer **as** pour introduire cette proposition. (Il y a une tendance actuellement à employer également **like**, dans la langue courante familière, voire négligée) :

When in Rome do **as** the Romans do.
A Rome faites comme *(font) les Romains.*

• **as** + nom exprime l'identification :

He used his umbrella **as** a weapon.
Il utilisa son parapluie comme arme.

Comparaison et identification sont en français souvent exprimées par *comme*, mais il faudra veiller à la différence suivante :

comme + article défini + nom = comparaison
comme/en tant que + nom = identification
He speaks English like an Englishman.
Il parle anglais comme un Anglais.
As an Englishman, he doesn't feel European.
En tant qu'Anglais, il ne se sent pas Européen.

93 **for** et **because**

Ces conjonctions ont à peu près le même sens et peuvent souvent s'employer indifféremment. Il est toutefois plus prudent d'utiliser **because**, dans la mesure où la proposition introduite par **for** :

1. Ne peut précéder la proposition principale. On doit dire :
Because he was wet he took a taxi.
Parce qu'il était mouillé, il prit un taxi.

2. Ne peut être précédée de **not, but** ou toute autre conjonction :
He stole, not because he wanted the money but because he liked stealing.
Il volait, non parce qu'il avait besoin de cet argent, mais parce qu'il aimait voler.

3. Ne peut être employée pour répondre à une question :
Why did you do it ? (I dit it) because I was angry.
Pourquoi avez-vous fait cela ?... parce que j'étais en colère.

4. Ne peut être la reprise d'une proposition antérieurement exprimée :
He spoke in French. She was angry because he had spoken in French.
Il parlait en français. Elle était irritée parce qu'il parlait en français.

On peut dire, bien entendu :
She was angry, for she didn't know French.
Elle était irritée car elle ne parlait pas français.

• Dans la langue parlée, la proposition introduite par **for** est généralement précédée d'un court silence ; dans la langue écrite, elle est précédée d'une virgule, ou même constitue une nouvelle phrase :
When I saw the river I was frightened, for at that point the currents were dangerous.
Quand je vis le fleuve, je pris peur car, à cet endroit, les courants étaient dangereux.

He took the food eagerly, for he had eaten nothing since dawn.
Il se jeta sur la nourriture car il n'avait rien mangé depuis l'aube.

The days were short, for it was now December.
Les jours étaient courts car on était en décembre.

• **Because** pourrait être utilisé dans les phrases ci-dessus mais **for** est préférable : **for** exprime ici la raison et non la cause ; de même qu'on peut, de ce point de vue, distinguer, en français, entre *car* (raison) et *parce que* (cause).

94 both, either, neither, nor et so

A. On peut exprimer la coordination de deux termes d'une manière emphatique en utilisant **both... and** :

He has both the time and the money to play polo.
Il a les moyens et le temps de jouer au polo.

• Lorsqu'il s'agit d'une phrase affirmative ou interrogative, l'expression des deux termes d'une alternative se fait par **either.. or** (*soit... soit/ou...ou*) :

We can have either tripe or liver.
On peut prendre soit des tripes, soit du foie.

• Pour une phrase négative, on peut avoir le choix entre **either... or** + verbe négatif :

I can't eat either tripe or liver.
Je ne puis manger ni tripes ni foie.

Ou verbe affirmatif + **neither... nor** :
I can eat neither tripes nor liver.

B. either, neither, nor, so dans les phrases complémentaires à une phrase principale.

• On peut dire :
I went and he went too/also *ou* I went and so did he.
J'y suis allé et lui aussi.
On notera l'inversion sujet-verbe auxiliaire (**did he**)

• Dans une phrase négative :
He didn't go and she didn't go either *ou* He didn't go and neither did she.
Il n'y est pas allé, elle non plus (voir **108**).

Notez que la phrase :
I couldn't find Peter and didn't know where he had gone.
peut également s'écrire :
I couldn't find Peter, nor did I know where he had gone.
Je ne pus trouver Pierre et je ne savais pas où il était allé.

and + verbe négatif = **nor** + auxiliaire + sujet. **Neither** ne peut s'employer ici.

• **So** peut être utilisé pour confirmer une remarque lorsque la personne qui parle est surprise par cette remarque :

A : — You've cut your hand ! *Tu t'es coupé à la main !*

B (qui ne s'en était pas aperçu) : — Oh, so I have ! (Voir **105**.)
Ah oui, en effet !

Dans ce cas, **so** se construit sans inversion.

Normalement, on emploiera **yes** pour confirmer une remarque (voir
105) :

A : — Petrol is very dear in England.
L'essence est très chère en Angleterre.

B : — Yes, it is. *Oui, elle est chère.*

95 as, when, while, if

A. On emploie **when** avec un temps simple pour exprimer une
relation temporelle :

1. Si une action se situe en même temps qu'une autre, ou dans le
même temps qu'une autre :

When it is wet the buses are crowded. *Quand le temps est à la
pluie, il y a beaucoup de monde dans les bus.*

When we lived in town we often went to the theatre.
Quand nous habitions en ville, nous allions souvent au théâtre.

2. Quand une action fait suite à une autre :

When she pressed the button the lift stopped.
Quand elle appuya sur le bouton, l'ascenseur s'arrêta.

as s'emploie :

3. Quand la seconde action se situe avant que la première soit
terminée :

As I left the house, I remembered the key.
Alors que je sortais, je me souvins de la clé.

While I was leaving aurait le même sens tandis que **when I left**
impliquerait que j'étais sorti et la porte fermée derrière moi.

4. Quand il s'agit d'actions parallèles (qui ont le même sujet ou
dont l'une est le résultat de l'autre) :

He sang as he worked.
Il chantait en travaillant.

As the sun rose the fog dispersed.
A mesure que le soleil montait, le brouillard se dissipait.

As it grew darker it became colder. = the darker it grew, the colder
it became.
A mesure que la nuit tombait, il faisait plus froid.

Si on employait **when** ici, on perdrait toute l'idée de développement
simultané des deux faits.

5. Avec le même sens que **while** (*tandis/pendant que*) :

As he stood there he saw two men enter the bar.
Tandis qu'il était là, il vit deux hommes entrer dans le bar.

Mais il n'y a aucun avantage à employer ici **as** plutôt que **while** qui est préférable.

• Ici **as** s'emploie principalement avec les verbes dénotant une action plus qu'un état. On ne l'emploie donc pas, normalement, avec les verbes auxiliaires ni avec les verbes exprimant une notion d'émotion ou de perception — sauf s'ils sont accompagnés de l'idée de développement — ni avec les verbes exprimant le savoir, la compréhension.

Il convient de bien limiter les emplois de **as** pour le temps afin d'éviter toute confusion avec **as = because** :

As he was tired he sat down n'a qu'un seul sens :
Comme/parce qu'il était fatigué, il s'assit.

As she loved him she didn't let him go ne peut que signifier :
Comme elle l'aimait, elle ne le laissa pas partir.

Par contre, **as** + **a/an** + singulier, **as** + nom pluriel peut prendre les deux sens : *quand* et *parce que (en tant que)* :

As a student he had lived on bread and water.
Quand il était étudiant, il avait vécu de pain et d'eau claire.

As a married man he has to think of the future.
Étant marié, il lui faut songer à l'avenir.

B. as, when, while dans le sens de **because** (*parce que*)/**since** (*étant donné que, puisque*), **although** (*bien que*), **seeing that** (*vu que*) :

Comme on l'a vu plus haut, **as** peut signifier *parce que/ puisque*, etc. :

We had to walk all the way as we had no money for fares.
Il nous a fallu faire tout le trajet à pied puisque nous n'avions pas de quoi payer les billets.

• **as** + nom a également le même sens :

As an old customer I have a right to better treatment than this.
Étant un vieux client, j'ai le droit d'être mieux traité.

• **as** peut être l'équivalent de **although** uniquement dans la construction suivante : adjectif + **as** + sujet + **to be/appear/seem** :

Tired as he was he offered to carry the child = although he was tired, he offered to... *Bien qu'il fût fatigué, il proposa de porter l'enfant.*

• **While** peut être employé pour souligner un contraste :

« At sea » signifie *en mer,* alors que **at the sea** signifie « *au bord de la mer* ».

Some people waste food, while others haven't enough.
Certains gaspillent la nourriture tandis que d'autres n'en ont pas assez.

While dans le sens de **although** est habituellement placé en tête de phrase :

While I sympathize with your point of view I cannot accept it.
Bien que je comprenne votre point de vue, je ne puis l'accepter.

• **when** dans le sens de **seeing that/although** (*alors que, vu que*) est très proche de **while,** mais s'emploie surtout pour introduire un énoncé qui exprime le caractère déraisonnable ou illogique d'une proposition. On le rencontre souvent, mais pas obligatoirement, dans une question :

How can you expect your children to be truthful when you yourself tell lies ?
Comment pouvez-vous espérer que vos enfants soient francs quand vous-même vous dites des mensonges ?

It's not fair to expect her to do all the cooking when she has had no training or experience.
Il n'est pas juste de vouloir qu'elle fasse toute la cuisine alors qu'elle n'a ni formation ni expérience.

C. Ne pas confondre **when** et **if**

When he comes, *Quand il viendra,* implique la certitude qu'il viendra.

If he comes, *S'il vient,* implique qu'on ne le sait pas (voir chapitre **20**).

XI. — INTRODUCTION A L'ÉTUDE DES VERBES

96

A. On peut distinguer deux catégories de verbes en anglais :

1. Les verbes auxiliaires : **to be** *(être)*, **to have** *(avoir)*, **to do** *(faire)*, **to dare** *(oser)*, **to need** *(avoir besoin)*, **to be able/can** *(pouvoir)*, **may** *(pouvoir)*, **must** *(devoir)*, **will, shall, ought** et **used** (voir **102-108** pour les fonctions des auxiliaires).

2. Tous les autres verbes, que nous appellerons verbes ordinaires : **to work** *(travailler)*, **to sing** *(chanter)*, **to pray** *(prier)*.

B. On désigne généralement les verbes par leur infinitif : to work, to be, to have, mais certains auxiliaires n'ont pas d'infinitif et sont désignés par la forme du présent : **may, must,** etc.

Avant d'étudier les auxiliaires, il convient d'étudier brièvement les formes du verbe ordinaire.

Les verbes ordinaires

97 Formes principales du verbe actif

	Forme affirmative	*Forme négative*
Infinitif présent	to work	not to work
Infinitif présent continu	to be working	not to be working
Infinitif passé	to have worked	not to have worked
Infinitif passé continu	to have been working	not to have been working
Participe présent/ gérondif	working	not working
Gérondif passé	having worked	not having worked
Participe passé	worked	

Les verbes réguliers forment leur prétérit et participe passé en ajoutant **-d** ou **-ed** à l'infinitif. Parfois, la consonne finale de l'infinitif doit être doublée (par exemple **slip, slipped** : *glisser, glissa*). Voir règles orthographiques **(172, 327)**. Pour les verbes irréguliers, voir **317**.

Le participe présent et le gérondif se forment toujours régulièrement, en ajoutant **-ing** à l'infinitif. La règle du doublement de la consonne finale joue également dans ce cas (**slip, slipping**, *glissant*). Voir règles orthographiques **162, 327**.

98 Tableau des temps à la voix active (à la troisième personne du singulier)

Présent simple	he works	*il travaille*
Présent continu	he is working	*il travaille*
Present perfect	he has worked	*il a travaillé*
Present perfect continu	he has been working	*il a travaillé*
Prétérit simple	he worked	*il travailla*
Prétérit continu	he was working	*il travaillait*
Plus-que-parfait	he had worked	*il avait/eut travaillé*
Plus-que-parfait continu	he had been working	*il avait travaillé*
Futur simple	he will work	*il travaillera*
Futur continu	he will be working	*il travaillera*
Futur antérieur	he will have worked	*il aura travaillé*
Futur antérieur continu	he will have been working	*il aura travaillé*
Conditionnel présent	he would work	*il travaillerait*
Conditionnel présent continu	he would be working	*il travaillerait*
Conditionnel passé	he would have worked	*il aurait travaillé*
Conditionnel passé continu	he would have been working	*il aurait travaillé*

Contractions affirmatives :

Les auxiliaires **have/has/had, will/would, is/are** sont très souvent contractés, à la forme affirmative.

• **'s** peut être la contraction de **is** ou de **has** :

he's going = he is going   he's gone = he has gone
il part   *il est parti*

• **'d** peut être la contraction de **had** ou de **would** :

he'd paid = he had paid   he'd like to come = he would
il avait payé   like to come
                            il aimerait venir

• Accent

Was et **were** ne s'écrivent pas à la forme contractée, bien qu'ils aient une forme orale réduite [wɔz/wz et wə].

Normalement, un verbe auxiliaire suivi d'un verbe principal n'est pas accentué. L'accent porte sur le verbe principal.

99 Formes négatives

• Au présent simple négatif, on emploie **do not** + infinitif à toutes les personnes, sauf à la troisième du singulier où l'on emploie **does not.** Les contractions usuelles dans la langue parlée sont :

You don't work.   He doesn't work.
Tu ne travailles pas.   *Il ne travaille pas.*

• Le prétérit négatif se forme avec **did not** (contracté en **didn't**) + infinitif à toutes les personnes :

He/we/they did not/didn't work.
Il ne travailla pas/nous ne travaillâmes pas/ils ne travaillèrent pas.

• Tous les autres temps se forment à l'aide d'auxiliaires et la forme négative s'obtient en plaçant **not** après ces auxiliaires, avec les contractions d'usage dans la langue parlée :

I have not seen him/I haven't seen him.
Je ne l'ai pas vu.

It will not be easy/It won't be easy.
Ça ne sera pas facile.

I shall not be here tomorrow/I shan't be here tomorrow.
Je ne serai pas là demain.

He would not drink wine/He wouldn't drink wine.
Il ne boirait pas de vin.

They had not applied for visas/they hadn't applied for visas.
Ils n'avaient pas demandé de visa.

• Le présent continu et le *present perfect* peuvent être contractés de deux manières :

He is not coming/he isn't coming/he's not coming.
Il ne vient pas.

I have not seen him/I haven't seen it/I've not seen him.
Je ne l'ai pas vu.

• Le futur se contracte normalement en **won't**, mais **I'll not** est également possible.

• En anglais, une phrase négative ne peut contenir qu'une négation. Deux négations donnent à la phrase un sens affirmatif :

Nobody did nothing signifie **everyone did something.**
Chacun fit quelque chose.

Par conséquent, **never, no** (+ nom), **none, nobody, no one, nothing, hardly, hardly ever,** etc., s'emploient normalement avec un verbe à la forme affirmative. On peut dire :

He didn't eat anything ou **he ate nothing.**
Il n'a rien mangé.

He doesn't ever complain ou **he never complains.**
Il ne se plaint jamais.

We haven't seen anyone ou **we have seen no one.**
Nous n'avons vu personne.

They didn't speak much ou **they hardly spoke at all** ou **they hardly ever spoke.** *Ils n'ont pas dit grand-chose.*

100 La forme interrogative : questions et demandes

A. Pour obtenir la forme interrogative du présent simple, on emploie **does he/she/it** + infinitif à la troisième personne du singulier et **do** aux autres personnes : **do I/you/we/they** + infinitif.

• Pour obtenir la forme interrogative du prétérit simple, on emploie **did** + sujet + infinitif :

Did Peter enjoy the play ?
Est-ce que Pierre a aimé la pièce ?

Did you all go straight home afterwards ?
Êtes-vous rentré directement chez vous, ensuite ?

• Aux autres temps, la forme interrogative s'obtient en plaçant le sujet après l'auxiliaire (le premier auxiliaire quand le temps en comporte plusieurs) :

Have you finished ?	Are they coming ?
Avez-vous fini ?	*Est-ce qu'ils viennent ?*
How's Peter ?	Where're they going ?
Comment va Pierre ?	*Où vont-ils ?*
Who's taken my pen ?	When'll you be ready ?
Qui a pris mon stylo ?	*Quand serez-vous prêts ?*

B. La forme interrogative est employée pour formuler les questions mais elle ne peut s'employer :

1. Quand la question porte sur l'identité ou la nature du sujet :

Who told you ?	What happened ?
Qui te l'a dit ?	*Qu'est-ce qui s'est passé ?*

2. Au discours indirect :

He said : 'Where does she live ?'
Il dit : « Où habite-t-elle ? »

mais : He asked where she lived. *Il demanda où elle habitait.*

3. Si l'on fait précéder la question d'une expression telle que **do you know** *(savez-vous)*, **can you tell me** *(pouvez-vous me dire)*, **I want to know** *(je veux savoir)*, **I'd like to know** *(je voudrais savoir)*, **I wonder/was wondering** *(je me demande/je me demandais)*, **have you any idea** *(avez-vous une idée)*, **do you think** *(pensez-vous)* :

What time does the train start ?
A quelle heure part le train ?

mais : Have you any idea what time the train starts ?
Avez-vous une idée de l'heure à laquelle part le train ?

Where does Peter live ?
Où habite Peter ?

mais : I wonder where Peter lives.
Je me demande où habite Peter.

Will I have to pay duty on this ?
Est-ce que je devrai payer un droit là-dessus ?

mais : Do you think I'll have to pay duty ?
Pensez-vous que je devrai payer un droit ?

Do you know if I'll have to pay duty ?
Savez-vous s'il me faudra payer un droit ?

C. Une demande s'exprime généralement par la forme interrogative :

Can/could you help me ?
Pouvez-vous/pourriez-vous m'aider ?

Would you like to come this way ?
Voudriez-vous me suivre ?

Would you mind moving your car ?
Cela vous dérangerait de déplacer votre voiture ?

Mais, dans ce cas également, si la requête est précédée d'une expression telle que **I wonder, do you think,** il n'y a plus lieu d'employer la forme interrogative :

Could you give me a hand with this ?
Pourriez-vous me donner un coup de main ?

mais : I was wondering if you could give me a hand with this.
   Je me demandais si vous pourriez me donner un coup de main.

ou : Do you think you could give me a hand ?
   Pensez-vous pouvoir m'aider ?

• Au discours indirect, le problème ne se pose pas, étant donné que les demandes indirectes sont exprimées par un verbe tel que **ask** *(demander)* + complément + infinitif avec **to** :

He asked me to give him a hand.
Il m'a demandé de lui donner un coup de main.

D. La forme interrogative s'emploie dans les clausules interrogatives associées à un verbe à la forme négative :

You didn't see him, did you ?
Vous ne l'avez pas vu, n'est-ce pas ? (voir **106**).

E. Dans les phrases qui commencent par des mots comme **never** *(jamais)*, **rarely, seldom** *(rarement)*, **only when** *(ce n'est que quand)*, **only by** *(ce n'est que par/en)*, **not only** *(non seulement)*, **not till** *(ce n'est pas avant)*, et qui ont, de ce fait, une valeur emphatique, le verbe principal est construit comme le verbe interrogatif : auxiliaire/**do/does/did** + sujet :

Only when we landed did we see how badly the plane was damaged.
Ce n'est qu'en atterrissant que nous avons vu la gravité des dégâts subis par l'avion (voir **72**).

101 La forme interro-négative

• La forme interro-négative s'obtient en plaçant **not** après la forme interrogative, si le sujet est un pronom :

Did you not see him ?   Is he not coming ?
Ne l'avez-vous pas vu ?   *Ne vient-il pas ?*

Mais cette forme est presque toujours contractée :

Didn't you see him ?   Isn't he coming ?

On remarque que la négation (**—n't**) précède le sujet. C'est également le cas lorsque le sujet est un substantif :

Wasn't the man drunk ?
L'homme n'était-il pas ivre ?

Am I not ? a une contraction « irrégulière » : **aren't I ?** *Ne suis-je pas ?*

• La forme interro-négative s'emploie lorsque le locuteur s'attend à une réponse affirmative, ou l'espère :

Haven't you finished yet ?
N'avez-vous pas encore fini ?

Don't you like my new dress ?
N'aimez-vous pas ma nouvelle robe ?

Child : Can't I stay up till the end of the programme ?
L'enfant : Est-ce que je ne peux pas rester jusqu'à la fin de l'émission ?

A. : 'I could wait ten minutes.'
« *Je pourrais attendre dix minutes.* »

B. : 'Couldn't you wait a little longer ?'
« *Ne pourrais-tu attendre un peu plus ? »*

• La forme interro-négative s'emploie également dans les clausules interrogatives après une phrase affirmative :

You paid him, didn't you ?
Vous l'avez payé, n'est-ce pas ?

She would like to come, wouldn't she ?
Elle aimerait venir, n'est-ce pas ?

(voir **106 C.**)

Les verbes auxiliaires

102 Liste des verbes auxiliaires et de leurs formes principales

	Infinitif	Présent	Prétérit	Part. passé	
be	to be	am, is, are	was, were	been	*être*
have	to have	have, has	had	had	*avoir*
do*	to do	do, does	did	done	
can	(to be able)	can	could	been able	*pouvoir*
		am/is/ are able	was/ were able		
may		may	might		*pouvoir*
must	(to have to)	must	had to	had to	*devoir*
need	to need	need	needed	needed	*avoir besoin*
will*		will	would		
shall*		shall	should		
ought		ought	ought		*devoir*
dare	to dare	dare	dared	dared	*oser*
used*			used		

* Certains auxiliaires ne peuvent être traduits en dehors d'un contexte précis. Voir les chapitres correspondants (**do, will, shall, used**).

Ces verbes s'appellent **verbes auxiliaires** parce que :

1. Ils permettent, associés à l'infinitif, au présent, au participe présent ou au participe passé d'un verbe ordinaire, de former un certain nombre de temps de ce dernier :

I am waiting.	They will be there.	He would like to come.
J'attends.	*Ils y seront.*	*Il aimerait venir.*

2. S'ils sont employés avec l'infinitif, ils permettent d'exprimer, comme on le verra dans les chapitres correspondants, les notions de capacité, possibilité, aptitude, permission, éventualité, obligation, certitude, incertitude :

He may come tomorrow *(éventualité).*
Il est possible qu'il vienne demain/Il se peut qu'il vienne demain.

I can type *(aptitude).*	I cannot do that.
Je sais taper à la machine.	*Je ne peux pas faire cela.*

We must stop now *(obligation).*
Nous devons nous arrêter maintenant/Il faut que nous nous arrêtions maintenant.

Les chapitres suivants traiteront des auxiliaires ci-dessus, à l'exception de **will** et **shall**, qui seront étudiés à part aux chapitres **18, 20** et **21**.

103 Règles applicables à tous les auxiliaires

A. Les auxiliaires autres que **be, have** et **do** n'ont pas de flexions, c'est-à-dire qu'ils ont la même forme à toutes les personnes d'un même temps, donc pas de **s** à la 3e personne du singulier :

I can	he can	they can
je peux	*il peut*	*ils peuvent*
I must	he must	they must
je dois	*il doit*	*ils doivent*

B. La forme négative s'obtient en plaçant **not** après l'auxiliaire :

I must not	he cannot
je ne dois pas	*il ne peut pas*

(On notera que **not** est lié dans l'écriture à **can** = **cannot**.)

C. La forme interrogative s'obtient par l'inversion du sujet et du verbe :

Can he ?	Must I ?	May I ?
Peut-il ?	*Dois-je ?*	*Puis-je ?*

(Dans certains cas, **do** + sujet + infinitif est quelquefois employé, voir **116-117, 119-120, 123**.)

D. Les auxiliaires ne s'emploient pas normalement aux temps continus, sauf lorsqu'il s'agit de certains emplois de **be** (voir **110, 114 A**) et de **have** (voir **117, 120**).

E. Les auxiliaires sont suivis de l'infinitif (bien que **be** et **have** puissent être suivis d'autres formes du verbe).

• **Be, have** peuvent être suivis de l'infinitif avec **to** :

He is to go.   I have to work.
Il doit aller.   *Il faut que je travaille.*

• **Ought** et **used** sont suivis de l'infinitif avec **to** :

Tom ought to write to her.   She used to know Greek.
Tom devrait lui écrire.   *Elle savait le grec.*

• **Do, can, may, must, will** et **shall** sont suivis de l'infinitif sans **to** :

He doesn't read.   She can swim.
Il ne lit pas.   *Elle sait nager.*

I must see it.   He will help you.
Je dois le voir.   *Il vous aidera.*

• **Need** et **dare** se construisent avec l'infinitif sans **to** sauf lorsqu'ils sont conjugués avec les auxiliaires **do, did, will, would.**

He need not go mais **He does not need to go.**
Il n'a pas besoin d'y aller.

How dare you borrow it without my permission ?
Comment osez-vous l'emprunter sans ma permission ?

He wouldn't dare to contradict his boss.
Il n'oserait pas contredire son patron (voir **157**).

If he had a bicycle he wouldn't need/have to leave so early.
S'il avait un vélo il n'aurait pas besoin de partir si tôt.

F. Les auxiliaires sont généralement contractés dans l'anglais de la conversation :

• **Am, is, are, have, had, would, will** peuvent être contractés à la forme affirmative (voir **98**).

• Mais il n'est pas possible d'employer une forme affirmative contractée en fin de phrase :

I'm not French but he is (he is *ne peut être réduit à* he's).
Je ne suis pas français mais lui l'est.

• A la forme interrogative les auxiliaires ci-dessus peuvent généralement être contractés après **how, who, what, when, where** :

 Where've you been ? *Où es-tu allé ?*

What'd he like to do ? *Qu'aimerait-il faire ?*

Voir **109, 110** pour certaines questions avec **be.**

• En principe, quand l'auxiliaire est en tête de la question il n'est pas contracté :

Have you seen Tom ? *Avez-vous vu Tom ?*

Would you like to go now ? *Voudriez-vous partir maintenant ?*

On trouve cependant des contractions fréquentes dans la langue familière. Tous les auxiliaires, d'autre part, peuvent être contractés à la forme négative.

You needn't pay at once.
Vous n'avez pas besoin de payer tout de suite.
Can't you work faster than that ? *(interro-négatif).*
Ne peux-tu travailler plus vite ?

Emploi des auxiliaires dans les réponses brèves, pour signifier l'accord, le désaccord, etc.

Les auxiliaires jouent un rôle important dans la conversation car on les emploie, au lieu de répéter le verbe en cause, dans des réponses brèves, pour signifier l'accord, le désaccord, ajouter une remarque complémentaire, etc.

104 Les auxiliaires dans les réponses brèves

Aux questions qui requièrent une réponse par **yes,** *oui* ou **no,** *non,* telles que : **Do you smoke ?** *Fumez-vous ?* ou : **Can you ride a bicycle ?** *Savez-vous monter à bicyclette ?,* il convient de répondre par **yes** ou **no** accompagné seulement de l'auxiliaire. Si, dans la question, le sujet est un nom, il sera remplacé par un pronom dans la réponse :

Do you smoke ?	Yes, I do (*et non pas* Yes, I smoke).
Fumez-vous ?	*Oui, je fume* (la répétition est courante en français).
Can he cook ?	No, he can't.
Est-ce qu'il sait faire la cuisine ?	*Non, il ne sait pas.*
Will Mr. and Mrs. Pitt be there ?	Yes, they will.
Est-ce que M. et Mme Pitt y seront ?	*Oui, ils y seront.*
Do you eat snails ?	No, I don't.
Est-ce que vous mangez des escargots ?	*Non.*
Did you put garlic in it ?	Yes, I did.
Y avez-vous mis de l'ail ?	*Oui, j'en ai mis.*
Must he go ?	Yes, he must/No, he needn't.
Est-ce qu'il doit y aller ?	*Oui, il le faut/Non, ce n'est pas nécessaire* (voir **145**).

Une simple réponse par **yes** ou **no** est évidemment possible mais serait moins polie.

105 Expression de l'accord et du désaccord

L'accord avec une remarque qui vient d'être faite à la forme affirmative s'exprime comme les réponses brèves, avec **yes, so** (*en effet*), **of course** (*bien sûr*). S'il y a un auxiliaire dans le verbe en cause, cet auxiliaire est répété ; s'il n'y a pas d'auxiliaire **do/does** est employé au présent, et **did** au prétérit :

A. Pour exprimer l'accord avec une remarque affirmative, on emploie **yes/so**, *en effet,* ou **of course,** *bien sûr,* + l'auxiliaire à la forme affirmative. Si un auxiliaire est déjà utilisé dans la remarque initiale, cet auxiliaire est répété. S'il n'y a pas d'auxiliaire, on emploie **do/does** au présent, **dit** au prétérit :

Tom drinks too much.	Yes, he does.
Tom boit trop.	*Oui, c'est vrai.*
Ann may be at the station.	Yes, she may.
Ann est peut-être à la gare.	*Oui, peut-être.*
Living in London will be expensive.	Yes, of course it will.
Cela coûtera cher de vivre à Londres.	*Oui, bien sûr.*
Your petrol tank is leaking.	Oh, so it is.
Votre réservoir fuit.	*Oui, effectivement.*

B. Pour exprimer le désaccord avec une remarque négative, on emploie **yes** ou **oh yes** + un auxiliaire affirmatif :

Mary won't be there.	Oh yes, she will.
Mary ne sera pas là.	*Si, elle y sera.*
Tom doesn't earn much.	Oh yes he does.
Tom ne gagne pas beaucoup.	*Oh si !*
Bill didn't go to college.	Yes he did.
Bill n'est pas allé à l'université.	*Si.*
I'm not getting fatter.	Oh yes, you are.
Je ne grossis pas.	*Oh si, tu grossis.*

C. L'accord avec une remarque négative s'exprime par l'emploi de **no** + auxiliaire négatif.

I wouldn't take long.	No, it wouldn't.
Cela ne prendrait pas longtemps.	*Non.*
I can't sing well.	No you can't.
Je ne sais pas bien chanter.	*Non, tu ne sais pas.*
The door hadn't been locked.	No, it hadn't..
La porte n'avait pas été fermée.	*Non.*

D. Le désaccord avec une remarque affirmative s'exprime par l'emploi de **no** ou **oh no** + auxiliaire négatif :

Your sister will lend you the money.	No, she won't.
Votre sœur vous prêtera de l'argent.	*Non, elle ne m'en prêtera pas.*
Peter drinks too much.	No, he doesn't.
Peter boit trop.	*Non, ce n'est pas vrai.*
We have plenty of time.	No, we haven't.
Nous avons largement le temps.	*Non, pas du tout.*
Prices are coming down.	Oh no, they aren't.
Les prix baissent.	*Oh non, ils ne baissent pas.*

106 Clausules interrogatives

A. Il s'agit de questions brèves ajoutées à une phrase afin de solliciter l'accord ou la confirmation.

• Après une phrase négative, on emploie la forme interrogative :

You didn't see him, did you ?
Vous ne l'avez pas vu, n'est-ce pas ?

Ann can't swim, can she ?
Ann ne sait pas nager, n'est-ce pas ?

• Après une phrase affirmative, on emploie une **forme interro-négative** :

Peter helped you, didn't he ? *Peter vous a aidé, n'est-ce pas ?*

Mary was there, wasn't she ? *Mary était là, n'est-ce pas ?*

Le verbe négatif de la clausule est généralement contracté (voir la remarque en fin de **C**).

• Contraction irrégulière :

I'm late, aren't I ? *Je suis en retard, n'est-ce pas ?*

• **Let's** est repris dans la clausule par **shall.**

Let's go, shall we ? *Partons, voulez-vous/veux-tu ?*

Le sujet de la clausule est toujours un pronom.

B. Exemples de clausules interrogatives après des phrases négatives :

Peter does not smoke, does he ?
Pierre ne fume pas, n'est-ce pas ?

Ann isn't studying music, is she ?
Ann n'étudie pas la musique, n'est-ce pas ?

Bill didn't want to go, did he ?
Bill ne voulait pas y aller, n'est-ce pas ?

People should not drop litter on pavements, should they ?
On ne devrait pas jeter de détritus sur les trottoirs, n'est-ce pas ?

• On notera que les énoncés contenant des mots tels que **neither, no** (adjectif), **none, no one, nobody, nothing, scarcely, barely, hardly, hardly ever, seldom, little, few** sont considérés comme des énoncés à la forme négative et suivis par une forme interrogative dans la clausule :

None of your friends liked the film, did they ?
Aucun de vos amis n'a aimé le film, n'est-ce pas ?

Nothing was said, was it ? *On n'a rien dit, n'est-ce pas ?*

Peter hardly ever goes to parties, does he ?
Pierre sort rarement, n'est-ce pas ?

• Quand le sujet de la phrase est **no one, nobody, anyone, anybody, none, neither,** on utilise le pronom **they** comme sujet de la clausule :

I don't suppose anyone will volunteer, will they ?
Je pense que personne ne sera volontaire, n'est-ce pas ?

None of the bottles are broken, are they ?
Aucune bouteille n'est cassée, n'est-ce pas ?

Neither ot them complained, did they ?
Ni l'un ni l'autre ne s'est plaint, n'est-ce pas ?

C. Clausules interrogatives après une phrase affirmative :

• Au présent simple d'un verbe ordinaire, on emploie **don't/doesn't** dans la clausule. Au prétérit, on emploie **didn't** :

Edward lives here, doesn't he ?
Édouard habite ici, n'est-ce pas ?

You found your passport, didn't you ?
Vous avez retrouvé votre passeport, n'est-ce pas ?

• Après les autres temps, on se contente de reprendre l'auxiliaire dans la clausule interro-négative :

Mary's coming tomorrow, isn't she ?
Mary vient demain, n'est-ce pas ?

Peter's heard the news, hasn't he ?
Pierre a appris la nouvelle, n'est-ce pas ?

• Attention aux formes contractées : **'s** réduction de **is** ou **has** (voir ci-dessus) et **'d** réduction de **had** ou **would** :

Peter'd written before you phoned, hadn't he ?
Peter avait écrit avant votre coup de téléphone, n'est-ce pas ?

Mary'd come if you asked her, wouldn't she ?
Mary viendrait si vous le lui demandiez, n'est-ce pas ?

You'd better change your wet shoes, hadn't you ? *Vos chaussures sont mouillées, vous feriez mieux d'en changer, non ?*

Your parents'd rather go by air, wouldn't they ?
Vos parents préféreraient prendre l'avion, n'est-ce pas ?

• Avec **everybody, somebody, someone,** on emploie le pronom **they** :

Everyone warned you, didn't they ?
Tout le monde vous a prévenu, n'est-ce pas ?

Someone had recognized him, hadn't they ?
Quelqu'un l'avait reconnu, n'est-ce pas ?

Les clausules interro-négatives non contractées sont possibles mais, dans ce cas, le pronom précède la négation :

You saw him, did you not ?
Vous l'avez vu, n'est-ce pas ?

Cette construction est bien moins usuelle que l'autre.

D. L'intonation

Lorsqu'il emploie une clausule interrogative, le locuteur ne demande pas une information, il s'attend à un accord ou à une confirmation. Ces clausules se prononcent donc avec une intonation descendante, comme lorsque l'on énonce un fait.

Quelquefois, pourtant, le locuteur a besoin d'une information. Il n'est pas certain que ce qu'il énonce soit vrai et veut qu'on l'en assure. Dans ce cas, la clausule prend une intonation montante et le locuteur met en évidence le mot important de la phrase principale en le prononçant sur un ton plus aigu.

107 | Clausules exprimant la réaction du locuteur

Elles sont formées, comme les clausules interrogatives, à l'aide des verbes auxiliaires, mais on emploie une clausule interrogative après une phrase affirmative, et une clausule interro-négative après une phrase négative.

• Ces clausules peuvent être ajoutées à la suite d'une phrase affirmative :

You saw him, did you ? *Vous l'avez vu, dites-vous ?*

ou utilisées en réponse à une phrase affirmative ou négative :

A : I'm living in London now.   B : Are you ?
J'habite Londres, maintenant.   *Ah, bon !*

A : I didn't pay Paul.   B : Didn't you ?
Je n'ai pas payé Paul.   *Vraiment !*

• Utilisée comme réponse à une déclaration, la clausule signifie à peu près **Really !** ou **Indeed !**, *Vraiment !*.

• Placée après une phrase déclarative, elle indique que le locuteur prend note du fait énoncé :

You've found a job, have you ? = Oh, so you've found a job.
Vous avez trouvé du travail, donc.

• Ces clausules s'emploient surtout pour exprimer la réaction du locuteur à une déclaration. Par le ton de sa voix, le locuteur exprime l'intérêt ou l'absence d'intérêt, la surprise, la satisfaction, la colère, le soupçon, l'incrédulité, etc.

Le locuteur peut donner plus de force encore à l'expression de sa réaction en ajoutant un auxiliaire, comme on le voit ci-dessous :

A : I borrowed your car.   B : Oh, you did, did you ?
J'ai emprunté ta voiture.   *Ah ça, par exemple !*

A : I didn't think you'd need it.   B : Oh, you didn't, didn't you ?
Je ne pensais pas que tu en   *Tu ne pensais pas, voyez-vous*
aurais besoin.   *ça !*

Autrement dit, devant une clausule interrogative, on emploie l'auxiliaire à la forme affirmative, et devant une clausule interro-négative, on emploie l'auxiliaire à la forme négative.

Dans ce cas encore, le sens dépend de l'intonation : le locuteur peut, par cette forme, exprimer aussi bien l'irritation, voire l'agressivité, que l'admiration ou l'amusement.

108 Remarques complémentaires à une phrase déclarative

A. Une remarque complémentaire à une phrase affirmative se fait en employant **so** + auxiliaire (**do/does/did**) s'il n'y en a pas dans la phrase + sujet.
Au lieu de dire :

Bill likes tennis and Tom likes tennis too.
Bill aime le tennis et Tom aussi aime le tennis.

On peut dire :
Bill likes tennis and so does Tom.
Bill aime le tennis, Tom aussi.

De même :
My brothers smoke and so do my sisters.
Mes frères fument et mes sœurs aussi.

I read the « Guardian » and so does Mr. Pitt.
Je lis le Guardian, *et M. Pitt aussi.*

You can come in my car and so can your dog.
Vous pouvez venir dans ma voiture et votre chien aussi.

Shakespeare wrote plays and so did Lope de Vega.
Shakespeare a écrit des pièces, Lope de Vega aussi.

B. Une remarque affirmative complémentaire à une phrase négative se construit avec **but** + sujet + auxiliaire :
Bill can't ride that horse but Diana can.
Bill ne peut monter ce cheval mais Diana le peut.

I didn't eat lobster but she did.
Je n'ai pas mangé de homard, mais elle, si.

He won't go but they will.
Il n'ira pas, mais eux, si.

C. Une remarque complémentaire négative s'ajoute à une phrase négative par l'emploi de **nor** ou **neither** + auxiliaire + sujet :
She didn't give anything and neither did he.
Elle n'a rien donné, et lui non plus.

The men were not well dressed. Nor were the women.
Les hommes n'étaient pas bien vêtus. Les femmes non plus.

She hasn't much time and neither have I.
Elle n'a pas beaucoup de temps, et moi non plus.

D. Une remarque complémentaire négative s'ajoute à une phrase affirmative en employant **but** + sujet + auxiliaire à la forme négative :
He likes Picasso but I don't.
Il aime Picasso, moi pas.

Henry can come but George can't.
Henry peut venir mais pas George.

The Pitts will accept but the Browns won't.
Les Pitt accepteront mais pas les Brown.

My cat caught rats but yours didn't.
Mon chat a pris des rats mais pas le vôtre.

Pour l'emploi des auxiliaires dans les comparaisons, par exemple :
He runs faster than I do *Il court plus vite que moi,* voir **17, 65, 311.**

XII. — LES AUXILIAIRES BE, HAVE, DO

To be

109 Formes

Formes principales : **be, was, been.**

A. Le présent

	Affirmatif	*Négatif*	*Interrogatif*
Je suis	I am (I'm)	I am (I'm) not	am I ?
Tu es	you are (you're)	you are not (aren't)	are you ?
Il est	he is (he's)	he is not (isn't)	is he ?
Elle est	she is (she's)	she is not (isn't)	is she ?
Il, elle (neutre)	it is (it's)	it is not (isn't)	is it ?
Nous sommes	we are (we're)	we are not (aren't)	are we ?
Vous êtes	you are (you're)	you are not (aren't)	are you ?
Ils sont	they are (they're)	they are not (aren't)	are they ?

• On rencontre une autre contraction à la forme négative : **you're not, he's not.**

• La forme interrogative n'est pas contractée lorsque l'auxiliaire est le premier mot de la proposition interrogative :

Is Tom here ?
Est-ce que Tom est là ?

Mais elle peut être contractée lorsque l'auxiliaire est placé plus avant dans la proposition :

Where's Tom ?
Où est Tom ?

Exception : lorsque la question est constituée de **where/what, is/are** + pronom personnel, l'auxiliaire n'est pas contracté :

Where is he ?
Où est-il ?

Par contre on dira :

Where's he now ?   Where's he gone ?
Où est-il maintenant ?   *Où est-il allé ?*

• Les formes interro-négatives sont **am I not ? (aren't I ?), are you not ? (aren't you ?), is he not ? (isn't he ?)**, etc.

B. Le prétérit

Affirmatif	Négatif	Interrogatif
I was	I was not (wasn't)	was I ?
You were	You were not (weren't)	were you ?
He/she/it was	he/she/it was not (wasn't)	was he/she/it ?
We were	we were not (weren't)	were we ?
You were	you were not (weren't)	were you ?
They were	they were not (weren't)	were they ?

Les formes **was** et **were** ne sont pas contractées en anglais écrit, mais en parlant on dit très souvent [wəz/wz] et [wə].

Les formes interro-négatives sont **was I not ? (wasn't I), were you not ? (weren't you ?)**, etc.

C. Les autres temps de **to be** suivent, pour leur formation, les règles qui s'appliquent aux autres verbes. Mais, normalement, **be** ne s'emploie pas aux formes continues, sauf au passif et dans les cas signalés au **114 A.**

Be auxiliaire

110 Auxiliaire de formation d'autres temps

Be s'emploie dans les formes continues actives :
He is working/will be working, etc.
Il travaille/travaillera.

Be s'emploie pour former tous les temps de la voix passive :
He was followed, is being followed, etc.
Il était suivi, il est suivi...

On notera que **be** peut être utilisé aux formes continues du passif :
Actif : They are carrying him. *Ils le portent.*
Passif : He is being carried. *Il est porté.*
Actif : She was towing the car. *Elle remorquait la voiture.*
Passif : The car was being towed (voir aussi **289**). *La voiture était remorquée.*

111 Be avec l'infinitif

A. La construction **be** + infinitif avec **to** est extrêmement importante, et peut s'employer :

1. Pour signifier des ordres ou des instructions :
No one is to leave this building without the permission of the police (= no one must leave).
Nul ne doit quitter cet immeuble sans autorisation de la police.
He is to stay here till we return (= he must stay).
Il doit rester ici jusqu'à notre retour.

Il s'agit d'une manière assez impersonnelle de donner des instructions, et cette construction dans ce sens se rencontre surtout à la troisième personne. Lorsqu'elle est employée à la deuxième personne **you**, elle implique souvent que le locuteur transmet une instruction ou un ordre émanant de quelqu'un d'autre. La différence entre 1) **Stay here, Tom**, *Tom, reste ici* et 2) **You are to stay here, Tom**, *Tom, tu dois rester ici* est la suivante : en 1) le locuteur ordonne lui-même à Tom de rester tandis qu'en 2) il transmet le désir ou l'ordre d'une autre personne.

Cette distinction disparaît évidemment au discours indirect et la construction **be** + infinitif avec **to** est très utile pour exprimer les ordres indirects, en particulier lorsque le verbe déclaratif ou introductif est au présent :

He says, 'Wait till I come'.
Il dit : « Attendez que j'arrive ».
= He says that we are to wait till he comes.
Il nous a dit d'attendre jusqu'à ce qu'il arrive.

ou lorsque l'impératif est précédé d'une autre proposition :

He said, 'If I fall asleep at the wheel wake me up'.
Il a dit : « Si je m'endors au volant, réveille-moi ».
= He said that if he fell asleep at the wheel she was to wake him up.
Il a dit qu'elle devait le réveiller s'il s'endormait au volant.

On l'emploie également pour exprimer une demande d'instruction :

'Where shall I put it, Sir ?' he asked.
« Où le mettrai-je, monsieur ? » demanda-t-il.
= He asked where he was to put it.
Il demanda où il devait le mettre (voir aussi **300 A. 2** et **302**).

2. Pour annoncer un projet.

She is to be married next month.
Elle doit se marier le mois prochain.

The expedition is to start in a week's time.
L'expédition doit partir dans une semaine.

He must work if he is to succeed.
Il faut qu'il travaille s'il veut réussir.

Cette construction est fréquente dans la presse :

The Prime Minister is to make a statement tomorrow.
Le Premier ministre doit faire une déclaration demain.

Dans les titres de la presse, **be** est fréquemment omis :

Prime Minister to make statement tomorrow.
Demain, déclaration du Premier ministre.

Au prétérit :
1) He was to go (**be** + infinitif présent).
   Il devait y aller.
2) He was to have gone (**be** + infinitif passé).
   Il devait y aller.

La phrase 1 ne nous indique pas si le projet a été réalisé ou non ; la phrase 2 nous indique que le projet n'a pas été réalisé, que l'événement prévu n'a pas eu lieu :

The Lord Mayor was to have laid the foundation stone but he was taken ill last night so the Lady Mayoress is doing it instead.
Le Lord Mayor devait poser la première pierre, mais il est tombé malade hier, c'est donc la Lady Mayoress qui le fait à sa place.

B. Was/were + infinitif avec **to** exprime l'idée d'un futur dans le passé, d'un événement qui prend, de ce fait, un caractère inévitable :

He received a blow on the head. It didn't worry him at the time, but it was to be very troublesome later.
Il reçut un coup sur la tête. Cela ne le gêna guère à l'époque mais, plus tard, cela devait beaucoup l'ennuyer.

They said goodbye, little knowing they were never to meet again.
Ils se dirent adieu, ne se doutant guère qu'ils ne devaient jamais se revoir.

C. Be about + infinitif avec **to** exprime la notion de futur immédiat (d'un événement qui peut dépendre de la volonté du sujet) :

They are about to start.
Ils s'apprêtent à partir.

• **Just** peut être ajouté pour signifier une plus grande proximité de ce futur :

They are just about to start.
Ils sont juste sur le point de partir.

• On a la même construction au passé :

He was just about to dive when she saw the shark.
Il était sur le point de plonger quand elle vit le requin.

• **Be on the point of** + **-ing** (*être juste sur le point de*) exprime un futur encore plus proche que **be about to.**

To be verbe ordinaire

112 Il s'emploie pour exprimer la notion d'existence

A. To be exprime la notion d'existence et s'emploie pour fournir une information sur le sujet :

Tom is a carpenter.	The dog is in the garden.
Tom est charpentier.	*Le chien est dans le jardin.*
Malta is an island.	The roads were rough and narrow.
Malte est une île.	*Les routes étaient mauvaises et étroites.*
Gold is a metal.	Peter was tall and fair.
L'or est un métal.	*Pierre était grand et blond.*

B. There is, there are

Lorsqu'un nom représentant une personne ou une chose indéfinie est sujet du verbe **to be,** on place généralement **there** devant le verbe, et le nom après le verbe. Il est possible de dire : **A man is in the garden.**

Mais plus généralement on dit :
There is a man in the garden.
Il y a un homme dans le jardin.

De même on dira :
There is an egg in that nest.
Il y a un œuf dans ce nid.

There are eggs in that nest.
Il y a des œufs dans ce nid.

• On remarquera que, si **there** paraît être le sujet, le sujet réel est le nom qui suit le verbe et que, si le nom est au pluriel, le verbe doit également être au pluriel :

There is a cigarette in that box.
Il y a une cigarette dans cette boîte.

There are cigarettes in that box.
Il y a des cigarettes dans cette boîte.

There has been a storm.
Il y a eu une tempête.

There have been storms.
Il y a eu des tempêtes.

There was a queue at the station.
Il y avait une queue à la gare.

There were queues at the station.
Il y avait des queues à la gare.

Exemples à la forme négative et à la forme interrogative :
There isn't any milk.
Il n'y a pas de lait.

Are there any apples ?
Y a-t-il des pommes ?

There won't be a queue for that film.
Il n'y aura pas de queue pour ce film.

Is there a doctor in the house ?
Y a-t-il un médecin ici ?

Cette construction ne s'emploie pas dans les énoncés à valeur générale.:
Gold is a metal.
L'or est un métal.

A snake is a reptile.
Un serpent est un reptile.

Mosquitoes are a nuisance.
Les moustiques sont une plaie.

Hurricanes are terrible things.
Les ouragans sont des choses terribles.

Parachutes are useful.
Les parachutes sont utiles.

113 it is et there is

A. Comme on l'a vu **(44)**, **it is** est employé :

1. Dans les expressions indiquant la date, l'heure, la durée :

What time is it/What's the time ? It's ten o'clock.
Quelle heure est-il ? Il est 10 heures.
What date is it ?/What is the date ? It's December 8.
Quel jour sommes-nous ? C'est le 8 décembre.
It is six years since he left.
Cela fait six ans qu'il est parti.
It will be a long time before we see him again.
On ne le reverra pas de sitôt.

2. Dans l'expression de la distance :

How far is it to York ?   It is sixty miles.
Combien y a-t-il jusqu'à York ?   Il y a soixante miles.
It is not far to the nearest village.
Le village le plus proche n'est pas loin.
It is a long way to Australia.
L'Australie, c'est loin (**far,** *loin,* ne s'emploie pas dans une phrase affirmative).

3. Dans les expressions indiquant le temps qu'il fait, la température, etc. :

It is hot/cold/wet/windy.
Il fait chaud/froid/humide/il y a du vent.
It will be foggy tomorrow.
Demain, il y aura du brouillard.
It was high tide/The tide was high.
C'était marée haute.
It was full moon/The moon was full.
C'était la pleine lune.

4. Dans les questions et réponses relatives à l'identité d'une personne :

Tom : Ann, you're wanted on the phone.
Ann, on te demande au téléphone.
Ann : Who is it ? Do you know who it is ?
Qui est-ce ? Sais-tu qui c'est ?
Tom : I think it's your brother.
Je crois que c'est ton frère.

5. Dans les phrases où le sujet réel est un infinitif :

It is easy to see why he left home.
Il est facile de voir pourquoi il est parti de chez lui.

6. Dans les phrases où le sujet réel est une proposition :

It is possible that he never intended to shoot her.
Il est possible qu'il n'ait pas eu du tout l'intention de la tuer.

7. Pour mettre en évidence un mot ou une expression :

It is pollution that killed these fish.
C'est la pollution qui a tué ces poissons (et pas autre chose).

It is the grandmother who makes the decisions.
C'est la grand'mère qui prend les décisions (et personne d'autre).

B. Les quelques exemples suivants permettront d'éviter la confusion entre les deux formes :

1. **it is** + adjectif ; **there is** + nom :

It is foggy/there is fog.
Il y a du brouillard.

It was very wet/there was a lot of rain.
Il faisait très humide, ou il a plu beaucoup.

It won't be very sunny/there won't be much sun.
Il n'y aura pas beaucoup de soleil.

Will it be dangerous ?/Will there be any danger ?
Est-ce que ce sera dangereux ? Y aura-t-il un danger ?

2. **it is, there is** avec les notions de temps et de distance :

It is a long way to York.
York, c'est loin.

There is a long way still to go.
Nous avons encore un long chemin à faire.

It is time to go home.
Il est l'heure de rentrer (comme nous l'avions décidé).

There is time for us to go home and come back again before the film starts.
Nous avons le temps d'aller à la maison et de revenir avant que le film commence.

3. **there is** + nom/pronom et **it is** employé pour exprimer l'identité :

There is someone at the door. I think it is the man to read the meter.
Il y a quelqu'un à la porte. Je crois que c'est l'homme qui vient relever le compteur.

Oh, it's Peter's coat. He must have forgotten to put it on.
Oh, c'est le manteau de Pierre. Il a dû oublier de le mettre.

114 Autres emplois de be

be s'emploie pour exprimer :

A. L'état physique ou mental

I am hot/cold.
J'ai chaud/froid.

He was excited/calm.
Il était excité/calme.

They will be happy/unhappy.
Ils seront heureux/malheureux.

Avec certains adjectifs, par exemple **quiet/noisy,** *calme/bruyant ;* **good/bad,** *bon/mal ;* **wise/foolish,** *sage/stupide,* il est possible d'employer **be** aux formes continues : par exemple, **Tom is being foolish,** pour indiquer que le sujet manifeste cette qualité au moment où l'on parle. **Tom is being foolish** signifie : *Tom fait l'imbécile,* au moment où l'on parle, tandis que **Tom is foolish** signifie *Tom est sot* (constamment).

De même :

The children are being quiet.
Les enfants se tiennent tranquilles.

Mais :

The children are quiet.
Ce sont des enfants calmes.

• D'autres adjectifs peuvent être employés avec **be** à la forme continue : **clever/stupid,** *intelligent/stupide ;* **generous/mean,** *généreux/mesquin ;* **economical/extravagant,** *économe/prodigue ;* **optimistic/pessimistic,** *optimiste/pessimiste ;* **helpful/unhelpful,** *serviable/peu serviable ;* **selfish/unselfish,** *égoïste/désintéressé ;* **cautious/rash,** *prudent/imprudent ;* **polite,** *poli ;* **funny,** *drôle ;* **difficult,** *difficile ;* **annoying,** *ennuyeux ;* **irritating,** *irritant ;* **formal,** *guindé ;* **mysterious,** *mystérieux.*

• Avec certains de ces adjectifs, par exemple **stupid, difficult, funny, polite,** la forme continue implique que le sujet agit délibérément de la manière décrite par l'adjectif :

You are being stupid : *tu fais l'imbécile* (par exemple, tu ne fais aucun effort pour comprendre).
He is being difficult : *il fait des difficultés.*
He is being funny signifie généralement *il plaisante, ne le croyez pas.*
She is just being polite signifiera le plus souvent : *elle fait cela par politesse.*

B. be s'emploie pour exprimer l'âge

How old are you ? I am ten/I am ten years old.
Quel âge as-tu ? J'ai dix ans.
(Il n'est pas possible de dire : **I am ten years.**)
How old is the tower ? It is 400 years old.
Quel âge a la tour ? Elle a 400 ans.
Years old est obligatoire pour exprimer l'âge des choses.

C. be s'emploie pour exprimer la taille et le poids

How tall are you ?	What is your height ?
Combien mesurez-vous ?	*Quelle est votre taille ?*

I am 1.65 metres.
Je mesure 1,65 m.

Le passager : How high are we now ?
          A quelle altitude sommes-nous maintenant ?
Le pilote : We're about 20,000 feet.
          Nous sommes à peu près à 20 000 pieds.

What is your weight ?	What do you weigh ?
Quel est votre poids ?	How much do you weigh ?
	Combien pesez-vous ?

I am 65 kilos/I weigh 65 kilos.
Je pèse 65 kilos.

D. be s'emploie pour indiquer le prix
How much is this melon ? What does this melon cost ?
C'est combien ce melon ? Combien coûte ce melon ?
It's £ 1.
C'est une livre.
The best seats are (= cost) £ 5.
Les meilleures places sont à 5 livres.

To have

115 Formes et emploi dans la formation des temps

A. Formes

Formes principales : **have, had, had.**

1. Présent :

	Affirmatif	*Négatif*	*Interrogatif*
J'ai	I have (I've)	I have not (haven't)	have I ?
Tu as	you have (you've)	you have not (haven't)	have you ?
Il a	he has (he's)	he has not (hasn't)	has he ?
Elle a	she has (she's)	she has not (hasn't)	has she ?
Il/elle a	it has (it's)	it has not (hasn't)	has it ?
Nous avons	we have (we've)	we have not (haven't)	have we ?
Vous avez	you have (you've)	you have not (haven't)	have you ?
Ils ont	they have (they've)	they have not (haven't)	have they ?

• La troisième personne du singulier a une forme contractée **'s** qui est identique à celle de **be : he's = he is** ou **he has.** Il existe une autre forme contractée du présent négatif : **I've not, you've not,** etc.

Have/has ne sont pas contractés à la forme interrogative s'ils sont placés en tête de phrase, mais peuvent être contractés lorsqu'ils sont placés plus avant dans la phrase. Comme dans le cas de la forme affirmative, cette contraction se fait principalement avec **have/has** + participe passé, ou avec **have, has** + **got** (voir 119) :
Where've you been ?   Who's (= who has) got my pen ?
Où êtes-vous allés ?   *Qui a mon stylo ?*

Les formes interro-négatives sont : **have I not ? (haven't I ?), have you not (haven't you ?), has he not ? (hasn't he ?),** etc.

2. Prétérit

	Affirmatif	*Négatif*	*Interrogatif*
J'avais/eus	I had/I'd	I had not (hadn't)	had I ?
Tu avais/eus	you had (you'd)	you had not (hadn't)	had you ?

Il avait/eut	he had (he'd)	he had not (hadn't)	had he ?
Elle avait/eut	she had (she'd)	she had not (hadn't)	had she ?
Il/elle avait/ eut	it had (it'd)	it had not (hadn't)	had it ?
Nous avions/ eûmes	we had (we'd)	we had not (hadn't)	had we ?
Vous aviez/ eûtes	you had (you'd)	you had not (hadn't)	had you ?
Ils avaient/ eurent	they had (they'd)	they had not (hadn't)	had they ?

• Le prétérit négatif peut également être contracté en **I'd not**, etc., mais ces formes sont moins usuelles.

• Le prétérit interrogatif ne se contracte pas. (La contraction **'d** est identique pour **had** et **would. He'd** signifie soit **he had** soit **he would**.)

• Les formes interro-négatives du prétérit sont : **had I not ? (hadn't I ?), had you not ? (hadn't you ?)**, etc.

3. Tous les autres temps suivent les règles qui s'appliquent aux verbes ordinaires.

B. Emploi de **have** dans la formation des temps

Have s'emploie avec le participe passé pour former les temps suivants :

Parfait : I have worked, *j'ai travaillé.*
Plus-que-parfait : I had worked, *j'avais travaillé.*
Futur antérieur : I will/shall have worked, *j'aurai travaillé.*
Conditionnel passé : I would/should have worked, *j'aurais travaillé.*

Autres emplois de **have** comme verbe auxiliaire

116 Avec l'**infinitif + to**, pour exprimer l'obligation (voir également 135)

Have a à peu près le même sens que **must**.

I have to go = I must go.
Il faut que je parte.

Had avec l'infinitif exprime une obligation passée et est considéré comme prétérit de **must** qui n'a pas de forme passée propre :

I had to buy some new shoes last week.
J'ai dû acheter de nouvelles chaussures la semaine dernière.

Il faut remarquer que **have** est suivi de l'**infinitif avec to**. C'est pourquoi on le présente généralement sous la forme **have to/had to** au prétérit. **Have to/had to** expriment toujours l'obligation.
Dans la conversation, il est souvent possible d'employer **have to/had to** seul, l'infinitif étant sous-entendu mais non exprimé :

Why do you always wear dark glasses ?
I have to. My eyes are very sensitive. *Ou :* I have to (wear them).
Pourquoi portez-vous des lunettes noires ?
Il le faut. J'ai les yeux très sensibles.

I didn't want to stop but I had to as I needed petrol.
Je ne voulais pas m'arrêter, mais j'ai dû le faire car j'avais besoin d'essence.

Les formes négatives et interrogatives de **have to** peuvent être obtenues de deux manières : soit en suivant la règle qui s'applique aux auxiliaires, soit en suivant la règle qui s'applique aux verbes ordinaires, c'est-à-dire avec **do.**

Got (participe passé de **get**) est souvent ajouté à **have to** à la forme affirmative ainsi qu'aux formes négatives et interrogatives lorsque celles-ci ne sont pas formées avec **do.** Cela ne modifie pas le sens de l'expression. **Have** est généralement contracté quand il est employé avec **got.**

Les formes négatives et interrogatives sont les suivantes :

	Affirmatif	*Négatif*	*Interrogatif*
Présent	have (got) to	haven't (got) to/ don't have to	have I (got) to ? etc./ do I have to ? etc.
Prétérit	had to	hadn't (got) to/ didn't have to	had I got to ? etc./ did I have to ? etc.

Au présent, il vaut mieux employer les formes avec **do** lorsqu'on veut exprimer la notion d'obligation habituelle :

Do you have to work on Saturdays ?
Est-ce que vous devez travailler le samedi ?

He doesn't have to wear uniform.
Il n'est pas obligé de porter l'uniforme.

117 La construction « **have + complément + participe passé** »

A. Cette construction s'emploie dans des phrases qui expriment l'idée qu'un sujet ne fait pas lui-même une action mais la fait faire par un autre.
Au lieu de dire :
I employed someone to clean my car, *j'ai employé quelqu'un pour laver ma voiture,*
on dira :
I had my car cleaned, *j'ai fait laver ma voiture.*
Au lieu de dire :
I got a man to sweep my chimneys, *j'ai pris quelqu'un pour ramoner mes cheminées,*
on dira :
I had my chimneys swept, *j'ai fait ramoner mes cheminées.*

• Il est très important de respecter l'ordre des mots : **have +** complément + participe passé, sans quoi le sens de l'expression

serait changé :
He had his hair cut.
Il s'est fait couper les cheveux.

He had cut his hair.
Il s'était coupé les cheveux (lui-même).

Lorsque **have** est employé dans cette construction, les formes interrogatives et négatives du présent et du prétérit sont les formes en **do** :

Do you have your windows cleaned every month ?
Faites-vous laver vos carreaux tous les mois ?

I don't have them cleaned ; I clean them myself.
Je ne les fais pas laver ; je les lave moi-même.

He was talking about having central heating put in. Did he have it put it in the end ?
Il parlait de faire installer le chauffage central. Est-ce qu'il l'a fait installer en fin de compte ?

• Cette construction peut s'employer aux formes continues :

I can't ask you to dinner this week as I am having my house painted at the moment and everything is upside down.
Je ne peux pas t'inviter à dîner cette semaine car je fais repeindre ma maison actuellement et tout est sens dessus dessous.

While I was having my hair done the police towed away my car.
Pendant que j'étais chez le coiffeur, la police a enlevé ma voiture.

He says that the house is too small and that he is having a room built on.
Il dit que la maison est trop petite et qu'il fait rajouter une pièce.

• **Get** peut être employé exactement de la même manière que **have** dans cette construction, mais c'est une tournure plus familière.

Get est généralement employé lorsqu'on mentionne la personne qui accomplit l'action :

She got him to dig away the snow.
Elle lui a fait déblayer la neige.

(**Have** peut être employé dans ce sens mais avec l'**infinitif sans to** : **she had him dig away the snow** ; la construction avec **get** est beaucoup plus courante ici.)

B. La construction **have** + complément + participe passé peut être également utilisée, dans la langue familière, au lieu d'un verbe au passif, généralement quand il s'agit d'exprimer un fait malheureux, un incident dont on est victime :

His fruit was stolen before he had a chance to pick it.
Ses fruits lui ont été volés avant qu'il ait pu les cueillir.

peut être remplacé par :

He had his fruit stolen before he had a chance to pick it.
Il s'est fait voler ses fruits avant qu'il ait pu les cueillir.

« Two of his teeth were knocked out in the fight, *il a perdu deux dents dans la bagarre* », peut être remplacé par « He had two of his teeth knocked out in the fight ».

• Contrairement à ce qui se passe dans les exemples étudiés en **A**, on voit qu'ici le sujet de la phrase n'est plus celui qui décide de l'action, mais, au contraire, celui qui la subit. Le sujet peut, dans ce cas, être un non-humain :

The houses had their roofs ripped off by the gale.
Les maisons ont eu le toit arraché par la tempête.

Get peut, là aussi, être employé à la place de **have** :

The cat got her tail singed through sitting too near the fire.
La chatte s'est fait brûler la queue pour s'être mise trop près du feu.

118 had better et have + complément + participe présent

A. had better + infinitif sans **to** :

had n'a pas ici la valeur de passé, il a valeur de non-réel et il renvoie au présent ou au futur :

You had/you'd better start tomorrow.
Tu ferais mieux de commencer demain.

I had/I'd better ring him at once.
Je ferais mieux de lui téléphoner tout de suite.

• La forme négative s'obtient en ajoutant **not** après **better** :

You had better not miss the last bus.
Tu ferais bien de ne pas rater le dernier bus (= je te conseille de ne pas…).

• Normalement, **had better** ne s'emploie pas à la forme interrogative, mais on peut l'employer à la forme interro-négative pour suggérer un conseil :

Hadn't you better ask him first ?
Ne vaudrait-il pas mieux lui demander d'abord ?

Emplois :

I had better go by air. *Je ferais mieux de prendre l'avion.*

He had better go by air. *Il vaudrait mieux qu'il prenne l'avion.*

You had better go by air. *Tu ferais mieux de prendre l'avion ; je te conseille plutôt de prendre l'avion.*

you had better… est une tournure très utile lorsqu'il s'agit d'exprimer un conseil.

• Au discours indirect, **had better** employé avec la première ou la troisième personne ne subit pas de modification ; avec la deuxième personne, il peut rester sans changement ou être transformé en **advise** + complément + infinitif avec **to** :

He said, 'Ann had better hurry'.
Il a dit : « Anne ferait mieux de se dépêcher ».

He said that Ann had better hurry.
Il a dit qu'Anne ferait mieux de se dépêcher.

He said, 'I had better hurry'.
Il a dit : « Je ferais mieux de me dépêcher ».

He said he had better hurry.
Il a dit qu'il ferait mieux de se dépêcher.

He said, 'You had better hurry'.
Il a dit : « Vous feriez mieux de vous dépêcher ».

He said that I had better hurry.
Il a dit que je ferais mieux de me dépêcher.

ou
He advised me to hurry.
Il m'a conseillé de me dépêcher.

B.   **have + complément + participe présent** (emploi n° 1)
I'll have you driving in three days.
Je vous ferai (= apprendrai à) conduire en trois jours.

• Cette construction est souvent employée, comme dans l'exemple ci-dessus, avec un futur, mais elle est possible au présent et au prétérit :
He had them all dancing. *Il les fit tous danser (= il leur a appris à tous à danser/il les persuada tous de danser).*

I have them all talking to each other.
Je les amène tous à dialoguer.

• Elle peut également s'employer à la forme interrogative :
Will you really have her driving in three days ?
Lui apprendrez-vous vraiment à conduire en trois jours ?

Mais il n'est pas usuel de l'employer à la forme négative.

C.   **have + complément + participe présent** (emploi n° 2)
If you give all-night parties you'll have the neighbours complaining.
Si vos soirées se prolongent toute la nuit, vos voisins vont se plaindre.

If the film-stars put their numbers in telephone books they'd have everyone ringing them up. *Si les vedettes de cinéma mettaient leur numéro de téléphone dans l'annuaire, tout le monde leur téléphonerait.*

Dans la première phrase, **you'll have** signifie qu'en conséquence de ce qui est affirmé dans la proposition précédente (**if...**), le résultat sera ce qui est exprimé par **complément + -ing**. De même, **they'd have** signifie que le résultat serait ce qui est exprimé par **complément + -ing**. Cette construction peut également être employée à la forme interrogative, comme à la forme négative :
When they move that bus stop you won't have people sitting on your steps waiting for the bus any more. *Quand ils déplaceront cet arrêt de bus, les gens ne viendront plus s'asseoir sur vos marches pour attendre le bus.*

Autres exemples :

If you don't put a fence round your garden you'll have people walking and stealing your fruit. *Si vous ne mettez pas une haie autour de votre jardin, vous aurez les gens qui viendront s'y promener et voler vos fruits.*

• Cette construction s'emploie surtout pour exprimer une conséquence déplaisante pour le sujet de **have**, comme dans l'exemple ci-dessus, mais il peut aussi s'agir d'un fait non déplaisant :

When he became famous he had people stopping him in the street and asking for his autograph. *Lorsqu'il devint célèbre, les gens l'arrêtaient dans la rue pour lui demander un autographe.*

• La construction **I won't have** + complément + participe présent signifie normalement « je ne permets pas/permettrai pas... » :

I won't have him sitting down to dinner in his overalls. I make him change them. *Je ne tolère pas qu'il vienne dîner en salopette, je l'oblige à se changer.*

Cet emploi est limité à la première personne.

have verbe ordinaire

119 have signifiant **avoir (posséder)**

C'est le sens premier de **have** :

He has a black beard. *Il a une barbe noire.*

She will have £ 4,000 a year when she retires.
Elle aura 4 000 livres par an quand elle prendra sa retraite.

I have had this car for ten years.
J'ai cette voiture depuis dix ans.

Les formes négatives et interrogatives peuvent être obtenues de deux manières :

	Affirmative	*Négative*	*Interrogative*
présent	have (got) have	haven't (got) don't have	have I (got) ?, etc. do you have ?, etc.
prétérit	had	hadn't (got) didn't have	had you (got) ?, etc. did you have ?, etc.

• **have** se conjugue avec **do** lorsqu'il s'agit de faits habituels :

Le client : — Do you ever have pineapples ? *Est-ce qu'il vous arrive d'avoir des ananas ?*

Le marchand : — We don't have them very often. *Nous n'en avons pas souvent.*

• Lorsqu'il n'y a pas d'idée d'habitude, la conjugaison **have not (got)/have you (got)** est plus usuelle en Angleterre alors que d'autres pays anglophones (et particulièrement l'Amérique) emploient également la conjugaison **do** dans ce cas.

Un Américain dirait :
Can you help me now ? Do you have time ?
Pouvez-vous m'aider maintenant ? Avez-vous le temps ?

là où un Anglais dirait probablement :

Can you help me now ? Have you got time ?

Les formes en **do** peuvent par conséquent être utilisées sans risque dans tous les cas, mais il conviendrait, pour séjourner en Angleterre, de pratiquer aussi les autres formes.

• **got,** comme on l'a vu ci-dessus, peut être ajouté à **have/have not/have you,** etc. Cela ne modifie en rien le sens, on peut donc parfaitement ne pas l'employer, bien qu'il s'agisse d'une forme très courante. **Got,** cependant, ne s'emploie pas dans les réponses brèves ou les clausules interrogatives :

Have you got an ice-axe ? Yes I have.
Avez-vous un pic à glace ? Oui.

She's got a nice voice, hasn't she ?
Elle a une jolie voix, n'est-ce pas ?

• **have** affirmatif suivi de **got** est habituellement contracté :

I've got my ticket.	He's got a flat in Pimlico.
J'ai mon billet.	*Il a un appartement à Pimlico.*

L'accent tonique est placé sur **got.** Les formes **'ve** ou **'s** sont souvent à peine audibles.

Have (affirmatif) sans **got** n'est pas souvent contracté. **Have** ou **has** doivent alors être nettement prononcés.

A la forme interrogative **have/has/had** peuvent être contractés s'ils ne sont pas placés en tête de phrase (voir **115**).

120 **have** dans le sens de **prendre, donner**

A. have peut s'employer avec un certain nombre de sens qui dépendent de celui de son complément :

To have a meal/food/a drink/a bath/a lesson. *Prendre un repas/de la nourriture/un verre/un bain/une leçon.*

To have a party/guests. *Donner une soirée/recevoir des invités.*

To have difficulties/trouble. *Éprouver des difficultés/avoir des ennuis.*

• **to have** (+ adjectif) + complément (l'adjectif est généralement **good**) :

We have lunch at one.
Nous déjeunons à une heure.

They are having a party tomorrow.
Ils donnent une soirée demain.

Did you have trouble with the customs ?
Avez-vous eu des ennuis avec la douane ?

I hope you'll have a good holiday.
J'espère que vous passerez de bonnes vacances.

B. have, lorsqu'il est employé comme ci-dessus, obéit aux règles qui régissent les verbes ordinaires. Il n'est jamais suivi de **got.** Ses formes négatives et interrogatives se construisent avec **do**. Il peut être utilisé aux formes continues :

I usually have coffee at eleven *(habitude)*.
J'ai l'habitude de prendre un café à onze heures.

We are having breakfast early tomorrow *(futur proche)*.
Nous déjeunerons de bonne heure demain.

I can't answer the phone. I am having my bath *(présent)*.
Je ne peux pas répondre au téléphone. Je prends mon bain.

How many English lessons do you have a week ? I have six.
Combien de cours d'anglais avez-vous par semaine ? J'en ai six.

Do you have coffee or tea for breakfast ? I have coffee.
Prenez-vous du café ou du thé pour déjeuner ? Je prends du café.

Will you have some more wine/a cup of tea/a cigarette ?
Voulez-vous encore du vin/une tasse de thé/une cigarette ?
(Il s'agit d'une invitation. On peut également omettre **will you** et dire **have some more wine**, etc.)

In Spain they don't have dinner till ten.
En Espagne, on ne dîne pas avant dix heures.

Did you have a good time at the theatre ?
Vous êtes-vous bien amusé au théâtre ?

Have a good time ! *Amusez-vous bien !*

I am having a wonderful holiday !
Je passe de merveilleuses vacances !

I didn't have a very good journey. I had a lot of trouble with my luggage.
Je n'ai pas fait un bon voyage. J'ai eu des tas d'ennuis avec mes bagages.

to do

121 Formes

Formes principales : **do, did, done.**

Présent :

Affirmatif	Négatif	Interrogatif
I do	I do not (don't)	do I ?
you do	you do not (don't)	do you ?
he does	he does not (doesn't)	does he ?
she does	she does not (doesn't)	does she ?
it does	it does not (doesn't)	does it ?
we do	we do not (don't)	do we ?
you do	you do not (don't)	do you ?
they do	they do not (don't)	do they ?

La forme interro-négative est **do I not (don't I ?)**, etc.

• Prétérit : **did** à toutes les personnes.
— forme négative : **did not (didn't)** ;
— forme interrogative : **did I**, etc. ;

— forme interro-négative : **did I not ? (didn't I ?)**, etc.

do est suivi de l'infinitif sans **to** :

I don't know.	Did you see it ?	He does not like me.
Je ne sais pas.	*L'avez-vous vu ?*	*Il ne m'aime pas.*

122 do employé comme auxiliaire

A. do s'emploie pour obtenir les formes négatives et interrogatives du présent simple et du prétérit simple des verbes ordinaires ; par exemple :

Affirmatif :

He works, *il travaille* ; he worked, *il travaillait*.

Négatif :

He doesn't work, *il ne travaille pas* ; he didn't work, *il ne travaillait pas*.

Interrogatif :

Does he work ?, *travaille-t-il ?* ; did he work ?, *travaillait-il ?*

B. Il est possible d'employer **do/did + infinitif à la forme affirmative** pour donner un accent particulier au verbe **(forme emphatique)**. Cette forme emphatique s'emploie en particulier lorsqu'un interlocuteur a exprimé un doute quant à l'action considérée :

'You didn't see him.' 'I'**did** see him.'

« *Vous ne l'avez pas vu.* » « *Je l'ai bel et bien vu.* »

Did est prononcé avec un accent très marqué, et l'affirmation est beaucoup plus forte que **I saw him.** *Je l'ai vu.*

I know that you didn't expect me to go, but I'**did** go.

Je sais que tu ne t'attendais pas à ce que j'y aille, mais j'y suis effectivement allé.

C. do est utilisé pour éviter la répétition d'un verbe ordinaire précédemment exprimé :

1. Dans des confirmations brèves :

Tom speaks a lot.	Yes, he does.
Tom parle beaucoup.	*Oui, vraiment.*
She sang well.	Yes, she did.
Elle chantait bien.	*C'est vrai.*
He didn't go.	No, he didn't.
Il n'y est pas allé.	*Non, il n'y est pas allé.*

2. Dans les dénégations brèves :

Your dog barks a lot.	No, he doesn't.
Votre chien aboie beaucoup.	*Non, pas du tout.*
You eat too much.	No, I don't.
Tu manges trop.	*Non.*

3. Dans les remarques complémentaires :

He likes wine and so do we *(remarquez l'inversion)*.
Il aime le vin et nous aussi.

He doesn't like caviare, and neither do I.
Il n'aime pas le caviar, et moi non plus.

He lives at home but I don't.
Il vit à la maison mais pas moi.

He doesn't drive the car but I do.
Il ne conduit pas la voiture, moi si.

4. Dans les clausules interrogatives :

He lives here, doesn't he ?
Il habite ici, n'est-ce pas ?

He didn't see you, did he ?
Il ne vous a pas vu, n'est-ce pas ?

(Voir également **106**.)

D. do est employé dans les réponses brèves pour éviter la répétition du verbe principal :

Do you smoke ? Yes, I do *(et non* : Yes I smoke)/No I don't.
Fumez-vous ? Oui, je fume. Non, je ne fume pas.

Did you see him ? Yes I did/No I didn't.
L'avez-vous vu ? Oui, je l'ai vu/Non, je ne l'ai pas vu.

Does he love you ? Yes he does/No, I'm afraid he doesn't.
Est-ce qu'il vous aime ? Oui, il m'aime/Non, j'ai bien peur que non.

E. On l'emploie de même dans les comparaisons :

He drives faster than I do (voir **311**).
Il conduit plus vite que moi.

F. do se place devant l'impératif pour rendre l'invitation ou la requête plus pressante :

Do come with us *(plus persuasif que* Come with us).
Venez donc avec nous.

Do work a little harder. *Travaillez donc un peu plus.*

Do help me, please. *Aidez-moi, je vous en prie.*

G. On peut aussi l'employer dans une réponse affirmative pour répondre à quelqu'un qui demande une permission ou sollicite une approbation :

Shall I write to him ?   Yes, do, *ou simplement* Do !
Est-ce que je lui écrirai ?   *Bien sûr !*

123 do employé comme verbe ordinaire (sens général : faire)

• **do,** comme **have,** peut être employé comme un verbe ordinaire. Il se conjugue alors avec **do/does/did** aux formes négatives et interrogatives du présent simple et du prétérit simple :

I do not do	do you do ?	don't you do ?
je ne fais pas	*faites-vous ?*	*ne faites-vous pas ?*
he does not do	does he do ?	doesn't he do ?
il ne fait pas	*fait-il ?*	*ne fait-il pas ?*
I did not do	did he do ?	didn't he do ?
je ne faisais pas	*faisait-il ?*	*ne faisait-il pas ?*

• Il peut être utilisé aux formes continues ou aux formes simples :

What are you doing (now) ? I'm doing my home work.
Que fais-tu maintenant ? Je fais mes devoirs.

What is he doing tomorrow *(futur proche)* ?
Que fait-il demain ?

What does he do in the evenings *(habitude)* ?
Que fait-il le soir ?

How did you do it ? I did it with my little axe.
Comment avez-vous fait cela ? Je l'ai fait avec ma hachette.

• **How do you do ?** Cette expression est employée par deux personnes qui viennent d'être présentées l'une à l'autre :

L'hôtesse : Mrs. Day, may I introduce Miss Knight ? Miss Knight, Mrs. Day. *Madame Day, puis-je vous présenter Mlle Knight ? Mademoiselle Knight, Mme Day.*

Mrs. Day : How do you do ? *Enchantée.*

Miss Knight : How do you do ? *Moi de même.*

A l'origine, on voulait, par cette question, s'enquérir de la santé de l'interlocuteur. Aujourd'hui, c'est une forme de salutation polie, uniquement réservée aux présentations.

XIII. — MAY, CAN

May

124 Formes

May à toutes les personnes du présent-futur.

Might au conditionnel et après les verbes employés à un temps passé (mais voir **125 A2**).

Formes négatives : **may not (mayn't)**, **might not (mightn't)**.

Formes interrogatives : **may I ?** etc., **might I ?** etc.

Formes interro-négatives : **may I not (mayn't I)** etc., **mightn't I ?** etc.

May est suivi de l'infinitif sans **to**.

125 May employé pour exprimer la notion de permission (infinitif de substitution : to allow/to be allowed to)

A. Affirmatif et négatif

1. Au présent-futur.

• **I/we may**, dans le sens de « *j'ai/nous avons la permission de* », est possible :

I may leave the office as soon as I have finished work.
Je peux (= j'ai la permission de) quitter le bureau dès que j'ai fini mon travail.

Mais cet emploi n'est pas très courant et on dira, de manière plus usuelle :

I can leave/I am allowed to leave *etc.*
Je peux (= j'ai la possibilité de)/je suis autorisé à...

• **I/we may/might** est cependant possible au discours indirect :

'You may leave when you have finished.'
« *Vous pouvez partir quand vous aurez terminé.* »

= He says we may leave.../He said we might...
Il dit que nous pouvons/Il a dit que nous pourrions...

• Seconde et troisième personne :

Ici **may** est principalement utilisé quand le locuteur donne ou refuse une permission : **'You may park here'** signifie « *Moi je vous donne la permission de vous garer ici* ». Cela ne signifie pas normalement **'You are allowed to park'** : *vous êtes autorisé* (par une autre autorité) ou **You have a right to park** : *vous avez le droit de...* Si le locuteur n'a aucune autorité en la matière, il dira sans doute : **You can park here** ou **You are allowed to park here** (on notera que **can** peut prendre ces deux sens : **You can park here** peut signifier « *Je vous donne la permission ou vous avez le droit de* » (= la police vous autorise à... etc.) (voir **128**).

• Exemples d'emplois de **may** pour exprimer la permission en style recherché (en situation de dialogue plus libre, on emploie **can**) :

Candidates may not bring any reference books into the examination room.
Les candidats ne sont autorisés à introduire aucun ouvrage de référence dans la salle d'examen.

Each voter may vote for only one candidate.
Chaque électeur peut ne voter que pour un seul candidat.

You may keep the book for a month. After that you must return it to us or send us a cheque for £ 5.
Vous pouvez garder ce livre pendant un mois. Passé ce délai, vous devez nous le rendre ou nous faire parvenir un chèque de 5 livres.

2. Au prétérit (actif ou passif), on emploie **allow** :

I allowed him to park here last week.
Je l'ai autorisé à se garer ici la semaine dernière.

Last term candidates were not allowed to bring books into the examination room.
Le trimestre dernier, les candidats n'avaient pas le droit d'introduire de livres dans la salle d'examen.

Ou : Last term they didn't allow candidates to bring books...

In 1979 each voter was allowed to vote for only one candidate.
En 1979, chaque électeur pouvait voter pour un seul candidat.

Ou : They didn't allow any voter to vote for more than one candidate.
Ils n'ont pas autorisé les électeurs à voter pour plus d'un candidat.

• **Might** peut cependant être employé dans le discours indirect :

They said we might keep the book for a month.
Ils nous ont dit que nous pouvions garder le livre un mois.

3. **Allow** est nécessaire pour exprimer cette notion au passif, comme on l'a vu plus haut. Il faut également l'employer pour former le « present perfect » et le plus-que-parfait :

Since his accident he hasn't been allowed/they have not allowed him to drive a car. *Depuis son accident, il n'est pas autorisé à conduire.*

B. Interrogatif

1. Demandes d'autorisation :

Comme on l'a vu et comme on le verra en **128,** may s'emploie en style recherché pour exprimer l'idée de permission, alors que **can** est utilisé dans des situations plus courantes. Cette différence est beaucoup moins nette dans les demandes. On peut dire :

Can/could/may/might I use your phone ?
Est-ce que je peux/puis-je/pourrais-je utiliser votre téléphone ?

• **May I ?** est un peu plus recherché que **could I** mais s'emploie assez souvent pour formuler une demande dans une situation assez naturelle.

• **Might I ?** (conditionnel) peut être utilisé avec un sens présent au lieu de **may I ?** Employé ainsi **might** exprime un degré moindre de confiance que **may**, et une plus grande incertitude quant à la réponse.

Au discours indirect, **may I ?** sera transformé en **might** (prétérit) si le verbe introductif est au passé. **Might (I) ?** ne changera pas :

'May/might I see the letter ?', he said.
« *Puis-je/pourrais-je voir la lettre ?* » *dit-il.*
= He asked if he might see the letter.
Il demanda s'il pouvait voir la lettre.

2. Les questions relatives à une permission/autorisation s'expriment à l'aide de **can** ou **am/is/are/allowed to** :

Can he take the car whenever he likes ?
Is he allowed to take the car out whenever he likes ?
Peut-il prendre la voiture chaque fois qu'il en a envie ?

Au passé, on emploie **could** ou **was/were allowed to** :

Could the students choose what they wanted to study ?
Est-ce que les étudiants pouvaient choisir les disciplines qu'ils voulaient étudier ?
Were the students allowed to choose ?
Est-ce que les étudiants avaient le droit de choisir ?

126 May/might exprimant l'éventualité

A. 1. May/might + infinitif présent peut exprimer l'éventualité au présent ou au futur :

He may/might tell his wife.
Il se peut/se pourrait qu'il le dise à sa femme.
He may/might emigrate.
Il se peut/se pourrait qu'il émigre.
Ann may/might know Tom's address.
Il se peut/se pourrait qu'Ann connaisse l'adresse de Tom.

De même, on peut l'employer avec l'infinitif continu :

He may/might be waiting at the station.
Il se peut/se pourrait qu'il attende (= soit en train d'attendre) à la gare.
He may/might be waiting at the station when we arrive.
Il se peut/se pourrait qu'il nous attende à la gare quand nous arriverons.

2. **May** ou **might**

• Normalement, on peut employer l'un ou l'autre ; **might** exprime une nuance de doute.

Dans la langue parlée, on peut exprimer ce doute en accentuant **may/might** :

Tom ʼmay lend you the money (avec **may** fortement accentué) exprime que la chose est peu probable.

Peut-être que Tom pourra vous prêter cet argent.

Tom ¹might lend you the money (avec **might** fortement accentué)
implique que le locuteur tient la chose pour fort peu probable :
Tom pourrait peut-être vous prêter cet argent.

• **Might,** cependant, doit être employé quand l'expression est
introduite par un verbe au passé :

I knew we might have to wait at the frontier.
Je savais que nous pourrions subir une attente à la frontière.

He said he might hire a car *(discours indirect).*
Il a dit qu'il louerait peut-être une voiture.

He told me he might be passing through our town in a few weeks
*(discours indirect). Il m'a dit qu'il passerait peut-être par notre ville
dans quelques semaines.*

3. Négatif et interrogatif :

• La forme négative ne pose aucun problème :

He may/might not believe your story.
Il se peut/se pourrait qu'il ne croie pas votre histoire.

• La forme interrogative s'exprime normalement à l'aide de **do you
think** ? ou d'une construction avec **likely,** *vraisemblable* :

Do you think the plane will be late ?
Croyez-vous que l'avion aura du retard ?

Is it likely that the plane will be late ?
Est-ce que l'avion pourra avoir du retard ?
Is the plane likely to be late ?

• **May ?** exprimant l'éventualité ne peut se trouver en tête de
phrase ; il peut se trouver plus loin dans la phrase :

When may we expect you ?
Quand pourrons-nous espérer votre arrivée ?

What may be the result of the new tax ?
Quel peut être le résultat de ce nouvel impôt ?

Mais une construction avec **likely** ou **think** est plus courante :

When are you likely to arrive ?
Quand êtes-vous susceptible d'arriver ?

When do you think you'll arrive ?
Quand pensez-vous arriver ?

• **Might ?** est à la rigueur possible :

Might they be waiting outside the station ?
Se pourrait-il qu'ils attendent à l'extérieur de la gare ?

Could they be waiting ? Do you think they are waiting ? seraient
plus usuels (voir **133**).

• **May** et **might** (affirmatif) peuvent être employés pour construire
un élément d'une question :

Do you think he may/might not be able to pay ?
Pensez-vous qu'il se peut/qu'il se pourrait qu'il soit incapable de payer ?
(Voir **100 B3** pour ce type de question.)

B. May/might + infinitif passé s'emploie lorsque le locuteur envisage des actes passés :

He may/might have gone.
Il y est peut-être allé.

• **Might** est obligatoire, comme on l'a vu précédemment, lorsque le verbe principal est au passé :

He said/thought that she might have missed the plane.
Il a dit/pensé qu'elle avait peut-être manqué l'avion.

• **Might** (et non pas **may**) doit être employé quand il n'y a plus d'incertitude quant à l'acte considéré :

He came home alone. You shouldn't have let him do that ; he might have got lost.
Il est revenu seul. Vous n'auriez pas dû le laisser revenir seul : il aurait pu se perdre (mais il ne s'est pas perdu).

De même dans la phrase suivante :

You shouldn't have drunk the wine : it may/might have been drugged.
Vous n'auriez pas dû boire ce vin : on y a peut-être mis une drogue/on aurait pu y mettre une drogue.

May have been... indique que l'on ne sait pas encore si ce vin a été empoisonné ou non. **Might have been** pourrait avoir ce même sens mais il peut aussi indiquer que l'on est certain que le vin n'a pas été empoisonné.

• **Might** (et non pas **may**) s'emploie aussi quand il n'y a pas eu confirmation, par l'expérience, de l'acte envisagé :

Perhaps we should have taken the other road. It might have been quicker. *Nous aurions peut-être dû prendre l'autre route. Cela aurait peut-être été plus rapide* (mais on n'en sait rien puisqu'on ne l'a pas prise).

It's a good thing you didn't lend him the money. You might never have got it back. *Heureusement que vous ne lui avez pas prêté cet argent, vous auriez pu ne jamais le récupérer.*

Les phrases de ce type sont presque identiques à des phrases au conditionnel irréel du passé :

If we had taken the other road we might have arrived earlier. *Si nous avions pris l'autre route, nous serions peut-être arrivés plus tôt.*

C. May/might peuvent être employés dans des phrases au conditionnel au lieu de **will/would** pour indiquer qu'une conséquence est possible et non certaine :

If he sees you he will stop *(certain)*.
S'il vous voit, il s'arrêtera.

If he sees you he may stop *(possible)*.
S'il vous voit, il s'arrêtera peut-être.

De même :

If you poured hot water into it it might crack.
Si vous y versiez de l'eau chaude, il pourrait se fêler.

If you had left it there someone might have stolen it.
Si vous l'aviez laissé là, on aurait pu le voler (voir **217 B**).

127 May/might peut être également employé, mais seulement à la forme affirmative, dans les cas suivants :

A. Dans les expressions **may/might as well** :

• **May/might as well** + infinitif permet d'exprimer, sans aucune insistance, une intention ou, avec d'autres personnes que la première du singulier, de suggérer ou recommander telle ou telle action :

I may/might as well start at once.
Je peux/pourrais bien partir tout de suite.

You may/might as well come with me.
Tu peux/pourrais bien venir avec moi.

He said I might as well apply for the job.
Il a dit que je pourrais bien poser ma candidature à ce poste.

• **Might just as well** veut dire que l'acte ou l'action considéré en vaut un autre. En fait, cela implique ordinairement une désapprobation de l'acte déjà considéré :

TOM : I'll go on Monday by train.
     J'irai lundi par le train.

ANN : You might just as well wait till Tuesday and go by plane.
     Autant attendre mardi et y aller en avion.

B. **You might** peut exprimer un ordre suggéré en passant ; le locuteur est tout à fait sûr d'être obéi, et l'expression a en gros le sens de l'impératif + **will you** :

You might post these for me = Post these for me, will you ?
Mettez cela à la poste, voulez-vous ?

Cette formulation ne peut s'utiliser qu'entre amis.

C. **Might** peut être employé pour formuler une demande insistante, une requête dont le locuteur regretterait vivement qu'elle ne fût point satisfaite :

You might tell me what he said. *Vous pourriez bien me dire ce qu'il a dit = Je vous en prie, dites-moi.*

• A d'autres personnes, **might** peut exprimer une certaine forme d'irritation, ou de reproche :

He might pay us. *Il pourrait nous payer, quand même.*

• **Might** + infinitif passé peut exprimer l'irritation ou le reproche quand on constate qu'un acte n'a pas eu lieu :

You might have warned us that the bull was dangerous.
Tu aurais pu nous avertir que le taureau était dangereux (mais tu ne l'as pas fait).

On notera que, lorsqu'il est ainsi employé, le mot sur lequel le locuteur désire insister porte un fort accent :

You might have told us 'earlier.
Tu aurais pu nous le dire plus tôt (= tu l'as fait trop tard).

You might 'thank him.
Tu pourrais lui dire merci (= pourquoi ne le fais-tu pas ?).

D. **May** + infinitif peut être utilisé dans des phrases exprimant la foi ou l'espoir :

May heaven reward you !
Puisse le ciel vous le rendre !

Pour **may/might**, dans les propositions subordonnées de but, voir **309**.

Can

128 Can exprimant la permission

A. Formes

Présent-futur : **can** à toutes les personnes.

Prétérit et conditionnel : **could** à toutes les personnes.

Formes négatives : **cannot** (en un seul mot), **can't, could not, couldn't**.

Formes interrogatives : **can I ?** etc., **could I ?** etc.

Formes interro-négatives : **can I not/can't I, could I not/couldn't I**, etc.

• **Can** n'ayant pas de participe, il faut, pour les autres temps, avoir recours à des formes de substitution empruntées à **allow** ou **permit** :

I've been allowed to smoke ever since I left school.
J'ai le droit de fumer depuis que j'ai quitté l'école.

Can est suivi de l'infinitif sans **to**.

B. Emploi

Can employé pour exprimer la permission est un équivalent de **may** dans la langue courante. Mais son emploi est plus large car il peut s'employer non seulement pour accorder une permission, mais aussi pour exprimer le fait que l'on a la permission : **You can take two books with you** peut signifier « *Je vous autorise à emporter deux livres* » mais aussi « *vous en avez le droit* ». De même **You can't eat your sandwiches here** peut signifier « *Je ne vous autorise pas à manger vos sandwiches ici* » mais aussi « *Il est interdit* (par le règlement, etc.) *de...* ».

1. Affirmatif et négatif :

a. Présent/futur : **can, could.**

On emploie normalement **can,** mais **could** est possible, impliquant une notion de condition. Ainsi, on peut dire :

You can phone from my house.
Vous pouvez téléphoner de chez moi.

Ou : You could phone from my house (if you want to).
Si vous le désirez, vous pouvez téléphoner de chez moi.

b. Prétérit : **could, was/were allowed to.**

• **Could** (et non **can**) est employé quand le verbe principal est au passé : **Tom said I could park outside his house.** *Tom a dit que je pouvais me garer devant chez lui.*
I was allowed to park serait également possible mais impliquerait que la permission est accordée par la police, par exemple, et non par Tom lui-même.

• **Could** peut être également employé comme verbe principal, dans le sens de *avoir la permission de* :

On weekdays we had to get up early, but on Sundays we could/were allowed to stay in bed till ten.
En semaine, il fallait se lever de bonne heure, mais le dimanche nous pouvions rester au lit jusqu'à 10 heures.

Ainsi employé, **could** exprime l'idée de permission en général. Pour exprimer le fait que telle ou telle action a été autorisée et accomplie, il faut employer **was/were allowed to** :

I had the right visa so I was allowed to cross the frontier.
J'avais le visa qui convenait, j'ai donc pu passer la frontière.

Permit pourrait être employé eu lieu de **allow** dans les exemples ci-dessus.

(Pour **could** + infinitif passé employé pour exprimer la permission, voir **132 C.**)

2. Interrogatif : demande de permission (voir également **125 B**).

Can ou **could** peuvent être employés au présent/futur :
Can I/could I park here ?
Puis-je/pourrais-je me garer ici ?

Could est ici un peu plus recherché que **can** et il est recommandé de l'employer.

Can't/couldn't I ? sont également possibles :
Can't I/couldn't I pay by cheque ?
Est-ce que je ne peux/je ne pourrais pas payer par chèque ? (voir **101**).

On notera que la réponse sera normalement exprimée par **can't/can,** bien que **could** soit possible :

Can I/Could I leave my case here ? Yes you can/No you can't.
Puis-je/Pourrais-je laisser ma valise ici ? Oui, vous pouvez/Non, ce n'est pas possible.

(Pour **can/could** dans les propositions exprimant le but, ou les conditionnelles, voir **215-217, 309**.)

129 Can exprimant la possibilité

A. Notion de possibilité en général :

• **You/one can**, *vous pouvez/on peut* signifie *étant donné les circonstances, il est possible...* Il ne s'agit pas de la possibilité = permission exprimée par **may**.

You can ski on the hills.
Vous pouvez/on peut skier sur les pentes (il y a assez de neige).

You can't bathe here on account of the sharks.
Vous ne pouvez pas vous/on ne peut pas se baigner ici, à cause des requins (c'est dangereux).

Can you get to the top of the mountain in one day ?
Peut-on atteindre le sommet en une journée ? (est-ce matériellement possible ?).

• **Can** ne peut être employé ainsi dans un sens futur. Pour exprimer une possibilité future de ce type, il faut employer **it will be possible** ou **people/you/we/etc. will be able** :

When the new tunnel is ready we'll be able to get to the town much more easily. *Quand le nouveau tunnel sera fait, nous pourrons aller en ville beaucoup plus vite.*

B. Can peut également exprimer une possibilité occasionnelle :
Measles can be quite dangerous.
La rougeole peut (parfois) être très dangereuse.

The Straits of Dover can be very rough.
La mer peut être (parfois) très mauvaise dans le pas de Calais.

Could s'emploie au prétérit :
He could be very unreasonable.
Il pouvait (parfois) se montrer très déraisonnable.

Can, pris en ce sens, ne peut s'employer qu'au présent et au prétérit, et seulement à la forme affirmative.

130 Can exprimant la capacité/l'aptitude : can et be able

Can est employé ici en association avec **to be able** (verbe **to be** + adjectif **able**, *capable*), là où **can** n'a pas les formes verbales requises ; **be able** peut également être employé comme l'équivalent de **can** au présent et au prétérit. Nous avons, par conséquent, les formes suivantes :

Infinitif : **to be able**
Participe passé : **been able**

	Affirmatif	*Négatif*	*Interrogatif*
Présent	can *ou* am able	cannot *ou* am not able	can I ? *ou* am I able ?
Prétérit	could *ou* was able	could not *ou* was not able	could I ? *ou* was I able ?
Futur	I will/shall be able *ou* he will be able	I will/shall not be able *ou* he will not be able	will/shall I be able ? *ou* will he be able ?

• Il n'y a qu'une forme du futur, car **can** ne s'emploie pas au futur, sauf pour exprimer la notion de permission. Au conditionnel, cependant, nous avons deux formes : **could** et **would be able.**

• Tous les autres temps sont formés avec **be able** selon les règles qui gouvernent les verbes ordinaires, par exemple :

Present perfect : **have been able.**
Plus-que-parfait : **had been able.**

• Les formes interro-négatives s'obtiennent de la manière usuelle :

Couldn't you/weren't you able ?   Won't you be able ? *etc.*
Ne pouvez-vous ?   *Ne pourrez-vous ?*

• **Can, be, will, shall not** et **have** ont les formes contractées usuelles :

I wasn't able   He won't be able   I'd been able
Je n'ai pas pu   *Il ne pourra pas*   *J'avais pu*

Can est suivi de l'infinitif sans **to.**
Be able est suivi de l'infinitif avec **to.**

131 Can/am able, could/was able

A. Can et be able

1. **Shall/will be able** est la seule forme du futur :

Our baby will be able to walk in a few weeks.
Notre bébé saura marcher dans quelques semaines.

2. **Can** ou **be able** peuvent être employés au présent. **Can** est le plus usuel :

Can you/are you able to type ?
Savez-vous taper à la machine ? (voir **B** ci-dessous).

3. Au *present perfect,* toutefois, il est nécessaire d'employer **be able** :

Since his accident he hasn't been able to leave the house.
Depuis son accident, il ne peut pas sortir.

B. Could

1. **Could** peut s'employer au présent, avec une valeur de conditionnel :

Could you run the business by yourself ?
Pourriez-vous diriger l'entreprise tout seul (si nécessaire) ?

Could he get another job ?
Pourrait-il trouver un autre travail ? (s'il quittait celui-ci).

I could get you a copy.
Je pourrais vous en avoir un exemplaire (si vous le désirez).

Dans les deux premiers exemples, **could** peut être remplacé par **would be able.**

2. **Could you ?** est un très bon moyen de formuler une demande. Il peut se substituer à **would be able** et est un peu plus courtois :

Could you show me the way/lend me £ 5/wait half an hour ?
Pourriez-vous m'indiquer le chemin/me prêter 5 livres/attendre une demi-heure ?

Could you please send me an application form ?
Pourriez-vous m'envoyer un formulaire de demande ?

Couldn't you est également possible :

LE PROPRIÉTAIRE : Could you come round and mend a leak in my hot water tank ?
Pourriez-vous passer pour réparer une fuite à mon ballon d'eau chaude ?

LE PLOMBIER : Would sometime next month suit you ?
Est-ce que le mois prochain vous conviendrait ?

LE PROPRIÉTAIRE : Couldn't you come a little earlier ?
Est-ce que vous ne pourriez pas passer plus tôt ?

C. Could et **was able** exprimant une capacité dans le passé :

1. Pour l'aptitude seule, l'un ou l'autre peuvent être employés :

When I was young I could/was able to climb any tree in the forest.
Quand j'étais jeune, je pouvais grimper à n'importe quel arbre de la forêt.

2. Pour exprimer la capacité effective à accomplir une action particulière, qui a été accomplie par le sujet, il faut employer **be able** :

Although the pilot was badly hurt he was able to explain what had happened.
Bien qu'il fût sérieusement blessé, le pilote fut à même d'expliquer ce qui s'était passé (il en avait la possibilité physique et il a donné l'explication).

The boat capsized quite near the bank so the children were able to swim to safety.
Le bateau chavira non loin de la rive, si bien que les enfants purent gagner celle-ci à la nage.

• Il faut remarquer que seule une personne (sujet capable d'avoir une intention) peut être sujet de **was/were able** employé dans ce sens. On dira : **Tom was able to convince me,** *Tom a pu me convaincre.* Mais **his arguments,** *ses arguments,* ne pourrait être sujet de **were able.**

• Cette règle qui impose l'emploi de **be able** ne s'applique pas aussi strictement à la forme négative, ou avec les verbes de perception, précisément parce qu'il n'y a pas (au négatif) ou pas nécessairement (verbes de perception comme *voir* ou *entendre*) de capacité, ou pas de réalisation de l'intention :

He read the message but he couldn't/wasn't able to understand it.
Il lut le message mais ne parvint pas à le comprendre.

I could/was able to see him through the window.
Je pus/j'arrivai à le voir à travers la fenêtre.

D. Had been able est la forme du plus-que-parfait :

He said he had lost his passport and hadn't been able to leave the country.
Il a dit qu'il avait perdu son passeport et n'avait pas pu quitter le pays.
(Pour **could** dans le discours indirect, voir **307**.)

132 Could + infinitif passé

Exprime une aptitude/capacité dans le passé quand :

A. L'action n'a pas été accomplie :

I could have lent you the money. Why didn't you ask me ?
J'aurais pu te prêter cet argent. Pourquoi ne m'as-tu pas demandé ?
(voir également **148**).

ou

B. Lorsqu'on ignore si l'action a été accomplie :

The money has disappeared ! Who could have taken it ?
L'argent a disparu ! Qui aurait pu le prendre ?

Tom could have (taken it). He was here alone yesterday.
Tom (aurait pu le prendre) ; il était seul ici hier.

Comparez :
He was able to send a message.
Il a réussi à envoyer un message.

et **He could have sent a message.**
Il aurait pu envoyer un message (il ne l'a pas fait, ou on ne sait pas s'il l'a fait).

C. Cette forme peut exprimer la possibilité/permission :

You could have gone yesterday.
Vous auriez pu y aller hier (rien ne vous l'interdisait).

133 Could équivalent de may/might exprimant l'éventualité

A. Could be peut s'employer comme l'équivalent de **may/might** :

A : I wonder where Tom is.
   Je me demande où est Tom.

B : He may/might/could be in the library.
   Il est peut-être à la bibliothèque.

De même, quand **be** est partie de l'infinitif continu :

A : I wonder why Bill isn't here !
Je me demande pourquoi Bill n'est pas là !

B : He may/might/could be still waiting for a bus.
Il est peut-être encore en train d'attendre un bus.

Et quand **be** est partie d'une forme passive :

A : Do you think the plane will be on time ?
Croyez-vous que l'avion sera à l'heure ?

B : I don't know. It may/might/could be delayed by fog.
Je ne sais pas. Il se peut qu'il soit retardé par le brouillard.

A la forme interrogative, on peut employer soit **could** soit **might** :
Might/Could he be waiting for us at the station ?
Est-ce qu'il ne nous attendrait pas à la gare ?

• Cependant, à la forme négative, il y a une différence de sens entre **could** et **may/might** :
He may/might not be driving the car himself.
Peut-être ne conduirait-il pas lui-même.

Mais → He couldn't be driving the car himself.
    Ce ne peut pas être lui qui conduisait (déduction négative ; voir **134**).

B. Could + l'infinitif passé de n'importe quel verbe peut être employé à la place de **may/might** + infinitif passé pour exprimer une éventualité :

A : I wonder how Tom knew about Ann's engagement.
Je me demande comment Tom a appris qu'Ann était fiancée.

B : He may/might/could have heard it from Jack.
C'est peut-être Jack qui le lui a dit.

Comme en **A** ci-dessus, à la forme interrogative, on peut employer **might** ou **could** :
Could/might the bank have made a mistake ?
Se peut-il que la banque ait commis une erreur ?

Mais les sens de **could** et **might** sont différents à la forme négative :
Ann might not have seen Tom yesterday.
Ann n'a peut-être pas vu Tom hier.

Mais → Ann couldn't have seen Tom yesterday.
    Ann n'a pas pu voir Tom hier (déduction négative).

134 Can't et couldn't exprimant la déduction négative

Les circonstances étant ce qu'elles sont, le locuteur affirme sa certitude que tel ou tel événement ne peut pas ou n'a pas pu se produire.

A. La déduction négative relative au présent peut s'exprimer à l'aide de **can't** ou de **couldn't** + l'infinitif présent du verbe **be** :

ANN : He says he is still reading "The old man and the sea".
      *Il dit qu'il est encore en train de lire « Le vieil homme et la
      mer ».*

TOM : He can't/couldn't be still reading it. I gave it to him ages
      ago and it's quite a short book.
      *Ce n'est pas possible. Je lui ai donné ce livre il y a une
      éternité et c'est un livre très court.*

L'ENFANT : Can I have some sweets ? I'm hungry.
           Est-ce que je peux avoir des bonbons ? J'ai faim.

LA MÈRE : You can't/couldn't be hungry. You've just had dinner.
          Tu ne peux pas avoir faim. Tu viens juste de dîner.

ANN : There's an aeroplane hovering over our house.
      Il y a un avion qui reste là au-dessus de la maison.

TOM : Then it can't/couldn't be an aeroplane. It must be a
      helicopter.
      *Alors ça ne peut pas être un avion. Ça doit être un
      hélicoptère.*

B. La déduction négative relative au passé s'exprime à l'aide de
can't/couldn't + infinitif passé de n'importe quel verbe :

ANN : Who brought the grand piano upstairs ?
      Qui a transporté le piano à queue là-haut ?

MARY : Perhaps it was Tom.
       C'est peut-être Tom.

ANN : He can't/couldn't have done it by himself.
      Il n'a pas pu faire cela tout seul.

TOM : A man answered the phone. I suppose it was her husband.
      *Un homme a répondu au téléphone. Je suppose que c'était
      son mari.*

ANN : It couldn't have been her husband. He's been dead for ages.
      *Ça ne pouvait pas être son mari. Il est mort il y a une
      éternité.*

TOM : I feel terribly ill this morning.
      Ça ne va pas du tout ce matin.

ANN : The meat you had for dinner last night can't/couldn't have
      been good.
      *La viande que tu as mangée hier soir n'était certainement
      pas bonne.*

• Il est obligatoire d'employer **couldn't** quand la supposition ou la
déduction fait partie d'une phrase dont le verbe principal est au
prétérit :

Ann said the meat couldn't have been good.
Ann dit que la viande n'était certainement pas bonne.

XIV. — MUST, HAVE TO, NEED

L'obligation

135 Tableau des formes de **must, have to, need** (toutes les formes possibles de **have to** ne sont pas indiquées)

	Obligation de faire	Obligation de ne pas faire	Absence d'obligation
Futur	must will have to	must not	need to won't have to won't need to
Présent	must have to	must not	need not don't have to don't need to
Prétérit	had to		didn't have to didn't need to hadn't (got) to

136 Must, must not et **need not** comparés aux autres formes

A. Must, must not et **need not** expriment une notion d'obligation qui est décrétée par celui qui parle :

LA MÈRE (à l'enfant) : You must do your homework before you watch T.V.
Tu dois faire tes devoirs avant de regarder la télé.

Ou :

You must not turn on the T.V. till you have done your homework.
Tu ne dois pas allumer la télé avant d'avoir fait tes devoirs.

Mais le vendredi soir, la mère pourrait dire :

You needn't do your homework tonight. You can leave it till tomorrow. *Ce n'est pas la peine de faire tes devoirs ce soir. Tu peux les laisser pour demain.*

B. Les autres formes **have to, will have to** et **won't/don't/didn't need to** expriment une notion d'obligation dont l'origine n'est pas l'autorité ou la volonté de celui qui parle, mais une « obligation externe » :

LA SŒUR DE TOM : Tom is starting to work next week. He'll have to get up early. He'll hate that.
Tom commence à travailler la semaine prochaine. Il faudra qu'il se lève de bonne heure. Il va détester ça.

• **Must** et **need not** peuvent parfois être employés pour exprimer l'obligation externe. C'est assez fréquent dans le cas de **need not**, en particulier à la première personne (en effet, l'absence d'obligation qu'exprime **need not** n'impose plus de préciser quelle est l'origine de l'obligation), par exemple : **We needn't hurry. We've got lots of**

time, *Nous ne sommes pas pressés = il n'y a pas lieu de se presser/ce n'est pas la peine de se presser, nous avons largement le temps.* Ce point sera développé dans les paragraphes suivants.

137 Must not et need not

• **Must not** exprime une obligation négative (obligation de ne pas faire quelque chose) ou le conseil urgent donné par le locuteur :
You must not tell anyone.
Vous ne devez le dire à personne (= ne le dites à personne/je vous défends de...).
ZOO NOTICE : Visitors must not feed the giraffes.
RECOMMANDATION AUX VISITEURS D'UN ZOO : Il est défendu de donner de la nourriture aux girafes.
RAILWAY NOTICE : Passengers must not cross the railway line except by the subway.
AVIS AUX VOYAGEURS : Il est interdit aux voyageurs de traverser la voie sauf par les souterrains.
You must not wear pink, it doesn't suit you.
Ne portez pas de rose, cela ne vous va pas.

• **Need not** exprime l'absence d'obligation. Le locuteur permet qu'une action ne soit pas accomplie, ou tout simplement, parfois, indique que l'action n'est pas nécessaire.
EMPLOYEUR (à sa secrétaire) : You need not make two copies. One will do.
Ce n'est pas la peine d'en faire deux exemplaires. Un seul suffira.
ANN (à une amie en visite) : You needn't lock your car. This is a very honest area.
Ce n'est pas la peine de fermer votre voiture. Les gens sont très honnêtes dans ce quartier.

Exemples de **must not** et **need not** :
You must not drive fast. There is a speed limit here.
Il ne faut pas faire de la vitesse. La vitesse est limitée ici.
You need not drive fast. We have plenty of time.
Ce n'est pas la peine de foncer. Nous avons le temps.
You must not take more than two pills at once. Three would be harmful.
Il ne faut pas prendre plus de deux pilules à la fois. Cela vous ferait du mal d'en prendre trois.
You need not take any more pills. You are well again now.
Ce n'est plus la peine de prendre de pilules. Vous êtes rétabli.

138 Must et have to

A. Must a la même forme à toutes les personnes du présent/futur. La forme négative est **must not (mustn't)** et la forme interrogative est **must I ?** etc.

• **Must** n'a ni infinitif, ni prétérit. C'est **had to** qui est employé pour le prétérit.

• **Must** est suivi de l'infinitif sans **to** et exprime l'obligation ou le conseil pressant :

RÈGLEMENT D'UN EXAMEN : Candidates must be in their places by 9 a.m.
Les candidats doivent être à leur place à 9 heures.

You don't know enough people. You must join a club and make friends.
Vous ne connaissez pas assez de monde. Devenez donc membre d'un club pour vous faire des amis.

B. Have to (**to** fait parti de l'infinitif qui suit, voir **116**).

Formes	Affirmatives	Négatives	Interrogatives
Futur	will/shall have to	won't/shan't have to	shall I have to ? will he have to ?
Présent	have (got) to* have to*	haven't (got) to* don't have to*	have I (got) to* ? do you have to* ?
Prétérit	had to	didn't have to hadn't (got) to	did you have to ? had you (got) to ?

• ***Have to** (sans **got**) est la forme correcte employée quand il s'agit d'actions habituelles, mais on peut aussi l'employer pour un acte isolé.

• **Have got to** s'emploie pour un acte isolé. A la forme négative, **don't have to** est la forme correcte quand il s'agit d'actions habituelles, mais peut s'employer aussi pour un acte isolé.

• **Haven't (got) to** s'emploie quand il s'agit d'une action isolée.

139 Différences entre **must** et **have to** aux formes affirmatives

Tous deux expriment l'obligation, mais, alors que **must** exprime l'obligation imposée par le locuteur, **have to** exprime l'obligation externe (c'est-à-dire celle qu'imposent les circonstances ou une autorité extérieure) :

You must clean your own boots.
Vous devez nettoyer vos chaussures (= et c'est ce que je vous ordonne).

You will have to clean your boots when you join the army.
Il faudra que tu nettoies tes chaussures quand tu seras à l'armée (= le règlement t'y contraindra).

That boy has to practise the piano every day.
Ce garçon doit travailler son piano tous les jours (= ses parents y tiennent absolument).

Mr. Pitt has to work very hard.
M. Pitt est obligé de travailler dur (= les circonstances l'imposent).

Si le locuteur veut signifier qu'il approuve cette obligation, qu'il approuve l'autorité extérieure, il peut employer **must** :

Children must obey their parents.
Les enfants doivent obéir aux parents (j'approuve ce précepte).

Children have to obey their parents.
Les enfants doivent obéir à leurs parents (je constate simplement le fait).

La différence est moins sensible quand le sujet de la phrase est à la première personne, et souvent les deux formes sont possibles, bien que **have to** doive être utilisé pour les actes habituels et **must** pour l'obligation urgente, immédiate :

I have to be at my office at nine every day.
Il faut que je sois à mon bureau tous les jours à 9 heures (habituel).

We have to water this cactus once a month.
Nous devons arroser ce cactus une fois par mois (habituel).

I must be at the station at ten. It's most important.
Il faut que je sois à la gare à 10 heures. C'est très important.

140 Différence entre **must** et **have to** aux formes interrogatives

• Il est toujours plus sûr d'employer ici les formes de **have to.**
Have to doit s'employer quand il s'agit d'obligation externe future :

A : Shall I have to obey the teachers when I go to school ?
    Faudra-t-il que j'obéisse aux maîtres quand j'irai à l'école ?
B : Yes, they will be angry if you don't obey them.
    Oui, ils se fâcheront si tu ne leur obéis pas.

A : Will Mr. Pitt have to cook his own meals when his wife is away ?
    Est-ce que M. Pitt devra faire sa cuisine quand sa femme ne sera pas là ?
B : Yes, I expect he will. *Oui, je pense.*

A : Will you have to read Spinoza when you go to college ?
    Est-ce que tu devras étudier Spinoza quand tu seras à l'université ?
B : Yes, it is one of the set books.
    Oui, il est au programme.

• **Have to** doit également être employé à la troisième personne quand il s'agit d'obligations externes au présent :

Has that man got to carry all those parcels by himself ?
Est-ce que cet homme doit porter tous ces colis tout seul ?

Does she have to do it by hand ?
Est-ce qu'elle doit le faire à la main ?

• Autrement, l'une ou l'autre forme peut être employée bien que **have to** soit plus indiqué quand il s'agit d'habitudes (voir ci-dessous) :

L'ENFANT : Must I clean my teeth tonight ?/Have I got to clean them ?
Est-ce qu'il faut que je me lave les dents ce soir ?

When must I do it/When have I got to do it ?
Quand faut-il que je le fasse ?

Must you go/Have you got to go now or can you wait a little longer ?
Est-ce que vous êtes obligé de partir tout de suite ou pouvez-vous attendre un petit peu ?

• **Have to** a d'autres formes interrogatives (voir **116**). Ainsi, au présent, on peut dire **Have I got to ?** ou **Do I have to ?** etc. Il n'y a pas de différence de sens mais **Do I have to ?** etc. est préférable quand il s'agit d'actes habituels :

Do you have to wind your watch every day ?
Est-ce qu'il faut que vous remontiez votre montre tous les jours ?

• Au prétérit, on trouve **had you (got) to ?** et **did you have to ?** etc. Il n'y a pas de différence de sens, mais **did you have to ?** etc. est plus usuel :

Did you have to pay customs duty on that ?
Est-ce que vous avez dû payer des droits de douane là-dessus ?

141 Autres exemples (à toutes les personnes et à tous les temps)

LA MÈRE (à son fils) : You must change your socks if they get wet.
Il faudra que tu changes de chaussettes si elles sont mouillées (obligation imposée par le locuteur).

AVIS AUX VOYAGEURS : Passengers must cross the line by the footbridge.
Les voyageurs doivent emprunter la passerelle pour franchir la voie (obligation imposée par la société des chemins de fer).

AVIS (dans un musée) : Visitors must leave bags and umbrellas in the cloakroom.
Les visiteurs doivent laisser leurs sacs et parapluies au vestiaire (obligation imposée par les autorités responsables).

I will have to go/I must go in a few minutes. I don't want to miss my train.
Il faut que je parte dans quelques minutes. Je ne veux pas manquer mon train.

We can't afford to employ people. We have to do all our own repairs.
On ne peut pas embaucher. Il faut que nous fassions toutes nos réparations nous-mêmes.

I must tell you something very important.
Il faut que je te dise quelque chose de très important.

LE PÈRE (en colère) : If Tom comes in after midnight he must come in quietly ; he woke me up last night.
Si Tom rentre après minuit, il doit rentrer sans faire de bruit ; il m'a réveillé, hier soir.

You must get your hair cut.
Il faut te faire couper les cheveux (je crois qu'ils sont trop longs).

You will have to get your hair cut when you join the army.
Il faudra te faire couper les cheveux quand tu partiras à l'armée
(l'armée t'obligera à te les faire couper).

You must come and have dinner with me some time.
Il faut que vous veniez dîner avec moi un jour (manière tout à fait
courante de proposer, en passant, une invitation).

We must celebrate your engagement.
Il faut qu'on fête tes fiançailles (manière courante d'exprimer une
intention sans véritable engagement).

He must be here in time tomorrow ; I can't wait for him.
Il faut qu'il soit là à l'heure demain ; je ne peux pas l'attendre.

He has to be at his office in time ; his employer is very angry if
he's late.
*Il faut qu'il soit à l'heure au bureau ; son patron n'est pas content
quand il est en retard.*

If there are no taxis we shall have to walk.
S'il n'y a pas de taxis, il faudra que nous y allions à pied.

If your father was a poor man you would have to work.
Si votre père était pauvre, il faudrait que vous travailliez.

Have you got to finish that tonight ?
Est-ce qu'il faut que tu finisses ce soir ?

Did you have to clean the house yourself ?
Est-ce que tu devais faire le ménage toi-même ?

Will you have to pay tax on what I pay you ?
Est-ce que tu dois payer des impôts sur ce que je te verse ?
(Pour **must/needn't** dans le discours indirect, voir **306**.)

142 Need

• **Need** peut être utilisé comme verbe auxiliaire ou comme verbe
ordinaire. En tant qu'auxiliaire, il est principalement employé aux
formes négatives et interrogatives. Il n'a pas de prétérit et la même
forme, **need**, est employée au présent et au futur.

Présent/futur :
Affirmatif : **need** à toutes les personnes*.
Négatif : **need not/needn't** à toutes les personnes.
Interrogatif : **need I ? need you ? need he ? need we ?** etc.

• ***Need** en tant qu'auxiliaire n'est employé à la forme affirmative
que si la proposition dont il fait partie est introduite par une
proposition négative ou interrogative :

I needn't wear a coat.　　Mais : I don't suppose I need wear a coat.
*Je n'ai pas besoin de manteau.　Je ne pense pas avoir besoin de
　　　　　　　　　　　　　　　manteau.*

Need I tell Tom ?　　Mais : Do you think I need tell Tom ?
*Faut-il que je le dise à Tom ?　Pensez-vous qu'il faut que je le dise
　　　　　　　　　　　　　　à Tom ?*

• **Need not**, comme on l'a vu au **137**, exprime l'absence d'obligation
et ne doit pas être confondu avec **must not** qui exprime l'obligation

négative (l'obligation de ne pas faire). **Need I ?** cependant est équivalent à **must I ?** etc. (voir **145**).

143 Autres formes de **need**

• **Need** peut aussi se conjuguer comme un verbe ordinaire. Il suit donc les règles qui gouvernent les verbes réguliers (voir **149**).

Les formes négatives et interrogatives sont les suivantes :

	Négatif	*Interrogatif*
Futur	won't/shan't need	shall I/we need ?
		will you/he *etc.* need ?
Présent	I/we/you/they don't need	do I/we/you *etc.* need ?
	he/she doesn't need	does he/she need ?
Prétérit	didn't need	did I *etc.* need ?

Ces formes qui sont suivies de l'infinitif avec **to** peuvent se substituer aux formes négatives et interrogatives de **have to** :

Won't/shan't need to = won't/shan't have to.

Don't/doesn't need to = don't/doesn't have to (pour les actes habituels et pour les actes isolés).

Didn't need to = didn't have to
(**To need** à l'affirmatif ne s'emploie pas, normalement, pour exprimer l'obligation.)

144 L'absence d'obligation : **need not** comparé aux autres expressions

A. Présent/futur :

1. Comme on l'a déjà dit, **need not** exprime le conseil donné par le locuteur, ou ce qui dépend de l'autorité du locuteur :

TOM (en prêtant de l'argent à Bill) : You needn't pay me back till next month.
Tu n'as pas besoin de me le rendre avant le mois prochain.

LE MAÎTRE : You needn't bring your textbooks tomorrow.
Ce n'est pas la peine d'apporter vos manuels demain.

JULIA (à une amie qui vient habiter chez elle) : You needn't bring warm clothes. It's very hot here.
Ce n'est pas la peine d'apporter des vêtements chauds. Il fait très chaud ici.

2. Les autres formes sont employées lorsqu'il s'agit d'autorité autre que le sujet qui parle, ou de situation due aux circonstances :

Ann hasn't got to go to the lecture. Attendance is optional.
Ann n'est pas obligée d'aller à ce cours. La présence n'est pas obligatoire.

Peter doesn't have to pay for his lunch. He gets his meals free.
Pierre n'a pas à payer son déjeuner. Il est nourri gratis.

3. Parfois, pourtant, **need not** peut être employé quand il s'agit

d'une autorité autre que celle du locuteur, de même que pour remplacer **won't/don't need** ou **won't/don't have to.** Ceci est particulièrement courant à la première personne :

ANN : I needn't (won't/don't have to) type this report today. Mr. Jones said there was no hurry about it.
Je n'ai pas besoin de taper ce rapport aujourd'hui. M. Jones a dit que cela ne pressait pas.

• On notera, cependant, que s'il est possible d'employer **need not** pour une action habituelle au futur, il n'est pas possible de l'employer pour une action habituelle au présent. On dit :

I'm retiring. After Friday I need never go to the office again.
Je prends ma retraite. A compter de vendredi, je ne serai plus jamais obligé d'aller au bureau.

Mais on doit dire :

I don't have to queue for my bus. I get on at the terminus.
Je n'ai pas besoin de faire la queue pour prendre le bus. Je le prends au terminus (**need not** ne peut pas être employé ici).

B. Prétérit

Au prétérit, la distinction entre l'autorité du locuteur et une autorité extérieure disparaît, et nous avons le choix entre trois formes : **didn't have to, didn't need to** et **hadn't got to.** Il n'y a pas de différence de sens entre ces trois expressions. **Didn't have to** est la plus usuelle :

I didn't have to wait long. He was only a few minutes late.
Je n'ai pas eu à attendre longtemps. Il n'avait que quelques minutes de retard.

When he was at university he didn't have/didn't need to pay anything for his keep, for he stayed with his uncle.
Quand il était à l'université, il n'avait pas besoin de payer pour subvenir à ses besoins car il habitait chez son oncle.

Didn't have to/didn't need to peuvent être employés quand il s'agit d'actions habituelles ou d'actes isolés.

Hadn't got to s'emploie uniquement pour les actes isolés.

C. Il peut être utile de voir ces diverses expressions regroupées selon le temps :

Autorité du locuteur	Autorité extérieure
Futur need not	shan't/won't have to
	shan't/won't need to
Présent need not	haven't got to (acte isolé seulement)
	don't have to $\Big\}$ acte isolé ou ac-
	don't need to $\Big\}$ tions habituelles
Prétérit didn't have to	
didn't need to	$\Big\}$ (acte isolé ou actions habituelles)
hadn't got to	(acte isolé)

145 Must, have to et need à la forme interrogative

• **Need I ?** etc. peut être employé au lieu de **must I ?** etc. sauf lorsque **must** suit un mot interrogatif (**when ? where ? who ? what ?** etc.). En effet, **need ?** ne peut s'employer après les mots interrogatifs :

Where must I put it ? *Où dois-je le mettre ?*

Need n'est pas possible.

• **Need ?** et **must ?** impliquent que la personne à qui l'on s'adresse est l'autorité en cause. **Need ?** implique également que le locuteur espère une réponse négative : **Must I go, mother ?** et **Need I go, mother ?** signifient la même chose, *Maman, est-ce que je dois y aller ?*, mais s'il emploie la seconde expression, le locuteur espère que la mère répondra **No**. L'autre forme interrogative de **need, do I need ?** etc., peut s'employer de la même manière. On notera les réponses possibles :

Questions	Réponses affirmatives	Réponses négatives
Shall I have to go ? *Devrai-je y aller ?*	Yes, you will. *Oui, tu devras.*	No, you won't. *Non, ce ne sera pas nécessaire.*
Have I got to go ? *Est-ce qu'il faudra que j'y aille ?*	Yes, you have. *Oui, il le faudra.*	No, you haven't. *Non, ce ne sera pas nécessaire.*
Does he have to go ? *Est-ce qu'il faut qu'il y aille ?*	Yes, he does. *Oui, il le faut.*	No, he doesn't. *Non, ce n'est pas nécessaire.*
Need I go ? *Dois-je y aller ?*	Yes, you must. *Oui, il le faut.*	No, you needn't. *Non, ce n'est pas la peine.*
Must I go ? *Dois-je y aller ?*	Yes, you must. *Oui, tu dois.*	No, you needn't. *Non, ce n'est pas la peine.*

146 Needn't + infinitif passé

S'emploie pour exprimer le fait qu'une action qui n'était pas nécessaire a cependant été accomplie :

I needn't have written to him because he phoned shortly afterwards.
Ce n'était pas la peine que je lui écrive car il m'a téléphoné peu de temps après. (= Je n'aurais pas dû lui écrire, mais je l'ai fait.)

You needn't have brought your umbrella for we are going by car.
Tu n'avais pas besoin de prendre ton parapluie car nous prenons la voiture (= mais tu l'as pris).

He needn't have left home so early ; the train won't be here for an hour.
Il n'avait pas besoin de partir si tôt ; le train ne passera pas avant une heure (= il est parti beaucoup trop tôt).

147 Comparaison entre **needn't** + infinitif passé et **didn't have/didn't need** + infinitif présent

A. Needn't have done : il n'y avait pas d'obligation mais l'action a été accompli inutilement :

You needn't have watered the flowers, for it is going to rain.
Ce n'était pas la peine d'arroser les fleurs, car il va pleuvoir.

You needn't have written such a long essay. The teacher only asked for 300 words, and you have written 600.
Ce n'était pas la peine de faire une rédaction si longue. Le professeur avait demandé 300 mots et tu en as écrit 600.

He needn't have bought such a large house. His wife would have been quite happy in a cottage.
Il n'avait pas besoin d'acheter une si grande maison. Sa femme aurait été très heureuse dans une petite maison toute simple.

You needn't have carried all these parcels yourself. The shop would have delivered them if you had asked them.
Ce n'était pas la peine de porter tous ces paquets toi-même. Le magasin les aurait livrés si tu l'avais demandé.

B. Didn't have/didn't need to do : il n'y avait pas d'obligation et normalement l'action n'a pas été accomplie :

I didn't have to translate it for him for he understands Dutch.
Ce n'était pas la peine que je traduise à son intention car il comprend le hollandais.

I didn't need to cut the grass myself. My brother did it.
Je n'ai pas eu besoin de couper le gazon moi-même. Mon frère l'a fait.

• Certains emploient effectivement **didn't have to/didn't need to** lorsqu'il s'agit d'actions qui ont été accomplies. Il est d'usage dans ce cas d'accentuer **have** ou **need** :

You didn't have to give him my name.
Tu n'avais pas besoin de lui donner mon nom. (Mais tu l'as fait quand même).

Il est cependant conseillé d'employer **needn't** + infinitif passé quand une action a été accomplie alors qu'elle n'était pas nécessaire.

148 Needn't have/could have/should have + participes passés

A. Needn't have + participe passé est souvent associé à **could have** + participe passé. L'emploi de cette construction est illustré par les exemples suivants :

A : I wanted a copy of the letter so I typed it twice.
Je voulais une copie de cette lettre, aussi je l'ai tapée deux fois.
B : You needn't have typed it twice. You could have used a carbon.
Ce n'était pas la peine de la taper deux fois. Vous auriez pu/pouviez utiliser un carbone.

A : I walked up six flights of stairs.
J'ai monté six étages à pied.
B : You needn't have walked up ; you could have taken the lift.
Ce n'était pas la peine de monter à pied ; tu pouvais/aurais pu prendre l'ascenseur.
A : She stood in a queue to get a 40 p Underground ticket.
Elle faisait la queue pour prendre un billet de métro de 40 pence.
B : But she needn't have stood in a queue. She could have got a ticket from the machine.
Mais elle n'avait pas besoin de faire la queue. Elle aurait pu/pouvait prendre son billet au distributeur automatique.

B. Comparaison de **needn't have** et **should have** :

Should ou **ought to** pourraient être employés à la place de **need** et **could** dans tous les exemples cités en **A**, ci-dessus :
She shouldn't have stood in a queue. She should have got tickets from the machine.
Elle n'aurait pas dû faire la queue. Elle aurait dû prendre un ticket au distributeur.

Mais il y a une différence de sens :

She shouldn't have stood in a queue implique qu'il était stupide de faire la queue, qu'elle avait tort, qu'elle ne faisait pas ce qui convenait.
She needn't have stood in a queue indique simplement qu'elle a fait la queue, alors que ce n'était pas nécessaire.

• **Shouldn't have** + participe passé implique un jugement critique.
• **Needn't have** + participe passé n'implique aucun jugement critique.

De même, **you should have got tickets from the machine** *(tu aurais dû prendre les billets au distributeur)* veut dire qu'il était stupide de ne pas prendre les billets au distributeur.

Mais, **you could have got tickets**, etc. *(tu aurais pu prendre les billets)* n'implique pas de jugement critique. On se contente d'indiquer le fait que la possibilité existait.

149 **to need** verbe ordinaire, *avoir besoin de*

Comme on l'a vu au **143**, **need** peut être conjugué comme un verbe ordinaire. Il prend donc les formes d'un verbe régulier, mais ne s'emploie pas aux temps continus.

Infinitif : **to need**
Futur : **will/shall need**
Présent : **I/we/you/they need, he/she/it needs**
Prétérit : **needed**

Les formes négatives et interrogatives sont présentées au **143**.

• **to need** peut être employé avec un infinitif, comme on l'a vu au **143**, ou avec un nom ou pronom, complément d'objet direct.

How much money do you need ? I need £ 5.
De quelle somme as-tu besoin ? J'ai besoin de 5 livres.

• **need** peut également être employé avec un infinitif passif ou un gérondif, dans des constructions telles que les suivantes :

Your hair needs to be cut/needs cutting.
Tes cheveux ont besoin d'être coupés/d'une coupe.

The windows need to be cleaned/need cleaning.
Les fenêtres ont besoin d'être lavées/d'un lavage.

• **want** + gérondif peut être employé ici à la place de **need** :

Your hair wants cutting.
Tu as besoin de te faire couper les cheveux.

want + passif est également possible.

150 Relations entre **must** d'obligation et **must** de déduction

	obligation	déduction
Présent	**must (be)**	**must (be)**
Prétérit	**had (to be)**	**must (have been)**

Remarques :

1. Au présent, la même forme, **must** + infinitif présent, est employée pour exprimer l'obligation et la déduction (en effet, on ne peut déduire que selon une règle de nécessité).

2. Au prétérit, les formes sont différentes : pour l'obligation, **had to**, pour la déduction, **must** + infinitif passé.

3. **must** d'obligation peut être employé à la forme affirmative, à la forme négative et à la forme interrogative. **must** de déduction ne peut s'employer qu'à la forme affirmative.

151 Must employé pour la déduction

Cet emploi, comme on le verra dans les exemples cités ci-dessous, indique que le sujet qui parle est certain de ce qu'il affirme parce qu'il peut le déduire logiquement des faits qu'il connaît.

A. En relation avec des actions ou situations présentes : **must** + infinitif présent :

A : Tom has a house in London, a flat in Paris and a bungalow in Miami.
   Tom a une maison à Londres, un appartement à Paris, et un petit pavillon à Miami.
B : He must be very rich. *Il doit être très riche.*
A : I've had no sleep for 48 hours. *Ça fait 48 heures que je ne dors pas.*
B : You must be exhausted. *Vous devez être épuisé.*
A : My brother develops his own films.
   Mon frère développe ses films lui-même.
B : He must save a lot of money. *Il doit faire beaucoup d'économies.*

B. En relation avec des actions ou situations passées : **must** +

infinitif passé.

A : They quarrelled quite often and whenever they quarrelled they threw plates at each other.
Ils se disputaient très souvent et à chaque dispute ils se lançaient des assiettes.

B : They must have broken a lot of plates.
Ils ont dû casser beaucoup d'assiettes.

A : I took the Underground to Marble Arch. I'm not sure what line it was.
J'ai pris le métro pour aller à Marble Arch, je ne sais pas très bien quelle ligne c'était.

B : It must have been the Central Line ; no other line goes through Marble Arch.
Ça devait être la Central Line ; aucune autre ligne ne passe par Marble Arch.

152 Déduction négative

La déduction négative (certitude pour le locuteur qu'une chose n'est pas, n'a pas pu se produire) s'exprime normalement avec **can't** ou **couldn't** + **be**, ou + infinitif passé de n'importe quel verbe (voir également **134**) :

He was terribly tired after walking six kilometres. He can't be at all strong.
Il était terriblement fatigué après avoir fait six kilomètres à pied. Il ne peut pas être bien robuste. (= Je suis sûr qu'il n'est pas bien robuste.)

Tom can't have written this because it is French and he doesn't know French.
Tom n'a pas pu écrire cela, parce que c'est en français et qu'il ne sait pas le français. (Déduction présente à partir d'un fait passé.)

Jones couldn't have caught the nine o'clock train for he only left his house at 9.15.
Jones n'a pas pu prendre le train de 9 heures car il n'est sorti de chez lui qu'à 9 h 15.

• On peut employer **can't** ou **couldn't** quand la déduction se fait au présent. **Couldn't**, cependant, doit être obligatoirement employé quand la déduction porte sur le passé :

He knew that she couldn't have stolen it as she hadn't been in the house at the time.
Il savait qu'elle n'avait pas pu le voler puisqu'elle n'était pas dans la maison à ce moment-là.

153 Must (déduction) comparé à may/might

Les exemples montrent bien la différence :

1. Imaginons que l'on a quatre clés sur un anneau et que nous savons que l'une de ces clés ouvre la porte de la cave, on peut commencer par choisir une clé en disant :

This may/might be the key. *C'est peut-être cette clé-là.*

Mais après avoir en vain essayé trois clés, on prendra la quatrième en disant :

This must be the key.

Celle-là doit être la bonne. (Il n'existe plus d'autre choix, donc on passe de l'hypothèse « c'est peut-être » à la certitude « cela doit ».)

2. A : I wonder why Tom hasn't answered my letter.
   Je me demande pourquoi Tom n'a pas répondu à ma lettre.
   B : He may/might be ill.
   Il est peut-être malade. (Mais on peut faire d'autres hypothèses.)

Si Bill vit seul et si une ambulance s'arrête à sa porte, les voisins diront :

Bill must be ill.

Bill doit être malade. (C'est la seule explication possible de l'arrivée de l'ambulance.)

3. De même, lorsqu'on considère une action passée :

He may have come by train.

Il est peut-être venu par le train. (Mais il y avait d'autres moyens de transport.)

Mais → He must have come by taxi.

Il a dû venir en taxi. (Ceci implique qu'il n'y a, à la connaissance du sujet qui parle, aucun autre moyen de transport disponible.)

XV. — LES AUXILIAIRES OUGHT, DARE, USED

154 Ought to

• **Ought** n'a ni infinitif, ni flexions, c'est-à-dire que la même forme est employée à toutes les personnes.

• **Ought** peut être utilisé comme présent/futur et au prétérit lorsqu'il est subordonné à un verbe au prétérit. Il est suivi de l'infinitif avec **to** (c'est pourquoi il est souvent présenté sous la forme **ought to**). La forme négative est **ought not** (**oughtn't**), l'interrogative **ought I ? Ought you ?** etc. :

They ought to do it tomorrow.
Ils devraient/doivent en principe le faire demain.

I knew that I ought not to open the letter.
Je savais que je ne devais pas ouvrir la lettre.

Ought we to do it at once ?
Est-ce qu'il faut le faire maintenant ?

Dans la conversation courante, **ought** ou **ought to** peuvent s'employer seuls, pour reprendre l'expression antérieure du verbe principal associé à **ought to** :

A : You ought to paint your hall door.
   Tu devrais peindre ta porte d'entrée.

B : Yes, I know I ought/ought to.
   Oui, je sais/oui, je devrais.

155 Comparaison de **ought to** avec **must, have to** et **should**

A. Ought to exprime l'idée d'une obligation, d'un devoir auquel le sujet est soumis, mais il n'y a aucune référence à une autorité du locuteur (comme c'est le cas avec **must**) ni à une autorité extérieure (comme c'est le cas avec **have to**). Le locuteur rappelle simplement au sujet qu'il a un devoir, lui donne un conseil, ou lui indique ce qu'il est raisonnable de faire, l'attitude qu'il convient d'adopter. Cet énoncé ne porte pas d'accent d'insistance particulièrement appuyé.

• **Should** peut s'employer exactement de la même façon (voir **235**). On peut fort bien répondre en employant **should** aux remarques ou questions formulées à l'aide de **ought to** :

A : You ought to/should finish your work before going out.
   Tu devrais finir ton travail avant de sortir.

B : I know I should.
   Je le sais bien. (= Je sais que je devrais.)

You ought to obey your parents.
Vous devez/devriez obéir à vos parents.

A : You oughtn't to eat between meals ; it will make you fat.
Tu ne devrais pas manger entre les repas ; cela va te faire grossir.

B : I know I oughtn't to.
Je le sais bien. (= Je sais que je ne devrais pas.)

• Comparons avec **have to** et **must** :

You have to obey Mr. Pitt.
Il faut obéir à M. Pitt. (M. Pitt l'exige.)

You must obey Mr. Pitt.
Tu dois obéir à M. Pitt. (Moi qui te parle, j'y tiens, ou je trouve normal que M. Pitt l'exige.)

Tom, you ought to obey Mr. Pitt.
Tom, tu devrais obéir à M. Pitt. (Il n'y a aucune référence à l'autorité de celui qui parle ni à celle de M. Pitt, mais le locuteur pense qu'il est bon que Tom se fasse un devoir d'obéir à M. Pitt.)

You have to take these blue pills.
Il faut que tu prennes ces pilules bleues. (Le médecin l'a ordonné.)

You must not drink this ; it is poison.
Il ne faut pas boire cela, c'est du poison.

You oughtn't to smoke so much ; you are wasting your money.
Tu ne devrais pas fumer autant ; tu gaspilles ton argent.

B. Comme **must, ought to** peut servir à donner un conseil, mais il a moins de force dans la persuasion que **must** : **you ought to go to Paris,** *tu devrais aller à Paris,* est un conseil beaucoup moins pressant que **you must go to Paris,** *il faut que tu ailles à Paris.*

156 Ought to + infinitif passé

Cette construction s'emploie pour signifier qu'un devoir n'a pas été rempli, que l'on a négligé d'accomplir une action qui était dans l'ordre des choses :

I ought to have taken those books back to the library last week. Now they are overdue and I shall have to pay a fine.
J'aurais dû rendre ces livres à la bibliothèque la semaine dernière. Maintenant la date est passée et je devrai payer une amende.

You ought to have told him that the paint on that seat is wet.
Tu aurais dû lui dire que la peinture de ce siège n'est pas sèche.

You ought to have waited till the lights were green before crossing the road.
Tu aurais dû attendre que les feux passent au vert avant de traverser.

You oughtn't to have crossed the road when the lights were red.
Tu n'aurais pas dû traverser (pendant que les feux étaient) au rouge.

• **Should** avec l'infinitif passé s'emploie exactement de la même manière.

157 Dare

• A la forme affirmative, **dare** se conjugue comme un verbe ordinaire, **dare/dares** au présent, **dared** au prétérit. Mais aux formes négatives et interrogatives, il peut se conjuguer soit comme un verbe ordinaire, soit comme un auxiliaire :

Présent négatif :	do/does not dare	dare not
Prétérit négatif :	did not dare	dared not
Présent interrogatif :	do you/does he dare ?	dare you/he ?
Prétérit interrogatif :	did you/did he dare ?	dared you/he ?

Infinitifs après **dare** :

• Les formes négatives et interrogatives en **do/does/did, will et would** sont en théorie suivies de l'infinitif avec **to,** mais en pratique, **to** est souvent omis :

He doesn't dare (to) say anything.
Il n'ose rien dire.

Did he dare (to) criticize my arrangements ?
Est-ce qu'il a osé critiquer les dispositions que j'ai prises ?

• **Dare I/you/he** ? etc. et **dare not/dared not** sont suivis de l'infinitif sans **to** :

Dare we interrupt ? *Est-ce que nous osons l'interrompre ?*

They dared not move. *Ils n'osèrent pas bouger.*

Lorsque **dare** est précédé de **nobody, anybody,** etc., **to** n'est pas obligatoire.

Nobody dared (to) speak. *Personne n'osa parler.*

• **Dare** n'est pas très employé à la forme affirmative, sauf dans l'expression **I daresay. I daresay** (ou **I dare say**) a deux sens particuliers :

1. *Je suppose :*

I daresay there'll be a restaurant car on the train.
Je suppose que ce train comportera un wagon-restaurant.

2. *Je vous crois* (mais cela ne change rien) :

LE TOURISTE ANGLAIS : But I drive on the left in England.
Mais en Angleterre, je conduis à gauche.
L'AGENT DE POLICE SUISSE : I daresay you do, but you must drive on the right here.
Je ne vous dis pas le contraire, mais ici il faut rouler à droite.

LE VOYAGEUR : But the watch was given to me, I didn't buy it.
Mais on me l'a donnée cette montre ; je ne l'ai pas achetée.
LE DOUANIER : I daresay you didn't, but you'll have to pay duty on it all the same.
C'est fort possible, mais il faudra tout de même que vous payiez un droit dessus.

• **Daresay** ne s'utilise ainsi qu'à la première personne du singulier.

• **How dare/dared you ? How dare/dared he/they ?** peuvent s'employer pour exprimer l'indignation :

How dare you open my letters ?
Comment osez-vous ouvrir mes lettres ?/Qui vous permet de... ?
How dared he complain ?
Comment a-t-il osé se plaindre ?

• **Dare** s'emploie aussi comme verbe ordinaire transitif, dans le sens de « *mettre au défi* » mais seulement en relation avec des actes qui nécessitent un certain courage. Le complément direct est suivi de l'infinitif avec **to** : **dare** + complément + **to** :

LA MÈRE : Why did you throw that stone through the window ?
Pourquoi as-tu jeté cette pierre dans la fenêtre ?
LE FILS : Another boy dared me (to throw it).
Un autre garçon m'a dit que je n'étais pas « chiche ».
I dare you !
Chiche !

158 Used to

A. Forme :

• **Used to** est un prétérit auquel ne correspond pas de présent.

Forme affirmative : **used** à toutes les personnes.
Forme négative : **used not (usedn't)** à toutes les personnes.
Forme interrogative : **used you/used he/used they** ? etc.
Forme interro-négative : **usedn't you/he/they** ? etc.

Les formes négatives et interrogatives peuvent également s'obtenir avec **did** :

didn't use to   did you use to ?   didn't you use to ?

Ces formes, moins recherchées, sont très courantes en anglais parlé.

• **Used** est suivi de l'infinitif avec **to,** c'est pourquoi il est usuel de le présenter sous la forme de **used to** (de la même manière que **have** exprimant l'obligation est présenté sous la forme **have to**).

B. Emplois :

Used to s'emploie comme « fréquentatif dans le passé » ou imparfait d'habitude :

1. Pour exprimer une habitude dans le passé (habitude à laquelle on a renoncé) ou une situation passée différente de la situation présente :

I used to smoke cigarettes ; now I smoke a pipe.
Je fumais la cigarette ; maintenant je fume la pipe.
He used to drink beer ; now he drinks wine.
Il buvait de la bière ; maintenant il boit du vin.
She usedn't to like Tom, but she quite likes him now.
Elle n'aimait pas Tom, mais aujourd'hui elle l'aime bien.
Ou → She used to dislike Tom, but she quite likes him now.

Used n'est pas accentué d'ordinaire mais il peut l'être si le locuteur veut insister sur l'importance du contraste entre le passé et le présent.

2. Pour exprimer des faits ou actes du passé. On ne souligne pas, ce faisant, un contraste entre passé et présent, on décrit seulement ce qui était le comportement habituel d'un sujet, dans le passé, pendant un certain temps. Très souvent, il peut s'agir d'une série d'actes successifs. **Used to,** dans ce cas, peut être remplacé par **would** (mais **would** ne peut emplacer **used to** lorsqu'il s'agit d'une habitude à laquelle le sujet a renoncé, etc., comme on l'a vu en 1).

Ainsi employé, **used to** n'est pas accentué :

Tom and Ann were a young married couple. Every morning Tom used to kiss Ann and set off for work. Ann used to stand at the window and wave goodbye. In the evening she used to welcome him home and ask him to tell her about his day.

Tom et Ann étaient jeunes mariés. Tous les matins, Tom embrassait Ann et partait pour son travail. Ann se tenait à la fenêtre pour lui dire au revoir d'un geste de la main. Le soir, elle l'accueillait à son retour et lui demandait de lui raconter sa journée.

Si l'on emploie **would,** on obtient :

Every morning Tom would kiss Ann and set off for work. Ann would stand at the window and wave goodbye etc.

Used to n'ayant pas de présent, les habitudes présentes, les actes habituels du présent doivent être exprimés par le présent simple :

Every morning Tom kisses Ann and sets off for work *etc.*
Tous les matins, Tom embrasse Ann et part pour son travail etc.

159 Used employé comme adjectif

to be used to, *être habituer à,* **to become/get used to,** *s'habituer à.*

• **Used** peut également être l'adjectif, avec le sens de **accustomed,** *habitué à.* Il est alors précédé de **be, become** ou **get,** à tous les temps possibles, et la préposition **to** est suivie d'un nom, d'un pronom ou d'un gérondif : **to be/become/get used to** + nom/pronom/**-ing** :

I am used to noise. *Je suis habitué au bruit.*

I am used to working in a noisy room.
J'ai l'habitude de travailler dans une salle où il y a du bruit (= je sais ce que c'est que travailler...).

You will soon get used to the electric typewriters.
Vous vous habituerez vite aux machines à écrire électriques.

You will soon get used to typing on electric typewriters.
Vous vous habituerez vite à vous servir de machines à écrire électriques.

They soon got used to the traffic regulations.
Ils s'habituèrent vite aux règles de circulation.

They soon got used to driving on the left.
Ils s'habituèrent vite à conduire à gauche.

• **I am used to...** décrit un état psychologique.

I am used to working in a noisy room signifie : *j'ai déjà travaillé dans une pièce pleine de bruit, et cela ne me dérange pas.*

You'll soon get used to typing on electric typewriters signifie qu'après une brève période d'adaptation, vous trouverez qu'il est facile de taper avec ces machines.

Très souvent, **I'm used to it** signifie *cela ne me dérange pas, ça m'est égal,* comme on l'a vu dans les exemples cités ci-dessus.

Mais l'expression peut s'employer dans une situation contraire. Un Français qui arrive en Angleterre, dans une cantine où l'on ne sert que du thé avec les repas, pourrait dire :

I'm used to wine with my meals, so I find these lunches rather unsatisfying.
Je suis habitué à boire du vin avec mes repas, aussi ces déjeuners ne me plaisent guère.

Ne pas confondre :

   1. Sujet + **be/become/get** + **used** + **to**
et 2. Sujet + **used (to).**

Dans le premier cas, **to** est une préposition (suivie d'un nom/pronom ou gérondif **-ing**).

Dans le deuxième cas, **to** fait partie de l'infinitif.
• La prononciation est d'ordinaire [ju:st].
Ne pas confondre avec le prétérit ou le participe **used**, prononciation [ju:zd] du verbe **to use** qui signifie « *se servir de* », « *employer* » :
He used a tin-opener to open oysters !
Il s'est servi d'un ouvre-boîtes pour ouvrir des huîtres !

XVI. — LES TEMPS DU PRÉSENT

Il y a deux présents en anglais :

Le présent continu : **I am working,** *je travaille.*
Le présent simple : **I work,** *je travaille.*

Le présent continu

160 Formes

• Le présent continu se forme par l'association du présent de l'auxiliaire **to be** + participe présent **(-ing)** :

I am working	**you are working**	**he is working etc.**
Je travaille	*tu travailles*	*il travaille*

• La forme négative s'obtient en plaçant **not** après l'auxiliaire :

I am not working	**you are not working**	**he is not working**
Je ne travaille pas	*tu ne travailles pas*	*il ne travaille pas*

• La forme interrogative s'obtient par l'inversion du sujet et de l'auxiliaire :

Am I working ?	**Are you working ?**
Est-ce que je travaille ?	*Est-ce que tu travailles ?*
Is he working ?	
Est-ce qu'il travaille ?	

• Forme interro-négative :

Am I not working ?	**Is he not working ?**
Est-ce que je ne travaille pas ?	*Est-ce qu'il ne travaille pas ?*
Are you not working ?	
Est-ce que tu ne travailles pas ?	

161 Le présent continu du verbe **to work,** *travailler*

Affirmatif	Négatif	Interrogatif
I am working	I am not working	am I working ?
you are working	you are not working	are you working ?
he is working	he is not working	is he working ?
we are working	we are not working	are we working ?
you are working	you are not working	are you working ?
they are working	they are not working	are they working ?

• Contractions : **to be** peut être contracté au présent affirmatif, négatif et interrogatif comme on l'a vu aux § **109, 103 F** ; le présent continu de n'importe quel verbe peut donc avoir les formes contractées correspondantes :

I'm working	**I'm not working**	**aren't I working ?**
je travaille	*je ne travaille pas*	*est-ce que je ne travaille pas ?*

you're working	you're not/you aren't working	aren't you working ?
tu travailles	*tu ne travailles pas*	*ne travailles-tu pas ?*
he's working	he's not/he isn't working	isn't he working ?
il travaille	*il ne travaille pas*	*ne travaille-t-il pas ?*

Noter la contraction irrégulière de **am I not ?** en **aren't I ?**.

162 Remarque sur l'orthographe du **participe présent**

A. Quand le verbe se termine par un seul **e**, ce **e** tombe avant la terminaison **-ing** :

love	→ loving	hate	→ hating	argue	→ arguing
aimer	*aimant*	*haïr*	*haïssant*	*discuter*	*discutant*

• Exceptions :

dye	→ dyeing	singe	→ singeing
teindre	*teignant*	*brûler*	*brûlant.*

Si le verbe se termine en **ee**, on a par exemple :

agree	→ agreeing	see	→ seeing
être d'accord	*étant d'accord*	*voir*	*voyant*

B. Lorsqu'un verbe d'une syllabe ne possède qu'une seule voyelle et se termine par une seule consonne, celle-ci est redoublée devant **-ing** :

hit	→ hitting	run	→ running	stop	→ stopping
frapper	*frappant*	*courir*	*courant*	*arrêter*	*arrêtant*

Les verbes de deux syllabes ou plus, dont la dernière syllabe ne possède qu'une seule voyelle, se termine par une seule consonne et est accentuée, redoublent également leur consonne finale :

begin	→ beginning	prefer	→ preferring	admit	→ admitting
débuter	*débutant*	*préférer*	*préférant*	*admettre*	*admettant*

Mais on dira et écrira :

enter → **entering** *,entrer, entrant* (verbe accentué sur la 1ʳᵉ syllabe)

Un **l** final, précédé d'une seule voyelle, est toujours redoublé en anglais :

travel	→ travelling	signal	→ signalling
voyager	*voyageant*	*signaler*	*signalant*

C. -ing peut s'ajouter à un verbe terminé en **y** sans affecter l'orthographe.

carry	→ carrying	hurry	→ hurrying
porter	*portant*	*se presser*	*se pressant*

enjoy	→ enjoying
prendre plaisir à	*prenant plaisir à*

163 Le présent continu

Il s'emploie :

A. Pour exprimer une action qui est en train de s'accomplir :

It is raining.
Il pleut (maintenant).

I'm not wearing a coat as it isn't cold.
Je ne porte pas de manteau, comme il ne fait pas froid.

Why are you sitting at my desk ?
Pourquoi êtes-vous assis à mon bureau ?

What is the baby doing ? He is tearing up a £ 5 note.
Que fait le bébé ? Il est en train de déchirer un billet de 5 livres.

B. Pour exprimer une action qui s'accomplit dans une période présente, mais pas nécessairement au moment où le locuteur parle :

I am reading a play by Shaw.
En ce moment, je lis une pièce de Shaw (ceci peut également signifier : au moment où je parle, je suis en train de lire...).

He is teaching French and learning Greek.
Il enseigne le français et étudie le grec (mais pas nécessairement au moment même où je parle).

• Quand deux verbes à un temps continu, ayant le même sujet, sont reliés par **and**, l'auxiliaire peut être omis devant le second verbe (voir exemple ci-dessus). Cette règle s'applique à tous les couples de verbes aux temps composés.

C. Pour exprimer des dispositions précises, des projets certains pour un avenir proche (c'est la manière la plus courante d'exprimer en anglais des plans immédiats) :

I'm meeting Peter tonight. He is taking me to the theatre.
Je vois Pierre ce soir. Il m'emmène au théâtre.

A : Are you doing anything tomorrow afternoon ?
Est-ce que tu fais quelque chose demain après-midi ?
B : Yes, I'm playing tennis with Ann.
Oui, je joue au tennis avec Ann.

On remarquera que le complément de temps doit être mentionné (sans quoi il y aurait confusion entre le sens présent et le sens futur). Toutefois, **go**, *aller* et **come**, *venir* peuvent être employés au présent continu avec un sens futur sans complément de temps (voir **197**).

164 Autres emplois du présent continu

A. Avec un complément de temps ponctuel (exprimant une heure précise, un moment donné), il exprime une action qui commence avant ce moment et se poursuit vraisemblablement après :

At six I am bathing the baby.
A six heures, je baigne bébé (c'est-à-dire : je commence avant six heures/ *A six heures, je suis en train de baigner bébé*).

Il peut également être utilisé dans ce sens en relation avec un verbe au présent simple (dans la proposition subordonnée de temps) :

They are flying over the desert when one of the engines fails.
Ils survolent le désert, lorsqu'un des moteurs tombe en panne.

B. Avec **always** pour exprimer un acte fréquemment répété, sur lequel le locuteur très souvent porte un jugement défavorable (irritation, ennui, reproche) :

Tom is always going away for weekends.
Tom s'en va toujours pendant les week-ends.
(Selon la personne qui parle, Tom s'en va souvent, trop souvent, mais pas nécessairement à chaque week-end.)

• Il ne faut pas prendre l'expression dans un sens littéral. Comparez avec l'expression au présent simple :

Tom always goes away at weekends a le même sens que **Tom goes away every weekend** : *Tom s'en va tous les week-ends*

De même, comparez :

He is always doing homework (présent continu)
Il passe son temps à faire des devoirs = il y passe trop de temps
et **He always does his homework** (présent simple)
Il fait toujours ses devoirs = il les fait régulièrement

• Parfois, et en particulier lorsque le verbe est à la première personne, **always** + présent continu indique que l'acte en question est accidentel, non délibéré :

I'm always losing my keys.
Je suis tout le temps en train de perdre mes clés.

Par contre, **always** + présent simple indique qu'il s'agit d'une habitude, délibérément poursuivie :

I always lock up my desk before leaving my office.
Je ferme toujours mes tiroirs (de bureau) *à clé, avant de quitter le bureau.*

165 Verbes qui ne s'emploient pas normalement aux temps continus

A. Les temps continus sont normalement employés lorsqu'il s'agit d'actions délibérées, d'actes volontaires. Les groupes de verbes suivants ne s'emploie donc pas, normalement, aux temps continus.

1. Verbes de perception (involontaire) **feel,** *sentir ;* **hear,** *entendre ;* **see,** *voir ;* **smell,** *sentir* et aussi **notice,** *remarquer* et **observe,** *remarquer.*

Exception : **feel** dans certains usages (voir 2(2) ci-dessous) et **enjoy** :

Pour les verbes qui signifient qu'on fait délibérément fonctionner les organes des sens : **listen,** *écouter ;* **look,** *regarder ;* **smell,** *sentir ;* **sniff at,** *flairer ;* **watch,** *observer,* voir **B** ci-dessous.

2. Verbes exprimant des sensations et sentiments : **adore** *adorer,* **appreciate** *apprécier,* **care for** *aimer,* **care** (généralement à la forme négative ou interrogative, comme dans **I don't care** *cela ne me fait rien*), **desire** *désirer,* **detest** *détester,* **fear** *craindre,* **hate** *haïr,* **like**

aimer, **loathe** *détester,* **love** *aimer,* **mind** *être affecté,* **value** *apprécier,* **want** *vouloir,* **wish** *souhaiter.*

Exceptions :

1) **Long for** *aspirer à,* qui suit les règles normales de l'emploi des temps continus.

2) **Feel** *se sentir,* lorsqu'il est suivi d'un adjectif décrivant un état physique, psychologique ou mental du sujet : **well/ill** *bien/mal,* **hot/cold** *chaud/froid,* **tense/relaxed** *tendu/décontracté,* **happy/sad** *heureux/triste,* **nervous/confident** *nerveux/confiant,* **anxious/relieved** *inquiet/soulagé,* **angry/pleased** *irrité/content,* s'emploie normalement aux temps simples, mais peut aussi s'employer aux temps continus :

How do you feel/are you feeling ?
Comment te sens-tu ?

I feel/am feeling better/quite well.
Je me sens mieux/très bien.

He feels/is feeling much happier now.
Il se sent beaucoup plus heureux maintenant.

3. Verbes exprimant une activité mentale, par exemple : **agree** *être d'accord,* **appreciate** *apprécier,* **believe** *croire,* **expect** *supposer, espérer,* **feel** *penser,* **feel sure/certain** *être sûr, certain,* **forget** *oublier,* **know** *savoir,* **mean** *vouloir dire,* **perceive** *percevoir,* **realize** *se rendre compte,* **recollect** *se rappeler,* **remember** *se souvenir,* **see** *voir, comprendre,* **see through somebody** *percer quelqu'un à jour,* **think** *être d'avis que, penser,* **trust** *croire, avoir confiance en,* **understand** *comprendre.*

4. Verbes exprimant la notion de possession/appartenance ; **belong** *appartenir,* **owe** *devoir,* **own** *posséder,* **possess** *posséder.*

5. Les auxiliaires, sauf **be** et **have,** dans certains usages.

6. **Appear** *sembler,* **concern** *concerner,* **consist** *consister,* **hold** *contenir,* **keep** *continuer de,* **matter** *importer,* **seem** *sembler,* **signify** *signifier,* **sound** *sembler.*

• Les verbes qui ne peuvent s'employer aux temps continus n'ont donc qu'un seul présent, le présent simple :

Don't you feel the house shaking ?
Tu ne sens donc pas la maison qui tremble ?

Do you see the rainbow ?
Est-ce que tu vois l'arc-en-ciel ?

I value your support.
J'apprécie votre appui.

I appreciate what you've done for me.
J'apprécie ce que vous avez fait pour moi.

I remember him very well.
Je me souviens très bien de lui.

I don't mind waiting.
Ça ne me dérange pas d'attendre.

I think I understand what he wants.
Je crois que je comprends ce qu'il veut.

I suppose you know what this means.
Je suppose que tu sais ce que cela signifie.

I smell something burning.
Je sens quelque chose qui brûle.

B. Note sur les verbes de perception exprimant un acte délibéré ou un acte involontaire.

• Les verbes **see** *voir*, **hear** *entendre*, **smell** *sentir* ne désignent pas d'abord un acte volontaire. Si les yeux sont ouverts, ils voient, si on ne se bouche pas les oreilles, on entend, qu'on le veuille ou non. Mais des verbes comme **listen** *écouter*, **look** *regarder*, et **watch** *observer* sont des actes délibérés qui dépendent donc totalement de notre volonté. Ces verbes suivent donc, normalement, les règles qui régissent l'emploi des temps continus :

It's a nuisance if the phone rings when you are watching an interesting programme on TV.
C'est assommant le téléphone qui sonne lorsqu'on regarde une émission intéressante à la télé.

• **Smell** peut signifier, comme **sniff at**, *flairer, sentir*, un acte délibéré, par conséquent :

Why are you smelling the fish ? Has it gone bad ?
Pourquoi sens-tu ce poison ? Il s'est gâté ?

Mais → I smell gas. There must be a leak somewhere.
Ça sent le gaz. Il doit y avoir une fuite quelque part.

166 See, hear, smell, feel peuvent être aussi employés pour exprimer des actes délibérés :

Ils peuvent alors se mettre aux formes continues.

• **See** peut signifier *rencontrer sur rendez-vous* (dans les affaires généralement), *recevoir* :

The director is seeing the applicants this morning.
Le directeur reçoit les candidats ce matin.

I'm seeing my solicitor tomorrow.
Je vois mon avocat demain. (Engagement précis ultérieur, voir **163 C.**)

• **See** peut signifier *visiter* (en tant que touriste, le plus souvent) :

Tom is seeing the town/the sights.
Tom visite la ville/les attractions touristiques.

• **See about** = *prendre des dispositions concernant...*
We are seeing about a work permit for you.
Nous nous occupons de vous obtenir un permis de travail.

• **See to** = *s'occuper de* :
The plumber is here. He is seeing to the leak in our tank.
Le plombier est là. Il s'occupe de la fuite de notre réservoir.

• **See** somebody **out** = *reconduire quelqu'un (à la porte).*

See somebody **home** = *reconduire quelqu'un chez lui/elle.*

See somebody **to** + nom de lieu = *reconduire quelqu'un à...*

ANN : Bill is seeing you home after the party, isn't he ?
    Bill te raccompagne chez toi, après la soirée, n'est-ce pas ?

MARY : No, he isn't seeing me home. He's just seeing me to my
    bus.
    *Non, il ne me raccompagne pas chez moi. Il me reconduit
    seulement jusqu'à mon bus.*

• **See** someone **off** : *saluer un voyageur à son départ* (gare, aéroport,
etc.) :

We're leaving tomorrow. Tom is seeing us off at the airport.
*Nous partons demain. Tom vient nous dire au revoir à/nous
accompagne jusqu'à l'aéroport.*

• **Hear** peut signifier *entendre solennellement* :

The court is hearing evidence this afternoon.
La cour entend les témoins (= témoignages) *cet après-midi.*

• **Hear about** signifie *avoir des nouvelles de, entendre parler de,* et,
dans ce cas, ne s'emploie à la forme continue qu'au *present perfect*
et au futur :

I've been hearing all about your accident.
On m'a tout raconté sur votre accident.

You'll be hearing about the new scheme at our next meeting.
Vous entendrez parler du nouveau plan à la prochaine réunion.

• **Feel** peut signifier *toucher.*

• **Feel for** peut signifier *chercher à tâtons* :

Tom was feeling for the keyhole in the dark.
Tom, dans l'obscurité, cherchait à tâtons le trou de la serrure.

167 Certains autres verbes cités en 165 peuvent être employés aux formes continues, dans certains cas précis

C'est le cas de **think** *penser* lorsque aucune opinion n'est donnée
ou demandée :

A : What are you thinking about ?
    A quoi pensez-vous ?

B : I'm thinking about the play we saw last night.
    Je pense à la pièce que nous avons vue hier soir.

Mais → A : What do you think of it ?
    Qu'est-ce que tu en penses ? (Opinion demandée.)

B : I don't think much of it.
    Je n'en pense pas grand bien. (Opinion donnée.)

A : Tom is thinking of emigrating. What do you think of the idea ?
    Tom songe à émigrer. Que pensez-vous de cette idée ?

B : I think it is a stupid idea. He should stay where he is.
    Je pense que c'est stupide. Il devrait rester là où il est.

• **Be** comme partie du passif :

The house opposite our college is being pulled down.
On est en train de démolir la maison en face de notre collège.

• **Be** employé avec un adjectif signifiant que le sujet manifeste momentanément la qualité exprimée par l'adjectif :

You are being very clever today.
Tu te montres bien intelligent aujourd'hui. (Impliquant que ce n'est pas habituel.)

The children are being very quiet. I wonder what they're up to.
Les enfants sont bien calmes. Je me demande quel coup ils préparent (voir **114**).

• **Have,** sauf lorsqu'il exprime la notion de possession ou d'obligation :

I can't open the door ; I'm having a bath.
Je ne peux pas ouvrir la porte ; je suis dans mon bain.

We are having a wonderful time.
Nous passons un séjour/des moments merveilleux.

I'm having a tooth (taken) out tomorrow.
Je vais me faire arracher une dent demain. (Voir **117 A, 120.**)

• **Like** dans le sens de « *aimer, apprécier* » :

How are you liking this hot weather ?
Comment trouvez-vous cette chaleur ?

Mais **how do you like this hot weather ?** est également usuel.

• Il est à la rigueur possible d'employer **love, loathe** et **hate,** de la même manière, à la forme affirmative seulement :

Are you liking your new job ?
No, I'm hating it ! *ou* Yes, I'm loving it.
Tu aimes ton nouveau travail ?
Non, je l'exècre ou Oui, je l'aime beaucoup !

Il est toutefois plus sûr, pour un non-anglophone, de s'en tenir au présent simple :

Do you like your new job ?
No, I hate it ou **yes, I love it.**

• **Expect,** dans le sens de « *attendre* » (= espérer avoir) :

I am expecting a letter today.
J'attends une lettre aujourd'hui.

She is expecting a baby in January.
Elle attend un bébé pour janvier.

Le présent simple

168 Formes

• Le présent simple a la même forme que l'infinitif mais il prend **-s** à la troisième personne du singulier.

Infinitif : **to work** *travailler.*

Présent simple : **I work** *je travaille,* **you work** *tu travailles,* **he/she/it works** *il/elle travaille.*

• La forme négative s'obtient avec le présent négatif de **do** + infinitif sans **to** du verbe principal :
I do not work *je ne travaille pas,* **you do not work** *tu ne travailles pas,* **he/she/it does not work** *il/elle ne travaille pas.*

• La forme interrogative s'obtient avec le présent interrogatif de **do** + infinitif sans **to** du verbe principal :
Do I work ? *est-ce que je travaille ?,* **do you work ?** *est-ce que tu travailles ?,* **does he/she/it work ?** *est-ce qu'il/elle travaille ?*

Le présent simple des verbes irréguliers se forme de la même manière.

Remarques sur l'orthographe :

• Les verbes terminés par **-ss, -sh, -ch, -x** et **-o** ajoutent **-es** au lieu de **-s** pour former la troisième personne du singulier :

I kiss	he kisses	I rush	he rushes
j'embrasse	*il embrasse*	*je me précipite*	*il se précipite*
I watch	he watches	I box	he boxes
j'observe	*il observe*	*je boxe*	*il boxe*
I go	he goes	I do	he does
je vais	*il va*	*je fais*	*il fait*

• Les verbes qui se terminent par **-y** suivant une consonne changent **y** en **i** et prennent **-es** :

I carry	he carries	I hurry	he hurries
je porte	*il porte*	*je me hâte*	*il se hâte*

• Mais les verbes se terminant en **-y** après une voyelle suivent la règle générale :

I obey	he obeys	I say	he says
j'obéis	*il obéit*	*je dis*	*il dit*

169 Le présent simple du verbe **to work**

A. Formes

Affirmatif	*Négatif*	*Interrogatif*	*Interro-négatif*
I work	I do not work	do I work ?	do I not work ?
you work	you do not work	do you work ?	do you not work ?
he works	he does not work	does he work ?	does he not work ?
we work	we do not work	do we work ?	do we not work ?
you work	you do not work	do you work ?	do you not work ?
they work	they do not work	do they work ?	do they not work ?

B. Contractions : le verbe auxiliaire **do** est, normalement, contracté aux formes négatives et interro-négatives (voir **121**) :

I don't work *je ne travaille pas,* **he doesn't work** *il ne travaille pas,* **don't I work ?** *est-ce que je ne travaille pas ?,* **doesn't he work ?** *est-ce qu'il ne travaille pas ?*

170 Le présent simple employé pour exprimer l'**action habituelle**

• Le présent simple s'emploie principalement pour exprimer des actions, des faits habituels :

He smokes *(il fume)*, **dogs bark** *(les chiens aboient)*, **cats drink milk** *(les chats boivent du lait)*, **birds fly** *(les oiseaux volent)*.

Ce temps ne nous dit pas si l'action est accomplie au moment où le locuteur parle ; si l'on veut préciser que l'action s'accomplit au moment où l'on parle, il faut employer le présent continu :

My neighbour is practising the violin ; she usually practises at about this time.
Ma voisine travaille/est en train de travailler son violon ; c'est généralement à cette heure-ci qu'elle travaille son violon.

My dog barks a lot, but he isn't barking at the moment.
Mon chien aboie beaucoup, mais pour l'instant, il n'aboie pas.

• Le présent simple est souvent employé avec des adverbes ou locutions adverbiales, tels que : **often** *(souvent)*, **usually** *(d'ordinaire)*, **never** *(jamais)*, **always** *(toujours)*, **occasionally** *(à l'occasion)*, **on Mondays** *(le lundi)*, **twice a year** *(deux fois par an)*, **every week** *(chaque semaine)*, etc. :

It rains in winter.
Il pleut en hiver.

Birds don't build nests in the autumn.
Les oiseaux ne font pas de nids en automne.

I go to church on Sundays.
Je vais à l'église le dimanche.

Do you wash your hair often ?
Te laves-tu souvent les cheveux ?

She goes abroad every year.
Elle va à l'étranger tous les ans.

I never eat tripe (**never** + affirmatif = négatif).
Je ne mange jamais de tripes.

171 Autres emplois du présent simple

A. Il s'emploie, principalement, avec le verbe **say** *(dire)* quand on se renseigne sur ce que dit un livre, une lettre que l'on vient de recevoir, un avis au public ou lorsque l'on cite ce que disent ces documents :

What does this notice say ? It says 'No parking'.
Que dit cet avis ? Il dit « stationnement interdit ».

What does the book says ? It says 'cook very slowly'.
Que dit le livre ? Il dit « cuire à très petit feu ».

I see you've got a letter from Ann. What does she say ?
Je vois que tu as reçu une lettre d'Anne. Que dit-elle (Anne) ?

She says she is coming to London next week.
Elle dit qu'elle viendra à Londres la semaine prochaine.

Shakespeare says 'Neither a borrower nor a lender be'.
Shakespeare dit « Ne sois ni emprunteur ni prêteur ».

• D'autres verbes de communication sont également possibles :
Shakespeare advises us not to borrow or lend.
Shakespeare nous conseille de ne pas emprunter ni prêter.

A notice at the end of the road warns people not to go any further.
Un avis au bout de la route avertit qu'il ne faut pas aller plus loin.

B. On peut l'employer en tant que présent de narration, en particulier pour décrire l'action d'une pièce, d'un opéra, etc., et c'est souvent le temps qu'emploient les commentateurs sportifs à la radio, les reporters qui décrivent une cérémonie, etc. :
When the curtain rises, Juliet is sitting at her desk, the phone rings. She picks it up and listens quietly. Meanwhile the window opens and a masked man enters the room.
Quand le rideau se lève, Juliette est assise au bureau, le téléphone sonne. Elle le prend et écoute, tranquillement. Pendant ce temps, la fenêtre s'ouvre et un homme masqué pénètre dans la pièce.

C. Le présent simple peut être utilisé pour exprimer un plan d'action futur, une série d'actes envisagés, par exemple quand on parle d'un voyage que l'on va entreprendre. Les agences de voyage l'emploient beaucoup :
We leave London at 10.00 next Tuesday and arrive in Paris at 13.00. We spend two hours in Paris and leave again at 15.30. We arrive in Rome at 19.30, spend four hours in Rome, etc.
Nous quittons Londres à 10 heures mardi prochain et arrivons à Paris à 13 heures. Nous passons deux heures à Paris d'où nous repartons à 15 h 30. Nous arrivons à Rome à 19 h 30, nous y passons quatre heures, etc.

D. Il faut employer le présent simple avec ces verbes qui ne peuvent être employés aux formes continues (par exemple : **love** *aimer,* **see** *voir,* **believe** *croire,* etc.), si bien qu'il faut dire **I love you** *je t'aime* et qu'on ne peut pas dire **I'm loving you.** (Voir **165.**)

E. Le présent simple s'emploie dans les phrases conditionnelles de type 1 (potentiel) (voir **215**).

F. Le présent simple est employé dans des propositions subordonnées de temps (voir **313, 203 C**).

XVII. — LES TEMPS DU PASSÉ

Le prétérit (« simple past »)

172 Formes

A. Verbes réguliers : le prétérit, qui est un passé « simple » **(simple past)**, s'obtient, pour les verbes réguliers, en ajoutant **-ed** à l'infinitif.

Infinitif : **to work** *(travailler)*
Prétérit : **worked**

• Avec les verbes qui se terminent par **-e**, on n'ajoute que **d** :

Infinitif : **to love** *(aimer)*
Prétérit : **loved**

• Il n'existe pas de « flexion », ce qui veut dire qu'il n'y a pas de modification de la forme du verbe qui est la même à toutes les personnes :

I worked	you worked	they worked
Je travaillai(s) ou *j'ai travaillé*	*tu travaillais, etc.*	*ils/elles ont travaillé, etc.*

• Attention : le prétérit peut, selon le cas, correspondre au passé simple, à l'imparfait ou au passé composé français.

• La forme négative des verbes réguliers et irréguliers s'obtient en faisant précéder l'infinitif sans **to** de **did not** (**did** étant la forme prétérit de **to do**) :

I did not work	you did not work	they did not work
Je ne travaillai pas	*tu ne travaillas pas*	*ils ne travaillèrent pas*

• La forme interro-négative des verbes réguliers et irréguliers s'obtient avec **did** + sujet + infinitif sans **to** :

did I work ?	did you work ?	did they work ?
Est-ce que je travaillai ? etc.	*est-ce que tu travaillas ? etc.*	*est-ce qu'ils travaillèrent ? etc.*

• Conjugaison du prétérit de **to work**

Affirmation	Négation	Interrogation	Interro-négation
I worked	I did not work	Did I work ?	Did I not work ?
You worked	You did not work	Did you work ?	Did you not work ?
He worked	He did not work	Did he work ?	Did he not work ?
We worked	We did not work	Did we work ?	Did we not work ?
They worked	They did not work	Did they work ?	Did they not work ?

B. Contractions

Did not se contracte normalement en **didn't** aux formes négatives et interro-négatives :

I didn't work	Didn't I work ?
Je ne travaillais pas	*N'ai-je pas travaillé ?*

C. Notes sur l'orthographe

Les règles concernant le redoublement de la consonne finale lorsqu'on ajoute **-ing** (voir **162 B**) s'appliquent également dans le cas de la finale **-ed** : **stop** *(arrêter)* **stopped, to carry** *(porter)* **carried,** mais **to obey** *(obéir)* **obeyed** car y suivant une voyelle ne change pas.

173 Verbes irréguliers

Leur forme varie considérablement au prétérit :

Infinitif :	**to speak** *(parler)*	**to eat** *(manger)*	**to leave** *(quitter)*
Prétérit :	**I spoke**	**I ate**	**I left**

● La forme du prétérit de chaque verbe irrégulier doit par conséquent être apprise, mais une fois cela acquis, il n'y a plus d'autres difficultés, car les verbes irréguliers (de même que les verbes réguliers) n'ont pas, contrairement au français, de flexion au passé :

Le prétérit du verbe **to speak** *(parler)* est **spoke** pour toutes les personnes. La forme négative sera **did not speak** à toutes les personnes. La forme interrogative sera **did I speak ? did you speak ?** etc.

Une liste des verbes irréguliers est donnée en **317**.

174 Emplois

Attention : bien que dans sa forme le prétérit soit un passé « simple », ses emplois ne se réduisent nullement à celui du passé simple français, principalement réservé à la relation écrite d'un passé.

Au contraire, le prétérit est un temps employé dans la langue parlée courante et sera donc souvent rendu en français par le passé composé.

A. Le prétérit est le temps utilisé normalement pour relater des événements achevés dans le passé à un moment défini. Il sera, par conséquent, utilisé :

1. Pour une action qui a eu lieu à un moment donné du passé :
   I met him yesterday. *Je l'ai rencontré hier.*

2. Ou lorsque l'on s'enquiert du moment où s'est passée l'action :
   When did you meet him ? *Quand l'avez-vous rencontré ?*

3. Ou quand l'action a clairement eu lieu à un moment déterminé, même si ce moment n'est pas mentionné :
   The train was ten minutes late. *Le train avait dix minutes de*

retard.

How did you get your present job ?
Comment avez-vous obtenu votre emploi actuel ?

I bought this car in Montreal.
J'ai acheté cette voiture à Montréal.

4. Parfois un prétérit, correspondant à un moment déterminé, résultera d'une question et d'une réponse au *present perfect* (voir **184**) :

a) Where have you been ? I've been to the Opera.
Où es-tu allé ? Je suis allé à l'Opéra.

b) Did you enjoy it ?
Est-ce que cela t'a plu ?

En effet, l'événement, étant repéré grâce à la réponse **a)**, peut être parfaitement situé dans le passé (cf. 3 ci-dessus), dans la question **b)**.

B. Le prétérit est utilisé pour une action dont le moment n'est pas indiqué, mais qui :
1. a occupé une période maintenant achevée.
2. s'est produite dans une période maintenant achevée.

Ceci peut être exprimé schématiquement ainsi :

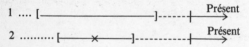

1
He worked in that bank for four years.
Il a travaillé dans cette banque pendant quatre ans
(mais il n'y travaille plus).

2
My grandmother once saw Queen Victoria.
Une fois, ma grand-mère a vu la reine Victoria.

Did you ever hear Maria Callas sing ?
Avez-vous jamais entendu Maria Callas chanter ?
Comparez avec le *present perfect* (voir **181-182**).

C. Le prétérit est également utilisé pour exprimer une habitude dans le passé :
He always carried an umbrella.
Il portait toujours un parapluie.

(Voir **158** sur l'emploi de **used to** pour les habitudes dans le passé.)

D. Le prétérit est utilisé dans les phrases au conditionnel (voir **216**, irréel du présent).
Pour son usage après **as if, as though, it is time, if only, wish, would sooner/rather,** voir **286-268**.

Le prétérit continu, ou progressif
(past continuous tense)

175 Formes

Le prétérit continu s'obtient à l'aide du prétérit du verbe **to be** + participe présent :

Affirmatif	Négatif	Interrogatif
I was working *(je travaillais)*	I was not working *(je ne travaillais pas)*	Was I working ? *(est-ce que je travaillais ?)*
You were working	You were not working	Were you working ?
He was working	He was not working	Was he working ?
We were working	We were not working	Were we working ?
You were working	You were not working	Were you working ?
They were working	They were not working	Were they working ?

• Contractions : **was not** et **were not** sont en général contractés à la forme négative, ce qui donne :

I wasn't working   You weren't working   Wasn't he working ?

• Rappelez-vous que certains verbes ne peuvent être utilisés à la forme continue (voir **165-167**).

176 Emplois

• Remarque : si le prétérit peut, selon les cas, correspondre au passé simple, à l'imparfait et au passé composé français, le prétérit continu correspond à l'imparfait français.

• Il est principalement utilisé pour des actions passées qui se sont poursuivies pendant un certain temps et dont les limites exactes ne sont pas connues et n'ont pas d'importance.

On peut exprimer ceci par le schéma suivant :

A. Utilisé sans expression de temps, il peut indiquer un développement graduel :

The wind was rising. *Le vent se levait.*

The sky was getting darker. *Le ciel s'assombrissait.*

B. Utilisé avec référence à un moment ponctuel dans le passé, il exprime une action qui commence avant ce moment et continue probablement après :

At eight he was having breakfast.
A huit heures, il prenait son petit déjeuner.

Ceci implique qu'il était en train de déjeuner à huit heures, c'est-à-dire qu'il avait commencé avant huit heures.

He had breakfast at eight.
Il prit son petit déjeuner à huit heures.

Ceci impliquerait qu'il le commença à huit heures.

C. Si on remplace l'expression de temps par un verbe au prétérit simple :

When I arrived, Tom was talking on the telephone.
Quand je suis arrivé, Tom parlait au téléphone.

On exprime l'idée que l'action au prétérit continu a commencé avant l'action au prétérit simple et a probablement continué après.

Le schéma peut aider à montrer cette relation. L'action au prétérit simple est indiquée par la lettre X. Comparez cette combinaison à celle de deux prétérits simples qui normalement indiquent des actions successives :

When he saw me he put the receiver down.
Quand il me vit il raccrocha le récepteur.

D. On utilisera le prétérit continu dans les descriptions. Notez, dans l'exemple suivant, la combinaison de la description (prétérit continu) et de la narration (prétérit simple) :

A wood fire was burning on the hearth, and a cat was sleeping in front of it. A girl was playing the piano. Suddenly there was a knock on the door. The girl stopped playing. The cat woke up.
Un feu de bois brûlait dans l'âtre et un chat dormait devant le feu. Une fillette jouait du piano. Soudain, on frappa à la porte. La fillette s'arrêta de jouer. Le chat se réveilla.

177 Le prétérit continu dans le discours direct (A), comme futur du passé (B) et avec always (C)

Ici, comme au **176**, ce temps est utilisé comme équivalent dans le passé, du prétérit continu.

A. Discours direct :

He said : 'I am living in London'. *Il déclara : « je vis à Londres ».*

Discours indirect :

He said he was living in London. *Il déclara qu'il vivait à Londres.*

B. De même que le présent continu peut être utilisé pour exprimer un arrangement futur, défini :

I am leaving tonight. *Je pars ce soir.*

le prétérit continu peut exprimer une sorte de futur dans le passé :

He was busy packing, for he was leaving that night.
Il était occupé à faire les bagages car il partait ce soir-là.
(La décision de partir avait été prise quelque temps auparavant.)

C. Avec **always** *toujours,* le prétérit continu exprime une action
passée répétée fréquemment (qui probablement ennuyait celui qui
la relate) :

He was always ringing me up.
Il me téléphonait tout le temps. (Voir **164 B.**)

178 Le prétérit continu à la place du prétérit simple

• Le prétérit continu peut être employé à la place du prétérit simple
pour indiquer une action plus fortuite, moins délibérée :

I was talking to Tom the other day.
Je parlais à Tom l'autre jour.

• Le prétérit continu donne l'impression que l'action n'était en
aucun cas inhabituelle ou remarquable. Il tend également à dégager
la responsabilité du sujet. Dans l'exemple ci-dessus, on ne peut
savoir clairement qui a entamé la conversation, et cela n'a pas
d'importance. Remarquez le contraste avec le prétérit simple, qui
indique que j'ai pris l'initiative :

I talked to Tom.
J'ai parlé à Tom.

• De même, dans :

From four to six Tom was washing the car.
De quatre à six Tom lavait la voiture.

le temps employé indiquerait qu'il s'agissait d'une action non
projetée, peut-être courante, qui se faisait automatiquement, sans
qu'il y réfléchisse.

Comparez avec :

From four to six Tom washed the car.
De quatre à six Tom lava la voiture.

qui implique une action délibérée, décidée par Tom.

• Remarquez que la forme continue est utilisée seulement pour des
actions apparemment ininterrompues. Si l'on morcelle l'action ou si
l'on dit combien de fois elle s'est produite, il faut utiliser le prétérit
simple :

I talked to Tom several times. *J'ai parlé à Tom plusieurs fois.*

Tom washed both cars.
Tom a lavé les deux voitures.

Mais on peut, bien sûr, utiliser la forme continue pour des actions
apparemment parallèles :

**Between one and two I was doing the shopping and walking the
dog.**
*Entre treize et quatorze heures, je faisais les courses et je promenais
le chien.*

• Ce temps est, normalement, utilisé de cette façon avec des expressions de temps telles que **today** *aujourd'hui,* **last night** *hier soir,* **in the afternoon** *dans l'après-midi,* pouvant exprimer soit des moments ponctuels, soit des périodes dans le temps. Ces dernières, comme le montrent les exemples précédents, peuvent aussi être indiquées par des moments précis.

• Dans les questions concernant l'emploi du temps pendant une période donnée, le prétérit continu paraît le plus souvent plus poli que le prétérit simple :

What were you doing before you came here ?
Que faisiez-vous avant de venir ici ? semble plus poli que :

What did you do before you came here ?
Qu'avez-vous fait avant de venir ici ?

D'autre part :

What were you doing in my room ?
Que faisiez-vous dans ma chambre ? pourrait suggérer que je pense que vous n'aviez pas le droit d'y être, tandis que :

What did you do in my room ?
Qu'avez-vous fait dans ma chambre ?

ne pourrait jamais donner cette impression.

• On voit donc que la différence entre forme continue et forme simple ne tient pas seulement à l'aspect du verbe (continu, ponctuel, achevé, etc.). Elle dépend aussi de l'attitude que le sujet parlant manifeste vis-à-vis de l'acte, du fait qu'il énonce ou vis-à-vis de l'interlocuteur (politesse, reproche, etc.).

Le present perfect

179

A. Formes

• Le *present perfect* ressemble, de par sa formation, au passé composé français. Mais comme les emplois de ces deux temps ne coïncident pas du tout d'une langue à l'autre, nous préférons l'appeler *present perfect* pour éviter toute confusion.

• Le *present perfect* s'obtient avec le present de **to have** + participe passé du verbe requis : **I have worked, etc.** *J'ai travaillé, etc.*

Le participe passé d'un verbe régulier est identique à son prétérit simple, par exemple : **loved, walked,** etc. (voir les règles orthographiques à **172 C.**).
Pour les verbes irréguliers, il peut y avoir des différences (voir **317**).

• La forme négative s'obtient en ajoutant **not** après l'auxiliaire **have/has.** La forme interrogative s'obtient en inversant le sujet et l'auxiliaire.
On trouvera ci-dessous la liste de ces formes :

Affirmatif	Négatif
I have worked	I have not worked
You have worked	you have not worked
He has worked	he has not worked
We have worked	we have not worked
You have worked	you have not worked
They have worked	they have not worked
Interrogatif	**Interro-négatif**
Have I worked ?	have I not worked ?
Have you worked ?	have you not worked ?
Has he worked ?	has he not worked ?
Have we worked ?	have we not worked ?
Have you worked ?	have you not worked ?
Have they worked ?	have they not worked ?

Contractions : **have** et **have not** peuvent être contractés (voir **115**) :

I've worked	**you haven't worked**	**haven't I worked ?** etc.
J'ai travaillé	*tu n'as pas travaillé*	*n'ai-je pas travaillé ?*

B. Emplois

On peut dire de ce temps qu'il est un composé de passé et de présent : il implique toujours une relation forte avec le présent et s'emploie beaucoup dans la conversation, les lettres, les reportages à la radio ou à la télévision. On peut schématiquement le représenter ainsi :

1 .... ├──────────┼──────────▷ = action commencée
                              PL

antérieurement et qui se poursuit, ou est actualisée au moment où parle le locuteur (PL).

2 .... ├─────×────┼──────────▷ = action ponctuelle
                              PL

(donc achevée) mais située dans une période de temps qui n'est pas terminée au moment où parle le locuteur.

180 Le **present perfect** s'emploie avec **just** pour exprimer un passé immédiat

He has just gone out. *Il vient de sortir.*

Dans cette construction, **just** doit être placé entre l'auxiliaire et le verbe. Cette construction s'emploie principalement à la forme affirmative bien que la forme interrogative puisse se rencontrer :

Has he just gone out ? *Est-ce qu'il vient de sortir ?*

Elle ne s'emploie pas, normalement, à la forme négative.

181 Le **present perfect** s'emploie pour exprimer des actions dont on ne dit pas à quel moment elles se sont passées et

dont la date n'est pas spécifiée

A. Pour des actions récentes, dont on ne dit pas à quel moment elles se sont situées :

a) **I have read the instructions but I don't understand them.**
   J'ai lu les instructions mais je ne les comprend pas.

Comparez avec :

b) **I read the instructions last night.**
   J'ai lu les instructions hier soir.

En b) le moment est indiqué, donc on emploie le prétérit simple. Ce qui importe, c'est que cet acte s'est effectué à telle date.

En a) ce qui importe, c'est le résultat actuel de l'acte (je suis, au moment où je parle, quelqu'un qui connaît les instructions), c'est ce qu'on soulignait, par exemple, en disant que le temps est un composé de passé et de présent.

a) **Have you had breakfast ? No I haven't had it yet.**
   Avez-vous déjeuné ? Non, pas encore.

b) **Did you have breakfast at the hotel ?**
   Avez-vous déjeuné à l'hôtel ? (= avant de quitter l'hôtel) = prétérit simple.

Notez les différentes réponses possibles aux questions posées au *present perfect* :

Have you seen my stamps ?	Yes, I have.	No, I haven't.
Avez-vous vu mes timbres ?	*Oui...*	*Non...*
	Yes. I saw them on your desk a minute ago.	
	Oui, je les ai vus sur votre bureau il y a une minute.	
Have you had breakfast ?	Yes, I have.	No, I haven't.
Avez-vous déjeuné ?	*Oui...*	*Non...*
	Yes, I had it at seven o'clock.	
	Oui, j'ai déjeuné à 7 heures.	
	Yes, I had it with Mary.	
	Oui, j'ai déjeuné avec Marie (l'heure est impliquée dans le complément *avec Marie*).	

B. Ce temps s'emploie pour exprimer des actions plus anciennes pourvu qu'elles aient encore un lien avec le présent, qu'elles puissent, par exemple, se reproduire maintenant :

I have seen wolves in that forest.
J'ai (déjà) vu des loups dans cette forêt. (Il est encore possible d'en voir.)

John Smith has written a number of short stories.
John Smith a (déjà) écrit un certain nombre de nouvelles. (Il est encore vivant et peut en écrire d'autres.)

• Si, par contre, la forêt a été détruite, si John Smith est mort, on dira :

I saw wolves in that forest.
J'ai vu des loups dans cette forêt.
Ou : **I used to see wolves in that forest.**
Et : **John Smith wrote a number of short stories.**
John Smith a écrit un certain nombre de nouvelles.

• Le français fait la différence en employant, par exemple, *déjà* dans les énoncés qui correspondent à l'emploi du *present perfect* en anglais. Cet adverbe n'est pas possible dans les autres contextes.

• On remarquera également que, lorsque l'anglais emploie ainsi le *present perfect,* il ne pense pas nécessairement à une action particulière (l'action a pu se produire à plusieurs reprises) ou au moment exact auquel elle s'est produite. S'il pense à une action particulière accomplie à un moment précis du passé, l'anglais emploiera plus volontiers le prétérit simple.

C. Le *present perfect* peut être employé avec **lately/recently** *récemment,* **never** *ne... jamais,* **ever** *jamais* :

There have been a lot of changes recently.
Il y a eu beaucoup de changements depuis peu.

I've been busy lately.
J'ai eu beaucoup à faire ces temps derniers.

Have you ever seen a wolf ? No, I've never seen one.
Avez-vous déjà/jamais vu un loup ? Non, je n'en ai jamais vu.

Have you ever made bread ? Yes, I made some last week.
Avez-vous déjà fait du pain ? Oui, j'en ai fait la semaine dernière.
(Date précisée : prétérit en anglais.)

D. Il peut être employé avec un mot ou une expression indiquant que l'action se situe dans une période qui n'est pas achevée, par exemple : **this morning** *ce matin,* **this afternoon** *cet après-midi,* **this evening** *ce soir,* **this week** *cette semaine,* **this month** *ce mois-ci,* **this year** *cette année,* **today** *aujourd'hui.*

• On remarquera que le *present perfect* ne peut en principe s'employer avec **this morning** que s'il n'est pas encore environ 13 heures, car, après cette heure, **this morning** devient une période achevée, et les actions qui s'y situent doivent s'exprimer par le prétérit simple et les :

(à 11 heures) Tom has rung three times this morning already.
        Tom a déjà téléphoné trois fois ce matin.

(à 14 heures) Tom rang three times this morning.
        Tom a téléphoné trois fois ce matin.

• De même, **this afternoon** est considéré comme une période achevée aux environs de 17 heures :

(à 16 heures) I haven't seen Tom this afternoon.
        Je n'ai pas vu Tom cet après-midi.

(à 18 heures) I didn't see Tom this afternoon.
        Je n'ai pas vu Tom cet après-midi.

• Employé avec une expression dénotant une période non achevée, le *present perfect* implique que l'action s'est produite (ou ne s'est pas produite) à un moment non précisé de cette période :

ANN :   Have you seen him today ?
         Est-ce que tu l'as vu aujourd'hui ? (A un moment ou à un autre.)

BILL :   Yes, I have/Yes I have seen him today.
         Oui/Oui, je l'ai vu aujourd'hui. (A un moment non précisé.)

• Par contre, si nous savons qu'une action s'accomplit d'ordinaire à un certain moment ou pendant une certaine partie de notre période inachevée, on emploie le prétérit simple. Si mon réveil sonne normalement à six heures, je pourrais dire, à l'heure du petit déjeuner :

My alarm clock didn't go off this morning.
Mon réveil n'a pas sonné ce matin.

Imaginons que le facteur passe normalement entre 9 et 10 heures. De 9 à 10 heures nous dirons :

Has the postman come yet/this morning ?
Est-ce que le facteur est déjà passé/est passé ce matin ?

Mais après 10 heures nous dirons :

Did the postman come this morning ?
Est-ce que le facteur est passé ce matin ?

On emploie ici le prétérit parce qu'on se réfère à une période achevée (la période de passage normal du facteur) même si on ne le dit pas explicitement.

E. Le *present perfect* peut être employé avec **yet** dans une phrase interrogative ou une phrase négative :

Has the postman come yet ?
Est-ce que le facteur est déjà passé ?

No, he hasn't come yet. We are still expecting him.
Non, il n'est pas encore passé. Nous l'attendons toujours.

182 Le **present perfect** peut être employé avec un complément de temps

A. Il peut être employé lorsqu'une action commence dans le passé et se poursuit dans le présent :

He has been in the army for two years.
Il est à l'armée depuis deux ans. (= Il y est toujours.)

I have smoked since I left school.
Je fume depuis que j'ai quitté l'école. (= Je fume toujours.)

He has lived here all his life.
Il vit ici depuis toujours. (= Il y vit toujours.)

I have never seen an armadillo.
Je n'ai jamais vu de tatou.

I have always written with my left hand.
J'ai toujours écrit de la main gauche. (= Et je continue.)

• Remarque importante : pour l'anglais, la situation de l'action dans
une période commencée antérieurement et qui se poursuit au moment
où l'on parle est le critère qui impose le *present perfect.* En français,
on tient compte également de l'aspect du verbe. Si le verbe exprime
une action continue, on ne peut employer que le présent :

I have lived here all my life. *J'habite ici depuis toujours.*

• Si le verbe exprime une action ponctuelle répétée au cours de cette
période, on ne peut employer que le passé composé :

I've already been to the pictures three times this week.
Je suis déjà allé trois fois au cinéma cette semaine.

• Si l'on peut, au choix, représenter l'action exprimée par le verbe
comme une action continue ou une action ponctuelle répétée, on a
le choix, en français, entre présent et passé composé :

I've visited England every year since I began to teach English.
*Je fais/j'ai fait un séjour en Angleterre tous les ans depuis que
j'enseigne l'anglais.*

Ce type d'action peut être représenté par les schémas suivants (PL
= Présent du locuteur) :

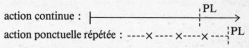

• Comparez les phrases citées au début de ce paragraphe aux phrases
suivantes :

He was in the army for two years.
Il a fait deux ans à l'armée. (Il n'y est plus.)
I smoked for six months.
J'ai fumé pendant six mois. (Je ne fume plus.)
He lived here all his life.
Il a vécu ici toute sa vie. (Il est sans doute mort.)

Dans ces trois exemples, on a des périodes achevées, situées dans le
passé, sans contact avec le présent (le moment où l'on parle). On a
donc le prétérit simple et on aurait le schéma suivant :

B. Le *present perfect* peut cependant être employé lorsqu'une action
commencée antérieurement se termine au moment où l'on parle. Il
est principalement employé dans ce cas avec le verbe **be** et avec des
verbes négatifs :

Lorsqu'on rencontre quelqu'un on peut dire :
I haven't seen you for ages.
Cela fait une éternité que je ne vous ai vu. (Mais maintenant je
vous vois.)

This room hasn't been cleaned for months.
Le ménage n'a pas été fait dans cette pièce depuis des mois. (Mais nous le faisons maintenant.)

It has been very cold lately but it's beginning to get a bit warmer.
Il a fait très froid ces temps derniers mais il commence à faire meilleur.

Ce type d'action pourrait se représenter par le schéma suivant :

C. Les verbes exprimant les notions de *connaître, croire, comprendre,* etc. ne peuvent pas s'employer au *present perfect* sauf dans le cas décrit en **A** :

I have known him for a long time.
Je le connais depuis longtemps.

We have always believed that this is not possible.
Nous avons toujours pensé que ce n'est pas possible.

• Ainsi, des actions récentes, même lorsque la période où elles se situent n'est pas indiquée, doivent être exprimées avec le prétérit simple :

Did you know he was going to be married ?
Saviez-vous qu'il allait se marier ?
(**Have you known** n'est pas possible.)

Et : **Hello ! I didn't know you were in London. How long have you been here ?**
Bonjour ! Je ne savais pas que vous étiez à Londres. Depuis combien de temps êtes-vous ici ?

D. On remarquera que des questions/réponses telles que :

How long have you been here ? I've been here six months.
Depuis combien de temps êtes-vous ici ? Je suis ici depuis six mois.

seront généralement suivies de questions formulées au *present perfect* sur les faits qui se sont produits dans la période indiquée, considérée comme inachevée puisque le séjour, l'état, qui la détermine n'est pas encore achevé :

Have you been to the zoo/the theatre/the museum/the casino ?
Êtes-vous allé au zoo/au théâtre/au musée/au casino ?

Have you enrolled in a school/found a job/met many people ?
Vous êtes-vous inscrit à une école ? Avez-vous trouvé du travail/rencontré beaucoup de monde ?

Les réponses seront exprimées au même temps *(present perfect)* si l'on n'indique pas de date ou de période précise. Sinon, elles seront exprimées au prétérit simple :

Yes, I have (been to the zoo/*etc.*)
Oui, je suis allé au zoo/etc.

Ou : Yes, I went there last week.
Oui, j'y suis allé la semaine dernière.

No, I haven't enrolled yet.
Non, je ne me suis pas encore inscrit.

Ou : Yes, I enrolled on Monday/this morning.
Oui, je me suis inscrit lundi/ce matin.

E. It is + expression de durée + **since** + prétérit ou *present perfect.*

It is three years since I (last) saw Bill.
Cela fait trois ans que je n'ai pas vu Bill. (= Que je l'ai vu pour la dernière fois.)
Ou : It is three years since I have seen Bill.

Ces expressions ont pour équivalents :

I saw Bill three years ago.
J'ai vu Bill il y a trois ans.

I haven't seen Bill for three years.
Je n'ai pas vu Bill depuis trois ans.

De même :

It is two months since Tom (last) smoked a cigarette.
Cela fait deux mois qu'il n'a pas fumé de cigarette.
It is two months since Tom has smoked a cigarette.
He last smoked a cigarette two months ago.
Il a fumé sa dernière cigarette il y a deux mois.
He hasn't smoked a cigarette for two months.
Il n'a pas fumé de cigarette depuis deux mois.

• On peut utiliser la construction **it is... since** sans l'adverbe **last** :

It is two years since he left the country.
Cela fait deux ans qu'il a quitté le pays.

Cette expression ne peut avoir pour équivalent que :

He left the country two years ago.
Il a quitté le pays il y a deux ans.

Il n'était pas possible d'employer un *present perfect* négatif dans les phrases relatives à Tom et Bill, citées plus haut.

• On peut trouver le même type de construction avec le plus-que-parfait :

He invited me to go riding with him. But it was two years since I had ridden a horse (= I hadn't ridden a horse for two years previous to the invitation) so I wasn't sure that I would enjoy it.
Il m'invita à faire une promenade à cheval avec lui. Mais cela faisait deux ans que je n'étais point monté à cheval (= je n'avais pas fait de cheval au cours des deux ans qui précédaient l'invitation), aussi n'étais-je pas sûr que cela me plairait.

F. On notera aussi les phrases du type :

This is the best wine I have ever drunk.
C'est le meilleur vin que j'aie jamais bu.

This is the worst book I have ever read.
C'est le plus mauvais livre que j'aie jamais lu.

This is the easiest job I have ever had.
C'est le travail le plus facile que j'aie jamais eu. (Voir **16 C.***)*

• On peut employer cette construction, sans **ever,** avec **the first** *le premier,* **the second** *le second,*etc., et **the only** *le seul* :

It/This is the first time I have seen a mounted band.
C'est la première fois que je vois une fanfare à cheval.

It is only the second time he has been in a canoe.
Ce n'est que la seconde fois qu'il fait du canoë.

This is the only book he has written.
C'est le seul livre qu'il ait écrit.

183 **For** et **since** employés avec le **present perfect**

• **For** est une préposition qui introduit un complément de durée :

for six days   **for a long time**
depuis/pendant six jours   *depuis/pendant longtemps*

En français, le choix entre *depuis* et *pendant* dépend du temps où se situe l'action : antérieurement au moment où l'on parle = *pendant* ; jusqu'au moment où l'on parle = *depuis.*

• **For** employé avec le prétérit simple dénote une période de temps achevée qui n'a pas de contact avec le présent :

We lived here for ten years.
Nous avons habité ici pendant dix ans. (Nous n'y habitons plus.)

• **For** employé avec le *present perfect* dénote une période qui se poursuit jusqu'au présent (moment où l'on parle) :

We have lived in London for ten years.
Nous habitons Londres depuis dix ans. (Et nous continuons.)

• **For** peut parfois être omis :

We've been here an hour.
Nous sommes ici depuis une heure.

• **Since** est une préposition ou une conjonction qui introduit le point origine d'une période ou action. **Since** indiquant l'origine s'emploie toujours avec un verbe principal au *present perfect* (en relation avec le présent) ou au plus-que-parfait (en relation avec un moment passé) :

She has been here since six o'clock.
Elle est ici depuis six heures (du soir ou du matin).
(= Et elle y est toujours.)
On ne peut jamais omettre **since.**

• Noter le risque de confusion entre **last** et **the last.** On dit :

I have been here since last week (month, year, etc.**).**
Je suis ici depuis la semaine dernière (l'année dernière, le mois dernier, etc.).

Mais : → **I have been here for the last week.**
                Cela fait huit jours que je suis là.

184 Autres exemples de l'emploi du **present perfect** et du **prétérit simple**

A.

TOM : Have you ever seen a dinosaur ?
As-tu déjà vu un dinosaure ?

PHILIP : I've seen a model of one in a museum. I've never seen a live one ; they've been extinct for millions of years.
J'en ai vu un en reproduction dans un musée. Je n'en ai jamais vu un en chair et en os ; ils ont disparu depuis des millions d'années.

TOM (rendant visite à Philippe pour la première fois) :
I didn't know you lived in a houseboat.
Je ne savais pas que vous habitiez une péniche.

PHILIP : I've always lived in a houseboat. I was born in one.
J'ai toujours habité une péniche. Je suis né sur une péniche.

A : I didn't know you were in England. When did you arrive ?
Je ne savais pas que vous étiez en Angleterre. Quand êtes-vous arrivé ?

B : I arrived last week.
Je suis arrivé la semaine dernière.

A : Did you have a good journey ?
Avez-vous fait bon voyage ?

B : No, I came by air and it was very tiring.
Non, je suis venu en avion et cela a été très fatigant.

A : Have you found a job yet ?
Avez-vous déjà trouvé du travail ?

B : Yes, I've just had an interview for a post and I think I've got it.
Oui, je viens d'avoir un entretien pour obtenir un poste et je crois que je l'ai obtenu.

B. On remarquera qu'une conversation à propos d'une action passée commence souvent par une question/réponse au *present perfect,* mais continue au prétérit simple, même lorsque la période ou la date n'est pas indiquée. Ceci s'explique par le fait que la première action mentionnée est ainsi précisée, bien délimitée, dans l'esprit des locuteurs :

A : Where have you been ? *Où êtes-vous allé ?*

B : I've been to the theatre. *Je suis allé au théâtre.*

A : What was the play ? *Qu'est-ce qu'on jouait ?*

B : *Hamlet.*

A : Did you like it/Did you have a good seat/Was the theatre crowded ?
Vous avez aimé ? Aviez-vous une bonne place ? Est-ce qu'il y avait du monde ?

LE MARI : Where have you been ? *Où es-tu allée ?*

LA FEMME : I've been at the sales. *Je suis allée aux soldes.*

LE MARI : What have you bought ?/What did you buy ? *(les deux sont également possibles). Qu'est-ce que tu as acheté ?*

LA FEMME : I have bought/I bought you some yellow pyjamas. *Je t'ai acheté un pyjama jaune.*

LE MARI : Why did you buy yellow ? I told you never to buy yellow for me. *Pourquoi jaune ? Je t'ai dit de ne jamais m'acheter de jaune.*

LA FEMME : I couldn't resist. They were very much reduced. *Je n'ai pas pu résister. Il y avait une telle réduction.*

C. Le *present perfect* est souvent employé dans la presse et à la radio, pour présenter une action qui sera ensuite relatée au prétérit simple. La date ou la période de l'action est souvent indiquée dans la seconde phrase :

Thirty thousand pounds' worth of jewellery has been stolen from Jonathan Wild and Company, the jewellers. The thieves broke into the flat above some time during Sunday night and entered the shop by cutting a hole in the ceiling.

Trente mille livres de bijoux ont été volées chez les bijoutiers Jonathan Wild et Cie. Les voleurs se sont introduits dans l'appartement situé au-dessus, à une heure indéterminée de la nuit de dimanche, et ont pénétré dans le magasin en perçant le plafond.

The Prime Minister has decided to continue with his plan to build X type aircraft. This decision was announced yesterday and was received with mixed feelings. (On remarquera que **has been received** serait employé si le commentateur souhaitait faire état des commentaires tenus entre le moment de la décision et le moment où il parle.)

Le Premier ministre a décidé de poursuivre le projet de faire construire les avions de type X. Cette décision a été annoncée hier et a reçu un accueil mitigé.

Mais, même si le temps de l'action n'est pas indiqué, on emploiera normalement le prétérit dans la seconde phrase :

Two prisoners have escaped from Dartmoor. They used a ladder which had been left behind by some workmen, climbed a twenty-foot wall and got away in a stolen car.

Deux prisonniers se sont échappés de Dartmoor. Ils se sont servis d'une échelle, laissée par des ouvriers, ont escaladé un mur de vingt pieds, et se sont enfuis dans une voiture volée.

D. Le *present perfect* est souvent employé dans les lettres :

I am sorry I haven't written for such a long time, but I've been very busy lately as my partner has been away and I have had to do his work as well as my own. However he came back this morning/has just come back so things are a bit easier now.

Je suis désolé d'être resté si longtemps sans vous écrire, mais j'ai été très occupé ces temps derniers, étant donné que mon associé s'est absenté et que j'ai dû faire son travail en plus du mien. Cependant, il est rentré ce matin/il vient de rentrer, si bien que la situation est un peu meilleure à présent.

My colleagues and I have carefully considered the important issues raised in the report which you sent me on April 26 ; and we have decided to take the following action.

Mes collègues et moi-même avons examiné avec soin les questions importantes soulevées dans le rapport que vous m'avez envoyé le 26 avril, et nous avons décidé d'entreprendre l'action suivante.

185 Le present perfect continu : formes

Ce temps s'obtient par l'association du *present perfect* de **be** + participe présent du verbe requis.

Forme affirmative :

I have been working. **He has been working.**
J'ai travaillé. *Il a travaillé.*
etc.

Forme négative :

I have not/haven't been working, etc.
Je n'ai pas travaillé.

Forme interrogative :

Have you been working ? etc.
Avez-vous travaillé ?

Forme interro-négative :

Haven't you been working ? etc.
N'avez-vous pas travaillé ?

186 Emplois

Ce temps s'emploie quand il s'agit d'une action commencée dans le passé et qui se poursuit au moment où l'on parle, ou qui vient juste de se terminer :

I've been waiting for an hour and he still hasn't turned up.
J'attends depuis une heure et il n'est toujours pas là.

I'm sorry I'm late. Have you been waiting long ?
Désolé d'être en retard. Attendez-vous depuis longtemps ?

• Il faut se souvenir qu'un certain nombre de verbes ne peuvent pas s'employer, normalement, aux temps continus (voir **165**) mais que quelques-uns peuvent, dans des cas bien précis (voir **166-167**), prendre ces formes. On peut donc dire :

Tom has been seeing about a work permit for you.
Tom s'est occupé de votre permis de travail.

She has been having a tooth out.
Elle s'est fait arracher une dent.

I've been thinking it over.
J'y ai réfléchi.

I've been hearing all about his operation.
J'ai eu tout le récit de son opération.

• De plus, le verbe **want** *vouloir,* souvent utilisé à ce temps, et **wish** *souhaiter* sont également possibles :

Thank you so much for the binoculars. I've been wanting a pair for ages.
Merci beaucoup pour les jumelles. Cela fait une éternité que j'en avais envie.

• Le *present perfect* continu ne s'emploie pas, normalement, au passif. Si l'on dit :

They have been repairing the road.
Ils ont réparé la route.

l'équivalent passif le plus proche serait :

The road has been repaired lately.
La route a été réparée récemment.

187 Comparaison entre le **present perfect simple** et le **present perfect continu**

A. Une action commencée dans le passé et qui se poursuit au moment où l'on parle, ou qui vient juste de se terminer, peut, avec certains verbes, s'exprimer soit au *present perfect* simple, soit au *present perfect* continu.

• Les verbes qui peuvent être ainsi employés sont notamment : **expect** *attendre,* **hope** *espérer,* **learn** apprendre, **lie** *se situer, être posé,* **live** *vivre,* **look** *regarder,* **rain** *pleuvoir,* **sleep** *dormir,* **sit** *être assis/être posé,* **snow** *neiger,* **stand** *se tenir/être situé,* **stay** *rester/demeurer,* **study** *étudier,* **teach** *enseigner,* **wait** *attendre,* **want** *vouloir,* **work** *travailler* :

He has lived here for six weeks.
He has been living here for six weeks.
Il habite ici depuis six semaines.

How long have you learnt English ?
How long have you been learning English ?
Depuis combien de temps apprenez-vous l'anglais ?

I've wanted to throw something at him for a long time.
I've been wanting to throw something at him for a long time.
Ça fait longtemps que j'ai envie de lui envoyer quelque chose à la figure.

Ceci, répétons-le, n'est possible qu'avec les verbes qui peuvent se mettre à la forme continue (voir **165-167** et **186**). Il n'y a pas d'équivalent continu aux phrases suivantes :

They've always had a big garden.
Ils ont toujours eu un grand jardin.

How long have you known that ?
Depuis quand savez-vous cela ?

He's been in hospital since his accident.
Il est à l'hôpital depuis son accident.

• Il faut remarquer que le *present perfect* continu peut être employé avec ou sans complément de temps. En ce sens, il diffère du *present perfect* simple, qui ne peut exprimer ce type d'action qu'accompagné d'un complément de temps comme for **six days** *depuis six jours,* **since June** *depuis juin,* **never** *ne... jamais.*
Lorsqu'il est employé sans complément de temps de ce type, le *present perfect* simple renvoie à une action isolée achevée.

B. Une action répétée, exprimée au *present perfect* simple, peut parfois être exprimée comme action continue par le *present perfect* continu :

a) I've written six letters since breakfast.
   J'ai écrit six lettres depuis le déjeuner.
b) I've been writing letters since breakfast.
   J'écris des lettres depuis le déjeuner.

a) I have knocked five times. I don't think anyone's in.
   J'ai frappé cinq fois. Je ne pense pas qu'il y ait quelqu'un.
b) I've been knocking. I don't think anybody's in.
   J'ai frappé. Je pense qu'il n'y a personne.

• Le *present perfect* continu exprime une action qui est apparemment ininterrompue. On ne l'emploie pas lorsqu'on indique le nombre de fois que tel acte a été répété, ou le nombre de choses qui ont été faites.

C. Il y a, cependant, une différence entre une action isolée exprimée au *present perfect* simple et une action exprimée au *present perfect* continu :

I've put coal on the fire.
J'ai mis du charbon dans le feu. (C'est fait.)

I've been putting coal on the fire.
J'ai mis du charbon dans le feu. (Voilà à quoi je me suis occupé ces cinq, dix dernières minutes.)

TOM : What have you done with my knife ? (= where have you
put it ?)
*Qu'est-ce que tu as fait de mon couteau ? (= où l'as-tu
mis ?)*

ANN : I put it back in your drawer.
Je l'ai mis dans ton tiroir.

TOM (sortant le couteau) : But what have you been doing to it ?
The blade's all twisted. Have you been sawing wood with it ?
*Mais qu'est-ce que tu lui as fait ? La lame est toute tordue. Tu as
scié du bois avec ?*

• Il ne faut pas oublier qu'une action exprimée par le *present perfect*
continu n'est pas nécessairement terminée :

I've been painting the door. *J'ai peint la porte.*
n'implique pas que la peinture de la porte est terminée.

Par contre **I've painted the door** signifie que ce travail de peinture
est terminé.

188 Autres exemples de l'emploi du **present perfect** et du **present perfect continu**

A : I haven't seen your brother lately. Has he gone away ?
*Je n'ai pas vu votre frère, ces temps derniers. Est-ce qu'il est
parti ?*

B : Yes, he's/he has been sent to America.
Oui, il a été envoyé en Amérique.

A : When did he go ?
Quand est-il parti ?

B : He went last month.
Il est parti le mois dernier.

A : Have you had any letters from him ?
Est-ce qu'il vous a écrit (= avez-vous reçu des lettres de lui ?)

B : I haven't, but his wife has been hearing from him regularly.
Non, mais sa femme a reçu régulièrement de ses nouvelles.

A : Does she intend to go out and join him ?
Est-ce qu'elle a l'intention d'aller le rejoindre ?

B : They've been thinking about it, but haven't quite decided yet. I
think it would be an excellent idea but they've had a lot of
expense lately and perhaps haven't got the money.
*Ils y ont pensé, mais n'ont pas encore pris de décision. Je crois
que ce serait une excellente idée, mais ils ont eu de gros frais
ces temps derniers, et peut-être n'ont-ils pas assez d'argent.*

A : Have you heard that Mr. Pitt has been trying to train his
Pekinese to obey him ? He's/He has been at it all day and is
completely exhausted.
*Vous avez appris que M. Pitt a essayé de dresser son pékinois
à lui obéir ? Il y a passé toute sa journée et il est complètement
épuisé.*

B : Is the Pekinese exhausted too ?
Et le pékinois, il est aussi épuisé ?

A : No, he thoroughly enjoyed it.
Non, cela l'a beaucoup amusé.

B : I've always heard that they are naturally disobedient dogs.
J'ai toujours entendu dire que les pékinois sont d'un naturel très désobéissant.

A : I think poor Mr. Pitt has just discovered that for himself.
Je crois que ce pauvre M. Pitt s'en est aperçu.

A : Mary has been seeing a lot of Mr. Hook lately, hasn't she ?
Mary voit beaucoup M. Hook depuis quelque temps, n'est-ce pas ?

B : Yes, they have just announced their engagement.
Oui, ils viennent d'annoncer leurs fiançailles.

A : Are you pleased about it ?
Cela vous fait plaisir ?

B : Only moderately. She has been looking for a very rich man all her life and now she's/she has found one, and he's/he has been looking for a really competent secretary all his life and now he's found one, but apart from that they aren't very well suited.
Modérément. Elle a toujours cherché un homme très riche, et maintenant elle en a trouvé un, et lui il cherche depuis toujours une secrétaire vraiment compétente et il en a trouvé une, mais à part ça, ils ne sont pas tellement faits l'un pour l'autre.

A : I've always heard that Mary has a rather bad temper.
J'ai toujours entendu dire que Mary a plutôt mauvais caractère.

B : So has he.
Lui aussi.

A : Do you see those people on that sandy island ? They've been waving handkerchiefs for the last half hour. Do you think they want anything ?
Vous voyez ces gens sur cet îlot de sable ? Cela fait une demi-heure qu'ils agitent des mouchoirs. Croyez-vous qu'ils ont besoin de quelque chose ?

B : Of course they do. The tide's coming in and very soon that little island will be under water. Have you been sitting here calmly and doing nothing to help them ?
Évidemment. La marée monte et ce petit îlot va bientôt être recouvert. Vous êtes resté là tranquillement sans rien faire pour les aider ?

A : I've never been here before. I didn't know about the tides.
C'est la première fois que je viens ici. Je ne savais pas qu'il y avait des marées.

189 Le plus-que-parfait

A. Formes

Ce temps se forme avec **had** + participe passé. Il a, par conséquent, la même forme à toutes les personnes :

Forme affirmative : I had/I'd worked, etc.,
             j'avais travaillé.

Forme négative : he had not/hadn't worked, etc.,
             il n'avait pas travaillé.

Forme interrogative : had they worked ? etc.,
             avaient-ils travaillé ?

Forme interro-négative : hadn't you worked ? etc.,
             n'avez-vous pas travaillé ?

B. Emplois

1. Le plus-que-parfait est l'équivalent au passé du *present perfect* :

Présent : Ann has just left. If you hurry you'll catch her (voir **180**).
         Ann vient de partir. Si tu te dépêches, tu vas la rattraper.

Passé : When I arrived Ann had just left.
        Quand je suis arrivé, Ann venait de partir.

Présent : I've lost my case (voir **181**).
         J'ai perdu ma valise.

Passé : He had lost his case and had to borrow Tom's pyjamas.
        Il avait perdu sa valise et avait dû emprunter un pyjama à Tom.

• Le plus-que-parfait, cependant, n'est pas, comme le *present perfect,* limité aux actions dont on n'indique pas la date ou le moment. On peut, par conséquent, dire :

He had left his case on the 4.40 train.
Il avait laissé sa valise dans le train de 4 h 40.

2. Le *present perfect* peut être employé avec **since, for, always,** etc., quand il s'agit d'une action commencée antérieurement et qui se poursuit, ou vient juste de se terminer, au présent, au moment où l'on parle (voir **182**). Le plus-que-parfait est employé de la même manière pour une action commencée antérieurement au moment dont on parle, ou temps principal de l'énoncé (T.E.), et qui :
1) se poursuit à ce moment-là ou
2) se termine ou vient de se terminer à ce moment-là.
Mais on remarquera que le plus-que-parfait peut aussi être employé pour :
3) une action qui s'est arrêtée quelque temps avant le moment où l'on parle.

• Remarque : le plus-que-parfait implique l'antériorité d'une action par rapport à une action ou à un moment du passé.

Schéma du *present perfect* (rappel) :

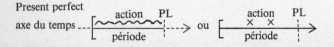

Schéma du plus-que-parfait :

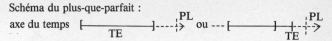

Présent du locuteur (PL) : moment où l'on parle

Temps de l'énoncé (TE) : moment dont on parle = passé

On trouvera ci-dessous des exemples du type 1, 2 et 3.

1) Bill was in uniform when I met him. He had been a soldier for ten years/since he was seventeen, and planned to stay in the army till he was thirty.
Bill était en uniforme quand je l'ai rencontré. Il était militaire depuis dix ans/depuis l'âge de dix-sept ans et avait l'intention de rester militaire jusqu'à l'âge de trente ans.

Ann had lived in a cottage for sixty years/ever since she was born, and had no wish to move to a tower block (*le plus-que-parfait continu* **had been living** *serait également possible ici*).
Ann habitait une petite maison depuis soixante ans/depuis sa naissance, et ne souhaitait pas du tout aller vivre dans une tour.

2) The old oak tree, which had stood in the churchyard for 300 years/since before the church was built, suddenly crashed to the ground (*le plus-que-parfait continu* **had been standing** *serait également possible*).
Le chêne qui se trouvait dans le cimetière depuis 300 ans/avant même que l'église ne fût construite s'est abattu tout d'un coup.

Peter, who had waited for an hour/since ten o'clock, was very angry with his sister when she eventually turned up (**had been waiting** *serait également possible*).
Peter, qui attendait depuis une heure/depuis 10 heures (du matin), était furieux contre sa sœur quand elle finit par arriver.

3) He had served in the army for ten years ; then he had retired and married. His children were now at school.
Il avait servi dans l'armée pendant dix ans, puis il avait pris sa retraite et s'était marié. Ses enfants étaient maintenant à l'école.

• Ici, on ne peut employer ni *since*, ni le plus-que-parfait continu (on n'indique pas l'origine de l'action). On remarquera aussi que le plus-que-parfait employé dans cette phrase n'a pas d'équivalent au *present perfect*. Si nous mettons le dernier verbe au présent, les autres verbes devront se mettre au prétérit simple :

He served in the army for ten years ; then he retired and married. His children are now at school.
Il a servi dans l'armée pendant dix ans, puis il a pris sa retraite et s'est marié. Ses enfants sont aujourd'hui à l'école.

Ces structures sont figurées par les schémas ci-dessous :

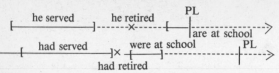

3. Le plus-que-parfait est aussi l'équivalent du prétérit simple dans un contexte au passé et s'emploie lorsque le narrateur ou le sujet renvoie à des actions antérieures à un certain point du passé :

Tom was 23 when our story begins. His father had died five years before and since then Tom lived alone. His father had advised him not to get married till he was 35, and Tom intended to follow this advice.

Tom avait 23 ans quand commence notre histoire. Son père était mort cinq ans auparavant et, depuis lors, Tom vivait seul. Son père lui avait conseillé de ne point se marier avant d'avoir 35 ans, et Tom entendait bien suivre ce conseil.

I had just poured myself a glass of beer when the phone rang. When I came back from answering it the glass was empty. Somebody had drunk the beer or thrown it away.

Je venais de me servir un verre de bière quand le téléphone sonna. Quand je revins après avoir répondu le verre était vide. Quelqu'un avait bu la bière, ou l'avait jetée.

He met her in Paris in 1977. He had last seen her ten years before. Her hair had been grey then ; now it was white.

Il la rencontra à Paris en 1977. Cela faisait dix ans qu'il ne l'avait pas vue. A l'époque, elle avait des cheveux gris ; maintenant, ils étaient blancs.

• On pourrait dire aussi :

He met her in 1967 and again ten years later in Paris. Her hair which had been grey at their first meeting was now white.

Il la rencontra en 1967 puis de nouveau dix ans plus tard à Paris. Ses cheveux, qui étaient gris lors de leur première rencontre, étaient maintenant blancs.

Mais si nous nous contentons d'énoncer les événements dans l'ordre où ils se produisent, le plus-que-parfait n'est pas nécessaire :

Tom's father died when Tom was eighteen. Before he died he advised Tom not to marry till he was 35, and Tom at 23 still intended to follow this advice.

Le père de Tom mourut quand Tom avait 18 ans. Avant de mourir, il conseilla à Tom de ne pas se marier avant d'avoir 35 ans, et Tom, à 23 ans, entendait bien suivre ce conseil.

He met her first in 1967 when her hair was grey. He met her again in 1977/He didn't meet her again till 1977. Her hair was now white.

Il la rencontra pour la première fois en 1967, époque où elle avait les cheveux gris. Il la rencontra de nouveau en 1977/Ce n'est qu'en 1977 qu'il la rencontra de nouveau. Elle avait alors les cheveux blancs.

• On ne part pas, dans ces exemples, d'un point du passé pour envisager des événements antérieurs, il n'y a donc pas de raison d'employer le plus-que-parfait. Notez les différences de sens dans les exemples suivants :

She heard voices and realized that there were three people in the next room. *Elle entendit des voix et se rendit compte qu'il y avait trois personnes dans la pièce voisine.*

Et :

She saw empty glasses and cups and realized that three people had been in the room (= they were no longer there).
Elle vit des verres et des tasses vides et se rendit compte qu'il y avait eu trois personnes dans la pièce (= qui n'y étaient plus).

He arrived at 2.30 and was told to wait in the VIP lounge.
Il arriva à 2 h 30 et on lui dit d'attendre dans le salon des personnalités.

Et :

He arrived at 2.30. He had been told to wait in the VIP lounge.
Il arriva à 2 h 30. On lui avait dit d'attendre dans le salon des personnalités.

• L'emploi du plus-que-parfait dans ce dernier exemple permet de dire que l'instruction (attendre) lui a été donnée avant son arrivée, avant même, probablement, qu'il n'entreprenne sa visite, alors que, dans l'exemple qui le précède, l'instruction est donnée après l'arrivée.

190 Prétérit et plus-que-parfait dans les propositions subordonnées de temps

A. Propositions introduites par **when**

Lorsqu'une action dans le passé en suit une autre :

He called her a liar. She smacked his face.
Il la traita de menteuse. Elle le gifla.

On peut combiner ces deux énoncés simples en une phrase complexe par l'emploi de **when** et de deux prétérits simples :

When he called her a liar she smacked his face.
Quand il la traita de menteuse, elle le gifla.

pourvu qu'il soit clair que la seconde action suit la première, c'est-à-dire qu'elles ne sont pas simultanées. L'idée est généralement, dans cet emploi de deux prétérits simples, que la première action a été cause de la seconde, qui l'a suivie de très près :

When he opened the window the bird flew out.
Quand il ouvrit la fenêtre, l'oiseau s'échappa.

The boys were throwing snowballs through the open window. When I shut the window they stopped throwing them.
Les enfants lançaient des boules de neige par ma fenêtre qui était ouverte. Quand je la fermai, ils cessèrent d'en lancer.

When the play ended the audience went home.
Quand la pièce s'acheva, les spectateurs rentrèrent chez eux.

When he died he was given a state funeral.
Lorsqu'il mourut, on lui fit des funérailles nationales.

• Le plus-que-parfait est employé après **when** quand l'emploi de deux prétérits simples pourrait donner l'impression que les deux actions sont simultanées :

When she had sung her song she sat down.
Quand elle eut chanté, elle s'assit.

Mais → **When she sang her song she sat down** pourrait se comprendre : *Quand elle chanta, elle s'assit (= elle s'assit pour chanter).*

• On l'emploie aussi quand on veut bien souligner le fait que la première action était terminée au moment où la seconde a commencé.

When we had shut the window we opened the door of the cage.
Quand nous eûmes fermé la fenêtre nous avons ouvert la porte de la cage.

De même :

When he had seen all the pictures, he said he was ready to leave.
Quand il eut vu tous les tableaux, il déclara qu'il était prêt à partir (= lorsqu'il eut terminé la visite).

Comparez avec la phrase suivante :

When he saw all the pictures he expressed amazement that one man should have painted so many.
Lorsqu'il vit tous les tableaux, il exprima son étonnement de voir qu'un homme en eût peint autant (= au moment où il les vit).

B. Deux actions passées peuvent aussi être reliées par **till/until,** *jusqu'à ce que ;* **as soon as,** *aussitôt que ;* **before,** *avant que.* Pour **as,** *comme* utilisé comme conjonction de temps, voir **95.** Comme on l'a vu plus haut, les prétérits simples sont employés sauf lorsqu'il est nécessaire de souligner que la première action était totalement achevée avant le commencement de la seconde.

I waited till it got dark.
J'attendis jusqu'à ce qu'il fît noir.

He refused to go till he had seen all the papers.
Il refusa de partir avant d'avoir vu tous les journaux.

Before I had known him a week he tried to borrow money from me. *Je ne le connaissais pas depuis une semaine quand il a essayé de m'emprunter de l'argent.*

As soon as it began to rain we ran indoor.
Dès qu'il se mit à pleuvoir, nous rentrâmes en courant.

As soon as his guests had drunk all his brandy they left his house.
Ses invités le quittèrent dès qu'ils eurent bu tout son cognac.

C. after *(après que)* est normalement suivi du *present perfect* ou du plus-que-parfait :

After the will had been read there were angry exclamations.
Après la lecture du testament, il y eut des exclamations de colère.

D. Nous avons déjà noté **(189)** qu'une action envisagée rétrospective-ment à partir d'un point du passé s'exprimait par le plus-que-parfait. Si nous avons deux actions de ce genre :

He had been to school but he had learnt nothing there, so he was now illiterate. *Il avait été à l'école mais il n'y avait rien appris, aussi était-il maintenant illettré.*

Et si nous voulons les réunir par une conjonction de temps, on peut employer **when**, etc., avec deux plus-que-parfaits :

When he had been at school he had learnt nothing, so he was now illiterate. *Quand il était allé à l'école, il n'avait rien appris, il était donc maintenant illettré.*

Mais il est plus usuel de mettre le verbe de la proposition subordonnée au prétérit simple :

When he was at school he had learnt nothing, so he was now illiterate.
Quand il était à l'école, il n'avait rien appris...

De même :

He had stayed in his father's firm till his father died. Then he had started his own business and was now a very successful man.
Il était resté dans la société de son père jusqu'à la mort de celui-ci. Puis, il avait lancé sa propre affaire, et c'était maintenant un homme qui avait bien réussi.

E. Les verbes exprimant des notions comme *savoir, comprendre,* etc., ne s'emploient pas, normalement, au plus-que-parfait dans les subordonnées temporelles, sauf lorsqu'ils sont accompagnés d'un complément de temps :

When she had known me for a year she invited me to tea.
Lorsqu'elle m'eut connu depuis un an, elle m'invita à prendre le thé.

Mais → **When I knew the work of one department thoroughly I was moved to the next department.** *Lorsque j'avais parfaitement assimilé quel était le travail d'un service, j'étais muté au service voisin.*

Comparez avec la phrase suivante :

When I had learned the work of one department I was moved.
Quand j'eus appris le travail que l'on faisait dans un service, je fus muté.

F. Les propositions subordonnées de temps contenant des plus-que-parfaits peuvent être reliées à un verbe principal au conditionnel, mais c'est une construction que l'on rencontre principalement au discours indirect, et on en trouvera des exemples dans le paragraphe suivant.

191 Emploi du **plus-que-parfait** au discours indirect

A. Les *present perfect* du discours direct deviennent des plus-que-parfaits au discours indirect pourvu que le verbe introductif soit à un temps passé :

He said : 'I've been in England for ten years'.
Il a dit : « Je suis en Angleterre depuis dix ans ».

He said that he had been in England for ten years.
Il a dit qu'il était en Angleterre depuis dix ans.

He said 'When you have worked for me for six months you'll get a rise'. *Il a dit : « Quand tu auras travaillé pour moi pendant six mois, tu auras une augmentation ».*

He said that when I had worked for him for six months I would get a rise. *Il a dit que, quand j'aurai travaillé pour lui pendant six mois, j'aurais une augmentation.*

She said : 'I'll lend you the book as soon as I have read it myself'. *Elle a dit : « Je te prêterai ce livre dès que je l'aurai moi-même lu ».*

She said that she would lend me the book as soon as she had read it herself. *Elle a dit qu'elle me prêterait ce livre dès qu'elle l'aurait elle-même fini.*

B. Les prétérits simples du discours direct suivent d'ordinaire cette même règle de transformation :

He said : 'I knew her well'.
Il a dit : « Je la connaissais bien ».

He said that he had known her well.
Il a dit qu'il l'avait bien connue.

Mais il existe un certain nombre de cas où le prétérit n'est pas transformé (voir **294**).

Pour l'emploi du plus-que-parfait après **if** *(si* conditionnel), voir **217**, après **wish** (expression du regret) et **if only**, *si seulement*, voir **286**, après **as if, as though**, *comme si*, voir **287**.

192 Le plus-que-parfait continu

A. Formes

Ce temps se forme avec **had been** + participe présent. Il est, par conséquent, identique à toutes les personnes :

I had/I'd been working	They had not (hadn't) been working
J'avais travaillé	*Ils n'avaient pas travaillé*

Had you been working ?	Hadn't you been working ?
Aviez-vous travaillé ?	*N'aviez-vous pas travaillé ?*

• Il ne peut exister pour les verbes qui ne se conjuguent pas aux formes continues, sauf dans le cas de **want**, *vouloir*, et parfois de **wish**, *souhaiter* :

The boy was delighted with his new knife. He had been wanting one for a long time.
Le garçon était ravi de son nouveau couteau. Cela faisait longtemps

qu'il souhaitait en avoir un.

• On remarquera que ce temps n'a pas d'équivalent au passif. La forme passive la plus proche d'une phrase telle que :

They had been picking apples.
Ils avaient cueilli des pommes.

serait :

Apples had been picked.
Des pommes avaient été cueillies.

ce qui n'est pas tout à fait la même chose (voir **B 3** ci-dessous).

B. Emplois

Le plus-que-parfait continu a le même rapport avec le plus-que-parfait que le *present perfect* continu avec le *present perfect* (voir **187**).

1. Quand l'action a commencé avant le moment dont on parle et continue jusqu'à ce moment, ou s'arrête juste avant, on peut employer l'une ou l'autre forme (voir **187 A**) :

It was now six and he was tired because he had worked since dawn.
Il était maintenant six heures et il était fatigué parce qu'il travaillait depuis l'aube.

Ou : It was now six and he was tired because he had been working since dawn.

2. Une action répétée exprimée au plus-que-parfait peut parfois être exprimée comme action continue par le plus-que-parfait continu (voir **187 B**) :

He had tried five times to get her on the phone.
Il avait essayé cinq fois de l'avoir au téléphone.

Ou : He had been trying to get her on the phone.
Il avait essayé...

3. Mais il y a une différence entre une action isolée au plus-que-parfait simple et une action exprimée au continu (voir **187 C**) :

By six o'clock he had mended the puncture and we were ready to start (= this job had been done).
Vers six heures, il avait réparé la crevaison et nous étions prêts à repartir (= la réparation avait été faite).

Mais ➞ **He had been mending the puncture** nous indique ce qu'il faisait dans les minutes précédentes (il réparait la crevaison).

De même :

He had looked through the keyhole and seen that there was nobody in the room.
Il avait regardé par le trou de la serrure et vu qu'il n'y avait personne dans la pièce (action isolée).

Mais ➞ **When I opened the door I found him on his knees outside. I knew he had been looking through the keyhole for the last half**

hour.
Quand j'ouvris la porte, je le trouvai à genoux devant la porte. Je savais qu'il regardait depuis une demi-heure par le trou de la serrure.

De même :

They had sawn up the fallen tree so we had a good store of firewood.
Ils avaient scié l'arbre tombé, aussi nous avions une bonne réserve de bois de chauffage.

Mais → **They had been sawing ; that was why they were covered with sawdust.**
Ils avaient scié du bois ; voilà pourquoi ils étaient couverts de sciure.

XVIII. — LE FUTUR

193 Les formes du futur

Le futur proprement dit, en anglais, est **will/shall** + infinitif sans **to**, mais il n'est pas, en fait, employé aussi souvent qu'on pourrait s'y attendre : ce n'est qu'une des diverses manières dont on peut exprimer le futur. On trouvera, ci-dessous, la liste de ces expressions du futur, qui seront traitées dans cet ordre : la raison en est qu'il convient de les étudier dans cet ordre-là pour bien saisir la relation qui existe entre elles :

1. Le présent simple, **194**

2. **Will** + infinitif (employé pour exprimer l'intention au moment où la décision est prise), voir **196**

3. Le présent continu, **197**

4. **Be going to, 198-200**

5. Le futur avec **shall/will** + infinitif sans **to**, **201-203**

6. Le futur continu, **205-207**

7. Le futur antérieur, **210 A**

8. Le futur antérieur continu, **210 B**

Pour **be** + infinitif avec **to** utilisé pour l'expression de projet futur, de ce qui est convenu, voir **111 A**.

Pour **be about** + infinitif avec **to** et **be on the point of** + **-ing**, voir **111 C**.

• Remarque : la plupart des auxiliaires sont traités aux chapitres **12-15**, mais **will** + infinitif est un élément essentiel de l'expression du futur, c'est pourquoi il est étudié dans le présent chapitre. Il peut paraître bizarre de ne pas le voir figurer avec le futur 5, mais, en fait, il doit logiquement se placer en 2 avant le présent continu et **be going to**.

194 Le présent simple peut s'employer comme le futur (ce n'est pas une forme importante du futur)

On pourra l'employer avec un complément de temps pour exprimer le fait que des dispositions précises ont été arrêtées, concernant le futur :

The boys start school on Monday.
Les enfants commencent l'école lundi.

I leave tonight.
Je pars ce soir.

Il peut remplacer, dans ce cas, un présent continu qui est d'emploi plus normal :

The boys are starting school *etc.*

Les différences entre ces deux emplois sont les suivantes :

1. Le présent simple n'implique pas autant le sujet dans la décision qui a été prise concernant le futur : **I'm leaving tonight** signifierait probablement que j'ai moi-même pris la décision de partir, alors que **I leave tonight** suggère que mon départ est inclus dans un plan d'action dont je ne suis pas nécessairement responsable.

2. Le présent simple peut également paraître plus recherché du point de vue du style que le présent continu. Un grand magasin qui a formé le projet d'ouvrir une succursale annoncera plus volontiers la chose ainsi : **Our new branch opens next week** : *notre nouvelle succursale ouvrira la semaine prochaine,* au lieu de **our new branch is opening**... etc.

3. Le présent simple est parfois employé là où le présent continu apparaîtrait lourd, comme par exemple dans l'énoncé d'une série d'actions envisagées (plan de voyage, etc.) ; on dira : **We leave at six, arrive in Dublin at ten and take the plane on...** : *nous partons à six heures, arrivons à Dublin à dix heures et prenons l'avion...*

au lieu de :

We are leaving at six, arriving in Dublin at ten and taking the plane on...

Il faut cependant remarquer que, dans une phrase telle que : **My train leaves at six** : *mon train part à six heures*, nous employons un présent simple exprimant un fait habituel (un présent à valeur générale). Dans ce cas, par conséquent, le présent simple ne peut être remplacé par le présent continu.

195 Signification du futur avec intention

Lorsqu'on dit qu'une forme verbale exprime un futur avec intention, on entend une action future qui sera entreprise par le locuteur selon sa propre volonté. **Will** + infinitif et **be going to** peuvent être employés dans ce cas.

Lorsqu'on dit qu'une forme verbale exprime un futur sans intention, on entend qu'une action se produira, mais on ne sait si elle sera l'effet d'une décision prise par le locuteur ou toute autre personne, ni ce qu'en pense le locuteur. Le présent simple et le futur continu peuvent être employés dans ce cas.

Le présent continu à la seconde et troisième personne n'exprime pas la notion d'intention, bien que cette notion soit suggérée lorsqu'on l'emploie à la première personne.

Le futur avec **shall/will** (sauf **will** employé comme on le verra en **196** et **199**) n'exprime pas, normalement, la notion d'intention ; mais voir **shall, 202, 233-234.**

196 Will + infinitif sans to, employé pour exprimer l'intention au moment de la prise de décision

1. A : The phone is ringing. B : I'll answer it.
    A : *Le téléphone sonne.* B : *J'y vais.*

2. BILL (au garçon) : I'll have cress soup and steak please.
   Je prendrai une soupe au cresson et un steak.
   (I would like serait possible à la place de **I'll have).**

3. ANN : I'd better order a taxi for tonight.
   Je ferais mieux de demander un taxi pour ce soir.

   TOM : Don't bother. I'll drive you.
   Ne t'inquiète pas. Je te conduirai.

4. MARY (regardant une pile de lettres) : I'll answer them tonight.
   Je répondrai ce soir.

5. PAUL (qui grossit et en a assez de payer des amendes pour
   stationnement irrégulier) : I know what to do. I'll sell my car
   and buy a push bike.
   *Je sais ce que je vais faire. Je vais vendre ma voiture et acheter
   un vélo-pousse.*

6. ALAN (recevant un télégramme lui annonçant que son père est
   malade) : I'll go home tonight/I'll leave tonight.
   Je vais rentrer/je vais partir ce soir.

Lorsqu'il s'agit d'actions non préméditées, comme c'est le cas ci-
dessus, il faut employer **will** (normalement contracté en **'ll**). Mais il
faut noter que si le locuteur, une fois la décision prise, parle à
nouveau de l'action, il n'emploiera pas **will**, mais **be going to**, ou le
présent continu. **Be going to** peut toujours s'employer ; le présent
continu est d'emploi plus restreint, voir **197**. Imaginons, par exemple,
que, dans la situation décrite par la phrase 2 ci-dessus, Tom se
joigne à son ami Bill avant que ce dernier ne soit servi :

TOM : What are you having/going to have ?
   Qu'est-ce que tu prends/vas prendre ?

BILL : I'm having/going to have cress soup and steak.
   Je prends/je vais prendre etc.

De même, Ann (phrase 3 ci-dessus) dira un peu plus tard :

Tom is driving me/going to drive me to the airport tonight.
Tom me conduit/va me conduire à l'aéroport ce soir.

Mary (phrase 4) ne pourrait, cependant, pas dire autre chose que :
I am going to answer these letters tonight (*elle n'a passé aucun
accord avec personne) : je répondrai à toutes ces lettres ce soir.*

Paul (phrase 5) pourrait dire, de même :

I'm going to sell the car.
Je vais vendre la voiture.

mais lorsqu'il trouvera un acheteur, il pourra dire :

I'm selling the car.
Je vends ma voiture.

Alan (phrase 6) pourrait dire, cependant :

I'm going home tonight.
Je rentre ce soir.

même s'il ne s'agit, pour l'instant, que d'une décision (voir **197 B** et **D**).

197 Le présent continu comme forme du futur

Il faut noter que le moment (date) doit être mentionné ou avoir été mentionné, pour éviter toute confusion entre le présent et le futur.

A. Le présent continu peut exprimer le fait qu'une disposition a été prise concernant un avenir proche :

I'm taking an exam in October.
Je passe un examen en octobre.

Cela implique, par exemple, que je me suis inscrit pour cet examen.

Bob and Bill are meeting tonight.
Bob et Bill se rencontrent ce soir.

Ils ont l'un et l'autre décidé de se voir. S'il n'y a qu'une intention (comme en **196** 4 et 5 ci-dessus), on emploie la forme **be going to**.

B. Le présent continu peut toutefois être plus largement employé avec des verbes exprimant la notion de mouvement (déplacement d'un lieu à un autre) comme **go** *aller,* **come** *venir,* **drive** *aller en voiture,* **fly** *aller en avion,* **travel** *voyager,* **leave** *partir,* **start** *partir,* avec des verbes exprimant la notion de situation : **stay** *demeurer,* **remain** *rester,* et avec **do** et **have** (dans le sens de *prendre*). Le présent continu peut, dans ces trois cas, exprimer le fait qu'une décision ait été arrêtée sans pour autant que l'on ait pris des dispositions précises.

Dans l'exemple 6 du **196**, Alan peut dire **I'm leaving tonight** *je pars ce soir* avant même d'avoir pris les dispositions nécessaires pour son voyage.

Notez également :

What are you doing next Saturday ?
Que faites-vous samedi prochain ?

C'est ainsi que l'on s'enquiert de ce que quelqu'un compte faire. On peut répondre, par exemple :

I'm going to the seaside.
Je vais à la mer (seul ou avec quelqu'un d'autre).

The neighbours are coming in to watch television.
Les voisins viennent regarder une émission de télévision.

I'm not doing anything. I'm staying at home. I'm going to write letters.
Je ne fais rien. Je reste à la maison. Je vais écrire des lettres (il serait impossible de dire **I'm writing...**).

C. Ce moyen d'exprimer le futur ne peut être employé avec les verbes ne se mettant pas, normalement, aux formes continues (voir **165**). Ces verbes doivent être mis au futur avec **will/shall** :

I'm meeting him tonight.
Je le rencontre ce soir.

Mais → I will/shall know tonight.
Je saurai ce soir (**know** ne s'emploie pas aux formes continues).

They will be there tomorrow.
Ils y seront demain.

We'll think it over.
Nous y réfléchirons.

(**Be** et **think** ne s'emploient normalement pas aux formes continues.)

On notera cependant que **see,** lorsqu'il est employé pour exprimer une action délibérée : **see to/about** : *s'occuper de,* **see someone out/off/home**/etc. *accompagner quelqu'un,* ou avec le sens de *avoir rendez-vous avec,* peut être mis à la forme continue (voir **167**) :

I'm seeing him tomorrow.
J'ai rendez-vous avec lui demain.

• **To be** peut être employé aux formes continues lorsqu'il sert à construire un verbe au passif :

He is being met at the station.
On l'attend à la gare.

Our new piano is being delivered this afternoon.
On nous livre notre nouveau piano cet après-midi.

D. Autres exemples d'association de **will** + infinitif, employé au moment de la prise de décision (voir **196**) et du présent continu servant de futur :

L'AGENT DE VOYAGE : Now, how do you want to go to Rome, sir ? By air or by train ?
Voyons, comment souhaitez-vous vous rendre à Rome, monsieur ? Par l'avion ou par le train ?

LE VOYAGEUR (réfléchissant) : The trains are too slow. I'll fly.
Le train est trop lent. Je prendrai l'avion.

Mais, plus tard, parlant de son projet de voyage, le voyageur dira :
I'm flying to Rome next week.
Je prends l'avion pour Rome la semaine prochaine.

ANN : I'll have to pay £ 150 rent at the end of this month and I don't know where to find the money.
Il faut que je paye 150 livres de loyer à la fin du mois, et je ne sais pas où trouver l'argent.

TOM : Don't worry. I'll lend you £ 150.
Ne t'inquiète pas. Je te prêterai 150 livres.

Ultérieurement, mais avant que Tom ait effectivement prêté cet argent, Ann pourra dire :

Tom is lending me £ 150.
Tom me prêtera 150 livres.

TOM : Would you like to come to the opera tonight ?
Veux-tu venir à l'opéra ce soir ?

ANN : I'd love to. Shall I meet you there ?
Ça me ferait plaisir. Je t'y rejoindrai ?

TOM : No, I'll call for you. About seven ?
Non, je passerai te prendre. Vers sept heures ?

ANN : O.K.
D'accord.

Plus tard, Ann annonçant son projet à une amie dira :

Tom is taking me to the opera tonight. He's calling for me at seven.
Tom m'emmène à l'opéra ce soir. Il passera me prendre à sept heures.

(Dans les exemples ci-dessus, **be going to** pourrait être employé à la place du présent continu.)

198 Le futur avec **be going to**

A. Formes

Il s'agit du présent continu du verbe **to go** + infinitif avec **to**. (Nous disons **be going to** pour la même raison que nous avons dit **have to, used to,** pour rappeler l'emploi obligatoire de l'infinitif avec **to**) :

I'm going to buy a bicycle.
Je vais acheter une bicyclette.

She is not going to be there.
Elle ne va pas être là.

Is he going to lecture in English ?
Est-ce qu'il va faire sa conférence en anglais ?

B. Cette forme du futur s'emploie pour exprimer :

1. L'intention (**198-199**).
2. La prédiction (**200**).

C. Expression de l'intention

• **Be going to** exprime l'intention du sujet d'accomplir une certaine action. Il s'agit d'une intention préméditée, et la forme suggère également que la préparation a déjà été engagée. Quand on emploie cette forme, on signifie donc que l'action est très probable, bien qu'elle ne suggère pas, comme le présent continu, que des dispositions définitives ont été prises pour accomplir cette action.

• On notera les points suivants :

1. Comme on l'a déjà vu, **be going to** peut s'employer avec un complément de temps pour exprimer le futur proche, à la place du présent continu également possible. On dira par exemple :

I'm/I am meeting Tom at the station at six.
I'm/I am going to meet Tom at the station at six.
Je vais attendre Tom à la gare à six heures.

Mais il faut remarquer que **I'm meeting Tom** implique que l'on s'est arrangé avec Tom. **I'm going to meet Tom** ne l'implique pas.

Tom aura peut-être une surprise.

2. **Be going to** peut être employé avec une proposition subordonnée temporelle lorsque l'on veut insister particulièrement sur l'intention du sujet :

He is going to be a dentist when he grows up.
Il veut être dentiste quand il sera grand.

What are you going to do when you get your degree ?
Qu'as-tu l'intention de faire quand tu auras ton diplôme ?

Il faut toutefois remarquer que l'on emploie normalement le futur **will/shall** avec une subordonnée temporelle.

3. **Be going to** peut s'employer sans complément de temps :

I'm going to read you some of my own poems.
Je vais vous lire quelques-uns de mes poèmes.

He is going to lend me his bicycle.
Il va me prêter sa bicyclette.

Cette construction exprime d'ordinaire le futur proche ou immédiat.

4. Comme on l'a vu en 2, **be going to** peut être suivi du verbe **be**. Il peut être également suivi de verbes qui ne se construisent pas normalement aux temps continus :

I am going to think about it.
Je vais y réfléchir.

I'm sure I'm going to like it.
Je suis sûr que je vais l'aimer (voir **244 A**).

Dans l'ensemble, il est cependant plus sûr, dans ce cas, d'employer le futur.

• Il n'est pas très usuel de construire les verbes *go, aller* et *come, venir* avec **be going to.** On emploie de préférence, dans ce cas, le présent continu. Ainsi, on dira normalement **I am going** au lieu de **I am going to go** et, au lieu de **I am going to come**, on dira très souvent **I am coming** *j'arrive.* On remarquera que l'on peut exprimer l'intention avec **will** + infinitif (voir **199**).

199 Comparaison de **be going to** et de **will** + **infinitif**, pour exprimer l'intention

Très souvent, on peut employer soit **be going to,** soit **will** + infinitif, mais il y a cependant des différences entres ces deux formes du futur, dont la conséquence est qu'en certains cas il n'est pas possible d'employer indifféremment l'une ou l'autre.

A. La principale différence est la suivante :

To be going to implique toujours une intention préméditée, et souvent une intention plus un plan d'action arrêté.

Will + infinitif n'implique que l'intention, le plus souvent, mais pas nécessairement, sans préméditation.

• Si, par conséquent, l'action future a déjà été préparée (des choses ont déjà été faites en vue de réaliser le projet), il faut employer **be going to** :

I have bought some bricks and I'm going to build a garage.
J'ai acheté des briques et je vais construire un garage.

• S'il n'y a aucune préméditation de l'intention déclarée, il faut employer **will** :

A : There is somebody at the hall door.   B : I 'll go and open it.
   Il y a quelqu'un à la porte.   *Je vais ouvrir.*

(Voir exemples en **E**.)

Quand l'intention n'apparaît ni clairement préméditée, ni prise soudain en fonction des circonstances, l'une ou l'autre des formes est possible :

I will/am going to climb that mountain one day.
Un jour je ferai l'ascension de cette montagne.

I won't/am not going to tell you my age.
Je ne vous dirai point mon âge.

Mais **will** demeure la meilleure manière d'exprimer la détermination, en particulier en accentuant **will** :

I 'will help you.
Je me suis décidé à vous aider.

B. Autres différences :

Comme on l'a déjà vu, **will** + infinitif, à la forme affirmative, s'emploie presque uniquement pour la première personne. L'intention, aux deuxième et troisième personnes, s'exprime normalement avec **be going to** :

He is going to resign.
Il va démissionner.

C. A la forme négative, **won't** peut être utilisé à toutes les personnes. On peut donc dire :

He isn't going to resign *ou* He won't resign.
Il ne démissionnera pas.

Il faut remarquer que **won't**, employé pour exprimer la notion d'intention négative, a normalement le sens de *refuser.*

He won't resign = *il refuse de démissionner.*
He isn't going to resign = *il n'a pas l'intention de démissionner.*

D. Be going to, comme on l'a déjà indiqué, renvoie à un futur assez proche. **Will** peut renvoyer soit à un futur immédiat soit à un futur plus lointain.

E. Autres exemples de **be going to** et de **will** :

1. Exemples de **be going to** employé pour exprimer l'intention :

Tom has just borrowed the axe ; he is going to chop some wood.
Tom vient d'emprunter la hache ; il va fendre du bois.

'What are you doing with that spade ?' 'I am going to plant some apple-trees.'

« Qu'est-ce que tu fais avec cette bêche ? » « Je vais planter des pommiers. »

She has bought some cloth ; she is going to make herself a dress.
Elle a acheté du tissu ; elle va se faire une robe.

He is studying very hard ; he is going to try for a scholarship.
Il travaille comme un forcené ; il va essayer d'obtenir une bourse.

'Why are you taking down all the pictures ?' 'I am going to repaper the room.'

« Pourquoi décroches-tu tous les tableaux ? » « Je vais refaire le papier de cette chambre. »

I have given up my flat in Paris because I'm going to live permanently in London.

J'ai renoncé à mon appartement à Paris car je vais m'installer définitivement à Londres.

Some workmen arrived today with a steamroller. I think they are going to repair the road in front of my house.

Des ouvriers sont venus aujourd'hui avec un rouleau compresseur. Je crois qu'ils vont refaire la route devant chez moi.

'Why is he carrying a guitar ?' 'He is going to play it under Miss Pitt's window.'

« Qu'est-ce qu'il fait avec sa guitare ? » « Il va jouer la sérénade sous la fenêtre de Mlle Pitt ».

On remarquera qu'il n'est possible d'employer **will** dans aucun des exemples ci-dessus, car, dans chaque cas, il y a des indices évidents de préméditation.

2. Exemples de **will** + infinitif :

ANN : This is a terribly heavy box.
      Cette boîte est terriblement lourde.

TOM : I'll help you to carry it.
      Je vais t'aider à la porter.

LE PÈRE : I've left my watch upstairs.
      J'ai laissé ma montre là-haut.

LE FILS : I'll go and get it for you.
      Je vais aller te la chercher.

M. X : My car won't start.
      Ma voiture ne veut pas partir.

M. Y : I'll come and give it a push.
      Je vais venir vous pousser.

LA MÈRE : Who will post the letter for me ?
      Qui veut me mettre cette lettre à la poste ?

LE FILS : I will.
      Moi.

M. X : Will you lend me £ 1 000 ?
      Est-ce que vous voulez me prêter 1 000 livres ?

M. Y : No, I won't.

Non, je ne vous les prêterai pas.

3. Quelques comparaisons entre **be going to** et **will** :

• Pour répondre à une remarque de Tom : **there aren't any matches in the house** *il n'y a pas d'allumettes,* Ann pourrait dire : **I'm going to get some today** *je vais en acheter aujourd'hui* (décision préméditée) ou **I'll get some today** *j'en achèterai aujourd'hui* (décision non préméditée). Dans le premier cas, **I'm going to** implique que, quelque temps avant cette conversation, Ann s'est rendu compte qu'il n'y avait pas d'allumettes et a décidé d'en acheter. Dans le second cas, avec **will,** c'est la remarque de Tom qui lui inspire sa décision prise seulement au moment où elle parle.

• De même, si Ann dit **Where is the telephone book ?** *Où est l'annuaire ?* et si Tom répond **I'll get it for you** *je vais aller te le chercher,* Tom exprime une décision qu'il prend au moment où il parle. S'il disait **I'm going to get it,** cela signifierait que sa décision était prise avant même qu'Ann n'ait parlé, soit parce qu'il s'était douté qu'Ann allait avoir besoin de l'annuaire, soit qu'il en ait eu besoin lui-même.

• Notez que **will/won't** n'exprime pas du tout la notion d'intention lorsqu'il est employé comme on le verra en **203 A - E,** c'est-à-dire comme partie du futur ordinaire **will/shall.** Ainsi, **He won't resign** peut vouloir dire *Il refusera de démissionner* ou *Il ne démissionnera pas.* Dans **If he hurries he'll catch up with her** *S'il se dépêche, il la rattrapera,* **will** n'exprime pas du tout l'intention, il sert simplement à indiquer un fait ultérieur.

200 Be going to employé pour exprimer la prédiction

A. La forme **be going to** peut exprimer le sentiment de certitude du locuteur qu'un événement se produira :

Look at those clouds ! It's going to rain.
Regardez ces nuages ! Il va pleuvoir.

Listen to the wind. We're going to have a rough crossing.
Écoutez le vent. On va avoir une traversée pénible.

On peut employer **be going to** dans ce sens après des locutions verbales comme **to be sure** *être sur que,* **to be afraid** *craindre bien que,* **believe** *croire,* **think** *penser* :

How pale that girl is ! I am sure/I believe/I think she is going to faint.
Comme cette fille est pâle ! Je suis sûr/je crois/je pense qu'elle va s'évanouir.

B. Comparaison entre **be going to** employé pour exprimer la prédiction **et will** exprimant un futur probable.

Will est d'un emploi très courant pour exprimer ce que le locuteur croit, pense, espère, suppose, craint qu'il arrivera (voir **203 A**) :

It will probably be cold/I expect it will be cold.
Il va probablement faire froid/Je crois qu'il va faire froid.

Tomatoes will be expensive this year/I'm sure tomatoes will be expensive this year.
Les tomates seront chères cette année/Je suis sûr que les tomates seront chères cette année.

Will et **be going to** sont donc assez proches l'un de l'autre et on peut souvent employer l'un ou l'autre indifféremment :
It is going to/It will take a long time to photocopy all the documents.
Cela va prendre du temps pour photocopier tous les documents.

Mais il y a deux différences :

1. **Be going to** implique qu'il existe déjà des signes indiquant que quelque chose va se passer.

Will implique que le locuteur pense/croit que cette chose va se produire.

2. **Be going to** est normalement employé quand il s'agit d'un futur immédiat ou rapproché. **Will** n'implique aucune précision quant au moment où se produira l'événement, et pourrait renvoyer au futur lointain. Par exemple :

The lift is going to break down *l'ascenseur va tomber en panne* implique que l'on entend des bruits étranges, que l'ascenseur a un comportement étrange. Il serait bon de descendre à l'étage suivant.

The lift will break down *l'ascenseur tombera en panne* implique que la panne se produira à un moment ou à un autre (peut-être parce qu'on le surcharge constamment, ou peut-être parce que les ascenseurs XYZ ne sont pas très robustes).

• De même, parlant d'un malade : **He is going to get better** *il va aller mieux* implique que l'on constate des signes d'amélioration. **He will get better** *il ira mieux* implique que l'on fait confiance au médecin, que l'on croit à l'efficacité du traitement, mais il s'agit plus d'un mieux à long terme que d'une amélioration immédiate.

• On remarquera que **will** est employé dans des avis officiels. Un bulletin météorologique dira :
There will be rain.
Il y aura de la pluie.
Fog will persist in this area.
Le brouillard persistera dans cette région.

alors que l'auditeur ou le lecteur non spécialiste dira : **There is going to be rain** *il va y avoir de la pluie,* **Fog is going to persist** *le brouillard va persister (voir* **203 E**).

201 Le futur

A. Formes

Le futur se forme avec **shall/will** + infinitif sans **to** à la première personne du singulier et du pluriel et **will** + infinitif sans **to** pour les autres personnes. La forme négative s'obtient en plaçant **not** après **shall/will**. La forme interrogative s'obtient par l'inversion du sujet et de **shall/will** (**will** ne s'emploie pas à la première personne).

B.

Affirmatif	Négatif	Interrogatif
I shall/will work	I shall/will not work	shall I work ?
You will work	you will not work	will you work ?
He will work	he will not work	will he work ?
We shall/will work	we shall/will not work	shall we work ?
you will work	you will not work	will you work ?
They will work	they will not work	will they work ?

C. Interro-négatif

Will he not work ?/won't he work ?, *etc.*
Ne travaillera-t-il pas ?

D. Contractions

• **Will** se contracte en **'ll.**

• **Will not** se contracte en **won't.**

• **Shall not** se contracte en **shan't.**

La forme contractée **'ll** ne peut être employée lorsque l'infinitif n'est pas exprimé :

Who will go ? I will (ce **will** ne peut être contracté).
Qui ira ? Moi.

202 Première personne : will et shall

A. Il fut un temps où **will** était réservé à l'expression de l'intention :
I will wait for you.
Je vous attendrai (c'est mon intention).

• **Shall** était employé lorsqu'il n'y avait pas d'intention, c'est-à-dire que l'action ne dépendait ni de la volonté ni du désir du sujet :
I shall be 25 next week.
J'aurai 25 ans la semaine prochaine.
We shall know the results next week.
Nous connaîtrons les résultats la semaine prochaine.
(Non par nos propres efforts, mais parce qu'ils seront publiés.)
I shall see Tom tomorrow.
Je verrai Tom demain (par exemple : nous nous trouverons dans le même train pour nous rendre au travail).

Shall, tel qu'il est employé dans les exemples précédents, se rencontre encore en anglais contemporain de niveau recherché, mais n'est plus usuel dans la conversation. C'est **will** qui s'emploie normalement :
I will be 25 next week.
J'aurai 25 ans la semaine prochaine.
We'll know the results next week.
Nous connaîtrons les résultats la semaine prochaine.
Unless the taxi comes soon we'll miss the plane.
Si le taxi n'arrive pas bientôt, nous manquerons l'avion.

I'm sure I won't lose my way.
Je suis sûr que je ne me perdrai pas.

• Parfois, cependant, **will** pourrait modifier le sens de la phrase. Si dans la phrase **I shall see Tom tomorrow** *demain, je verrai Tom,* nous remplaçons **shall** par **will** nous obtenons **I will see Tom tomorrow** *je verrai Tom demain,* qui pourrait être l'expression de l'intention. Pour éviter des ambiguïtés de ce genre, on emploie le futur continu : **I'll be seeing Tom tomorrow** (voir **205-207**)

• **Shall**, cependant, s'emploie toujours à la forme interrogative :

— dans les clausules interrogatives après **let's** (impératif, première personne du pluriel) :
Let's go, shall we ?
Partons, voulez-vous ?

— dans l'expression d'une suggestion :
Shall we take a taxi ?
Si nous prenions un taxi ?

— dans l'expression d'une demande d'ordre ou d'instructions :
What shall I do with your mail ?
Qu'est-ce que je ferai de votre courrier ?

— dans l'expression de spéculations sur l'avenir :
Where shall we be this time next week ?
Où serons-nous l'an prochain à pareille époque ?
(Dans ce cas, toutefois, **will** serait possible.)

B. Fonction nouvelle de **shall** : expression de la résolution du sujet.

Nous avons déjà noté **(196, 199)** la détermination du sujet qui s'exprime normalement par **will**.

Mais certains pensent parfois que, pour exprimer la détermination ou la résolution du sujet, il convient d'employer un autre terme, plus fort, terme qui n'est pas d'un usage très courant : ils emploient donc **shall** :

Dans un discours public : **we shall fight and we shall win (we will fight and we shall win/we will fight and we will win** seraient également possibles) : *nous nous battrons et nous vaincrons !*

Employé ainsi, **shall** comporte parfois l'idée de promesse que nous avons à la deuxième personne :
You shall have a sweet.
Tu auras un bonbon (voir **234**).

Dans **we shall win** *nous vaincrons,* on peut considérer que l'orateur promet la victoire. **Shall** peut s'employer avec cette signification dans la conversation courante :
I shall be there, I promise you.
J'y serai, je te le promets.

Mais il est également possible d'employer **will** (ce qui évitera des complications pour les non-anglophones).
Lorsqu'il y a doute, il est préférable d'utiliser **will**.

203 Emploi du futur **shall/will**

A. Le futur s'emploie pour exprimer les opinions, hypothèses, spéculations du locuteur relatives à l'avenir. Celles-ci peuvent être introduites par des verbes tels que : **think** *penser,* **believe** *croire,* **doubt** *douter,* **suppose** *supposer,* **assume** *supposer,* **expect** *s'attendre à/croire/espérer,* **hope** *espérer,* **be afraid** *craindre,* **feel sure** *être certain,* **wonder** *se demander,* **I daresay** *je suis sûr que/j'imagine que,* ou accompagnées d'adverbes comme : **probably** *probablement,* **possibly/perhaps** *peut-être,* **surely** *sûrement.*

Mais ces verbes ou adverbes ne sont pas nécessaires :

(I'm sure) he'll come back.
(Je suis sûre qu') il reviendra.

(I suppose) they'll sell the house.
(Je suppose qu') ils vendront la maison.

(Perhaps) we'll find him at the hotel.
Nous le trouverons (peut-être) à l'hôtel.

They'll (probably) wait for us.
Ils nous attendront (probablement).

• Le futur peut être utilisé avec ou sans complément circonstanciel de temps. **Be going to** est également possible mais confère un plus grand degré de probabilité à l'action ou, lorsqu'il n'y a pas de complément de temps, lui confère un caractère plus immédiat : **He'll build a house** signifie simplement que tel est mon avis : *il construira une maison,* et ne donne aucune indication quant à la date de construction. Mais **he's going to build a house** implique qu'il a déjà pris sa décision et que la construction de la maison ne saurait tarder.

B. Le futur s'emploie, de même, pour exprimer des **actions futures qui sont dans l'ordre des choses et dont nous pensons donc qu'elles se produiront :**

Spring will come again.
Le printemps reviendra.

Birds will build their nests.
Les oiseaux construiront leur nid.

People will make plans.
Les gens feront des projets.

Other men will climb these stairs and sit at my desk.
D'autres graviront ces marches et s'assiéront à mon bureau.

(On pourrait employer aussi **will be coming/building/making/climbing/sitting.**)

C. Le futur s'emploie dans les **propositions principales auxquelles sont associées des subordonnées conditionnelles de temps, de but :**

If I drop this glass it will break.
Si je laisse tomber ce verre, il se brisera (voir **215**).

When it gets warmer the snow will start to melt (voir **313**).
Quand il fera plus chaud, la neige commencera à fondre.

I'm putting this letter on top of the pile so that he'll read it first (voir **309**).
Je mets cette lettre au-dessus de la pile pour qu'il la lise en premier.

• On notera que, dans la proposition introduite par **if** ou dans la subordonnée de temps (introduite ici par **when**), on n'emploie pas le futur, même si c'est un événement futur qui est envisagé :

It will get warmer soon   mais **When it gets warmer...**
Bientôt il fera plus chaud.   *Quand il fera plus chaud...*

He will probably be late   mais **If he is late...**
Il sera probablement en   *S'il est en retard...*
retard.

D. Les verbes de perception ou exprimant les notions de pensée, de possession, etc. (voir **165**), forment normalement leur futur avec **shall/will,** bien que **be going to** soit parfois possible (ces verbes ne peuvent évidemment pas se mettre au présent continu pour exprimer le futur) :

He'll be here at six. They'll know tonight.
Il sera ici à six heures. Ils sauront ce soir.

You'll have time for tea.
Vous aurez le temps de prendre le thé.

E. Le futur s'emploie principalement dans la presse et les informations, pour les communiqués officiels annonçant des plans ou projets. Dans la conversation courante, on emploierait plutôt, pour ce faire, le présent continu ou **be going to** :

Extrait d'un journal :

The President will open the new heliport tomorrow.
Le président inaugurera demain le nouvel héliport.

Le lecteur moyen dirait :

The President is going to open/is opening...

F. Comme on l'a vu en **196** et **199, I/we will** est employé pour exprimer l'intention, particulièrement au moment où se prend une décision :

A : 'I'm not quite ready.'   B : 'I'll wait for you.'
Je ne suis pas tout à fait prêt.   *Je vais t'attendre.*

Will peut être employé aux autres personnes pour exprimer l'intention, mais il n'a pas, normalement, ce sens.

Won't peut être utilisé à toutes les personnes pour exprimer une intention négative (intention de ne pas faire...) :

I've invited him but he won't come.
Je l'ai invité mais il ne veut pas venir.

(He won't come pourrait aussi vouloir dire *je pense qu'il ne viendra pas.)*

204 Will : différences avec **want/wish/would like**

A. Will ne doit pas être confondu avec **want/wish/would like**, *vouloir/désirer/voudrais.*

Will exprime une intention et le désir de la réaliser.

Want/wish/would like n'expriment que le désir, ils ne disent rien des actions envisagées.

B. Il faut pourtant remarquer que **I'd like** est souvent un substitut possible à **I'll have/take,** *je prendrai* :

LE CLIENT (dans une boutique) : I'd like/I'll have a pound of peas, please.
Je voudrais/Je vais prendre une livre de petits pois, s'il vous plaît.

LE CONSOMMATEUR (dans un restaurant) : I'd like/I'll have cress soup, please.
Je voudrais/Je prendrai une soupe au cresson, s'il vous plaît.

On peut utiliser l'un ou l'autre pour formuler une invitation :
Would you like a drink ?/Will you have a drink ?
Voudriez-vous/Prendrez-vous un verre ?

Lorsqu'on accepte une invitation, on peut employer l'un ou l'autre :
I'd like/I'll have a sherry, please.
Je voudrais/Je prendrai un xérès, s'il vous plaît.

Mais les deux formules ne sont pas interchangeables à la forme négative. Aussi, lorsqu'on souhaite refuser une invitation, on doit dire :
I won't have anything, thanks.
Non, je ne prendrai rien, merci.

Ou :
I don't want anything, thanks.
Je ne veux rien, merci.

Wouldn't like, signifiant *je n'aimerais pas,* ne peut être employé ici.

205 Le futur continu

A. Formes

Ce temps s'obtient en associant le futur de **to be** et le participe présent :

Affirmatif : I/we will/shall be working... *Je travaillerai,* etc. (**shall** n'est pas très usuel).

Négatif : I/we will/shall not be working *etc. Je ne travaillerai pas* (**shall** n'est pas très usuel).

Interrogatif : Shall I/we be working ? Will I/we be working ?
Travaillerai-je ? (**will** est possible mais moins usuel que **shall**).

Interro-négatif : Won't he/you/they be working ?
Ne travaillera-t-il pas ? etc.

Will, will not, shall not peuvent se contracter en **'ll, won't, shan't**.

Shan't I/we be working ? *ou* Won't I/we be working ?
Ne travaillerai-je pas ? etc.

B. Emplois

Ce temps a deux emplois :

Il peut s'employer comme un temps continu ordinaire.
Il permet d'exprimer un futur sans intention.

206 Le futur continu employé comme tout autre temps continu

Il est normalement employé avec une indication précise de temps et exprime le fait qu'une action commence avant le moment cité et se poursuivra probablement ensuite, comme on le verra dans les exemples suivants.

Imaginons une classe, à l'heure présente, par exemple 9 h 30. On pourrait dire :

Now they are sitting in their classroom. They are listening to a tape. This time tomorrow they will be sitting in the cinema. They will be watching a film. On Saturday there is no class. So on Saturday they will not be sitting in the cinema. They will be doing other things. Bill will be playing tennis. Ann will be shopping. George will still be having breakfast.

Pour l'instant, les élèves sont assis dans la classe. Ils écoutent une bande. A cette même heure, demain, ils seront au cinéma. Ils regarderont un film. Le samedi, il n'y a pas de classe. Donc, samedi, ils ne seront pas au cinéma. Ils feront autre chose. Bill jouera au tennis. Ann fera des courses. George sera encore en train de prendre son petit déjeuner.

Un temps continu peut également être employé avec un temps simple :

Peter has been invited to dinner with Ann and Tom. He was asked to come at eight but tells another friend that he intends to arrive at seven. The friend tries to dissuade him : 'When you arrive they'll still be cooking the meal !'

Peter a été invité à dîner avec Ann et Tom. On lui avait demandé de venir à huit heures mais il dit à un autre ami qu'il a l'intention d'arriver à sept heures. Cet ami essaie de l'en dissuader : « Quand tu arriveras, ils seront encore en train de faire la cuisine ! »

207 Le futur continu employé pour exprimer le futur sans intention

Exemple :

I will be helping Mary tomorrow.
Demain, je donnerai un coup de main à Mary.

Cet énoncé n'implique pas que le locuteur a prévu d'aider Mary ou qu'il désire l'aider. Il exprime simplement le fait que cette action aura lieu. Le futur continu, employé ainsi, est assez proche du présent continu, mais il diffère sur les points suivants :

• Le présent continu implique une action future délibérée. Le futur continu implique qu'une action se produira parce que c'est le cours normal des choses. Le futur continu est donc moins défini, et plus aléatoire que le présent continu :

I am seeing Tom tomorrow.   I'll be seeing Tom tomorrow.
Je vois Tom demain.   *Je verrai Tom demain.*

La première phrase implique que Tom ou le locuteur ont pris des dispositions pour que la rencontre ait lieu. Le seconde implique que Tom et le locuteur se rencontreront parce que cette rencontre est dans l'ordre des choses (peut-être travaillent-ils ensemble).

• Cette différence n'est pas toujours très marquée. Cependant, et très souvent, on peut employer l'un ou l'autre de ces temps. On peut dire :

He'll be taking his exam next week.
Ou : He is taking his exam next week.
Il passera/passe son examen la semaine prochaine.

He won't be coming to the party.
Ou : He isn't coming to the party.
Il ne viendra/vient pas à la réception.

• Le présent continu ne peut être employé qu'avec un complément de temps précis, et renvoie à un futur proche tandis que le futur continu peut être employé avec ou sans complément de temps, et renvoie à un futur proche ou à un futur plus lointain.

On peut dire :
I am meeting him tomorrow.
Je le rencontre demain.

Mais aussi :
I'll be meeting him.
Je le rencontrerai.

Et :
I'll be meeting him tomorrow/next year/some time.
Je le rencontrerai demain/l'année prochaine/un jour.

208 Comparaison du **futur continu** et de **will** + **infinitif**

A. Il y a à peu près la même différence entre **will** + infinitif et le futur continu qu'entre **will** + infinitif et le présent continu. **Will** + infinitif exprime le futur avec intention. Le futur continu exprime le futur sans intention.

• Dans la phrase :

I'll write to Mr. Pitt and tell him about Tom's new house.
Je vais écrire à M. Pitt pour lui parler de la nouvelle maison de Tom.

le verbe **I'll write** veut dire que le locuteur annonce une action à venir conforme à ce qu'il désire, souhaite, veut ou décide.

• Dans la phrase :

I'll be writing to Mr. Pitt and I'll tell him about Tom's new house.
J'écrirai à M. Pitt et je lui parlerai de la nouvelle maison de Tom.

le verbe **I'll be writing** n'exprime pas d'intention. C'est un simple énoncé d'un fait à venir : cette lettre à M. Pitt sera écrite, soit parce qu'il est normal d'écrire à M. Pitt, soit pour des raisons parfaitement étrangères au fait que Tom ait une nouvelle maison.

• De même :

Tom won't cut the grass signifie *Tom ne veut pas couper l'herbe* (= *Tom ne coupera pas l'herbe*) alors que **Tom won't be cutting the grass** n'exprime qu'un fait sans nous fournir aucune indication quant à ce que Tom pense ou a décidé. Tom n'est peut-être pas là, il est peut-être malade, il fera peut-être autre chose, mais il y a un seul fait certain : il ne coupera pas l'herbe.

B. Will + infinitif peut être l'expression d'une invitation :

Will you have a cigarette (voir **204, 224**) ?
Voulez-vous une cigarette ?

ou d'une demande polie :

Will you help me lift the piano (voir **225**) ?
Est-ce que vous m'aiderez à soulever le piano ?

ou d'un ordre :

You will work in this room (voir **226**).
Vous travaillerez dans cette pièce.

Le futur continu ne peut prendre aucune de ces significations :

Demande polie :

Will you bring the piano in here ?
Voulez-vous amener le piano ici ?
Réponse polie : Yes, sir. *Oui, monsieur.*

Mais → Will you be bringing the piano in here ?
est une question relative à une action future :
Est-ce que vous amènerez le piano ici ?

Réponse possible : Yes, I think I will. *Oui, je pense.*

Ou → No, I think I'll put it upstairs.
Non, je pense que je le mettrai là-haut.

You will work in this office under Mr. Pitt (*ordre*).
Vous travaillerez dans ce bureau sous les ordres de M. Pitt.

Mais → You'll be working here (*simple constat*).
C'est ici que vous travaillerez.

Comme on l'a vu précédemment, le présent continu pourrait être
employé ici au lieu du futur continu, à condition qu'un complément
de temps soit ajouté à la phrase :

You are working here this year.
C'est ici que vous travaillerez cette année.

209 Exemples des diverses formes du futur

A. Imaginez, par exemple, que l'on interroge cinq personnes sur
leurs projets pour le samedi suivant ; on dira :

What are you doing/going to do on Saturday ?
Que faites-vous samedi ?

1. Peter, qui a pris des dispositions pour jouer au golf avec George,
dira :

I'm playing/going to play golf with George.
Je joue/vais jouer au golf avec George.

2. Mary a décidé de rester chez elle pour faire des confitures ; elle
dira donc :

I'm staying/going to stay at home. I'm going to make jam.
Je reste/vais rester à la maison. Je vais faire des confitures.

3. Ce que fera Andrew dépend du temps ; il pourra, par exemple,
dire :

If it's fine, I'll work/I'm going to work in the garden.
S'il fait beau, je travaillerai au jardin.

4. Ann n'a pas fait de projet particulier, mais c'est une personne
très active ; elle pourra dire :

Perhaps I'll take/I expect I'll take/I'll probably take/I suppose I'll
take my children for a walk.
Je crois que j'emmènerai les enfants se promener.

5. Bill a toujours du travail le samedi, il dira donc :

Oh, I'll be working as usual.
Oh ! je travaillerai, comme d'habitude.
(Aucune autre forme que **will be working** ne donnerait exactement
ce sens.)

B. Questions relatives aux intentions

Ces questions s'expriment d'ordinaire à l'aide du **présent continu**, de **be going to** ou du **futur continu**. Ce dernier est particulièrement utile à la forme interrogative car la forme interrogative du futur continu est considérée comme plus courtoise que les autres formes de question.

Si nous poursuivons l'interrogatoire de nos cinq personnages, nous pouvons dire :

1. Where are you playing/are you going to play/will you be playing golf ? *Où jouez-vous/allez-vous jouer/jouerez-vous au golf ?*

2. What kind of jam are you going to make/will you be making ? *Quelle sorte de confiture allez-vous faire/ferez-vous ?*

• **Will you** + infinitif est moins usuel que les autres formes et se trouve rarement en début de phrase (ceci permet d'éviter une confusion, car **will you** + infinitif au début d'une phrase s'emploie généralement pour formuler une demande). Il s'emploie cependant dans les phrases conditionnelles, et quand le locuteur offre quelque chose ou demande à l'interlocuteur de prendre une décision :

What will you do if she is not on the plane ?
Que ferez-vous si elle n'est pas dans l'avion ?

Will you have a drink ?
Prendrez-vous quelque chose ?

Will you have your meal now or later ?
Prendrez-vous votre repas maintenant ou plus tard ?

• Autres exemples de questions fondées sur les phrases de **A** ci-dessus :

3. Si nous interrogeons Andrew nous dirons probablement :

What are you going to do/What will you be doing in the garden ?
Qu'allez-vous faire/Que ferez-vous dans le jardin ?
(What will you do ? serait possible.)

et → Are you going to cut/Will you be cutting the grass ?
    Est-ce que vous allez couper de l'herbe/Couperez-vous de l'herbe ?
    (Will you cut the grass ? ressemblerait à un ordre déguisé, à une demande : *voulez-vous couper l'herbe ?*)

4. A Mary, nous dirions probablement :

If you take them, where will you go ?
Si vous les emmenez, où irez-vous ?
(Where will you be going ? est possible.)

5. A Bill nous pourrions dire :

Will you be working all day ?
Vous travaillerez toute la journée ?

C'est la seule forme possible si l'on veut exprimer l'idée que Bill travaille toute la journée parce que c'est une habitude qui lui est imposée de travailler le samedi, et non la conséquence d'un choix délibéré.

• On remarquera que le futur continu doit évidemment être utilisé dans des questions du type **What will you be doing this time next week** ? *Qu'est-ce que vous ferez à cette heure la semaine prochaine ?* qu'il y ait intention ou non (voir **206**).

210 Futur antérieur et futur antérieur continu

A. Le futur antérieur

• **Formes**

Il s'obtient par l'emploi de **will/shall** + infinitif passé à la première personne, **will** + infinitif passé aux autres personnes :

By the end of next month he will have been here for ten years.
A la fin du mois prochain, il aura passé dix ans ici.

• **Emplois**

Ce temps s'emploie pour exprimer le fait qu'à un moment donné du futur F, une action A appartiendra au passé ou viendra de se terminer :

Nous sommes, par exemple, le 3 décembre, et David s'inquiète car il a un examen le 13. Quelqu'un envisageant d'organiser une soirée pourrait dire : '

We'd better wait till 14 December. David will have had his exam by then so he'll be able to enjoy himself.
Nous ferions mieux d'attendre le 14 décembre. David aura alors passé son examen et il pourra mieux s'amuser.

Autre exemple :

I save £ 50 a month and I started in January. So by the end of the year I will/shall have saved £ 600.
Je fais 50 livres d'économies par mois et j'ai commencé en janvier ; à la fin de l'année, j'aurai donc économisé 600 livres.

B. Le futur antérieur continu

• **Formes**

Will/shall have been + participe présent à la première personne, **will have been** + participe présent pour les autres personnes :

By the end of the month he will have been working/will have worked here for ten years.
A la fin du mois, il aura travaillé ici depuis dix ans.

Le futur antérieur continu est au futur antérieur ce que le *present perfect* continu est au *present perfect*, c'est-à-dire qu'il peut être employé à la place du futur antérieur :

1. Quand il s'agit d'une action continue :

By the end of the month he will have been living/working/studying here for ten years.
A la fin du mois, il aura habité/travaillé/étudié dix ans ici (= cela fera dix ans qu'il habite ici).

2. Quand l'action est représentée en tant qu'action continue :

By the end of the month he will have been training horses/climbing mountains for twenty years.

A la fin du mois, cela fera vingt ans qu'il entraîne des chevaux/qu'il fait de l'alpinisme (= il aura entraîné des chevaux/fait de l'alpinisme pendant vingt ans).

Mais si nous indiquons le nombre de chevaux entraînés, le nombre de sommets escaladés (c'est-à-dire si nous énonçons une série d'actes discontinus), nous serons obligés d'employer le futur antérieur :

By the end of the month he will have trained 600 horses/climbed 50 mountains.

A la fin du mois, il aura entraîné 600 chevaux/escaladé 50 sommets.

XIX. — LA CONCORDANCE DES TEMPS

211 Les propositions subordonnées

Une phrase peut être constituée d'une proposition principale et d'une ou plusieurs propositions subordonnées. Une proposition subordonnée est un groupe comprenant au minimum un sujet et un verbe, introduit par une conjonction de subordination ou un groupe introduit par un pronom relatif (voir chapitre **VII**) :

We knew that the bridge was unsafe.
Nous savions que le pont était dangereux.

He gave it to me because he trusted me.
Il me l'a donné parce qu'il avait confiance en moi.

He ran faster than we did.
Il a couru plus vite que nous.

This is the picture that I bought in Rome.
Voici le tableau que j'ai acheté à Rome.

D'autres exemples sont donnés aux chapitres ou aux paragraphes traitant des phrases conditionnelles, des pronoms relatifs, des subordonnées de but, de comparaison, de temps, de conséquence et de concession. Il n'est pas nécessaire ici de procéder à une étude détaillée des propositions ni même d'en identifier les différentes catégories, mais il est indispensable de savoir reconnaître le verbe de la proposition principale d'une phrase, en raison de la règle importante énoncée ci-dessous.

212 La concordance des temps

Cette règle définit les contraintes auxquelles est soumis l'emploi dans les subordonnées, en fonction du temps du verbe principal, des temps que nous avons étudiés.

Quand le verbe principal d'une phrase est à un temps du passé, les verbes subordonnés doivent également être au passé.

On remarquera qu'une proposition ne peut être formée par un infinitif seul et que les infinitifs ne sont, par conséquent, pas affectés par cette règle :

He wants to go to Lyons.   He wanted to go to Lyons.
Il veut aller à Lyon.   *Il voulait aller à Lyon.*

(Pas de changement en ce qui concerne l'infinitif.)

Les règles de concordance des temps s'appliquent également au discours indirect lorsqu'il est introduit par un verbe au passé (voir chapitre **XXIX**).

• **Tableau des concordances**

Temps du verbe principal	Phrase	Temps du verbe subordonnée
Présent	He thinks that it will rain. *Il pense qu'il pleuvra.*	Futur
Prétérit	He thought that it would rain. *Il pensait qu'il pleuvrait.*	Conditionnel (futur dans le passé)
Présent	He sees that he has made a mistake. *Il se rend compte qu'il a fait une erreur.*	*Present perfect*
Prétérit	He saw that he had made a mistake. *Il se rendait compte qu'il avait fait une erreur.*	Plus-que-parfait
Présent	I work so hard that I am always tired. *Je travaille tellement que je suis toujours fatigué.*	Présent
Prétérit	I worked so hard that I was always tired. *Je travaillais tellement que j'étais toujours fatigué.*	Prétérit
Present perfect	He has done all that is necessary. *Il a fait tout ce qui est nécessaire.*	Présent
Plus-que-parfait	He had done all that was necessary. *Il avait fait tout ce qui était nécessaire.*	Prétérit
Présent	He says that he is going to eat it. *Il dit qu'il va le manger.*	Présent continu
Prétérit	He said that he was going to eat it. *Il a dit qu'il allait le manger.*	Prétérit continu

XX. — LE CONDITIONNEL

Les temps du conditionnel

213 Le conditionnel présent

A. Il se forme à l'aide de should/would + infinitif à la première personne et **would** + infinitif pour les autres personnes.

Affirmatif :	I should/would work you would/you'd work he would/he'd work	*je travaillerais,* etc.
Négatif :	I should/would not *work ou* I shouldn't/ wouldn't work you would not/ wouldn't work, *etc.*	*je ne travaillerais pas...*
Interrogatif :	Should I work ? would you work ? *etc.*	*travaillerais-je ?* etc.
Interro- négatif :	Should I not/shouldn't I work ? would you not/ wouldn't you work ? *etc.*	*ne travaillerais-je pas ?* etc.

B. Le conditionnel présent s'emploie :

1. Dans les phrases conditionnelles (voir **215-223**)

2. Dans les cas d'emploi particulier de **should** et **would** (voir **XXI**)

3. Comme équivalent d'un futur dans le passé. **Should/would** doivent être employés au lieu de **shall/will** quand le verbe principal de la phrase est au passé (voir **XIX**) :

I hope (that) I shall/will succeed.
J'espère que je réussirai.

I hoped (that) I should/would succeed.
J'espérais que je réussirais.

I know (that) he will be in time.
Je sais qu'il sera à l'heure.

I knew (that) he would be in time.
Je savais qu'il serait à l'heure.

He thinks (that) they will give him a visa.
Il pense qu'ils lui donneront un visa.

He thought (that) they would give him a visa.
Il pensait qu'ils lui donneraient un visa.

I expect (that) the plane will be diverted.
Je pense que l'avion sera dérouté.

I expected (that) the plane would be diverted.
Je croyais que l'avion serait dérouté.

• **Shall/will** au discours direct deviennent donc **should/would** au discours indirect introduit par un verbe au passé :

I said : 'I shall be there'.
J'ai dit : « J'y serai ».

I said I should/would be there.
Je disais que j'y serais.

He said : 'I shall be there'.
Il déclarait : « J'y serai ».

He said that he would be there.
Il déclara qu'il y serait.

(**Shall** est remplacé par **would** quand le sujet première personne au discours direct devient une troisième personne au discours indirect.)

He said : 'Tom will help me'.
Il a dit : « Tom m'aidera ».

He said Tom would be help him.
Il a dit que Tom l'aiderait.

(Voir également chapitre **29**.)

214 Le conditionnel passé

A. Il se forme avec **should/would** + infinitif passé :

Affirmatif :	I should/would have worked you would have worked, *etc.*	*j'aurais travaillé, etc.*
Négatif :	I should/would not have worked *ou* I shouldn't/ wouldn't have worked	*je n'aurais pas travaillé, etc.*
Interrogatif :	would you have worked ? *etc.*	*auriez-vous travaillé ? etc.*
Interro-négatif :	should I not/shouldn't I have worked ? would you not/ wouldn't you have worked ? *etc.*	*n'aurais-je pas travaillé ? etc.*

B. Ce temps s'emploie :

1. Dans les phrases conditionnelles (voir **215-223**).

2. Dans les cas d'emploi particulier de **should** (voir **235-238**) et **would** (voir **224-232**).

3. Comme équivalent d'un futur antérieur dans le passé :

I hope he will have finished before we get back.
J'espère qu'il aura terminé avant notre retour.

I hoped he would have finished before we got back.
J'espérais qu'il aurait terminé avant notre retour.

Les phrases conditionnelles

Les phrases conditionnelles sont constituées de deux parties : la subordonnée introduite par **if** et la proposition principale :

If it rains I shall stay at home.
S'il pleut, je resterai à la maison.

If it rains est la proposition subordonnée par **if** à la proposition principale **I shall stay at home.**

Il y a trois types de phrases conditionnelles. Chacune d'elles contient un couple de verbes aux temps caractéristiques. Il y a des variantes à chaque type, mais, lorsqu'on aborde le conditionnel pour la première fois, il est préférable de concentrer l'attention sur les formes de base.

215 Phrase conditionnelle de type 1 : **le potentiel**

A. Le potentiel indique qu'un événement se produira si un autre se produit également. Le verbe de la proposition subordonnée est au présent, le verbe principal au futur. L'ordre des propositions n'a pas d'importance :

If he runs he'll get there in time.
S'il court, il arrivera à temps.

The cat will scratch you if you pull her tail.
La chatte te griffera si tu lui tires la queue.

Ce type de phrase implique que l'événement exprimé dans la subordonnée est tout à fait probable.

Le sens, on le remarquera, est présent ou futur, mais le verbe de la subordonnée est au présent, et non au futur. **If + will/would** n'est possible que dans des cas particuliers avec un sens spécial (voir **218**).

B. Variantes de la forme de base

1. **Variantes de la principale :** au lieu de **if** + présent + futur, on peut avoir :

1) **if** + présent + **may/might** (probabilité).
If the fog gets thicker the plane may/might be diverted.
Si le brouillard s'épaissit, l'avion pourra/pourrait être dérouté.

2) **if** + présent + **may** (permission) ou **can** (permission ou aptitude) :
If your documents are in order you may/can leave at once.
Si vos documents sont en ordre, vous pourrez partir tout de suite
(vous serez autorisé à).

If it stops snowing we can go out.
S'il cesse de neiger, nous pourrons sortir (permission ou possibilité).

3) **if** + présent + **must, should** ou toute expression de la notion d'ordre, de demande, de conseil :
If you want to lose weight you must/should eat less bread.
Si vous voulez maigrir, vous devez/devriez manger moins de pain.

If you want to lose weight you had better eat less bread.
Si vous voulez maigrir, vous feriez mieux de manger moins de pain.

If you want to lose weight eat less bread.
Si vous voulez perdre du poids, mangez moins de pain.

If you see Tom tomorrow could you ask him to ring me ?
Si vous voyez Tom demain, pourriez-vous lui demander de me téléphoner ?

4) **if** + présent + présent s'emploie pour exprimer les conséquences habituelles ou automatiques d'un événement :

If you heat ice it turns to water.
Si vous chauffez de la glace, elle se transforme en eau (**will turn** est également possible).

If there is a shortage of any product prices of that product go up.
S'il y a pénurie d'un produit, le prix de ce produit augmentera.

5) Lorsque **if** est employé dans le sens de **as/since** = *étant donné que, puisque,* divers temps peuvent être employés dans la principale :

BILL : Ann hates London.
Anne a horreur de Londres.

TOM : If she hates it, why does she live there ?/She ought to move out/Why has she just bought a flat there ?
Si elle en a horreur, pourquoi y habite-t-elle ?/Elle devrait déménager/Pourquoi vient-elle d'y acheter un appartement ?

2. Variantes de la subordonnée : au lieu de **if** + présent, on peut trouver :

1) **if** + présent continu, pour exprimer une action en cours ou des dispositions prises pour une action future :

If you are waiting for a bus you'd better join the queue.
Si vous attendez le bus, vous feriez mieux de vous mettre dans la queue (action en cours).

If you are looking for Peter you'll find him upstairs.
Si vous cherchez Peter, vous le trouverez là-haut (action en cours).

If you are staying for another night I'll ask the manager to give you a better room.
Si vous restez une autre nuit, je demanderai au directeur de vous donner une meilleure chambre (disposition pour action future).

2) **if** + *present perfect*

If you have finished dinner I'll ask the waiter for the bill.
Si vous avez terminé, je vais demander l'addition au garçon.

If he has written the letter I'll post it.
S'il a écrit la lettre, je vais la mettre à la poste.

If they haven't seen the museum we'd better go there today.
S'ils n'ont pas vu le musée, nous ferions mieux d'y aller aujourd'hui.

216 Phrases conditionnelles de type 2 : l'irréel du présent

Ces phrases expriment ce qui se passerait si une condition était actuellement réalisée. Il est intéressant de noter que l'expression du non-réel par rapport au réel se fait avec le prétérit, de même qu'en français elle se fait avec l'imparfait : « si j'étais riche » ne renvoie pas au passé ; cela signifie « mais en réalité, je ne suis pas riche ».

Plus généralement, les correspondances réel-irréel sont les suivantes .

1. $\begin{cases} \text{Réel :} \\ \text{Irréel :} \end{cases}$ affirmatif   négatif
                 négatif   affirmatif

2. $\begin{cases} \text{Réel :} \\ \text{Irréel :} \end{cases}$ présent   prétérit (anglais)
                 prétérit (anglais)   imparfait (français)
                 imparfait (français)   plus-que-parfait

Ex : Réel : *je suis malade.*   Irréel : *si je n'étais pas malade.*
       Réel : *j'avais de l'argent.* Irréel : *si je n'avais pas eu d'argent.*

A. Le verbe de la subordonnée est au prétérit, le verbe de la principale est au conditionnel présent :

If I had a map I would lend it to you.
Si j'avais une carte, je te la prêterais.
(Sens présent = je n'ai pas de carte.)

If someone tried to blackmail me I would tell the police.
Si quelqu'un essayait de me faire chanter, j'avertirais la police (sens futur = personne n'essaiera de me faire chanter).

Il n'y a pas de différence entre les types 1 et 2 en ce qui concerne leur rapport avec le temps. Le type 2 renvoie à la situation présente et à ses prolongements futurs.

B. Le type 2 s'emploie :

1. Lorsque la supposition est contraire aux faits connus :

If I lived near my office I'd be in time for work.
Si j'habitais près de mon bureau, je serais à l'heure à mon travail.

If I were you I'd plant some trees round the house.
Si j'étais à votre place, je planterais des arbres autour de la maison (remarquez la forme particulière **were** qui est le subjonctif imparfait de **to be** à toutes les personnes).

Pour tous les autres verbes, le prétérit et le subjonctif imparfait ne sont pas différenciés (voir 3 ci-dessus).

2. Lorsqu'on ne considère pas que l'action exprimée par la subordonnée est probable :

If a burglar came into my room at night I'd throw something at him.
Si un voleur entrait la nuit dans ma chambre, je lui lancerais quelque chose (je ne considère pas cette hypothèse comme probable).

If I dyed my hair blue everyone would laugh at me.
Si je me teignais les cheveux en bleu, tout le monde se moquerait de moi (mais je n'en ai pas l'intention).

• Certaines propositions introduites par **if** peuvent signifier ces deux choses :

If he left his bicycle outside, someone would steal it.
S'il laissait son vélo dehors, on le volerait.

If he left his bicycle peut signifier : mais en fait, il ne la laisse pas (sens présent) ; ou : mais il n'en a pas l'intention (sens futur). C'est le contexte qui permet de choisir entre ces deux sens.

Jadis une ambiguïté de ce type pouvait être levée en employant **were to** + infinitif au lieu du prétérit dans les phrases conditionnelles de type 2 (2) :

If a burglar were to come (= came)
If I were to dye my hair (= dyed)
If he were to leave (= left)

Aujourd'hui, cet emploi de **were to** est considéré comme recherché, mais se rencontre parfois dans la langue écrite.

3. Parfois, et il faut veiller à ne pas confondre, des phrases du type 2 peuvent être employées au lieu de phrases du type 1 pour évoquer des projets et suggestions parfaitement possibles :

Will Mary be in time if she gets the ten o'clock bus ?
No, but she'd be in time if she got the nine-thirty bus.
Ou : No, but she'll be in time if she gets the nine-thirty bus.
Est-ce que Mary arrivera à temps si elle prend le bus de 10 heures ?
Non, mais elle arriverait à temps si elle prenait le bus de 9 heures 30.
Ou : *Non, mais elle arrivera à temps si elle prend le bus de 9 heures 30.*

ANN : We'll never save £ 20 !
Nous ne mettrons jamais 20 livres de côté !
TOM : If we each saved 50 p a week we'd do it in ten weeks.
Ou : If we each save 50 p a week we'll do it in ten weeks.
Si nous économisions chacun 50 pence par semaine, nous le ferions en dix semaines.
Ou : *Si nous économisons chacun 50 pence par semaine, nous le ferons en dix semaines.*

• La suggestion faite avec le conditionnel du type 2 est plus courtoise, moins abrupte que lorsqu'elle est faite avec le conditionnel du type 1, de même qu'une demande paraît plus polie lorsqu'elle est formulée à l'aide de **would you** que lorsqu'on emploie **will you** (en français, on a le même phénomène : le conditionnel atténue l'affirmation, rend la suggestion, la demande, le conseil plus polis. Comparez :
Tu dois/tu devrais faire cela.
Je veux/je voudrais ceci.
Il nous faut/il nous faudrait, etc.).

C. Variantes de la forme type

1. Variantes de la principale

1) **Might** ou **could** peuvent être employés à la place de **would** :
If you tried again you would succeed.
Si tu essayais encore une fois, tu réussirais (résultat certain).
If you tried again you might succeed.
Si tu essayais encore, il se pourrait que tu réussisses (résultat probable).

If I knew her number I could ring her up.
Si je connaissais son numéro, je pourrais l'appeler (possibilité).

If he had a permit he could get a job.
S'il avait un permis il pourrait avoir un emploi (autorisation et possibilité).

2) Le conditionnel continu peut être employé au lieu du conditionnel simple :

TOM : Peter is on holiday, he is touring Italy.
    Peter est en vacances, il visite l'Italie.

ANN : If I were on holiday I would/might be touring Italy too.
    Si j'étais en vacances, moi aussi je visiterais l'Italie/moi aussi il se pourrait bien que je visite...

3) **If** + prétérit peut être suivi d'un second prétérit lorsqu'on veut exprimer des réactions automatiques ou habituelles dans le passé. Comparez avec **if** + deux présents **215 B** 1 (4). On notera que les deux prétérits ont ici une valeur passée :

If anyone interrupted him he got angry (= whenever anyone interrupted him...).
Si quelqu'un l'interrompait, il se fâchait (= chaque fois que quelqu'un l'interrompait).

If there were a scarcity of anything, prices of that thing went up.
Quand il y avait pénurie d'un article, le prix de cet article augmentait.

4) Lorsque **if** est employé avec le sens de « *puisque, étant donné que* », divers temps peuvent être employés dans la principale. **If** + prétérit a une valeur passée. La phrase n'est pas un véritable conditionnel :

ANN : The pills made him dizzy. All the same he bought some more/has bought some more/is buying some more.
    Les pilules lui donnaient le vertige. Il continuait quand même/il a continué quand même/il continue quand même d'en acheter.

TOM : If they made him dizzy why did he buy/has he bought/is he buying more ?
    Puisqu'elles lui donnaient le vertige, pourquoi continuait-il/a-t-il continué/continue-t-il d'en acheter ?

BILL : I knew she was short of money.
    Je savais qu'elle manquait d'argent.

GEORGE : If you knew she was short of money you should have lent her some/Why didn't you lend her some ?
    Puisque/Si vous saviez qu'elle manquait d'argent, vous auriez dû lui en prêter/Pourquoi ne lui en avez-vous pas prêté ?

2. **Variantes de la subordonnée introduite par if**

Au lieu de **if** + prétérit simple, on peut trouver :

1) **If** + prétérit continu :

We're going by air and I hate flying. If we were going by boat I'd feel much happier.
Nous y allons en avion et j'ai horreur de ça. Si nous y allions par bateau, je me sentirais beaucoup plus à l'aise.

If my car was working I would/could drive you to the station.
Si ma voiture marchait, je te conduirais/pourrais te conduire à la gare.

2) **If** + plus-que-parfait :

If he had taken my advice, he would be a rich man now.
S'il avait suivi mon avis, il serait riche aujourd'hui.

(Il s'agit ici d'un mélange des types 2 et 3. Pour plus de détails et d'autres exemples, voir **217**.) (Pour **if** + **would**, voir **218**.)

217 Phrases conditionnelles de type 3 : **irréel du passé**

L'irréel du passé exprime ce qui se serait passé si un événement s'était produit (contrairement à ce qui s'est véritablement passé).

A. Le verbe de la subordonnée est au plus-que-parfait, et le verbe de la principale est au conditionnel passé. Cette construction renvoie à une période du passé, et la condition ne peut pas être remplie puisque l'action exprimée dans la proposition introduite par **if** n'a pas été accomplie :

If I had known that you were coming I would have met you at the airport.
Si j'avais su que vous veniez, je vous aurais attendu à l'aéroport (= je ne savais pas, donc je ne suis pas allé...).

If he had tried to leave the country he would have been stopped at the frontier.
S'il avait essayé de quitter le pays, il se serait fait arrêter à la frontière (= mais il n'a pas essayé).

B. Variantes de la formule type

1. **Could** ou **might** peuvent être employés à la place de **would** :

If we had found him earlier, we could have saved his life.
Si nous l'avions trouvé plus tôt, nous aurions pu lui sauver la vie (possibilité/capacité).

If we had found him earlier we might have saved his life.
Si nous l'avions trouvé plus tôt, nous aurions peut-être pu le sauver (possiblité/éventualité).

If our documents had been in order, we could have left at once.
Si nos documents avaient été en ordre, nous aurions pu partir tout de suite (possibilité/autorisation).

2. On peut employer le conditionnel passé à la forme continue :

At the time of the accident I was sitting in the back of the car, because Tom's little boy was sitting beside him in front. If Tom's boy had not been there I would have been sitting in front.
Au moment de l'accident, j'étais assis à l'arrière car le petit garçon de Tom était assis à l'avant à côté de lui. Si le petit garçon de Tom n'avait pas été là, c'est moi qui aurais été assis à l'avant.

3. On peut utiliser le plus-que-parfait continu dans les subordonnées introduites par **if** :
Luckily I was wearing a seat belt. If I hadn't been wearing one I would have been seriously injured.
Heureusement, j'avais mis la ceinture de sécurité. Si je ne l'avais pas mise, j'aurais été gravement blessé.

4. Une combinaison des types 2 et 3 est possible :
The plane I intended to catch crashed and everyone was killed. If I had caught that plane I would be dead now (type 2) *ou* I would have been killed (type 3).
L'avion que j'avais l'intention de prendre s'est écrasé et tous les passagers ont été tués. Si j'avais pris cet avion, je serais mort à l'heure qu'il est (type 2)/j'aurais été tué (type 3).

If I had worked harder at school I would be sitting in a comfortable office now ; I wouldn't be sweeping the streets.
Si j'avais travaillé davantage à l'école, je serais aujourd'hui installé dans un bureau confortable ; je ne serais pas en train de balayer les rues (mais je n'ai pas assez travaillé).

5. **Had** peut être placé en tête de phrase (inversion auxiliaire-sujet), ce qui dispense d'employer **if** :
If you had obeyed orders this disaster would not have happened.
Had you obeyed orders this disaster would not have happened.
Si vous aviez obéi aux ordres, cette catastrophe ne se serait pas produite.

218 Emplois particuliers de **will/would** et **should** dans les subordonnées conditionnelles introduites par **if**

Ces auxiliaires ne s'emploient pas, normalement, après **if** dans les phrases conditionnelles. Il existe cependant un certain nombre d'exceptions.

A. If you will/would est souvent employé pour formuler une demande polie. **Would** est l'auxiliaire le plus courtois :
If you will/would wait a moment I'll see if Mr. Jones is free.
Si vous voulez bien attendre, je vais voir si M. Jones est disponible.
I would be very grateful if you would make these arrangements for me.
Je vous serais très obligé de bien vouloir prendre ces dispositions en mon nom.

• **If you will/would** + infinitif est souvent employé seul quand la demande formulée est dictée par les circonstances mêmes. Le locuteur pense que l'interlocuteur accédera naturellement à cette demande :

If you'd fill up this form.
Si vous vouliez bien remplir ce formulaire.

(à l'hôtel)	If you'd just sign the register.
	Si vous voulez bien signer le registre.
(dans un magasin)	If you'd put your address on the back of the cheque.
	Si vous voulez bien mettre votre adresse au dos du chèque.
(en classe)	If you'd open your books.
	Si vous voulez bien ouvrir vos livres.

B. **If + will/would** peut être employé à toutes les personnes pour exprimer la notion de consentement :

If he'll listen to me I'll be able to help him.
S'il veut bien m'écouter, je serai en mesure de l'aider.

If Tom would tell me what he wants for his dinner, I'd cook it for him.
Si Tom voulait bien me dire ce qu'il veut pour son dîner, je le lui ferais (la personne qui parle laisse entendre que Tom ne veut pas le lui dire).

• **Won't** employé dans ce cas peut signifier « refuser » :

If he won't listen to me I can't help him.
S'il ne veut pas m'écouter, je ne peux pas l'aider.

If they won't accept a cheque we'll have to pay cash.
S'ils ne veulent pas de chèque, il nous faut payer en liquide.

C. **Will** peut être employé pour exprimer une certaine obstination, une certaine insistance (**will** accentué) :

If you 'will play the drums all night no wonder the neighbours complain.
Si vous vous obstinez à jouer de la batterie toute la nuit, pas étonnant que les voisins se plaignent.

D. **If + would like/care** peut être employé à la place de **if + want/wish,** et constitue une forme d'expression plus courtoise :

If you would like to come I'll get a ticket for you.
Si cela vous faisait plaisir de venir, je vous prendrais un billet.

If you'd care to see the photographs I'll bring them round some evening.
Si cela vous intéressait de voir les photos, je vous les apporterais un de ces soirs.

If he'd like to leave his car here he can.
S'il voulait laisser sa voiture ici, ce serait possible.

Mais si nous disposons ces phrases de telle manière que **would like** n'ait plus de complément, on peut supprimer **would** :

If you like, I'll get a ticket for you.
Mais → If you'd like a ticket I'll get one for you.

Si vous voulez/au cas où vous voudriez un billet, je vous en prendrai(s) un.

If he likes he can leave his car here.

Mais → If he'd like to leave his car here he can.

He can leave it here if he'd like to.

S'il le veut, il peut laisser sa voiture ici. Au cas où il le voudrait...

E. **If + should** peut être employé dans les phrases de type 1 (potentiel) pour indiquer que l'action, bien que possible, n'est pas très vraisemblable. Cette construction est souvent associée à un impératif et s'emploie principalement dans la rédaction d'instructions écrites :

If you should have any difficulty in getting spare parts, ring this number.

Si vous aviez du mal à trouver des pièces de rechange, appelez ce numéro.

If these biscuits should arrive in damaged condition, please inform the factory at once.

Si ces biscuits vous parvenaient endommagés, ayez l'obligeance d'en avertir l'usine immédiatement.

• **Should** peut être placé en tête de phrase (inversion auxiliaire-sujet), ce qui permet d'omettre **if** :

Should this machine fail, ring the bell and wait.

Si cette machine tombe en panne, actionnez la sonnerie et attendez.

219 **If + were** peut être employé au lieu de **if + was**

If she was/were offered the job she'd take it (les deux formes sont possibles).

Si on lui offrait cette place, elle la prendrait.

If Peter was/were to apply for the post he'd probably get it (**were** est préférable).

Si Peter posait sa candidature à ce poste, il l'obtiendrait probablement.

If I was/were you I should wait a bit (**were** est plus usuel).

Si j'étais à votre place, j'attendrais un peu.

Were I you I should wait (**were** est la seule forme possible).

A votre place, j'attendrais.

• **Were to** est plus usuel que **was to**. **Were** est préférable à **was** quand la supposition est en opposition avec la réalité. **Were** est la seule forme possible lorsque l'auxiliaire est placé en tête.

• On remarquera que **if I were you I should/would** est une manière utile de formuler un conseil :

If I were you I should/would/'d paint it green.

A votre place, je le peindrais en vert.

On peut omettre **if I were you** :

I'd paint it green.

• Dans le discours indirect, le verbe **advise** permet de mieux introduire des phrases de ce genre :

He said : 'If I were you I'd tell the police'.
= He advised me to tell the police.
Il dit : « A votre place, j'avertirais la police ».
Il me conseilla d'avertir la police.

220 If remplacé par **unless,** *à moins que ;* **but for,** *sans ;* **otherwise,** *autrement ;* **provided,** *pourvu que ;* **suppose,** *à supposer que ;* ou par une inversion

A. Unless + verbe affirmatif + **if** + verbe négatif
Unless you start at once you'll be late.
= If you do not start...
Si vous ne partez pas tout de suite/A moins de partir tout de suite, vous allez être en retard.
Unless you had a permit you couldn't get a job.
= If you hadn't a permit...
A moins d'avoir un permis/Si vous n'avez pas de permis, vous ne pouvez avoir d'emploi.

B. **But for** = **if it were not for/if it hadn't been for,** *n'eût été.*
My father sends me an allowance. But for that I wouldn't be here.
Mon père me verse une allocation. Sans cela je ne serais pas ici.
The storm delayed us. But for the storm we would have been in time. *La tempête nous a retardés. Sans cette tempête, nous serions arrivés à l'heure.*

C. **Otherwise** = if this doesn't/didn't happen/if this hadn't hap-
pened, *si cela ne se produit/produisait pas/si cela ne s'était pas produit* = *autrement/sans quoi :*
We must be back before midnight ; otherwise we'll be locked out (= if we are not back...).
Nous devons être de retour avant minuit, autrement/sans quoi nous trouverons porte close.
Her father pays her fees ; otherwise she wouldn't be here (= if her father didn't pay...).
Son père lui paie ses études, sans quoi elle ne serait pas ici.
I used my calculator ; otherwise I'd have taken much longer (if I hadn't used my calculator...).
Je me suis servi de ma calculatrice, sans quoi cela m'aurait pris beaucoup plus de temps.

D. **Provided (that),** *pourvu que* peut remplacer **if** lorsqu'il y a une forte idée de restriction. Il s'emploie principalement dans l'expression de l'autorisation :

You can camp in my field provided you leave no mess.
*Vous pouvez camper dans mon champ pourvu que vous le laissiez
en parfait état.*

E. Suppose/supposing... ? = what if... ?, *à supposer que...
et si... ?*

Suppose the plane is late ?
A supposer que l'avion soit en retard ?
= What if/What will happen if the plane is late ?
Et si/que se passera-t-il si l'avion est en retard ?

Suppose no one had been there ?
Suppose que personne n'ait été là ?
= What if no one had been there ?
Et si personne n'avait été là ?

• **Suppose** peut aussi servir à introduire des suggestions :

Suppose you ask him.
Supposez que vous le lui demandiez ?
= Why don't you ask him ?
Pourquoi ne pas le lui demander ?

F. Inversion du sujet et de l'auxiliaire et omission de if

If + sujet + auxiliaire peut être remplacé par **auxiliaire + sujet** :

If I were in his shoes = Were I in his shoes.
Si j'étais dans sa peau.

If there should be a delay = should there be a delay.
S'il y a, d'aventure, un retard.

If he had known in time = Had he known in time.
S'il avait su en temps utile.

221 **If** et **in case**, *au cas où*

In case est suivi d'un présent ou d'un prétérit ou de **should.** Bien
qu'on les confonde souvent **if** et **in case** sont complètement différents.

• Une proposition introduite par **in case** indique quelle est la raison
de l'action exprimée dans la principale :

Some cyclists carry repair outfits in case they have a puncture.
*Certains cyclistes ont une trousse de réparation au cas où ils auraient
une crevaison.*

I always slept by the phone in case he rang during the night.
*Je dormais toujours auprès du téléphone au cas où il m'aurait
appelé pendant la nuit.*

• Une proposition introduite par **in case** peut être omise sans que
cela modifie le sens de la phrase.
Dans une phrase conditionnelle, par contre, l'action exprimée dans
la principale dépend de l'action exprimée dans la proposition
introduite par **if** et, si cette proposition est supprimée, le sens de la
principale est modifié.

Comparez :

1. BILL : I'll come tomorrow in case Ann wants me.
   Je viendrai demain, au cas où Ann aurait besoin de moi.
2. TOM : I'll come tomorrow if Ann wants me.
   Je viendrai demain si Ann a besoin de moi.

En 1, il est possible qu'Ann ait besoin de Bill, mais il se peut qu'elle n'ait pas besoin de lui ; de toute manière, Bill viendra. Sa venue ne dépend pas de la décision d'Ann. **In case Ann wants me** peut ne pas être exprimé : **I'll come tomorrow** n'en est pas affecté.

En 2, phrase conditionnelle, Tom ne viendra que si Ann le lui demande. Sa venue dépend de la décision d'Ann. On ne peut pas supprimer **if Ann wants me** sans modifier le sens de la principale.

• Une proposition introduite par **in case** se place normalement après la principale, et non avant. On notera, cependant, que **in case of** + nom = **if there is a/an** + nom, *s'il y a...*, peut se placer avant la principale :

In case of accident, phone 999.
En cas d'accident, appelez le 999.

On peut dire aussi :

If there is an accident, phone 999.
S'il y a un accident, ...

C'est peut-être ce qui explique la confusion entre les propositions introduites par **if** et celles introduites par **in case** (voir aussi **310** pour **in case** et **lest**).

222 If only *si seulement*

Only peut être utilisé après **if** pour exprimer une notion d'espoir, de souhait, de respect, selon le temps employé. **If only** + présent ou **will** exprime l'espoir :

If only he comes in time...
Si seulement il arrive à temps... (nous espérons qu'il arrivera à temps).

If only he will listen to her...
Si seulement il veut bien l'écouter... (= nous espérons qu'il voudra bien l'écouter).

If only + prétérit ou plus-que-parfait exprime le regret (comme le fait **wish** + prétérit ou plus-que-parfait) :

If only he didn't drive so fast.
Si seulement il ne conduisait pas si vite.

If only you hadn't said 'liar'.
Si seulement tu ne l'avais pas traité de menteur.

Après **if only**, on trouve une expression de ce qui est contraire à la réalité (expression de l'irréel) :

Irréel : **he didn't drive**	Réel : **he drives**
Irréel : **you hadn't said**	Réel : **you said**

• **If only** + **would** peut exprimer le regret relatif à une action présente, comme équivalent possible de **if only** + prétérit (et a le même sens que **wish** + **would**) :

If only he would drive more slowly.
Si seulement il voulait bien conduire moins vite.

C'est une manière d'envisager la chose sans beaucoup d'espoir :

If only the rain would stop (= we wish it would stop).
Si la pluie voulait bien s'arrêter (= nous souhaitons qu'elle s'arrête, mais nous n'y croyons pas).
(Voir aussi **wish, 231**.)

Les propositions introduites par **if only** peuvent être employées seules (voir ci-dessus) ou comme subordonnées dans des phrases conditionnelles complètes.

223 Les phrases conditionnelles au discours indirect

A. Type 1 (potentiel)

1. Forme de base : les transformations se font selon les règles usuelles :

He said : 'If I get a seat on the plane I'll be home in five hours'.
Il a dit : « Si j'ai une place dans l'avion, je serai chez moi dans cinq heures ».
= He said that if he got a seat on the plane he'd be home in five hours.
Il a dit que s'il avait une place dans l'avion, il serait chez lui en cinq heures.

Si le verbe introductif est au présent, il n'y a pas de changement de temps.

2. Propositions commençant par **if** (demandes, ordres, conseils et questions) :

Ces énoncés peuvent être rapportés en employant les verbes **tell** *dire*, **ask** *demander*, **advise** *conseiller*, etc., + complément + infinitif avec **to** (voir **301**) ou le verbe **say** *dire* + sujet + **should/be** + infinitif (voir **302**) :

He said : 'If you have time, clean the windows/Could you clean the windows ?'
Il a dit : « Si tu as le temps, lave les carreaux/Pourrais-tu laver les carreaux ? »
= He told/asked me to clean the windows if I had time.
Il m'a dit/demandé de laver les carreaux si j'avais le temps.

Ou : He said that if I had time I was to clean the windows.
Il a dit que si j'avais le temps je devais laver les carreaux.

• On remarquera que, si l'on emploie la construction complément + infinitif, il faut que cette construction précède la proposition introduite par **if.** Ceci signifie souvent qu'il faut changer l'ordre d'origine, et produit parfois des phrases lourdes ou confuses. Dans ces cas-là, il vaut mieux employer la construction avec **say** :

'If you see Ann remind her to ring me', said Tom.
« *Si vous voyez Ann, rappelez-lui qu'elle doit me téléphoner* », *dit Tom.*
= Tom said that if we saw Ann we were to remind her to ring him.
Tom a dit que si nous voyions Ann, nous devions lui rappeler de lui téléphoner.
(La construction avec **tell** serait ici très lourde.)

La construction avec **say** est aussi plus usuelle quand le verbe introductif est au présent :
PETER (au téléphone) : If you miss the last bus get a taxi.
Si vous ratez le dernier bus, prenez un taxi.

Ceci serait normalement rapporté ainsi :
Peter says that if we miss the last bus we are to get a taxi.
Peter dit que si nous ratons le dernier bus, nous devons prendre un taxi/Peter dit que nous prenions un taxi si nous ratons le dernier bus.

• L'expression d'un conseil est normalement rapportée avec **advise** + complément + infinitif ou par **say** + sujet + **should** :
She said : 'If you're tired why don't you sit down ?/You had better sit down'.
Elle a dit : « Si vous êtes fatigué, pourquoi ne pas vous asseoir ?/-Vous feriez mieux de vous asseoir ».
= She advised me to sit down if I was tired.
Elle m'a conseillé de m'asseoir si j'étais fatigué.
Ou → She said that if I was tired I should/had better sit down.
Elle a dit que si j'étais fatigué, je devrais/je ferais mieux de m'asseoir.

• Les questions sont d'ordinaire rapportées avec la proposition introduite par **if** en dernier :
'If the baby is a girl, what will they call her ?' he wondered.
« *Si le bébé est une petite fille, comment l'appellera-t-on ?* » *se demandait-il.*
= He wondered what they would call the baby if it was a girl.
Il se demandait comment on appellerait le bébé si c'était une petite fille.
'If the door is locked what shall I do ?' she asked.
« *Si la porte est fermée, que ferai-je ?* » *demanda-t-elle.*
= She asked what she should do if the door was locked.
Elle demanda ce qu'elle devrait faire si la porte était fermée.

B. Type 2 (irréel du présent)

1. Forme de base : les temps ne changent pas :
He says/said : 'If I had a permit I could get a job'.
Il dit/a dit : « Si j'avais un permis, je trouverais du travail ».
= He says/said that if he had a permit he could get a job.
Il dit/a dit que s'il avait un permis, il trouverait du travail.

2. Demandes

Les phrases conditionnelles peuvent rester inchangées ou être rapportées avec **ask** *demander* :

He said : 'I'd be very grateful if you'd let me know as soon as possible'.

Il a dit : « Je vous serais reconnaissant de me le faire savoir aussitôt que possible ».

= He said he'd be very grateful if I'd let him know as soon as possible.

Il a dit qu'il serait reconnaissant si je le lui faisais savoir aussitôt que possible.

Ou : He asked me to let him know as soon as possible.

Il me demanda de le lui faire savoir aussitôt que possible.

• **If you would** + infinitif, employé seul, exprimant une demande, est parfaitement rapporté par **ask** :

He says/said : 'If you'd pay the cashier'.

Il dit/a dit : « Si tu voulais bien payer le caissier ».

= He asks/asked me to pay the cashier.

Il me demande/demanda de payer le caissier.

3. **If I were you I'd**... se rapporte très bien avec **advise** :

He said : 'If I were you I'd buy a new one'.

Il a dit : « A votre place, j'en achèterais un neuf ».

= He advised me to buy a new one.

Il me conseilla d'en acheter un neuf.

C. Type 3 (irréel du passé)

Il n'y a pas de changements de verbes à faire :

He said : 'If I'd heard the whole story I would have acted differently'.

Il a dit : « Si j'avais su toute l'histoire, j'aurais agi différemment ».

= He said that if he had heard the whole story he would have acted differently.

Il a dit que s'il avait su toute l'histoire, il aurait agi différemment.

XXI. — AUTRES EMPLOIS DE WILL, WOULD, SHALL, SHOULD

Will, would

224 Will et would

Invitations exprimées par **will you** ? *voulez-vous* ? **would you** ? *voulez/voudriez-vous* ? ou **would you like** *aimeriez-vous* ?.

A. Will you have a drink ? (quelquefois abrégé en **Have a drink**).
Would you like a drink ?
Voulez-vous/Voudriez-vous prendre un verre ?
Il n'y a pas de différence entre ces deux formes.

Au discours indirect ces invitations sont normalement rapportées par **offer** :
He offered me a drink.
Il m'a offert un verre.

bien que **would you like...** ? puisse être rapporté par
He asked if I would like...
Il me demanda si je voulais...

B. Will you come to lunch tomorrow ? (peu usuel).
Voulez-vous venir déjeuner demain ?

Would you come to lunch tomorrow ? (**could you come** est également possible).
Voudriez-vous venir déjeuner demain ? (Pourriez-vous venir...).

Il n'y a pas de différence quant au temps entre ces deux formes.

Au discours indirect ces invitations sont normalement exprimées avec les verbes **invite/ask** *inviter, demander.*
He invited me to lunch.
Il m'invita à déjeuner.

C. Les invitations exprimées par **would you** ? **could you** ? **would you like** ? + infinitif peuvent recevoir les réponses suivantes : **I'd like to very much/I'd love to, but I'm afraid I'm not free.** *J'aimerais beaucoup/Avec plaisir, mais je crains de n'être pas libre.*

225 Les demandes peuvent être exprimées à l'aide de **will you** ? **would you** ?

Will you type this, please ?
Voulez-vous taper ceci, s'il vous plaît ?

Will you give him this letter ?
Voulez-vous lui donner cette lettre ?

Will anyone who saw this accident please telephone the nearest police station *(communiqué à la radio)* ?
Il est demandé à toute personne témoin de l'accident de téléphoner au poste de police le plus proche.

• **Would you ?** peut être employé pour les demandes au présent :

Would you show me the way to the station ?
Voudriez-vous m'indiquer le chemin de la gare ?

Would you give him this letter ?
Voudriez-vous lui donner cette lettre ?

Would you ? confère un ton moins autoritaire à la demande, et paraît donc plus courtois que **will you ?**. Au prétérit, c'est-à-dire au discours indirect, il est possible d'employer **would** :

He asked if I would show him the way.

Mais il est plus usuel d'employer le complément + l'infinitif :

He asked me to show him the way.
Il me demanda de lui indiquer le chemin.

• On notera que **will you ?** et **would you ?** sans infinitif sont parfois employés après un impératif comme clausule interrogative :

Come here, will you ? Shut the door, would you ?
Approchez, voulez-vous ? Fermez la porte, voulez-vous ?

Ce n'est pas une manière très polie de s'exprimer, sauf lorsqu'il s'agit d'une conversation entre personnes qui se connaissent très bien.

226 Ordres exprimés par **will** affirmatif

'You will stay here till you are relieved', said the officer.
« Vous resterez ici jusqu'à ce que vous soyez relevé », dit l'officier.

All boys will attend roll-call at 9 o'clock *(règlement scolaire).*
Tous les élèves se présenteront à l'appel à 9 heures.

Il s'agit d'une manière impersonnelle, officielle, de donner un ordre, semblable à **must** ou **is/are to,** mais plus péremptoire. Elle signifie que le locuteur sait que l'ordre sera exécuté, ce qui explique qu'on le rencontre très souvent dans un contexte scolaire ou militaire, etc.

• On remarquera que si à **will** + **infinitif** on substitue un futur continu, on supprime la notion d'ordre :

You will work here under Mr. Pitt est un ordre :
Vous travaillerez ici sous les ordres de M. Pitt.
Mais **You will be working here under Mr. Pitt** n'est que le constat d'un événement futur.

• Au prétérit, c'est-à-dire au discours indirect, on emploie **be** + **infinitif** ou **tell/order** *dire, ordonner* etc. + complément + infinitif avec **to** (voir **302, 301**) :

He said that she was to work under Mr. Pitt.
Il a dit qu'elle devait travailler sous les ordres de M. Pitt.
Ou : He told her to work under Mr. Pitt.
Il lui a dit de travailler sous les ordres de M. Pitt.
Il n'est pas possible d'employer **would** ici.

227 Expression de l'habitude par **will, would** (fréquentatif)

A. Des habitudes au présent sont exprimées normalement par le présent simple, mais will + infinitif peut être employé à sa place, lorsqu'on veut insister sur le trait de caractère de celui qui a telle habitude (son tempérament caractérisé par l'habitude) plus que sur l'habitude elle-même. On l'emploie principalement dans des énoncés à valeur générale :

An Englishman will usually show you the way in the street.
Un Anglais vous indiquera généralement votre chemin dans la rue (= il est normal pour un Anglais d'agir ainsi). Ce n'est pas un emploi très important de **will.** Par contre **would** est plus largement employé et peut remplacer **used to** quand on décrit des actes habituels passés :

On Sundays he used to/would get up early and go fishing. He used to/would spend the whole day by the river and in the evening used to/would come home with marvellous stories of the fish he had nearly caught.
Le dimanche il se levait de bonne heure et allait à la pêche. Il passait toute la journée au bord de la rivière et il rentrait le soir, avec des histoires merveilleuses de poissons qu'il avait failli prendre.

On notera cependant que **used to** employé pour exprimer une habitude maintenant interrompue, et qui ne sera pas reprise, ne peut être remplacé par **would** (voir **158**).

• **Will** et **would** peuvent être contractés lorsqu'ils sont employés comme fréquentatifs.

B. Will peut aussi exprimer l'obstination, généralement habituelle (dans ce cas **will,** comme **would,** n'est pas contracté, et est fortement accentué).

If you 'will keep your watch half an hour slow it is hardly surprising that you are late for your appointments.
Si tu t'obstines à retarder ta montre d'une demi-heure, il n'est guère surprenant que tu sois en retard à tes rendez-vous.

• **Would** est employé au prétérit :

We all tried to stop him smoking in bed but he 'would do it.
Nous avons tous essayé de l'empêcher de fumer au lit mais il n'y avait rien à faire (= il s'obstinait à le faire).

228 Hypothèses introduites par **will**

Will peut être employé avec l'infinitif présent, l'infinitif présent continu, ou l'infinitif passé.

Imaginons que Tom parte de chez lui à 1 heure de l'après-midi et prenne l'avion pour New York. Son avion s'envole à 3 heures. Si à 2 h 30 quelqu'un demande à Ann :

How far do you think Tom has got ?
Où est Tom maintenant, d'après vous ?

Elle répondra :

Oh, he'll still be at the airport.
(Je suis sûre qu') il est encore à l'aéroport.

Si Bill pose la même question à 11 heures du soir, Ann dira :
Oh, he'll be in New York by now.
Oh, à cette heure-ci, il sera à New York.
Ou : He'll have arrived by now.
    Il sera arrivé à cette heure-ci.

• On peut l'employer à la forme négative et à la forme interrogative :
It's no use asking John ; he won't know.
Inutile de demander à John, il ne saura pas.

Will George be at home now ?
Est-ce que George sera chez lui à cette heure-ci ?

L'hypothèse envisagée peut être agréable ou non au locuteur.

• **Should** peut également être employé pour exprimer une hypothèse ;
mais l'hypothèse exprimée avec **should** est beaucoup moins sûre que
celle exprimée avec **will**. Dans ce cas, **should** peut être employé à la
forme négative, mais pas à la forme interrogative.
Should ne s'emploie pas pour exprimer une hypothèse qui serait
désagréable au locuteur (voir **238 E**).

229 Would like et want, would like et would care

A. Would like et **want** *aimerais/aimerait / voudrais/voudrait /
veux/veut.*

1. On peut parfois utiliser l'un ou l'autre :

1) Dans les demandes et questions relatives aux demandes (mais on
ne peut employer **would not like** ici : voir 2(2) ci-dessous) :
Customer : **I'd like some raspberries, please** *ou* **I want some
raspberries, please.**
Greengrocer : **I'm afraid I haven't any. Would you like some
strawberries ?**
Customer : **No, I don't want any strawberries, thanks** (**wouldn't
like** est impossible ici).
*Le client : Je voudrais des framboises, s'il vous plaît/Je veux des
framboises, s'il vous plaît.*
*L'épicier : J'ai bien peur de ne pas en avoir. Voudriez-vous des
fraises ?*
Le client : Non, merci, je ne veux pas de fraises.

I would like est généralement considéré comme plus élégant que **I
want.**

• **Would you like** peut impliquer de la part du locuteur le désir de
répondre favorablement à un souhait de la personne à laquelle il
s'adresse. **Do you want ?** n'a pas cette connotation ; cette expression
n'est qu'une demande d'information. Un commerçant qui s'efforcera
d'être agréable à ses clients emploiera normalement **Would you
like ?.** De même :

A : I'd like/I want to speak to Mr. X, please.
Operator : Mr. X is out. Would you like/Do you want to speak to Mr. Y ?
A : *Je désirerais/Je veux parler à M. X, s'il vous plaît.*
Standardiste : *M. X est sorti. Désirez-vous/Voulez-vous parler à M. Y ?*

(**Would you like** est plus élégant et exprime une sollicitude que **Do you want** ? n'exprime pas.)

2) Lorsqu'on ne fait pas une demande, mais que l'on parle de ce que l'on souhaite, on peut employer soit **would like** soit **want** à la forme affirmative, interrogative, ou négative. Il n'y a pas de différence du point de vue du sens, bien que **want** exprime généralement une plus grande assurance que les souhaits seront réalisés, et que, par conséquent, on évite d'employer **want** pour faire état de vœux ou souhaits dont on sait qu'ils ne sont pas réalisables :

I would like to live on Mars. *J'aimerais vivre sur Mars.*

2. **Would like** et **want** ne sont pas interchangeables dans les emplois suivants :

1) Pour une invitation, une offre, on emploie **Would you like ?** et non **Do you want ?** :
Would you like a cup of coffee ?
Voudriez-vous une tasse de café ?

Would you like to go to the theatre ?
Voudriez-vous aller au théâtre ?

Do you want ?, employé dans ce cas, ne serait qu'une simple question, et non une offre.

2) A la forme négative, il y a une différence entre **would like** et **want.**

I don't want = *Je n'ai pas le désir, l'envie de.*

I wouldn't like = *Je n'aimerais pas.*

Wouldn't like ne peut être employé pour répondre à une invitation ou une offre, ce serait fort peu courtois. On emploiera donc **don't want** ou une expression équivalente :
Would you like some more coffee ?
Voulez-vous un peu plus de café ?

No, I don't want any more, thanks *ou* No, thanks.
Non, je n'en veux plus, merci ou *Non, merci.*

3) Au prétérit, les deux expressions se comportent différemment.

Au discours indirect **want** devient **wanted** mais **would like** ne change pas :
Tom said : 'I would like/want to see it'.
Tom a dit : « Je voudrais/Je veux le voir ».

Tom said he would like/wanted to see it.
Tom a dit qu'il voudrait/voulait le voir.

Mais si l'on n'emploie pas une forme de discours indirect, il faut dire :

Tom wanted to see it.
Tom voulait le voir.

(On ne peut employer ici **would like**, étant donné que **Tom would like to see it**, *Tom voudrait le voir*, a un sens présent ou futur.)

Would like a deux formes au passé : **would like** + infinitif passé ou **would have liked** + infinitif ; mais ces formes n'expriment que des souhaits non réalisés :

I'd like to have gone. I'd have liked to go
J'aurais aimé y aller (mais je n'y suis pas allé).

B. Would like et would care

Would you care for ? + **nom** et **would you care** + **infinitif avec to** ont un sens à peu près semblable à **would you like ?** + **nom/infinitif avec to**, à cette différence près que le locuteur est moins sûr d'obtenir une réponse positive :

Tom : Would you care to see my photos, Ann ?
Ann, est-ce que tu voudrais voir mes photos ?

Would care ne s'emploie pas, normalement, à la forme affirmative, où l'on emploie **would like.**

A : Would you care to come ?   B : Yes, I'd like to very much.
Cela vous plairait de venir ?   Oui, j'aimerais beaucoup.

A : I wouldn't care to live on the tenth floor. B : Oh, I'd like it.
Ça ne me plairait pas d'habiter au dixième.   Moi, j'aimerais.

A la forme négative, les deux expressions ont le même sens.

230 Would rather/sooner

A. Would rather/sooner + infinitif sans to :

Il n'y a pas de différence de sens entre ces deux expressions, mais **would rather** est d'emploi plus fréquent.
Would rather/sooner permet d'exprimer la notion de préférence.
I/he etc. **would rather/sooner** peut être employé à la place de **I prefer/he prefers :**

He prefers reading to talking = He would rather read than talk.
Il aime mieux lire que parler.

He prefers wine to beer = He would rather drink wine than beer.
Il préfère le vin à la bière.

• **Would rather/sooner** peut s'employer également à la place de **would prefer :**

A : Would you like to go by train ?
B : I'd prefer to go/I'd rather go by air.
A : *Voulez-vous y aller par le train ?*
B : *Je préférerais y aller par avion.*

A : Would you like a drink ?
B : I'd prefer a cup of tea/I'd rather have a cup of tea.
A : *Voulez-vous prendre un verre ?*
B : *Je préférerais une tasse de thé.*

On remarquera, dans tous ces exemples, que le sujet de **would rather/sooner** est également le sujet (non exprimé) de l'infinitif qui le suit :
I'd rather go by train peut se paraphraser en **I'll go by train, that's what I prefer.**
J'irai par le train, c'est ce que je préfère.

B. Would rather/sooner + sujet + prétérit :

Would prefer + complément + infinitif avec **to** peut avoir pour équivalent **would rather** + sujet + prétérit :
A : Shall I start tomorrow ?
B : I'd prefer you to start today *ou* I'd rather you started today.
A : *Je pars demain ?*
B : *Je préférerais que vous partiez aujourd'hui.*

On remarque ici que le sujet de **would rather** est différent de celui du verbe au prétérit.

Le prétérit n'a pas ici une valeur temporelle, mais une valeur modale. Il exprime le fait que ce qui est préféré n'est pas ce qui existe en réalité (fait ou intention). C'est un irréel du présent : le français, on le voit, emploie l'imparfait de la même manière :

Réalité : A a l'intention de partir demain. Préférence exprimée : B souhaite le départ de A aujourd'hui (voir également **270, 288**).

231 **Wish (that)** + sujet + **would**

A. Wish + sujet + prétérit (irréel) peut exprimer un regret quant à la situation présente :
I wish I knew his address.
Si seulement je connaissais son adresse.
(Littéralement = j'aimerais, à cet instant, savoir quelle est son adresse, mais je ne la connais pas.)
I wish that he wrote more regularly.
J'aimerais qu'il écrive plus régulièrement.

B. Wish + sujet + **would** peut être employé de la même manière, mais seulement quand il s'agit d'actions qui dépendent de la volonté de ce sujet, d'actions que ce sujet peut accomplir s'il le désire.

Wish + **would** exprime donc l'intérêt que l'on porte à la volonté ou au désir d'un autre sujet d'accomplir ou non une action :
I wish he would write more often.
J'aimerais qu'il écrive plus souvent.
I wish he would wear a coat.
Si seulement il voulait mettre un manteau.

On remarquera que le sujet de **wish** ne peut être le sujet de **would** ;

on ne peut donc avoir, normalement, **I wish I would.**

C. Wish + sujet + **would** peut également s'employer pour exprimer le déplaisir, l'insatisfaction face à la situation présente et par conséquent le souhait de voir les choses modifiées à l'avenir :

I wish he would answer my letter.
J'aimerais bien qu'il réponde à ma lettre.
(= J'attends une réponse depuis trop longtemps.)

I wish they would change the menu.
J'aimerais bien qu'ils changent leur menu.
(J'en ai assez de manger tous les jours la même chose.)

I wish they would stop making bombs.
Si seulement ils cessaient de fabriquer des bombes.

Mais le locuteur, généralement, n'est pas très optimiste et ne croit pas tellement à la réalisation de son souhait. Pour certains cas, comme dans ce troisième exemple, il s'agit d'un vœu pieux : le locuteur n'y croit absolument pas.

• Comme en B, ci-dessus :

1. **wish** + sujet + **would** ne peut s'employer que si un changement de la situation est possible, et :
2. **wish** et **would** ne peuvent avoir le même sujet.

L'action en cause dépend, normalement, du sujet de **would** et la notion du désir de ce sujet, ou de sa volonté de l'accomplir, est présente dans l'expression. Cependant, **wish** + **sujet** + **would** peut s'employer parfois dans le cas où ce sujet sera « inanimé » (incapable de décision, volonté, désir, etc.). Ceci est particulièrement fréquent lorsqu'on parle du temps, par exemple :

I wish it would stop raining.
Si seulement la pluie cessait.

I wish the sun would come out.
J'aimerais bien que le soleil se montre.

C'est aussi le cas de certains phénomènes économiques ou sociaux (soumis, comme le temps, à quelque volonté mystérieuse) :

I wish prices would come down.
Je voudrais bien que les prix baissent.

Wish + sujet + **would** est ici assez semblable à **would like**, mais l'emploi de **would like** n'est pas limité à des actions où un changement est possible, et n'exprime pas la notion de déplaisir ou d'insatisfaction devant la situation présente. **Would like** n'exprime pas non plus l'absence ou la faiblesse de l'espoir de voir le vœu réalisé :

Tom : I would like my son Jack to study art.
    J'aimerais que mon fils Jack étudie l'art.

Équivalents possibles : I want him to study art. *(Je veux que...)*
            I hope he will study art. *(J'espère que...)*

Bill : I wish my son Peter would study art.
Si seulement mon fils Peter voulait étudier l'art (Peter, de toute évidence, s'y refuse).

D. I wish you would... est un moyen possible de formuler une demande. Cela n'implique pas du tout le sentiment que la personne à laquelle on s'adresse refusera d'accéder à la demande, mais suggère que le sujet **I** éprouve une certaine gêne, un certain déplaisir, une certaine déception devant l'attitude de l'interlocuteur :

I wish you would help me.
Si tu voulais bien m'aider (= Tu pourrais peut-être m'aider).

I wish you would stop humming/interrupting/asking silly questions, exprime l'irritation du locuteur et constitue une invitation à cesser :
Si tu voulais bien arrêter de chantonner/de m'interrompre/de poser des questions stupides.

Cependant **I wish you would** peut être employé pour répondre à une offre d'aide, et exprime alors tout le contraire du déplaisir.

A : Shall I help you check the accounts ?
B : I wish you would.
A : *Voulez-vous que je vous aide à vérifier les comptes ?*
B : *Si vous voulez. Volontiers.*

E. If only + would peut remplacer **wish + would** employé comme en **B** et **C.** Il ne peut être employé pour une demande, comme en **D.** Il est un peu plus théâtral que **wish** :

If only he would join our party !
Ah, si seulement il voulait bien se joindre à nous !
(Pour **wish/if only** + prétérit ou plus-que-parfait, voir **286.**)

232 Would exprimant l'intention dans le passé

Comme on l'a déjà noté, **would** est l'équivalent, dans un contexte passé, de **will**, lorsque **will** est employé comme futur simple :

He knows he will be late → He knew he would be late.
Il sait qu'il est en retard → *Il savait qu'il était en retard.*

De même **would** est l'équivalent, dans un contexte passé, de **will** employé pour exprimer l'intention :

I said, 'I will help him'. → I said that I would help him.
J'ai dit : « Je l'aiderai. » → *J'ai dit que je l'aiderais.*

He said, 'I won't lend you a penny' → He said that he wouldn't lend me a penny.
Il a dit : « Je ne te prêterai pas un sou. » → *Il a dit qu'il ne me prêterait pas un sou.*

Mais on remarquera la chose suivante : alors que **would** exprimant l'idée de **futur** ou **d'intention** ne s'emploie que dans des propositions subordonnées (comme dans les exemples donnés ci-dessus), **wouldn't** exprimant l'intention négative (l'intention de ne pas faire) peut être employé seul (dans une proposition indépendante ou principale) :

He won't help me today.
Il ne veut pas m'aider aujourd'hui.

He wouldn't help me yesterday.
Hier il ne voulait pas m'aider.

Would ne peut pas s'employer ainsi. Par conséquent, pour mettre au passé une phrase comme **I will help him today**, *aujourd'hui je l'aiderai*, il faut employer un autre verbe à la place de **will** :

I wanted/intended/offered to help him yesterday.
Hier, je voulais l'aider/j'avais l'intention de/j'ai proposé de l'aider.

Shall

Hormis son emploi comme futur, **shall** peut être employé ainsi :

233 Demande d'ordre ou de conseil ; offre de services, suggestion

Dans ce cas, on peut employer **shall I ? shall we ?** :

A. How shall I cook it ?
Comment vais-je le cuire ?

Where shall I put this ?
Où dois-je mettre ceci ?

B. Quand il s'agit seulement d'une **demande de conseil**, on emploie **shall** ou **should**.

Which one shall I buy ?
Lequel achèterai-je ?

Ou : Which one should I buy ?
Lequel dois-je acheter ?

C. Offre de service

Shall I wait for you ?
Dois-je vous attendre ?

Shall I help you to pack ?
Faut-il que je vous aide à faire les paquets ?

D. Suggestion

Shall we meet at the theatre ?
Nous nous retrouverons au théâtre ?
(Pour **shall I/we** ? au discours indirect, voir **300**.)

234 Autres emplois

A la deuxième et à la troisième personne **shall** s'emploie pour exprimer : A) l'intention du sujet d'accomplir une certaine action, ou de faire en sorte qu'elle soit accomplie, et B) un ordre.
Ces deux emplois sont démodés, ne se rencontrent que dans une langue recherchée, et on s'efforce de les éviter en anglais parlé contemporain.

A. Exemples de **shall** employé pour exprimer l'intention du locuteur :

You shall have a sweet.
Tu auras un bonbon (= je t'en donnerai un).

He shan't come here.
Il ne viendra pas ici (= je ne le permettrai pas).

They shall not pass.
Ils ne passeront pas (= nous les en empêcherons).

Au prétérit, c'est-à-dire au discours indirect, il est généralement nécessaire d'adopter une autre formulation.

He said, 'You shall have a sweet' → He promised me a sweet.
Il a dit : « Tu auras un bonbon. » → Il m'a promis un bonbon.

B. Exemples de **shall** exprimant un ordre :

Yachts shall go round the course, passing the marks in the correct order (instructions de course).
Les bateaux effectueront le parcours en passant les marques dans l'ordre indiqué.

Members shall enter the names of their guests in the book provided (règlement d'un club).
Les membres du club inscriront le nom de leurs invités dans le registre prévu à cet effet.

Cette construction s'emploie surtout dans la rédaction d'instructions, de règlements, de documents juridiques. En anglais plus libre on emploierait **must** ou **are to** au lieu de **shall**.

Quand les phrases de ce genre sont rapportées au discours indirect, **shall** est généralement remplacé par **must, have, had to, is/was to** :

RÈGLEMENT : Each competitor shall wear a number.
Chaque concurrent portera un numéro.

The regulations said each competitor must/has to/was to wear a number.
Le règlement stipulait que chaque concurrent devait porter un numéro.

Should serait ici grammaticalement possible, mais affaiblirait l'ordre, pour n'en faire qu'une recommandation.

C. Shall you ? est une forme ancienne, que l'on rencontre encore dans la langue littéraire, car elle est plus courte et plus claire que le futur continu.

Should

235 Should est employé pour exprimer la notion de devoir ou indiquer quelle est la démarche, l'attitude correcte, raisonnable, qu'il convient d'adopter

C'est, par conséquent, une manière courante de formuler un conseil :
You should pay your debts.
Il faut payer vos dettes.

You shouldn't tell lies.
Vous ne devriez pas dire de mensonges.

You should eat more fruit.
Vous devriez manger plus de fruits.

You've spelt it wrong. There should be another s.
Vous l'avez mal orthographié. Il faudrait un autre s.

Shops should remain open till later in the evening.
Les magasins devraient rester ouverts plus longtemps le soir.

They shouldn't allow parking in this street : it's too narrow.
On ne devrait pas autoriser le stationnement dans cette rue : elle est trop étroite.

The mail should be left in the hall.
Prière de laisser le courrier dans le hall.

Should a ici le même sens que **ought to** (voir 155), mais il a moins de force que **must** ou **have to**, car il ne met pas en jeu l'autorité du sujet ou d'une tierce personne.

• **Should + infinitif passé** (you should have gone = *tu aurais dû y aller*) exprime l'idée d'un devoir qui n'a pas été accompli, ou l'idée que le sujet n'a pas agi comme, en principe, il aurait dû le faire.

You should have stopped at the red lights.
Tu aurais dû t'arrêter au feu rouge (mais tu ne l'as pas fait).

The letters should have been posted yesterday.
Ces lettres auraient dû être postées hier.

De même à la forme négative :

You shouldn't have been rude to him.
Vous n'auriez pas dû vous montrer impoli envers lui.

The door shouldn't have been locked.
La porte n'aurait pas dû être fermée.

236 **That... should** peut être employé après certains verbes à la place d'un gérondif ou d'une proposition infinitive

A. Suggest *suggérer*, **propose** *proposer*, **insist on** *vouloir absolument que* peuvent se construire soit avec un gérondif (**-ing**) soit avec **that... should** :

Tom suggested selling the house.
Tom suggéra que l'on vende la maison.

Tom suggested my selling the house.
Tom suggéra que je vende la maison.

(L'adjectif possessif + gérondif représente le pronom personnel sujet + verbe : **my selling** → **I sell**.)

Tom suggested that I should sell the house.
Tom suggéra que je vende la maison.

Tom suggested that Ann should sell the house.
Tom suggéra qu'Ann vende la maison.

• Lorsqu'il s'agit, comme ci-dessus, d'un verbe actif, **should** n'est qu'une possibilité parmi d'autres. Avec un verbe passif, cependant, **should** est la construction usuelle :

Tom suggested that the house should be sold.
Tom suggéra que l'on vende la maison (= que la maison soit vendue).

De même :

He insisted on being present when work started.
Il tenait à être là quand le travail commencerait.

He insisted that nothing should start till he arrived.
Il tenait à ce que rien ne commence avant qu'il arrive.

He proposed (our) postponing the trip.
Il proposa de retarder/que nous retardions le voyage.

He proposed that we/Ann and I should postpone the trip.
Il proposa que nous retardions/qu'Ann et moi retardions le voyage.

He proposed that the trip should be postponed.
Il proposa que l'on retarde le voyage/que le voyage soit retardé.

B. Recommend *recommander,* **advise** *conseiller* se construisent soit avec le gérondif, soit avec l'infinitif, soit avec **should** :

He recommended (my) buying new tyres.
Il (me) recommanda d'acheter de nouveaux pneus.

He recommended me/Tom and me to buy new tyres.
Il me recommanda d'acheter/Il recommanda que Tom et moi achetions...

He recommended that new tyres should be bought.
Il recommanda d'acheter de nouveaux pneus (= que de nouveaux pneus soient achetés).

C. determined *décida,* **was determined** *était résolu, décidé,* **agreed** *accepta,* **demanded** *exigea* se construisent soit avec l'infinitif, soit avec **should** :

He determined/was determined to get there first.
Il décida d'y aller le premier/Il était déterminé à y aller le premier.

He determined/was determined that nobody should get there before him.
Il décida que personne n'irait avant lui/Il était décidé à ce que personne n'y aille...

He agreed to divide the prize between Tom and Ann.
Il accepta de partager le prix (la récompense) entre Tom et Ann.

He agreed that Tom and Ann should share the prize.
Il accepta que Tom et Ann se partagent le prix.

He agreed that the prize should be shared between Tom and Ann.
Il accepta que le prix soit partagé entre Tom et Ann.

• Lorsque ces verbes sont au présent il est possible d'avoir la construction **that... shall (He agrees that the prize shall be divided)** mais on préfère généralement la construction avec l'infinitif **(He agrees to divide the prize).**

D. arrange *prendre des dispositions,* **stipulate** *stipuler,* **be anxious** *tenir beaucoup à,* peuvent être construits avec une proposition infinitive complète **(for + complément + infinitif** avec **to)** ou avec **should** :

I am anxious for nobody to know where I am going/I am anxious that nobody should know where I am going.
Je tiens à ce que personne ne sache où je vais.

He was anxious for everyone to have a chance to vote/He was anxious that everyone should have a chance to vote.
Il tenait à ce que chacun eût la possibilité de voter.

He arranged for me to study with his own children/He arranged that I should study with his own children.
Il prit des dispositions pour que je puisse étudier avec ses propres enfants.

He stipulated for the best materials to be used/He stipulated that the best materials should be used.
Il prescrivit d'utiliser les meilleurs matériaux.

E. order *ordonner,* **command** *ordonner,* **urge** *insister pour que/presser* se construisent normalement avec un complément + infinitif **avec to** :

He urged the committee to buy the site.
Il pressa le comité d'acheter l'emplacement.

mais **that... should** est parfois employé, et particulièrement au passif :

He urged Tom to go.
Il pressa Tom d'y aller (l'ordre est donné directement à Tom).

He ordered that Tom should go.
Il ordonna que Tom y aille (l'ordre n'est pas donné directement à Tom).

He commanded the men to shut the gates.
Il ordonna aux hommes de fermer les portes.

He commanded that the men should shut the gates.
Il ordonna que les hommes ferment les portes.

He commanded that the gates should be shut.
Il ordonna que les portes soient fermées.

• Aux constructions ci-dessus peuvent être substituées des constructions sans **should**, en employant le subjonctif modal (en particulier lorsque le verbe est **be**). Cette construction est très courante en anglais américain. Le subjonctif a la même forme que l'infinitif présent, y compris à la troisième personne du singulier (sans **s** pour un verbe ordinaire, **be** pour le verbe **be**) :

He proposed that Sir Francis be made a director.
Il proposa que Sir Francis soit nommé administrateur.

237   it is/was + adjectif + **that... should**

A. that... should peut être employé après des expressions comme **it is/was necessary** *il est/était nécessaire,* **advisable** *souhaitable,* **essential**

essentiel, **important** *important,* après **right, fair** *juste,* **natural** *naturel,* **just** *juste* (souvent précédées de **only** *il n'est que juste/naturel*), et après **reasonable** *raisonnable,* au lieu de la construction **for** + complément + **infinitif** avec **to** :

Ces constructions **it is** + **adjectif** expriment non un simple constat, mais un jugement, une opinion du locuteur :

It is better for him to hear it from you/It is better that he should hear it from you.
Il est préférable qu'il l'apprenne de votre bouche.

It is essential for him to be prepared for this/It is essential that he should be prepared for this.
Il est essentiel qu'il y soit préparé.

• Comme on l'a vu au **236** le subjonctif modal peut remplacer **should** + **infinitif sans to** :

It is essential that he be prepared for this.
Il est essentiel qu'il y soit préparé.

Autres exemples :

We felt that it was only right that she should have a share.
Nous avons pensé qu'il n'était que juste qu'elle ait sa part.

It is advisable that everyone should have a map.
Il est souhaitable que chacun ait une carte.

B. that... should peut être utilisé après **it is/was strange** *étrange,* **odd** *bizarre,* **amazing** *étonnant,* **annoying** *agaçant, fâcheux,* **ridiculous** *ridicule,* **ludicrous** *grotesque,* et **absurd** *absurde,* et d'autres adjectifs exprimant un jugement, au lieu de **that** + présent/prétérit :

It is ridiculous that we should be short of water in a country where it is always raining.
Il est ridicule que nous manquions/de manquer d'eau dans un pays où il pleut tout le temps.

It is strange that the car should break down today in exactly the same place where it broke down yesterday.
Il est étrange que la voiture soit tombée en panne aujourd'hui à l'endroit même où elle est tombée en panne hier.

• L'infinitif passé est parfois employé, quand le jugement porte sur un fait du passé :

It is amazing that she should have said nothing about the murder.
Il est étonnant qu'elle n'ait pas parlé du crime.

238 Autres emplois de **should**

A. Après **don't know why** *ne pas savoir pourquoi,* **see no reason why** *ne voir aucune raison à,* **can't think why** *ne pas comprendre pourquoi,* etc., quand le locuteur met en doute le caractère raisonnable, ou le bien-fondé d'une supposition, d'une hypothèse :

I don't know why you should think that I did it.
Je ne sais pas ce qui vous fait penser que c'est moi qui l'ai fait.

L'infinitif passé s'emploie d'ordinaire lorsqu'il s'agit d'une supposition faite antérieurement :

I can't think why he should have said that it was my fault.
Je ne vois vraiment pas ce qui a pu lui faire dire que c'était ma faute.

B. Dans des constructions idiomatiques avec **who, where, what** pour exprimer la surprise avec une certaine emphase théâtrale :

What should I find but an enormous spider !
Quelle ne fut pas ma surprise de découvrir une énorme araignée !

La surprise est assez souvent mêlée d'embarras :

Who should come in but his first wife !
Qui vois-je/voit-il, etc. arriver, sinon sa première femme !

C. Après **lest** *de peur que* et parfois après **in case** *au cas où* :

1. lest est parfois employé après une locution exprimant la peur ou la crainte :

He was terrified lest he should slip on the icy rocks.
Il était terrifié à l'idée de glisser sur les rochers couverts de glace.

L'infinitif passé s'emploie quand l'anxiété a été provoquée par une action passée :

She began to be worried lest he should have met with some accident.
Elle se mit à s'inquiéter à l'idée qu'il aurait pu avoir un accident.

2. lest peut être employé dans des propositions exprimant le but, avec le sens de **for fear that** *de peur que* :

He dared not spend the money lest someone should ask where he had got it.
Il n'osait pas dépenser cet argent de peur qu'on ne lui demande où il l'avait eu.

• **in case,** qui est plus usuel que **lest,** en ce cas, peut être suivi soit de **should,** soit du présent ou du prétérit :

In case someone should ask/someone asked.
Au cas où quelqu'un demanderait...

(Voir aussi **221, 310.**)

D. should est parfois employé dans les subordonnées de but, à la place de **would/could** :

He wore a mask so that no one should recognize him (*voir* **309**).
Il portait un masque pour que personne ne le reconnaisse.

E. Pour exprimer une hypothèse plausible :

He should be there now.
Il devrait être arrivé maintenant (il est raisonnable de le penser).

He should have finished by now.
Il devrait avoir terminé, maintenant.

Ces expressions impliquent un moindre degré de certitude que les expressions avec **will.**

He will be here now.
Il est certainement arrivé maintenant (voir **228**).

Il faut remarquer cependant que **should** ne s'emploie pas quand le locuteur fait une supposition qui lui déplaît ou qui le gêne :

Let's not go shopping today. The shops will be crowded.
Ne faisons pas les magasins aujourd'hui. Il va y avoir foule.

Dans ces cas **should** n'est pas possible, mais il est possible si l'on dit :

Let's go early tomorrow when they will/should be fairly empty.
Allons-y demain de bonne heure, à une heure où il n'y aura pas/il ne devrait pas y avoir grand monde.

• On remarquera que dans cette phrase **when** peut être suivi de **will** car **when** est pronom relatif (ayant pour antécédent **early tomorrow**) et non conjonction de surbordination temporelle.

F. Dans les phrases conditionnelles, à la place du présent :

If you should decide to go on horseback remember to bring food for the horses (voir **218 E**).
Si vous décidez d'y aller à cheval, n'oubliez pas de prendre de la nourriture pour les chevaux.

G. Dans l'expression d'un ordre au discours direct, quand l'ordre n'est pas donné directement à la personne qu'il concerne (voir **236 E, 302 D**) :

He ordered that Tom should leave the house.
Il ordonna que Tom quitte la maison.

XXII. — L'INFINITIF

239 Verbes suivis directement de l'infinitif

(La signification des astérisques apparaîtra dans les paragraphes suivants.)

Les plus utiles sont les suivants :

agree** *accepter, être d'accord*
aim *viser*
appear* *paraître*
arrange** *prendre des dispositions*
attempt *tenter*
bother (à la forme négative) *ne pas se soucier de*
care (à la forme négative) *ne pas s'intéresser à*
choose *choisir*
claim** *prétendre*
condescend *condescendre*
consent *consentir*
decide** *décider*
demand** *exiger*
determine** *décider*
be determined** *être résolu*
endeavour *s'efforcer*
fail *échouer*
forget* *oublier*
guarantee* *garantir*
happen* *arriver/se trouver que*
hesitate *hésiter*
hope *espérer*

learn* *apprendre*
long for *désirer*
manage *réussir*
neglect *négliger*
offer *offrir*
plan *projeter*
prepare *se préparer*
pretend* *prétendre/faire semblant*
proceed *procéder à*
promise* *promettre*
prove* *se révéler être*
refuse *refuser*
resolve** *décider*
seem* *sembler*
swear* *jurer*
tend *tendre à*
threaten* *menacer*
trouble (à la forme négative) *prendre le soin de*
try (= attempt) *tenter de*
undertake* *entreprendre*
volunteer *être volontaire pour*
vow *faire le vœu de*

Bother, care, trouble, *ne pas se préoccuper de/renoncer à/ne pas se soucier de,* se rencontrent normalement à la forme négative.

Les verbes auxiliaires peuvent se construire (et pour certains ne peuvent *que* se construire) avec l'infinitif :

be	have	ought
can	may	shall
dare	must	will
do	need	used

(La distinction n'est pas faite ici entre construction avec **l'infinitif sans to** et **l'infinitif avec to.**)

Pour les verbes exprimant l'idée de *savoir, penser* suivis de l'infinitif, voir **244.** Pour les verbes qui se construisent avec complément + infinitif, voir **241-242.**

Les locutions suivantes peuvent être suivies d'un infinitif :

occur* + **to** + **complément,** à la forme négative et interrogative

= *venir à l'esprit*
do one's best/do what one can = *faire de son mieux*
make an/every effort = *faire un effort/tous les efforts*
make up one's mind* = *se décider*
take the trouble = *prendre la peine de* (équivalent affirmatif de
not bother/trouble)
turn out* = *se révéler être.*

A. Les verbes marqués d'un astérisque (ex. **appear*** *paraître*) peuvent
être également construits avec **that** + sujet + verbe (voir **316**) :
I promise to wait = I promise that I will wait.
Je promets d'attendre.

He pretended to be angry = He pretended that he was angry.
Il faisait semblant d'être en colère.

Mais un verbe + infinitif n'a pas nécessairement le même sens que
le même verbe construit avec **that** + sujet ; **forget** ne signifie pas la
même chose dans les phrases suivantes :
He forgot to leave the car keys on the table.
Il a oublié de laisser les clés de la voiture sur la table (= il ne les a
pas laissées) ; **forget** = *ne pas faire quelque chose.*
He forgot that this brother wanted to use the car.
Il a oublié que son frère voulait se servir de la voiture ; **forget** =
ne pas se rappeler.

• **occur** a pour sujet **it**, qu'il soit construit avec un infinitif ou avec
that :
It didn't occur to me to ask him for proof of his identity.
*Il ne m'est pas venu à l'esprit de lui demander une preuve de son
identité.*
It occurred to me that he was trying to conceal something.
Il me vint à l'idée qu'il essayait de dissimuler quelque chose.

• **appear** *apparaître,* **happen** *arriver/se trouver que,* **seem** *sembler,*
turn out *se révéler* se construisent obligatoirement avec le sujet **it**
lorsqu'ils sont suivis de **that** :
It turned out that his 'country cottage' was an enormous bungalow.
*Il se révéla que sa « petite maison de campagne » était un énorme
bungalow.*

Mais : His country cottage turned out to be an enormous bungalow.
Sa maison de campagne se révéla être un énorme bungalow.

B. Les verbes marqués de deux astérisques (ex. **agree**** =
accepter) se construisent soit avec l'infinitif, soit avec **that...**
should. That... should s'emploie notamment au passif (voir **236**).
They decided to divide the profits equally.
Ils décidèrent de partager les bénéfices en parts égales.
They decided that the profits should be divided equally.
Ils décidèrent que les bénéfices seraient...
I arranged to meet them.
Je me suis arrangé pour les rencontrer.

I arranged for Tom to meet them.
Je me suis arrangé pour que Tom les rencontre,
ou : I arranged that Tom should meet them,
ou : I arranged that they should be met by Tom.

C. L'infinitif continu est souvent employé après **appear**
sembler, **happen** *se trouver que,* **pretend** *faire semblant de,*
prétendre, **seem** *sembler :*

I happened to be looking out of the window when they arrived.
Il se trouvait que je regardais par la fenêtre quand ils sont arrivés.

He seems to be following us.
Il semble nous suivre.

• Il est également possible de l'employer après **agree, arrange,
decide, determine, hope, manage, plan** *envisager* et les verbes
auxiliaires (voir **254**).

D. L'infinitif passé est possible après **appear, hope, pretend,
seem** et les verbes auxiliaires (voir **255**).

240 Les verbes suivis de **how, what, when, where, which** + nom, et **whether** + infinitif

Les plus usuels sont :
ask *demander,* **decide** *décider,* **discover** *découvrir,* **find out** *trouver,*
forget *oublier,* **know** *savoir,* **learn** *apprendre,* **remember** *se rappeler,*
see dans le sens de *comprendre,* **show** + complément *montrer à,*
think *penser,* **understand** *comprendre,* **want to know** *vouloir savoir,*
wonder *se demander :*

He discovered how to open the safe.
Il découvrit le moyen d'ouvrir le coffre-fort.
(Littéralement : *il découvrit comment l'ouvrir.*)

I found out where to buy fruit cheaply.
J'ai trouvé où acheter des fruits pas cher.

I didn't know when to switch the machine off.
Je ne savais pas quand il fallait arrêter la machine.

I showed her what to do with the rubbish.
Je lui ai montré ce qu'il fallait faire des déchets.

I've been wondering where to hang my new picture.
Je me suis demandé où accrocher mon nouveau tableau.

I'll have to think what to wear.
Il faudra que je réfléchisse à ce que je vais mettre.

• On notera que cette construction n'est pas très usuelle après **think**
au présent ou prétérit simple, ou après **think** employé lui-même
après un autre verbe (comme dans l'exemple ci-dessus avec **have
to**).

A. whether + **infinitif** peut, de même, être employé après **want to
know, wonder :**

I wonder/wondered whether to write or phone.
Je me demande si je vais/je me demandais s'il fallait écrire ou téléphoner.

et après **decide, know, remember, think,** lorsque ces verbes suivent un verbe à la forme interrogative ou négative :

You needn't decide yet whether to study arts or science.
Il n'est pas encore temps de décider si vous allez étudier les lettres ou les sciences.

He couldn't remember whether to turn left or right.
Il ne se rappelait plus s'il fallait tourner à gauche ou à droite.

B. ask, decide, forget, learn, remember, peuvent être suivis directement de l'infinitif (voir **239**) ; leur sens peut parfois être modifié par ce changement de construction :

learn how + infinitif = *apprendre à faire quelque chose* :
She learnt how to make lace.
Elle a appris à faire de la dentelle.

Mais s'il s'agit d'une aptitude ou technique assez courante, on peut, normalement, se dispenser d'employer **how** :
She learnt to drive a car.
Elle a appris à conduire.

• **learn** + infinitif (sans **how**) peut avoir un autre sens :
She learnt to trust nobody.
Elle a appris à se méfier de tout le monde (= L'expérience lui a montré qu'il fallait se méfier).

• Notez aussi :

I decided to do it = *j'ai décidé de le faire.*

I decided how to do it = *j'ai choisi de quelle manière j'allais le faire.*

I remembered to get a ticket = *je n'ai pas oublié de prendre un billet.*

I remembered where to go to get a ticket = *je me suis souvenu de l'endroit où l'on prend les billets.*

241 Verbes suivis de l'infinitif ou d'un complément + infinitif

Les plus importants parmi ces verbes sont : **ask** *demander,* **beg** *prier de,* **expect** *penser* = *espérer,* **would hate** *détesterais,* **help** *aider,* **intend** *avoir l'intention,* **like** *aimer (que),* **would like/would love** *aimerais,* **mean** *avoir l'intention,* **prefer** *préférer,* **want** *vouloir,* **wish** *souhaiter.*

He likes to have a good meal at midday.
Il aime faire un bon déjeuner à midi.

He likes his staff to have a good meal at midday.
Il aime que son personnel fasse un bon déjeuner à midi.

I want to learn German.
Je veux apprendre l'allemand.

I want my children to learn German.
Je veux que mes enfants apprennent l'allemand.

A. Ask/beg + infinitif, ont un sens différent de celui de **ask/beg** + complément + infinitif :

I asked to speak to Mr. Jones.
J'ai demandé à parler à M. Jones.

Mais : I asked Bill to speak to Mr. Jones.
       J'ai demandé à Bill de parler à M. Jones.

De même :

I begged (to be allowed) to go with him.
J'ai demandé que l'on veuille bien m'autoriser à l'accompagner.

I begged him to go.
Je l'ai prié d'y aller.

B. Expect + infinitif et **expect** + complément + infinitif peuvent avoir le même sens :

I expect to arrive tomorrow.
Je pense arriver demain.

I expect him to arrive tomorrow.
Je pense qu'il arrivera demain.

Mais souvent **expect** + complément + infinitif exprime une notion de devoir :

He expects his wife to bring him breakfast in bed at weekends.
Il attend de sa femme qu'elle lui apporte son petit déjeuner au lit le week-end.

C. wish, want, would like peuvent tous les trois signifier *désirer* :

wish est le plus protocolaire :

Do you wish to see the manager ?
Désirez-vous voir le directeur ?

Yes, I wish to make a complaint.
Oui, je désire déposer une réclamation.

The government does not wish Dr Jekyll Hyde to accept a professorship at a foreign university.
Le gouvernement ne souhaite pas que le Dr. Jekyll Hyde accepte une chaire dans une université étrangère.

(Pour **wish** + **that** + sujet voir **231, 286**.)

• Pour exprimer un désir dans le passé on emploie normalement **wanted**, bien que **wished** soit également possible :

I wanted to see the exhibition.
Je désirais voir l'exposition.

I wanted Bill to come with me.
Je souhaitais que Bill m'accompagne.

• **would like** peut prendre une valeur passée si on le construit avec l'infinitif passé. Mais il y a modification du sens :

I would like to climb the mountain.
J'aimerais faire l'ascension de cette montagne.

Mais : I would like to have climbed/would have liked to climb the mountain.
J'aurais aimé faire cette ascension.

Would like + infinitif passé et **would have liked** + infinitif exprime la notion de désir non satisfait dans le passé.

Pour **would like**, voir aussi **204, 224, 229, 270**.

D. hate, intend, like, love, mean, want (= *nécessiter*) peuvent également se construire avec le gérondif (ou nom verbal **-ing**) ; voir **269**.

E. expect peut être également construit avec **that** + sujet + verbe (à n'importe quel temps).

242 Verbes suivis d'un complément + infinitif

Les plus importants des verbes ainsi construits sont les suivants :

advise	forbid	persuade
allow	force	remind
ask	induce	request
bribe	implore	show how
compel	instruct	teach/teach how
command	invite	tell/tell how
encourage	oblige	tempt
entitle	order	urge

Exemples :

He encouraged me to try again.
Il m'incita à essayer de nouveau.

She reminded him to buy petrol.
Elle lui rappela qu'il fallait acheter de l'essence.

They invited us to go with them.
Ils nous invitèrent à les accompagner.

A. ask peut être suivi directement de l'infinitif et par conséquent devrait figurer au paragraphe précédent. Mais **ask** + **complément** + **infinitif** a une « zone » d'emploi plus étendue que **ask** + **infinitif**, c'est pourquoi il figure également ici.

B. advise *conseiller*, **allow** *autoriser*, **permit** *permettre* peuvent s'employer aussi avec un gérondif (voir **267**).

C. make à la voix active et **let** (actif et passif) se construisent avec l'infinitif **sans to** (au passif **let** est presque toujours remplacé par **allow**) :

He made me move my car.
Il m'a fait déplacer ma voiture.

Mais : I was made to move my car.
On m'a fait déplacer ma voiture (passif à valeur impersonnelle en anglais).

She let us use her phone.
Elle nous a laissés utiliser son téléphone.

After looking at our passports they let us go.
Après avoir regardé nos passeports, ils nous laissèrent partir.

After they had looked at our passports we were let go/allowed to go.
Après qu'ils eurent regardé nos passeports, on nous laissa partir

D. Verbes de perception : feel *sentir,* **hear** *entendre,* **see** *voir,* et **watch** *observer* peuvent être construits avec un **complément + infinitif sans to,** mais **see** et **hear** doivent se construire **avec to** lorsqu'ils sont au passif :

I felt the house shake.
J'ai senti la maison trembler.

I heard her shout, « Stop ! ».
Je l'ai entendue crier « Arrêtez ! ».

I saw him take the money.
Je l'ai vu prendre l'argent.

He was seen to take the money.
On l'a vu prendre l'argent.

Ces verbes sont plus fréquemment employés avec un complément + participe présent :

I heard her shouting.
Je l'ai entendue crier/qui criait.

I saw him taking the money.
Je l'ai vu prendre/qui prenait l'argent.

Pour une comparaison de ces deux constructions, voir **272.**

E. show *montrer,* **teach** *apprendre,* **tell** *dire* + **how** *comment.*

Show ne peut s'employer avec l'infinitif que par l'intermédiaire de **how :**

He showed me how to change a fuse.
Il me montra comment changer un fusible.

tell how + infinitif *dire comment faire :*

He told me how to replace a fuse.
Il me dit comment remplacer un fusible.

Mais **tell** + complément + infinitif = *ordonner :*

He told me to change the fuse.
Il me dit de changer le fusible.

teach how (teach someone/how) to :

He taught me how to light a fire without matches.
Il m'a appris à allumer un feu sans allumettes.

• Quand il s'agit d'une aptitude courante comme **swim** *nager,* **dance** *danser,* **type** *taper à la machine,* **ride** *monter à cheval,* etc., on peut ne pas employer **how** :

He taught me to ride.
Il m'a appris à monter à cheval.

teach + complément + infinitif (sans **how**) peut s'employer quand il s'agit de comportement (et non d'aptitude) :

He taught me to obey all commands without asking questions.
Il m'a appris à exécuter tous les ordres sans poser de questions.

F. **remind** *rappeler,* **show** (sans **how**) *montrer,* **teach** *enseigner,* **tell** *dire,* peuvent aussi être suivis de **that** :

He reminded me to drive slowly.
Il me rappela qu'il ne fallait pas aller vite.

He reminded me that the road was dangerous.
Il me rappela que la route était dangereuse.

He showed me how to open the safe.
Il me montra comment (faire pour) ouvrir le coffre-fort.

He showed me that it was quite easy.
Il me montra que c'était très facile.

Mais **tell** + **that** n'a pas le même sens que **tell** + infinitif :

He told me to go.
Il me dit de partir (= ordonner).

He told me that I was already late.
Il me dit que j'avais déjà du retard (= informer).

G. **ask** et **request** *demander* peuvent être également construits avec **that** + **should.** Cette construction se rencontre principalement avec un verbe au passif :

He requested/asked that the matter should be kept secret.
Il demanda que l'affaire fût tenue secrète.

243 Verbes et locutions suivies de l'infinitif sans to

A. Will, shall, can, do, must, may

B. need et **dare,** sauf lorsqu'ils sont conjugués avec **do/did** ou **will/would** :

You needn't say anything.
Inutile de parler.

Mais : You don't/won't need to say anything.
       Vous n'avez/n'aurez pas besoin de parler.

I dared not wake him.
Je n'ai pas osé le réveiller.

Mais : I didn't/wouldn't dare (to) wake him.
       Je n'ai pas osé/n'oserais pas le réveiller.

En principe **to** serait obligatoire dans ce dernier exemple, mais, dans l'usage, il est souvent omis. Théoriquement **dare** et **need** sont considérés comme auxiliaires, ils se construisent avec l'infinitif **sans**

to, comme la plupart des auxiliaires. S'ils sont pris comme des verbes ordinaires, avec **do/did** etc., ils se construisent avec l'infinitif complet.

C. Would rather/sooner, rather/sooner than :

Would you like to go today ? I'd rather wait till tomorrow.
Voulez-vous y aller aujourd'hui ? Je préférerais attendre jusqu'à demain.

Rather/Sooner than risk a bad crossing, he postponed his journey.
Plutôt que de risquer une mauvaise traversée, il retarda son voyage (voir **230, 270**).

D. Had better (*ferais,* etc., *mieux de*) :

You had better start at once, he said.
Vous feriez mieux de partir tout de suite, dit-il (voir **118**).

E. Let,*laisser* ; **make,** *faire* :

Mais **make** au passif (= **be made**) prend l'infinitif **sans to** :

Let's ring Peter.
Téléphonons à Peter.

Don't let the children play with matches.
Ne laissez pas les enfants jouer avec des allumettes.

He made me type it again.
Il me l'a fait taper une nouvelle fois.

Mais : I was made to type it again.
    On me l'a fait taper une nouvelle fois.

F. Feel, hear, see et watch :

I heard him lock the door.
Je l'ai entendu fermer la porte.

I saw/watched him drive off.
Je le vis/regardai s'éloigner.

Mais **see** et **hear** au passif se construisent avec l'infinitif **sans to** (voir également **272**).

G. Help, *aider,* peut être suivi de l'**infinitif complet** ou de l'**infinitif sans to** :

He helped us (to) push it.
Il nous aida à le pousser.

H. Si deux infinitifs sont coordonnés par **and,** on omet généralement **to** devant le second :

I intend to sit in the garden and write letters.
J'ai l'intention d'aller m'asseoir dans le jardin et d'écrire des lettres/pour écrire des lettres.

(La coordination **and** entre deux verbes peut dans certains cas exprimer la notion de but.)

I want you to stand beside me and hold the torch.
Je veux que tu te mettes à côté de moi et que tu tiennes la lampe.

I. But, *mais* et **except,** *sauf* se construisent avec l'infinitif sans **to** quand ils sont employés après **do** + **anything/nothing/everything** :

He does nothing but complain.
Il ne fait rien d'autre que se plaindre.

My dog does everything but speak.
Mon chien sait tout faire sauf parler.

Can't you do anything but ask silly questions ?
Ne sais-tu rien faire d'autre que poser des questions idiotes ?

244 Verbes exprimant les notions de savoir, penser, etc.

A. Be sure, *être sûr,* peut être suivi de l'infinitif complet ou d'une construction avec **that,** mais ces deux constructions correspondent respectivement à deux sens différents.

Attention :

• **be sure to** exprime la certitude du locuteur :

Tom is sure to succeed.
Il est certain que Tom réussira.

• **be sure that** exprime la certitude du sujet de **be sure** :

Tom is sure that he will succeed.
Tom est certain de réussir.

B. assume, *supplier ;* **believe,** *croire ;* **consider,** *considérer ;* **feel,** *avoir le sentiment que ;* **know,** *savoir ;* **suppose,** *supposer ;* **think,** *penser ;* **understand,** *comprendre,* peuvent être suivis d'un complément + **to be** :

I consider him to be the best candidate.
Je considère que c'est le meilleur candidat.

Mais il est beaucoup plus courant d'employer **that** + un temps ordinaire :

I consider that he is the best candidate.

Toutefois, lorsque ces verbes sont employés au passif, ils sont plus souvent suivis de l'infinitif que de **that** :

He is known to be honest/It is known that he is honest.
On sait qu'il est honnête.

He is thought to be the best player/It is thought that he is the best player.
On pense que c'est le meilleur joueur.

• On notera cependant que **suppose,** lorsqu'il est employé au passif, exprime souvent une idée de devoir :

You are supposed to know the laws of your own country.
Vous êtes censé connaître les lois de votre pays.

Expect pourrait être également utilisé ici : **you are expected to...**

• On peut aussi employer l'infinitif continu après ces verbes :

He is thought to be hiding in the woods.
On pense qu'il se cache dans les bois.

He is supposed to be washing the car.
Il doit être en train de laver la voiture (il est censé être...).

Quand on emploie ces verbes en relation avec des actions passées, on les fait suivre de l'infinitif passé :

They are believed to have landed in America.
On pense qu'ils ont débarqué en Amérique.

• **Suppose** + infinitif passé n'implique pas nécessairement une idée de devoir :

They are supposed to have discovered America.
On suppose qu'ils ont découvert l'Amérique.

Mais : You are supposed to have finished by now.
     Vous êtes censé avoir terminé maintenant (voir aussi **291 B**).

C. **estimate,** *estimer* et **presume,** *présumer,* à la voix active, se construisent normalement avec **that.** Au passif on peut employer **that** ou l'infinitif :

It is estimated that the vase is 2 000 years old.
On estime que ce vase a 2 000 ans.
Ou : The vase is estimated to be 2 000 years old.

Autres emplois de l'infinitif complet

Pour les constructions **be/be about to** + infinitif complet, voir **111**.
Pour l'infinitif employé pour exprimer le but, voir **308**.

245 L'infinitif de but après go, *aller* et come, *venir*

Le but s'exprime normalement à l'aide de l'infinitif :

They went to Amsterdam to buy diamonds (voir **208**).
Ils sont allés à Amsterdam pour acheter des diamants.

Mais il n'est pas usuel d'employer l'infinitif de but après l'impératif ou l'infinitif de **go** et **come** ; on emploiera d'ordinaire une corrélation avec **and** :

Go and find Bill.
Allez chercher Bill.

Come and talk with Ann.
Venez parler avec Ann.

I must go and help my mother.
Je dois aller aider ma mère.

I'll come and check the accounts.
Je viendrai vérifier les comptes (voir **243 H**).

Mais quand **go** et **come** sont employés comme gérondifs, ou à tout temps du présent ou du passé, ils se construisent avec l'infinitif de but :

I've come to check the accounts.
Je suis venu vérifier les comptes.

I went to help my mother.
Je suis allé aider ma mère.

I didn't come to talk to Bill. I came to talk to you.
Je ne suis pas venu pour parler à Bill. Je suis venu pour vous parler.
I'm thinking of going to look for mushrooms.
Je pense aller chercher des champignons.

Cependant le verbe **see** semble faire exception aux règles énoncées ci-dessus, car on peut dire soit **come to see me**, soit **come and see me**, *venez me voir* ; soit **I'd like to go to see 'Macbeth'** soit **I'd like to go and see 'Macbeth'**, *J'aimerais aller voir* Macbeth.

246 L'infinitif après only

A. L'infinitif est employé après **only** pour exprimer le fait qu'une action est suivie d'un événement décevant, de séquelles désagréables :
He hurried to the house only to find that it was empty.
Il se rendit en toute hâte à cette maison, pour découvrir qu'elle était vide.
He survived the crash only to die in the desert.
Il survécut à l'accident pour mourir dans le désert.

B. L'infinitif peut aussi être employé, sans **only**, pour exprimer une simple coordination entre deux faits, sans notion de conséquence malheureuse ou déplaisante, et, bien sûr, sans notion de but :
He returned home to learn that his daugther had just become engaged.
Il revint chez lui pour apprendre que sa fille venait juste de se fiancer.

• Cet emploi de l'infinitif comme coordination est limité à des verbes comme : **learn, find, see, hear, be told**, etc., sans quoi il y aurait confusion entre ce sens de coordination et l'expression de but.

247 L'infinitif après the first, the second, the last, the only

L'infinitif peut être employé après **the first**, *le premier ;* **the second,** *le deuxième/second* etc. ; **the last**, *le dernier ;* **the only**, *le seul* et parfois après des superlatifs, pour remplacer une proposition relative (voir **55 b**).
He loves parties ; he is always the first to come and the last to leave (= the first who comes, the last who leaves...).
Il adore les réceptions, il est toujours le premier à arriver et le dernier à partir.
She was the only one to survive the crash.
Ce fut la seule qui survécût à l'accident.

The first, the last, etc., peuvent s'employer seuls, comme dans le premier exemple, ou comme adjectifs suivis d'un nom ou d'un pronom, comme dans les autres exemples. On observera que l'infinitif a ici un sens actif. Lorsqu'on veut exprimer un passif, il faut employer un infinitif passif :

He is the second man to be killed in this way.
C'est le deuxième à être tué de cette manière.

The best play to be performed that year (= that was performed).
La meilleure pièce à être jouée/qui fût jouée cette année-là.

Comparez avec l'emploi de l'infinitif actif :

The best play to perform (= for you to perform/you should perform).
La meilleure pièce à jouer (voir **248**).

248 L'infinitif après un nom ou un pronom

L'infinitif peut être placé après un nom ou un pronom, lorsqu'on veut dire ce que l'on fera de la chose désignée par le nom ou le pronom (voir **55 B**).

I have letters to write (= that I must write).
J'ai des lettres à écrire.

Would you like something to drink ?
Voulez-vous quelque chose à boire ?

She said, 'I can't go to the party ; I haven't anything to wear'
(= that I can wear).
Elle a dit : « Je ne veux pas aller à cette soirée ; je n'ai rien à me mettre. »

A house to let, *Une maison à louer.*

• On observera qu'ici l'infinitif actif a un sens passif (comparez avec **247** ci-dessus). L'infinitif passif est possible après **there is/are** + nom/pronom. Par exemple, on peut dire :

There are sheets to be mended *ou* There are sheets to mend.
Il y a des draps à raccommoder.

Mais l'infinitif actif est plus courant. On observera que l'infinitif passif suggère seulement une idée d'obligation : **sheets to be mended** ne peut que signifier *des draps qu'il faut raccommoder*. Par contre **books to read** (infinitif actif) peut signifier aussi bien *des livres qu'il faut lire*, que *des livres qu'on peut lire*.

L'infinitif peut être employé de la même manière avec des prépositions (voir **78** pour la place des prépositions) :

someone to talk to
quelqu'un à qui parler
something to talk about
un sujet de discussion
a pen to write with
une plume pour écrire
a tool to open it with
un outil pour l'ouvrir

a case to keep my records in
un coffret pour ranger mes disques
a cup to drink out of
une coupe pour boire
a table to write on
une table pour écrire

249 L'infinitif après l'adjectif + nom/pronom

A. Après **it is/was** + adjectif + **of you/him** etc. :

It is good of you to help me.
Vous êtes gentil de m'aider.

It is stupid of him to smoke so much.
Il est stupide de sa part de fumer autant.

It was careless of me to lose my umbrella.
Ce fut une négligence de ma part de perdre mon parapluie.

It was clever of him to find his way here.
Ce fut une preuve d'intelligence de sa part, de réussir à venir jusqu'ici.

It was brave of the policeman to tackle the armed man.
Ce fut courageux de la part de l'agent de neutraliser l'homme armé.

• **wise**, *avisé ;* **kind**, *gentil ;* **good**, *bon/sympathique ;* **nice**, *gentil ;* **honest**, *honnête ;* **generous**, *généreux ;* **cowardly**, *lâche ;* **selfish**, *égoïste ;* **silly**, *stupide ;* **wicked**, *méchant,* etc., peuvent être suivis de cette construction.

B. Après **it/that + is/was/would be + adjectif + nom :**

That's a stupid place to park a car.
Il est idiot de garer sa voiture ici (littéralement :
C'est un endroit stupide pour garer sa voiture).

That would be a very rude thing to say.
Il serait très impoli de dire cela.

It was a queer time to choose.
Ce fut une curieuse idée de choisir cette heure-là.

Les adjectifs cités en **A** ci-dessus peuvent être employés avec cette construction, mais d'autres aussi comme **strange**, *étrange ;* **crazy**, *fou ;* **mad**, *insensé ;* **funny**, *curieux ;* **extraordinary**, *extraordinaire ;* **astonishing**, *étonnant ;* **amazing**, *surprenant ;* **pointless**, *vain ;* **ridiculous**, *ridicule,* etc.

• Les jugements qu'ils permettent de formuler sur un fait ou une action peuvent également s'exprimer sous forme d'exclamation :

What a terrible night to be out in !
Quelle nuit épouvantable pour se trouver dehors !

What a funny name to give a dog !
Quel curieux nom pour un chien !

What an odd place for a picnic !
Quel bizarre endroit pour pique-niquer !

• L'adjectif peut être parfois omis lorsqu'il s'agit d'exprimer la critique, la désapprobation :

What a (silly) way to bring up a child !
Quelle façon (stupide) d'élever un enfant !

What a (bad) time to come round knocking on people's doors !
En voilà une heure pour venir frapper chez les gens !

250 L'infinitif employé après un adjectif

A. Après un adjectif exprimant un sentiment :

I was delighted to see him.
J'ai été ravi de le voir.

He'll be angry to find that nothing has been done.
Il se fâchera en voyant que rien n'a été fait.

I'm sorry to say I can't find your key anywhere.
Je suis désolé de vous dire que je ne peux trouver votre clé nulle part.

D'autres adjectifs peuvent se construire ainsi : **happy**, *heureux* ; **glad**, *joyeux, heureux* ; **relieved**, *soulagé* ; **astonished**, *étonné* ; **amazed**, *étonné* ; **surprised**, *surpris* ; **horrified**, *horrifié* ; **disgusted**, *dégoûté* ; **disappointed**, *déçu* ; **sad**, *triste*.

B. It is/was + adjectif peut être suivi de l'infinitif dans des phrases du type suivant :

It is lovely to see so much open country.
C'est agréable de voir une plaine si vaste.

It was dreadful to find oneself alone in such a place.
C'était terrible de se retrouver tout seul dans un tel endroit.

It is easy to talk ; you haven't got to make the decision.
Il est facile de parler ; ce n'est pas vous qui devrez prendre la décision.

It is easy for you to talk ; you haven't got to make the decision.
Il vous est facile de parler ; ...

• **for + nom/pronom** peut généralement être placé devant l'infinitif. Cette construction peut correspondre à une réorganisation d'une phrase dont le sujet serait un infinitif ou une proposition infinitive. On pourrait ainsi, dans les deux cas, dire :

To see so much open country is lovely.
To find oneself alone in such a place was dreadful.

La construction **it is/was** + adjectif + infinitif est bien plus courante (voir **252**).

C. Des phrases telles que celles que nous venons de voir peuvent être placées après des verbes comme **find**, *trouver* ; **think**, *penser* :

It was easy for him to leave the house unobserved.
Il lui fut facile de quitter la maison sans se faire voir.

Ou → He found that it was easy to leave...

Ou → He found it easy to leave...
He thought it was amusing to have two different identities.
Il pensait que c'était amusant d'avoir deux identités.

Ou → He thought it amusing to have...
On notera la construction **find/think it + adjectif + to...** L'adjectif, étant nécessairement attribut, doit être placé après ce qu'il qualifie. Un adjectif ne peut pas porter sur un verbe, d'où la nécessité de **it**, explicité par le verbe à l'infinitif.

D. Un infinitif peut souvent être employé après les adjectifs

easy *facile,* **hard** *dur,* **difficult** *difficile,* **awkward** *malaisé/difficile,* **impossible** *impossible,* etc. :

The book is easy to read.
Le livre est facile à lire.

This car is hard to park.
Cette voiture est difficile à garer.

Some questions are awkward to answer.
Il y a certaines questions auxquelles il n'est pas commode de répondre.

His actions are impossible to justify.
Son comportement est injustifiable.

E. apt *susceptible de,* **anxious** *impatient/désireux de,* **bound** *tenu/obligé,* **due** *prévu,* **inclined** *enclin à,* **liable** *susceptible de,* **prepared** *disposé à,* **ready** *prêt à,* **reluctant** *peu disposé à,* **unwilling** *peu disposé à,* **willing** *disposé à* peuvent être suivis de l'infinitif :

He is bound to win (= he is sure to win/I am sure that he will win).
Sa victoire ne fait pas de doute.

He is reluctant to make any decision.
Il répugne à prendre une décision.

The train is due to leave in ten minutes.
Le train doit partir dans dix minutes.

You are inclined to judge people too hastily.
Vous avez tendance à juger trop vite les gens.

We are all liable to make mistakes.
Nous sommes tous susceptibles de nous tromper.

I am prepared/willing to help you.
Je suis disposé à vous aider.

• Ne pas confondre **anxious** + infinitif *être impatient de/désireux de* et **anxious about** + nom *s'inquiéter* :

I am anxious. *Je suis inquiet.*

I am anxious about Peter.
Je m'inquiète au sujet de Peter.

I am anxious to see Peter.
J'ai hâte de voir Peter/Je souhaite vivement voir Peter.

Notez également la construction **be anxious for** + **complément** + **infinitif** :

I am anxious for him to learn music.
Je souhaite beaucoup qu'il apprenne la musique.

• **be anxious** peut être également suivi de **that** + sujet + **should.** Cette construction peut se substituer à **anxious for** + infinitif, et est assez courante avec le passif :

I am anxious for everything to be done properly.
= I am anxious that everything should be done properly.
Je souhaite vivement que tout soit fait comme il convient (voir **236 D**).

251 L'infinitif après **too, enough** et **so... as**

A. Too + adjectif/adverbe + infinitif complet (*trop... pour*)

1. too + adjectif + infinitif :

1) L'infinitif peut avoir pour sujet le sujet de la phrase, et dans ce cas il a un sens actif :

You are too young to understand (= you cannot understand).
Vous êtes trop jeune pour comprendre.

He was too drunk to drive home (= he couldn't drive home).
Il était trop ivre pour rentrer chez lui en voiture.

2) L'infinitif peut renvoyer à son complément, et dans ce cas il a un sens passif. On pourra dire, sans employer l'infinitif :

The plate was so hot that we couldn't touch it.
L'assiette était si chaude qu'on ne pouvait pas la toucher.

On indique avec **so** un certain degré de l'adjectif, dont la conséquence est introduite par **that**. Mais on peut également dire, en employant l'infinitif :

The plate was too hot to touch.
L'assiette était trop chaude pour qu'on la touche (= pour être touchée).

• On voit que **too** indique un degré excessif de l'adjectif et l'infinitif une conséquence négative de cet excès (= the plate was **too** hot. It **couldn't** be touched).

• On remarquera que **it**, complément d'objet de **touch** dans la première phrase, disparaît dans la construction avec l'infinitif, car ce dernier, bien qu'il soit à la forme active, est employé dans un sens passif. On peut parfois employer l'infinitif soit à la forme active, soit à la forme passive :

This parcel is too heavy to send/to be sent by post.
Ce paquet est trop lourd pour être envoyé par la poste.

Mais la construction avec l'infinitif actif est plus courante.

• **for** + nom/pronom peut être placé devant l'infinitif dans ce type de construction :

The case was too heavy for a child to carry (= too heavy to be carried by a child).
Cette valise est trop lourde pour être portée par un enfant.

3) L'infinitif peut, de même, avoir un complément introduit par une préposition (complément indirect) :

The grass was so wet that we couldn't sit on it = The grass was too wet (for us) to sit on.
L'herbe était trop humide pour qu'on puisse s'y asseoir.

The light is so weak that we can't read by it (= The light is too weak to read by).
La lumière est trop faible pour qu'on puisse lire.

2. too + adjectif + a + nom + infinitif :

He was too shrewd a businessman to accept the first offer (= As a businessman he was too shrewd to accept the first offer).
C'était un homme d'affaires trop avisé pour accepter la première offre.

He is too experienced a conductor to mind what the critics say (= as a conductor he is too experienced to mind what the critics say).
C'est un chef d'orchestre trop expérimenté (= il a trop d'expérience, comme chef d'orchestre) pour se préoccuper de ce que disent les critiques.

3. too + adverbe + infinitif :

It is too soon (for me) to say whether the scheme will succeed or not.
Il est trop tôt pour dire/pour que je puisse dire si le plan réussira ou non.

He spoke too quickly for me to understand.
Il parlait trop vite pour que je puisse comprendre (**for me** est indispensable dans cette phrase ; voir 4).

She works too slowly to be much use to me.
Elle travaille trop lentement pour m'être d'une grande utilité.

4. Proposition infinitive complète. Nous venons de voir des constructions où l'infinitif peut être précédé de **for + nom/pronom.** Cette construction **for + nom/pronom + infinitif avec to** constitue ce que nous appelons une proposition infinitive complète. Le nom/pronom introduit par **for** est sujet de l'infinitif, comme le montrent des expressions équivalentes :

The case was too heavy for a child to carry = This case is too heavy ; a child couldn't carry it.

Les constructions que nous avons étudiées font apparaître soit une proposition infinitive complète, soit une proposition infinitive incomplète. Il y a deux types de propositions infinitives incomplètes :

1) Le sujet n'est pas exprimé :

dans ce cas, il n'y a pas lieu d'employer **for** et la proposition se réduit à l'**infinitif avec to.**

Ceci se produit soit quand le sujet est déjà connu et exprimé, c'est-à-dire quand le sujet de l'infinitif est sujet de la phrase entière :

Tom was too drunk to drive home (= Tom was drunk — Tom couldn't drive home).

ou quand le sujet est indéterminé, quand l'énoncé a une valeur générale :

It was too cold to go out. = It was too cold for people to go out. = It was too cold. Nobody could go out. *Il faisait trop froid pour sortir.*

2) Le verbe n'est pas exprimé :

ceci se produit quand le sens de l'adjectif est tel que l'expression est comprise sans que le verbe soit nécessaire :

It is too expensive for me (= it is too expensive for me to buy).
C'est trop cher pour moi (= pour que je l'achète).

The weather was too bad for sailing.
Il faisait trop mauvais pour faire du bateau.

• Des expressions comme **there is/are/will be/can be**, etc., ont pour infinitif **there to be** qui peut s'employer dans une proposition infinitive complète :

It is too late for there to be a bus (= It is too late, there won't be a bus).
Il est trop tard pour qu'il y ait un bus.

Pour les francophones, il est très important de ne pas confondre **for** + **-ing** sujet d'une proposition infinitive sans verbe, et **l'infinitif complet** exprimant le but, bien que le français dans les deux cas emploie *pour* + infinitif :

The weather was too bad for fishing.
Il faisait trop mauvais pour pêcher.

To fish for salmon you need a line that is both strong and thin.
Pour pêcher le saumon il vous faut une ligne à la fois fine et solide
(ces remarques s'appliquent aussi aux constructions avec **enough**).

B. Adjectifs/adverbe + enough + infinitif complet

1. Adjectif + **enough** + infinitif (= *assez... pour*).

1) Comme c'est le cas avec **too**, l'infinitif peut avoir pour sujet le sujet de la phrase elle-même :

She is old enough to travel by herself.
= She is old enough ; she can travel by herself.
Elle est assez grande pour voyager toute seule.

He was tall enough to see over the heads of the other people.
= He was tall enough ; he could see over... etc.
Il était assez grand pour voir par-dessus la tête des autres.

2) L'infinitif peut se rapporter à son complément d'objet :

The case is light enough for me to carry (= The case is so light that I can carry it).
La valise est assez légère pour que je puisse la porter.

After a few minutes the coffee was cool enough (for us) to drink.
Après quelques minutes le café s'était suffisamment refroidi pour qu'on puisse le boire.

3) Il peut régir un complément indirect :

The ice was thick enough to walk on.
La glace était assez épaisse pour que l'on puisse marcher dessus.

The light was strong enough to read by.
La lumière était suffisante pour qu'on puisse lire.

2. **Enough** peut être employé comme adjectif et être suivi d'un nom :

He doesn't earn enough money to live on.
Il ne gagne pas assez (d'argent) pour vivre.

We haven't enough time to do it properly.
Nous n'avons pas assez de temps pour le faire correctement.

She had enough sense to turn off the gas.
Elle a eu l'intelligence de fermer le gaz.

• **have** + **enough** + **nom** peut être ici remplacé par **have** + **the** + **nom** :

We haven't the time to do it properly.
She had the sense to turn off the gas.

3. **Adverbe** + **enough** + infinitif complet :

He didn't jump high enough to win a prize.
Il n'a pas sauté assez haut pour gagner un prix.

He spoke slowly enough for everyone to understand.
Il parlait assez lentement pour que tout le monde puisse comprendre.

C. so + **adjectif** + **as** + **infinitif complet** :

He was so foolish as to leave his car unlocked.
Il eut la stupidité de laisser sa voiture ouverte.

C'est une construction qui peut se substituer à celle que l'on a étudiée en **A 2** ci-dessus. Cependant, il faut remarquer que **He was foolish enough to leave his car unlocked** peut signifier qu'il a laissé stupidement ses portes ouvertes, ou bien qu'il était stupide au point d'être capable de le faire, tandis que **He was so foolish as to leave...** signifie seulement qu'il l'a fait, et qu'il n'est pas naturellement stupide. La construction **so... as** n'est pas très employée dans ce sens, par contre elle est fort courante lorsqu'il s'agit de formuler une demande :

Would you be so good as to forward my letters ?
= Would you be good enough to forward my letters ?
Voudriez-vous avoir l'obligeance de faire suivre mes lettres ?

Il n'y a pas de différence de sens entre ces deux formulations. Il est très important de ne pas omettre **as.**

252 L'infinitif employé comme sujet

Un infinitif ou un infinitif + complément/adverbe peut être sujet des verbes **be, seem, appear.** Il peut se placer avant le verbe :

To hesitate would have been fatal.
Hésiter aurait été fatal.

To obey the laws is everyone's duty.
Obéir aux lois est un devoir pour tous.

To save money now seems practically impossible.
Faire des économies aujourd'hui semble pratiquement impossible.

To lean out of the window is dangerous.
Il est dangereux de se pencher par la fenêtre.

• Mais il est plus usuel de mettre le pronom **it** en tête de proposition, et de placer l'infinitif en fin de proposition :

It would have been fatal to hesitate.
Il eût été fatal d'hésiter.

It is everyone's duty to obey the laws.
C'est le devoir de chacun d'obéir aux lois.

It is practically impossible to save money now.
Il est pratiquement impossible aujourd'hui de faire des économies.

It is dangerous to lean out of the window.
Il est dangereux de se pencher par la fenêtre.

• On peut employer le gérondif (**-ing**) au lieu de l'infinitif, avant le verbe, lorsque l'on considère l'action en général, mais on ne risque pas de commettre d'erreur en employant l'infinitif. Lorsqu'on veut faire référence à une action particulière il faut employer l'infinitif :

He said, 'Do come with me'. It was impossible to refuse.
« Venez donc avec moi », dit-il. Il était impossible de refuser.

(Le gérondif ne peut être employé, il s'agit ici d'une action particulière.)

Par contre, on pourra dire aussi bien, puisqu'il ne s'agit pas d'une action particulière :

It is not always easy to refuse invitations.
Ou : Refusing invitations is not always easy.
Il n'est pas toujours facile de refuser une invitation (voir **258**).

• Un infinitif peut également être le sujet d'une proposition complément des verbes **find** *trouver,* **discover** *s'apercevoir,* **believe** *croire,* **think** *estimer,* **consider** *considérer,* **expect** *penser,* **wonder (if)** *se demander.*

Ces propositions, ayant, comme un nom, la fonction de complément d'un verbe, ou de sujet d'un verbe, sont appelées parfois propositions nominales (on pourra, avec **find**, avoir une construction équivalente : **find** + **it** + adjectif + infinitif) :

He found that it was easy to earn extra money.
Il s'aperçut que c'était très facile de se faire du supplément.

That... money est une proposition nominale complément d'objet de **find**.

Ou : He found it easy to earn money.
He will find that it is hard to make friends.
Ou : He will find it hard to make friends.
Il s'apercevra qu'il est difficile de se faire des amis.

(Il est conseillé, après d'autres verbes, d'employer la construction **that** + **it is/was**, etc.)

On trouvera le même type de construction avec le gérondif (voir **258**).

• L'infinitif s'emploie volontiers dans des aphorismes ou expressions connues :

To know all is to forgive all.
Tout savoir, c'est tout pardonner.

To work is to pray.
Travailler, c'est prier.

To err is human, to forgive divine.
Se tromper est humain, pardonner est divin.

• L'infinitif passé peut aussi être employé comme sujet d'une phrase :

To have made the same mistake twice was unforgivable.
Il était impardonnable d'avoir commis deux fois la même erreur.

De même, en commençant la phrase avec **it** :

It is better to have loved and lost than never to have loved at all.
Mieux vaut avoir aimé et perdu que de n'avoir jamais aimé.

253 L'infinitif représenté par to

Un infinitif peut être repris par **to**, seul, lorsque l'on veut éviter une répétition.

Ceci se fait principalement après des verbes comme **want** *vouloir,* **wish** *souhaiter,* **like, love** *aimer,* **hate** *détester,* **hope** *espérer,* **try** *essayer,* après les auxiliaires **have, ought, need,** avec **used, be able,** et **be going** :

Did you see the Pyramids ? No, I wanted to (see them) but there wasn't time.
Avez vous vu les Pyramides ? Non, je voulais (les voir) mais nous n'avons pas eu le temps.

I didn't mean to take a taxi but I had to (take one) as I was late.
Je n'avais pas l'intention de prendre un taxi, mais comme j'étais en retard, j'y ai été obligé.

Would you like to come with me ? Yes, I'd love to.
Voudriez-vous m'accompagner ? Oui, j'aimerais beaucoup.

He wanted to go but he wasn't able to.
Il voulait y aller, mais il n'a pas pu.

Did you get a ticket ? No, I tried to, but there weren't any left.
Avez-vous eu un billet ? Non, j'ai essayé mais il n'y en avait plus.

Do you do your own housework ? I used to, but now I've got a service flat.
Est-ce que vous faites votre ménage vous-même ? Je le faisais, mais maintenant j'ai un appartement avec service.

Have you fed the dog ? No, but I'm just going to.
As-tu donné à manger au chien ? Non, mais je vais le faire.

254 L'infinitif continu

Forme

To be + participe présent :
He seems to be following us.
Il semble nous suivre.

Emplois

L'infinitif continu peut être employé :

A. Après les verbes auxiliaires :

The world may be getting colder.
Il se peut que la terre se refroidisse.

He may/might be waiting in the station.
Il se peut/se pourrait qu'il soit en train d'attendre dans la gare.

She said that he might be waiting in the station.
Elle a dit que peut-être il attendait dans la gare.

A : He may be watching TV.
B : He can't/couldn't be watching TV. There are no programmes today because of the strike (déduction négative).
A : *Il regarde peut-être la télévision.*
B : *Non, il ne peut pas être en train de regarder la télévision. Il n'y a pas d'émission aujourd'hui à cause de la grève.*

He must be coming by bus (déduction : il n'y a pas d'autre moyen de transport).
Il doit certainement venir par l'autobus.

A : What are you reading ?
B : I'm reading a novel.
A : You shouldn't be reading a novel. You should be reading a textbook.
A : *Qu'est-ce que tu es en train de lire ?*
B : *Je lis un roman.*
A : *Ce n'est pas un roman que tu devrais être en train de lire, mais un livre de classe.*

B. Après **appear,** *sembler ;* **happen,** *se trouver que ;* **pretend,** *faire semblant/prétendre ;* **seem,** *sembler* :

He appears/seems to be living in the area.
(= It appears/seems that he is living...).
Il semble habiter dans le secteur.

He appeared/seemed to be living in the area.
(= It appeared/seemed that he was living...).
Il semblait habiter dans le secteur.

I happened to be standing next to him when he collapsed (= It happened that I was standing...).
Il se trouva que j'étais à côté de lui quand il s'est effondré.

He pretended to be looking for a book (= He pretended that he was looking...).
Il faisait semblant de chercher un livre.

C. Après **hope,** *espérer* et **promise,** *promettre,* et, moins fréquemment, après **agree,** *accepter ;* **arrange,** *prendre des dispositions ;* **décide,** *décider ;* **determine/be determined,** *décider/être résolu à ;* **plan,** *projeter ;* **undertake,** *entreprendre* :

I hope/hoped to be earning my living in a year's time (= I hope I will/I hoped I would be earning...).
J'espère/j'espérais gagner ma vie dans un an.

Determine/be determined, plan pourraient, dans cet exemple, remplacer **hope** sans modifier sensiblement le sens de la phrase.

I promised to be waiting at the door when he came out.
J'ai promis de l'attendre à la porte quand il sortirait.

Agree, arrange, decide, determine, be determined, plan, undertake,
pourraient remplacer **promise** dans l'exemple précédent sans modifier
sensiblement le sens de la phrase.

D. Après **believe,** *croire ;* **consider,** *considérer ;* **suppose,** *supposer ;*
think, *penser,* etc., au passif :

He is believed to be living in Mexico.
On pense qu'il habite à Mexico (voir **291**).

255 L'infinitif passé

Forme

to have + participe passé :
to have worked ; to have spoken, *avoir travaillé ; avoir parlé*

Emplois

A. Avec les auxiliaires :

1. Avec **should, would, might** et **could** pour former le conditionnel
passé, employé dans les phrases conditionnelles de type 3 (irréel du
passé, voir **217**).
If I had seen her I should have invited her.
Si je l'avais vue, je l'aurais invitée.

2. Avec **should** ou **ought** pour exprimer une obligation non remplie
dans le passé :
He should have helped her.
Il aurait dû l'aider (mais il ne l'a pas fait).

I shouldn't have gone out.
Je n'aurais pas dû sortir (mais je l'ai fait).

He oughtn't to have gone near the bull.
Il n'aurait pas dû s'approcher du taureau.
(Voir **156, 235**.)

3. Avec **was/were** pour exprimer qu'un plan n'a pas été réalisé,
que des dispositions prises n'ont pas été appliquées (voir **111 A**) :
The house was to have been ready today but as there has been a
builders' strike it is still only half finished.
*La maison aurait dû être prête aujourd'hui, mais comme il y a eu
une grève du bâtiment, elle n'est encore qu'à moitié terminée.*

4. Avec **should/would like** pour exprimer l'idée d'un souhait, d'un
désir non réalisé :
I should like to have seen it.
J'aurais aimé le voir (mais c'était impossible).

On pourrait également dire :

I should have liked to see it *ou* **I should have liked to have seen it,** c'est-à-dire que l'on peut mettre l'un ou l'autre, ou les deux verbes, à l'infinitif passé sans modifier le sens *(J'aurais aimé le voir/j'aimerais l'avoir vu/j'aurais aimé l'avoir vu).*

• **Would** s'emploie à la deuxième et à la troisième personnes :

He would like to have emigrated, but his wife successfully opposed the idea.
Il aurait aimé émigrer, mais sa femme s'est opposée avec succès à cette idée.

5. Avec **could** pour une aptitude inemployée dans le passé, ou une possibilité dans le passé :

I could have climbed that mountain when I was young.
J'aurais pu faire l'ascension de cette montagne (mais je ne l'ai pas faite) quand j'étais jeune.

He could have paid his debts.
Il aurait pu payer ses dettes (on ne sait pas s'il l'a fait).
Voir également **132-133.**

6. Avec **needn't** pour exprimer une action passée non nécessaire (voir également **146-148**) :

You needn't have hurried. Now we are early.
Ce n'était pas la peine de te presser. Maintenant nous sommes trop en avance.

You needn't have cooked it. We could have eaten it raw.
Ce n'était pas la peine de le faire cuire. Nous aurions pu le manger cru.

7. Avec **may/might** lorsqu'on se livre à des spéculations sur des actions passées :

He may have come. *Il est peut-être venu.*

He might have come a le même sens, si ce n'est que **might** renforce l'impression de doute : *Il se pourrait qu'il soit venu.*

He may/might not have come.
Il se peut/se pourrait qu'il ne soit pas venu.

• **Might** doit obligatoirement être employé lorsqu'il y a un verbe principal au passé :

She said that he mightn't have come.
Elle a dit qu'il était possible qu'il ne soit pas venu (voir aussi **126-B**).

8. Avec **can't, couldn't** et **must**, pour exprimer une déduction. **Can't** ou **couldn't** + infinitif passé expriment une déduction négative (voir **152**). **Can't** ou **couldn't** peuvent être employés au présent. **Couldn't** est obligatoire quand il y a un verbe principal au passé :

He can't/couldn't have moved the piano himself : it takes two men to lift it.
Il n'a pas pu/il n'aurait pas pu déplacer le piano tout seul ; il faut deux hommes pour le soulever.

Mais :

We knew he couldn't have crossed the river, because the bridge was broken and there was no boat.
Nous savions qu'il n'avait pas pu traverser le fleuve, car le pont était détruit et il n'y avait pas de bateau.

• **Must** + **infinitif passé** exprime une déduction positive, une déduction aboutissant à la certitude que l'action a eu lieu (voir **150-151**).

Someone must have been here recently ; these ashes are still warm.
Il y a dû y avoir quelqu'un ici récemment ; ces cendres sont encore chaudes.

He must have come this way ; here are his footprints.
Il a dû venir par ici ; voici ses empreintes.

B. Avec certains autres verbes :

1. Avec **appear**, *sembler ;* **happen**, *se trouver que ;* **pretend**, *faire semblant, feindre ;* **seem**, *sembler.*

Notez la différence entre l'infinitif présent et l'infinitif passé. Infinitif présent :

He seems to be a great athlete.
Il semble que c'est un grand athlète.

He seemed to be a great athlete.
Il semblait être un grand athlète.

Infinitif passé :

He seems to have been a great athlete.
Il semble avoir été un grand athlète.

He seemed to have been a great athlete.
Il semblait avoir été un grand athlète.

L'infinitif passé renvoie à une période (et aux actions qui s'y situent) antérieure au verbe principal.

Autres exemples :

I happened to have driven that kind of car before.
Il se trouvait que j'avais déjà conduit ce genre de voiture.

He pretended to have read the book.
Il feignait d'avoir lu le livre.

2. Avec les verbes suivants employés au passif :

acknowledge, *reconnaître ;* **believe**, *croire ;* **consider**, *considérer ;* **find**, *s'apercevoir ;* **know**, *savoir ;* **report**, *rapporter ;* **say**, *dire ;* **suppose**, *supposer ;* **think**, *penser ;* **understand**, *comprendre* (voir **291**) :

He is understood to have left the country.
On pense qu'il a quitté le pays.

3. L'infinitif passé est possible, mais moins usuel, avec **claim**, *prétendre ;* **expect**, *croire/s'attendre à ;* **hope**, *espérer ;* **promise**, *promettre* :

He expects/hopes to have finished by June.
Il espère avoir fini en juin.

256   L'infinitif passé continu

Forme

to have been + participe présent.

Emplois

Il s'emploie principalement après les verbes auxiliaires et après **appear** et **seem**, *sembler* ; mais il peut aussi se trouver après **happen**, *se trouver que* ; **pretend**, *faire semblant/feindre* et le passif de **believe**, *croire* ; **know**, *savoir* ; **report**, *rapporter* ; **say**, *dire*, **understand**, *comprendre/croire* :

A : He says he was waiting for a train.

B : He couldn't have been waiting for a train. There were no trains that day.

A : *Il dit qu'il attendait un train.*

B : *Il ne pouvait pas attendre un train. Il n'y avait pas de train ce jour-là.*

A : I was following Peter closely.

B : You shouldn't have been following him closely ; you should have left a good space between the two cars.

A : *Je suivais Peter de près.*

B : *Tu n'aurais pas dû le suivre de près ; tu aurais dû laisser une bonne distance entre les deux voitures.*

He appears to have been waiting a long time.

Il semble avoir attendu longtemps.

He pretended to have been studying.

Il faisait semblant d'avoir étudié.

XXIII. — LE GÉRONDIF

257 Forme et emplois

Le *gérondif* a exactement la même forme que le participe présent : **running, working, speaking.**

La forme en **-ing** peut donc correspondre à un participe présent, à un adjectif verbal, et au gérondif ou substantif verbal qui tire son originalité du fait qu'il a certaines propriétés du verbe (il peut avoir un complément d'objet, être associé à un adverbe, etc.) et certaines propriétés du nom (il peut, par exemple, être précédé d'un adjectif possessif, être sujet ou complément d'un verbe).

Il peut être employé comme suit :
1. Sujet d'une phrase
2. Après une préposition
3. Après certains verbes
4. Dans la formation de noms composés (voir **12**), par exemple : **a diving-board**, *un plongeoir.*

258 Le gérondif sujet de la phrase

Comme on l'a déjà vu (voir **252**), on peut trouver un infinitif ou un gérondif comme sujet d'une phrase, quand il s'agit d'une action considérée de manière générale. On peut dire :

It is easier to read French than to speak it.
Il est plus facile de lire le français que de le parler.

Ou : Reading French is easier than speaking it.
(Pour le gérondif ou l'infinitif après **than** voir **311 B** 3.)

Le gérondif, comme l'infinitif (voir **252**), peut être sujet d'une proposition complément des verbes **find** *trouver, s'apercevoir,* **discover** *s'apercevoir,* **believe** *croire,* **think** *estimer, penser,* **consider** *considérer,* **expect** *penser,* **wonder (if)** *se demander.*

• Après **find** on peut avoir une construction du type **find + -ing + adjectif** à côté de la construction **find that** : **He found parking difficult.**

Ou :

He found that parking was difficult signifierait :
Il avait d'ordinaire/toujours du mal à se garer.

Find + it + adjectif **+** infinitif avec **to** est possible, mais les deux constructions n'ont pas tout à fait le même sens :

He found it difficult to park renverrait à une occasion particulière (il est allé chez X et *il a eu* en l'occurrence *du mal à trouver une place*).

• Bien sûr l'infinitif peut avoir valeur générale, mais il est plus courant d'exprimer celle-ci à l'aide du gérondif. Le gérondif s'emploie pour formuler brièvement des interdictions :

No smoking   No loitering   No spitting
Défense de fumer   *Circulez ! Prière*   *Défense de cracher*
                    de circuler

Ces formulations ne peuvent être suivies d'un complément d'objet ;
par conséquent les interdictions comportant un complément d'objet
sont généralement exprimées à l'aide d'un impératif :

Do not touch these wires.
Défense de toucher aux fils.

Do not feed the lions.
Défense de donner de la nourriture aux lions.

On emploie deux gérondifs dans le dicton :
Seeing is believing. *Voir, c'est croire.*

259 Le gérondif après une préposition

A. Lorsqu'un verbe est placé immédiatement après une préposition,
le gérondif doit être obligatoirement employé :

He insisted on seeing her.
Il tenait spécialement à la voir.

He was accused of smuggling.
Il était accusé de contrebande.

I have no objection to hearing your story again.
Je n'ai pas d'objection à entendre une nouvelle fois votre histoire.

Can you touch your toes without bending your knees ?
Pouvez-vous toucher la pointe de vos pieds sans plier les genoux ?

He is good at telling lies.
Il s'y entend pour dire des mensonges.

She is fond of climbing.
Elle aime l'alpinisme.

They were charged with driving to the public danger.
Ils furent accusés de conduite dangereuse.

He was fined for being drunk in charge of a car.
Il fut condamné à une amende pour conduite en état d'ivresse.

I am quite used to waiting in queues.
Je me suis assez/bien habitué à faire la queue.

He prefers being neutral to taking sides.
Il préfère rester neutre plutôt que de s'engager.

A corkscrew is a tool for taking corks out of bottles.
Un tire-bouchon est un outil pour déboucher les bouteilles.

Do you feel like going for a swim ? (*Pour* **like** *préposition, voir*
87.)
Voulez-vous aller vous baigner ?

After swimming I felt cold.
Après le bain, j'ai eu froid.

What about leaving it here and collecting it on the way back ?
Si on le laissait ici, et qu'on le reprenne en revenant ?

He is thinking of emigrating.
Il songe à émigrer.

I'm sorry for keeping you waiting.
Désolé de vous avoir fait attendre.

His wife raised the money by selling her jewellery.
Sa femme a trouvé l'argent en vendant ses bijoux.

We had a lot of difficulty in finding a parking place.
Nous avons eu beaucoup de mal à trouver une place.

In spite of starting late, he arrived in good time.
Bien qu'il fût parti tard, il est arrivé à temps.

Aren't you interested in making money ?
Cela ne vous intéresse-t-il pas de gagner de l'argent ?

There's no point in waiting.
Cela ne sert à rien d'attendre.

She doesn't care for cooking.
La cuisine ne l'intéresse pas.

- **ATTENTION, REMARQUE GÉNÉRALE :**

La construction française *en + participe présent* correspond très souvent à une construction **préposition + gérondif** en anglais.

1. Expression du moyen choisi délibérément pour accomplir une autre action : **by + gérondif.**
They escaped by digging a tunnel.
Ils se sont échappés en creusant un tunnel.

2. Action survenant dans le cours d'une autre : **in + gérondif.**
In trying to save her he fell into the water.
Il est tombé à l'eau en essayant de la sauver.

3. Complément de temps ponctuel : **on + gérondif :**
On hearing this, she burst into tears.
En entendant cela, elle fondit en larmes.

4. Lorsqu'il s'agit de deux actions simultanées, instantanées, dont l'une est la conséquence de l'autre, l'anglais emploie deux verbes coordonnés, le second exprimant la conséquence :
He slipped on a banana skin and broke his leg.
Il s'est cassé une jambe en glissant sur une peau de banane.

5. Voir également **275** : deux actions simultanées d'une certaine durée :
He rode away whistling.
Il s'éloigna en sifflant.

B. Un certain nombre de locutions verbales, ou verbes composés (verbes + préposition/adverbe), **se construisent avec le gérondif.** Les plus courants sont : **be for/against** *être pour/contre,* **care for** *aimer,* **give up** *renoncer à,* **keep on** *continuer de,* **leave off** *cesser de,* **look forward to** *se réjouir à l'avance de,* **put off** *remettre à plus tard,* **see about** *s'occuper de,* **take to** *se mettre à* (pour **go on** *continuer de,* voir **271**) :

I don't care for standing in queues.
Ça ne m'intéresse pas de faire la queue.

He took to ringing us up the middle of the night.
Il se mit à téléphoner au milieu de la nuit.

Eventually the dog left off barking.
En fin de compte, le chien cessa d'aboyer.

I have seen the film ; now I am looking forward to reading the book.
J'ai vu le film ; maintenant je me réjouis à l'idée de lire le livre.

He put off making a decision till he had more information.
Il remit sa décision à plus tard, en attendant d'en savoir plus.

260 To

Le mot est souvent cause de confusion, car il peut être :
soit A) : partie de l'infinitif complet,
soit B) : préposition.

A. To placé après les verbes auxiliaires **be, have, ought, used,** et après **going** (dans des expressions telles que les formes de **be going to**), fait partie de l'infinitif complet du verbe, et n'est mentionné avec ces auxiliaires que pour rappeler que ceux-ci se construisent avec l'infinitif complet (infinitif avec **to**).
To est souvent placé après **love** *aimer,* **like** *aimer,* **hate** *détester,* **want** *vouloir,* **try** *essayer,* **hope** *espérer,* **mean** *avoir l'intention*, pour éviter la répétition d'un infinitif employé antérieurement :

A : Did you buy the cheese ?
B : No, I meant to, but the shop was shut (= I meant to buy some).
A : *As-tu acheté du fromage ?*
B : *Non, c'était mon intention, mais le magasin était fermé.*
(Voir **253**.)

B. Dans les autres cas, **to** placé après un verbe sera probablement une préposition et, par conséquent, suivi d'un nom/pronom/ou gérondif. On remarquera particulièrement les expressions : **look forward to, take to, be accustomed to, be used to** :

I am looking forward to my holidays/to next weekend/to it.
J'attends mes vacances/la prochaine fin de semaine/cela avec impatience.

I am looking forward to seeing you.
Je me réjouis à l'idée de vous voir/Je suis impatient de vous voir.

I am used to heat/hard work/noise/dust/it.
Je suis habitué à la chaleur/au travail intensif/au bruit/à la poussière/à cela.

I am used to standing in queues.
Je suis habitué à faire la queue (cela ne me dérange pas).

• Il ne faut pas confondre **I used to/he used to**, etc., qui exprime une habitude dans le passé (fréquentatif dans le passé), par ex. **They** used to burn coal, now they burn wood only, *Ils brûlaient du charbon, maintenant ils ne brûlent que du bois,* avec **I am used to/he is used to** etc. qui signifie *Je suis habitué à, j'ai l'habitude de, je suis familier de* (= **accustomed to/familiar with**) :

I am used to the cold.
Je suis habitué au froid.

He is used to working at night (voir **154**).
Il est habitué au travail de nuit.

• Pour savoir si **to** est préposition ou partie de l'infinitif complet, il faut voir s'il est possible de le faire suivre d'un nom ou d'un pronom. Par exemple, un nom ou un pronom pourrait être placé après **I am accustomed to** :

I am accustomed to the dark/to it.
Je suis habitué à l'obscurité/à cela.

To est, dans ce cas, une préposition, et les verbes employés à sa suite seront donc des gérondifs. Si, par contre, nous plaçons un nom/pronom après **to have to**, nous obtenons une séquence qui n'a pas de sens. Ce **to** fait donc partie de l'infinitif complet.

261 Verbes suivis du gérondif

Voici les plus importants :

admit	excuse	prevent
anticipate	fancy (= imagine)	propose (= suggest)
appreciate	finish	recollect
avoid	forgive	remember (= recollect)
consider	imagine	resent
defer	involve	resist
delay	keep (= continue)	risk
deny	loathe	save (oneself the trouble of)
detest	mind (= object)	
dislike	miss	stop
dread	pardon	suggest
enjoy	postpone	understand
escape		

Le gérondif est également employé après les expressions :
can't stand *ne peux/peut supporter*
can't help *ne peux/peut s'empêcher*
it's no use/good *cela ne sert à rien de*
to be worth *valoir la peine de*

A. 1. appreciate *apprécier* nécessite l'emploi d'un adjectif possessif devant le gérondif. L'adjectif possessif devant un gérondif est l'équivalent du pronom personnel avant le verbe (voir **262**) :

I appreciate your giving me so much of your time
(= you give me so much of your time, I appreciate it).
J'apprécie que vous me consacriez tant de votre temps.

2. excuse *excuser,* **forgive, pardon** *pardonner* se construisent soit avec un adjectif possessif + gérondif, soit avec complément + **for**

+ gérondif :

Forgive my interrupting you.
Forgive me for interrupting you.
Pardonnez-moi de vous interrompre.

3. **prevent** *empêcher* se construit soit avec l'adjectif possessif
+ gérondif, soit avec complément (+ **from**) + gérondif :

I can't prevent his leaving the country.
I can't prevent him (from) leaving the country.
Je ne puis l'empêcher de quitter le pays.

4. De nombreux verbes peuvent être suivis ou du gérondif, ou de
l'adjectif possessif/complément + gérondif (voir **262**).

5. **propose** (dans le sens de *suggérer*) se construit avec le gérondif,
mais **propose** (dans le sens de *se proposer, avoir l'intention de*) est
suivi de l'infinitif complet. Voir **267-271** pour les verbes qui peuvent
prendre soit l'infinitif, soit le gérondif.

6. Notez l'expression **I dread to think** qui signifie pratiquement :
I'm afraid to think, donc **I don't think** (voir **271 B**) :

I dread to think what will happen if we're late.
Je ne veux pas penser à ce qui arrivera si nous sommes en retard.

B. Exemples de **verbes + gérondif** :

He admitted taking the money (*ou* he admitted to taking...).
Il reconnut avoir pris l'argent.

I don't anticipate meeting any opposition.
Je ne m'attends pas à rencontrer d'opposition.

Try to avoid making him angry.
Tâchez d'éviter de le mettre en colère.

He detests writing letters.
Il déteste écrire des lettres.

She dreads getting old.
Elle redoute de vieillir.

Do you enjoy teaching ?
Aimez-vous enseigner ?

He narrowly escaped being run over.
Il a failli se faire écraser.

He kept complaining.
Il n'arrêta pas de se plaindre.

Putting in a new window will involve cutting away part of the roof.
*Installer une nouvelle fenêtre signifie qu'il faudra couper une partie
du toit.*

He didn't want to risk getting wet as he had only one suit.
*Il ne voulait pas courir le risque de se faire mouiller car il n'avait
qu'un seul costume.*

If we buy plenty of food now it will save shopping later in the
week.
*Si nous achetons beaucoup de ravitaillement maintenant, cela nous
évitera de faire des courses plus tard dans la semaine.*

Stop talking.
Cessez de parler (Pour **stop** + infinitif complet exprimant le but, voir **271 G**).

I can't understand his leaving his wife.
Je ne comprends pas qu'il ait quitté/qu'il quitte sa femme.

Is there anything here worth buying ?
Y-a-t-il quelque chose ici qui vaille la peine d'être acheté ?

It's no good/use arguing.
Cela ne sert à rien/C'est inutile de discuter.

I couldn't help laughing.
Je ne pouvais pas m'empêcher de rire.

262 Verbe + adjectif possessif/pronom complément + gérondif

Un certain nombre de verbes et de prépositions peuvent être directement suivis du gérondif, ou par un adjectif possessif/pronom personnel complément + gérondif.

A. Si le verbe, ou le verbe + préposition, est suivi directement par le gérondif, le sujet du verbe est également sujet de l'élément verbal contenu dans le gérondif :

Tom insisted on seeing the document.
Tom a tenu à voir le document.

Si nous plaçons un adjectif possessif ou un pronom devant le gérondif, ceux-ci représentent le sujet de l'élément verbal contenu dans le gérondif :

He insisted on my/me reading the document → I had to read it.
Il tenait à ce que je lise le document. J'ai dû le lire.

B. Les verbes et locutions les plus utiles qui peuvent se construire selon ces deux schémas sont les suivants :
dislike et **like** (forme négative) *détester/ne pas aimer*, **dread** *redouter*, **fancy** *aimer*, *avoir envie*, *imaginer*, **mean** *avoir l'intention*, **mind** *avoir des objections à*, **involve** *impliquer*, **propose** *proposer*, **recollect** *se rappeler*, **resent** *avoir du ressentiment*, **save** *épargner*, **stop** *arrêter*, **suggest** *suggérer*, **understand** *comprendre*, **approve/disapprove of** *approuver/désapprouver*, **insist on** *tenir à*, **object to** *avoir des objections à*, **it's no good/it's no use** *il ne sert à rien de*, **there's no point in** *il est vain de*, **what's the point of** *à quoi cela sert-il de* :

He disliked working late.
Il n'aimait pas travailler tard.

He disliked me/my working late.
Il n'aimait pas que je travaille tard.

I object to paying twice for the same thing.
Je n'accepte pas de payer deux fois la même chose.

I object to his/him making private calls on the office phone.
Je n'accepte pas qu'il utilise le téléphone du bureau pour ses communications personnelles.

He resented being passed over for promotion.
Il a mal pris d'avoir été oublié dans la liste des promus.

He resented my/me being promoted before him.
Il m'en voulait d'avoir été promu avant lui.

Pour **mind** voir **263**, pour **suggest** et **propose** voir **264**.

C. excuse *excuser*, **forgive** *pardonner*, **pardon** *pardonner* et **prevent** *empêcher* ne sont pas suivis directement du gérondif, mais sont construits soit avec l'adjectif possessif/pronom + gérondif, soit avec pronom + préposition + gérondif :

Forgive my/me ringing you up so early.
Forgive me for ringing you up so early.
Excusez-moi de vous téléphoner si tôt.

You can't prevent his/him spending his own money.
You can't prevent him from spending his own money.
Vous ne pouvez pas l'empêcher de dépenser son propre argent.

D. Comparaison de la construction avec l'adjectif possessif et de la construction avec le pronom complément :

En anglais recherché on emploie l'adjectif possessif avec le gérondif. Mais en anglais parlé, ou à un niveau de langue plus familier, on emploie très souvent le pronom complément. On a donc le choix, mais il reste recommandé d'employer le pronom.

• Avec **stop** (dans le sens d'*empêcher*) le pronom est beaucoup plus usuel que l'adjectif possessif :

I can't stop him writing to the papers.
Je ne peux l'empêcher d'écrire aux journaux.

E. Noms + gérondifs :

En anglais très recherché on peut employer un cas possessif suivi d'un gérondif :

I don't remember my mother's complaining about prices.
Je ne me souviens pas d'avoir entendu ma mère se plaindre des prix.

Mais il est beaucoup plus usuel de ne pas employer le cas possessif, et de n'employer que le nom seul :

I don't remember my mother complaining...

263 Le verbe **mind**

A. Ce verbe s'emploie surtout à la forme interrogative et à la forme négative :

Would you mind waiting a moment ?
Cela vous dérangerait-il d'attendre un moment ?

I don't mind walking.
Cela ne me déplaît pas de marcher.

B. mind peut être directement suivi du gérondif, ou par un nom/pronom, ou par un pronom complément/adjectif possessif + gérondif :

I don't mind living here.
Cela ne me déplaît pas d'habiter ici.

I don't mind his/him living here.
Je n'ai pas d'objection à ce qu'il habite ici.

He didn't mind leaving home.
Cela ne lui déplaisait pas de quitter la maison.

He didn't mind Ann leaving home.
Il n'avait pas d'objection à ce qu'Ann quitte la maison.

(Voir **262 E** pour l'emploi du nom + gérondif.)

C. Would you mind est une des façons les plus courantes de formuler une demande, ou une requête :

Would you mind not smoking ?
Auriez-vous l'obligeance de ne pas fumer ?

Would you mind moving your car ?
Voudriez-vous déplacer votre voiture ?

Il faut remarquer le changement de sens entraîné par la présence d'un adjectif possessif devant le gérondif :

Would you mind my moving your car ?
Est-ce que cela vous dérangerait que je déplace votre voiture ?
(Il s'agit plus d'une question polie que d'une demande.)

On pourrait dire aussi :
Do you mind if I move it ?
Est-ce que cela vous dérange si je la déplace ?

Mais :
Do you mind my moving it ?
Est-ce que cela vous dérange que je la déplace ?
peut signifier que l'action est déjà engagée (Je me suis mis en devoir de déplacer la voiture).

D. mind ne peut pas être suivi de l'infinitif.

E. Le pronom personnel complément peut être employé au lieu de l'adjectif possessif devant le gérondif (voir **262 D**).

264 Suggest *suggérer* et **propose** *proposer* se construisent avec le gérondif ou avec **that** + sujet

A. suggest

Comme on l'a déjà indiqué, **suggest** peut être suivi :

1. directement d'un gérondif

He said, 'Let's read the instructions first'.
Il dit : « Lisons le mode d'emploi d'abord ».

Ou : He suggested reading the instructions first.
Il suggéra de lire d'abord le mode d'emploi.

2. de l'adjectif possessif/pronom personnel complément + gérondif :

She said, 'Why don't you apply for a work permit, Tom ?'
Elle a dit : « Tom, pourquoi ne demandes-tu pas un permis de travail ? »

She suggested his/him applying for a work permit.
Elle lui suggéra de demander un permis de travail.

She suggested Tom's/Tom applying...

3. **suggest** peut également être suivi de **that** + sujet + **should** :
She suggests/suggested that Tom should apply.

Cette construction est particulièrement utile au passif :

He suggests/suggested sending out circulars.
Il suggère/a suggéré d'envoyer des circulaires.
Ou : He suggests/suggested that circulars should be sent out.

4. **suggest** employé au futur, au présent ou au *present perfect* peut être suivi de **that** + sujet + verbe au présent ; **suggest** au passé peut être suivi de **that** + sujet + prétérit :

She will suggest/She suggests/She is suggesting that you rent a house.
Elle vous suggérera/suggère de louer une maison.

She would suggest/She suggested/was suggesting/had suggested that you rented a house.
Elle vous suggérerait/vous a suggéré/avait suggéré de louer une maison.

B. **propose** peut être utilisé comme **suggest** en **A** 1-3 ci-dessus :
He proposed travelling by helicopter.
Il proposa de faire le voyage en hélicoptère.

He proposed your/you travelling by helicopter.
Il a proposé que vous fassiez le voyage en hélicoptère.
Ou : He proposed that you should travel by helicopter.

• **propose** + **that** + présent ou prétérit est moins usuel.

C. Il faut remarquer que les substantifs **suggestion** et **proposal** *suggestion, proposition* peuvent être suivis de la construction **that... should**.

The suggestion/proposal that the mayor should present the prizes was accepted by everyone.
La proposition de faire remettre les prix par le maire fut acceptée par tous.

265 | Le gérondif passé

having worked, having spoken, etc. (= *le fait d'avoir travaillé/parlé,* etc.).

Il peut être employé à la place du gérondif (**working, speaking**) lorsque le locuteur fait référence à une action ou à un fait passé :

He was accused of deserting his ship.
Ou : He was accused of having deserted his ship.
Il fut accusé d'avoir abandonné son bateau.

• Le gérondif passé est assez souvent employé après **deny** *nier* :
He denied having been there.
Il nia y avoir été.

Mais c'est le gérondif simple qui est le plus usuel.

266 Le gérondif passif

• **Formes**

Présent : **being written** (= *le fait d'être écrit*)
Passé : **having been written** *(= le fait d'avoir été écrit)* :
He was punished by being sent to bed without any supper.
On l'a puni en l'envoyant au lit sans souper.

I remember being taken to Paris as a small child.
Je me souviens avoir été emmené à Paris lorsque j'étais petit.

(Après **remember** renvoyant au passé, il est usuel d'employer le
gérondif présent pour évoquer un fait passé.)

The safe showed no signs of having been touched.
Il n'y avait aucun indice montrant que l'on avait touché au coffre.

XXIV. — VERBES SUIVIS DE L'INFINITIF OU DU GÉRONDIF, DE L'INFINITIF OU DU PARTICIPE PRÉSENT

Infinitif ou gérondif

267 Verbes pouvant se construire soit avec l'infinitif, soit avec le gérondif

A. begin, start *commencer,* **continue** *continuer,* **cease** *cesser*

B. attempt *tenter,* **can't bear** *ne pouvoir supporter,* **intend** *avoir l'intention de*

C. advise *conseiller,* **allow, permit** *permettre,* **recommend** *recommander*

D. it needs/requires/wants... *avoir besoin*

A. Avec **begin, start, continue** et **cease** on peut employer soit l'infinitif, soit le gérondif, sans qu'il y ait une différence de sens, mais l'infinitif est plus usuel si les verbes expriment la notion de connaissance et de compréhension, ou s'il s'agit du verbe **matter** *avoir de l'importance :*

I began working *ou* I began to work.
J'ai commencé à travailler.

He continued living above the shop *ou* He continued to live above the shop.
Il continuait d'habiter au-dessus du magasin.

Mais → I am beginning to understand/see/realize why he acted as he did.
Je commence à comprendre/voir/saisir pourquoi il a agi comme il l'a fait.

It ceased to matter whether or not he sold his work.
Cela n'avait plus d'importance qu'il ait vendu ou non son ouvrage.

She never ceased complaining/to complain about the prices.
Elle n'arrêtait pas de se plaindre des prix.

B. Après **attempt** et **intend**, le gérondif est possible, mais l'infinitif est plus usuel :

Don't attempt to do it by yourself est plus courant que **Don't attempt doing it** : *N'essayez pas de le faire vous-même.*

• On peut employer l'infinitif ou le gérondif après **can't bear** :
I can't bear to stand in a queue/standing in a queue.
Je ne peux supporter de faire la queue.

C. Advise, recommend, allow, permit :

Si la personne concernée est mentionnée dans la construction, on emploie l'infinitif :

He advised me to apply at once.
Il me conseilla de faire ma demande immédiatement.

She recommends housewives to buy the big tins.
Elle recommande aux ménagères d'acheter les grosses boîtes.

They don't allow us to park here.
Ils ne nous permettent pas de stationner ici.

S'il n'est pas fait mention du sujet du verbe qui suit **advise** etc. on emploie le gérondif :

He advised applying at once.
Il conseilla de faire la demande immédiatement.

She recommends buying the big tins.
Elle recommande d'acheter les grosses boîtes.

They don't allow parking.
Ils n'autorisent pas le stationnement.

• Le gérondif après **allow** et **permit** ne peut être suivi d'un complément d'objet. Par conséquent, si l'on souhaite employer la construction **allow/permit** + verbe + complément d'objet, il faut employer l'infinitif précédé du nom/pronom représentant le sujet :

They allowed their tenants to use the garage.
Ils ont autorisé leurs locataires à utiliser le garage.

D. It needs/requires/wants peuvent être suivis de l'infinitif ou du gérondif, mais c'est le gérondif qui est le plus usuel :

The grass wants cutting est bien plus courant que **The grass wants to be cut** : *L'herbe a besoin d'être coupée.*

(Notez la valeur passive, ici, du gérondif.)

268 Regret *regretter,* remember *se rappeler,* forget *oublier* + gérondif ou infinitif

A. regret, remember, forget se construisent avec le gérondif quand l'action ou le fait exprimé par le gérondif est antérieur au moment où le locuteur parle :

I regret spending so much money.
= I'm sorry I spent so much money.
Je regrette d'avoir dépensé tant d'argent.

I remember reading about the earthquake in the papers.
Je me souviens avoir·lu quelque chose dans les journaux sur le tremblement de terre.

remember peut être suivi de la construction adjectif possessif/complément + gérondif :

I remember his/him telling me about it.
Je me souviens qu'il m'en a parlé.

I remember my father('s) telling me about it.
Je me souviens que mon père m'en a parlé.

• **forget** + gérondif n'est possible que si **forget** est à la forme négative. Il est souvent employé après **will never forget** :

I'll never forget waiting for bombs to fall.
= I'll always remember waiting for bombs to fall.
Je n'oublierai jamais quand nous attendions que les bombes tombent.

B. Quand **regret, remember** et **forget** sont suivis de verbes qui expriment une action qui ne se situe pas avant le moment où parle le locuteur, ils se construisent avec l'infinitif :

I regret to say that you have failed your exam. (Le fait de regretter se situe avant le fait de dire.)
J'ai le regret de vous dire que vous n'êtes pas reçu à votre examen.

regret est, dans ce cas, normalement suivi d'un verbe tel que **say** *dire*, **inform** *informer*, **tell** *dire*.

Il est, normalement, employé au présent simple.

• **remember** peut s'employer à n'importe quel temps :

I'll remember to ring Bill.
Je n'oublierai pas de téléphoner à Bill.

(**remember** a pour complément un verbe qui exprime une action future par rapport à lui.)

• **forget** s'emploie de la même manière :

I often forget to sign my cheques.
J'oublie souvent de signer mes chèques.

269 Care (négatif ou interrogatif) = *aimer*, love, like *aimer*, hate *détester*, prefer *préférer*

Ces verbes sont suivis de l'infinitif lorsqu'ils sont au conditionnel :

Would you care/like to come with me or would you prefer to stay here ? I'd love to come with you.
Aimerais-tu venir avec moi, ou préférerais-tu rester ici ? J'aimerais beaucoup aller avec toi.

I'd hate to spend all my life here.
Je détesterais passer toute ma vie ici.

Lorsque ces verbes sont employés au présent ou au prétérit, ils sont d'ordinaire suivis du gérondif :

I like riding.	I liked riding.
J'aime faire du cheval.	*J'aimais faire du cheval.*
He hates waiting for buses.	He hated waiting.
Il a horreur d'attendre l'autobus.	*Il avait horreur d'attendre.*
He prefers walking to bicycling.	
Il préfère la marche au vélo.	

Tom doesn't care for shopping (**for** est nécessaire quand le complément de **care** est un nom ou un gérondif).
Tom n'aime pas tellement faire les courses.

Toutefois, la construction avec l'infinitif est possible, et se rencontre

souvent en américain :
They love/loved to run on the sands.
Ils adorent/adoraient courir sur la plage.

• On notera que **like** peut être employé avec le sens de *trouver judicieux, trouver bon*. Dans ce cas, il est toujours suivi de l'infinitif :
She likes them to play in the garden. (She thinks they are safe there.)
Elle aime bien qu'ils jouent dans le jardin. (Elle pense qu'ils y sont en sécurité.)
I like to go to the dentist twice a year.
Je trouve qu'il est bon d'aller voir le dentiste deux fois par an.

Comparez l'exemple précédent avec :
I like going to the dentist.
J'aime aller chez le dentiste (= je trouve cela agréable).

De même, **I don't like to go** = *Je pense qu'il n'est pas bon d'y aller*, alors que **I don't like going** = *Je n'aime pas aller* = ce n'est pas agréable.

• On notera aussi la différence entre ces deux formes négatives :

I don't like to go signifie généralement **I don't go (because I don't think it right)**, *Je n'y vais pas (parce que je pense qu'il n'est pas bon d'y aller).*

Et **I don't like going** signifie généralement **I go, although I don't enjoy it**, *J'y vais (mais je n'aime pas ça).*

270 Like *aimer*, prefer *préférer,* et would rather/sooner *préférerais* employés pour exprimer la notion de préférence

Leur emploi est expliqué par les exemples suivants :

A. 1. Réponses aux questions du type **What would you like to do ?** *Qu'aimeriez-vous faire ?*
A : Would you like to go today or wait till tomorrow ?
B : I'd like to go today (rather than tomorrow).
A : Aimeriez-vous y aller aujourd'hui ou attendre jusqu'à demain ?
B : Je préférerais y aller aujourd'hui. (L'expression **rather than tomorrow** serait normalement omise dans un dialogue courant.)
Ou B : I'd prefer to go today.
Ou B : I'd rather/sooner go today (than wait till tomorrow).

Would rather/sooner se construisent avec l'infinitif sans **to** (voir **230**).

2. Réponses aux questions du type : **Which would you like me to do ?** *Laquelle de ces choses voudriez-vous que je fasse ?*
Shall I do this or do that ? *Est-ce que je ferai ceci ou cela ?*
A : Shall I begin today or tomorrow ?
B : I'd like you to begin today.
A : Est-ce que je commencerai aujourd'hui ou demain ?
B : J'aimerais que vous commenciez aujourd'hui.

Ou B : I'd prefer you to begin today.
Je préférerais que vous commenciez aujourd'hui.

Ou B : I'd rather/sooner you began today.
Je préférerais que...

Would rather/sooner + sujet + prétérit (= non réel) : voir **288**.

B. Réponses à des questions du type **Which do you prefer ?** *Lequel préférez-vous ?*

I like skiing better than skating.
Je préfère le ski au patinage (= faire du ski plutôt que faire du patin) :

Ou : I prefer skiing to skating.

Ou : I'd rather/sooner ski than skate.

• On notera que **I'd rather/sooner** peut être employé dans les deux séries d'exemples cités ci-dessus (**A - B**).

Par conséquent, une expression comme **I'd rather drive** peut signifier soit *Je préférerais y aller en voiture,* soit *Je préfère conduire,* exprimant une préférence habituelle.

C. Réponses à des questions du type **Which did you prefer ?** *Lequel avez-vous préféré ?*

I liked skiing better than skating.
Je préférais le ski au patin.

Ou : I preferred skiing to skating.
Je préférais le ski au patin.

Would rather/sooner ne peuvent être employés dans ce cas.

---

271 **agree/agree to, be afraid (of), be about/on the point of** *être sur le point de,* **mean, propose, stop, try, used to** (fréquentatif du passé) et **be used to** *être habitué à*

Ces verbes ont des sens différents selon qu'ils se construisent avec l'infinitif ou avec le gérondif.

A. agree et **agree to** (**to** est ici une préposition)
agree se construit avec l'infinitif complet :

He agreed to wait (= I asked him to wait and he said he would [wait]).
Il accepta d'attendre.

agree peut être construit avec la préposition **to** + adjectif possessif + gérondif :

He agreed to my leaving early on Fridays. (= I asked if I could leave early on Fridays and he said that I could.)
Il fut d'accord pour que/Il accepta que je parte tôt le vendredi.

agree to peut naturellement être suivi d'un nom/pronom + gérondif.

B. be afraid + gérondif exprime simplement une crainte du sujet quant à un événement ultérieur. Il s'emploie, normalement, quand il s'agit d'une action qui ne dépend pas de la volonté du sujet :

He never climbed trees as a boy because he was afraid of falling.
Il ne montait jamais aux arbres, lorsqu'il était enfant, parce qu'il avait peur de tomber. On peut dire également :
He never climbed trees because he was afraid that he would fall.

He never criticized his boss because he was afraid of losing his job.
Il ne critiquait jamais son patron parce qu'il craignait de perdre son emploi.

• **be afraid** + infinitif complet, par ex. : **I was afraid to move,** signifie que le sujet a trop peur pour accomplir l'action exprimée par l'infinitif. Il s'agit donc d'actions délibérées, qui dépendent de la volonté du sujet :

He was afraid to jump, so he stayed where he was.
Il n'osait pas sauter, aussi est-il resté où il était.

Mais : He was afraid of breaking his leg.
Il avait peur de se casser la jambe.

He was afraid to say anything so he kept quiet.
Il n'osait rien dire, par conséquent il garda le silence.

C. be about + infinitif complet = **be on the point of** + gérondif :
I was about to strike a match/I was on the point of striking a match when I remembered Tom's warning. (= I was just going to strike a match...)
J'étais sur le point de craquer une allumette, quand je me souvins de la mise en garde de Tom.

D. mean signifiant « **intend** » *avoir l'intention de* se construit avec l'infinitif :
I mean to get to the top by sunrise.
J'ai l'intention d'arriver en haut avant le lever du soleil.

• **mean** signifiant « **involve** » *impliquer* se construit avec le gérondif, et ne peut s'employer qu'avec un sujet impersonnel :
He is determined to get a seat for the ballet even if it means standing in a queue all night.
Il est décidé à avoir une place pour le ballet, même si cela signifie faire la queue toute la nuit.

E. go on *continuer* est suivi, normalement, du gérondif. Mais il s'emploie aussi avec un infinitif, le plus souvent l'infinitif d'un verbe comme **tell** *dire*, **talk** *parler*, **explain** *expliquer* etc., quand celui qui parle poursuit son discours sur le même sujet mais introduit un élément nouveau dans son propos :
He began by showing us where the island was and went on to tell us about its climate.
Il commença par nous montrer où se trouvait l'île, et poursuivit en nous parlant de son climat.

Comparez :

He went on talking about his accident. *Il continua de parler de son accident* (ce qui implique qu'il en avait parlé auparavant).

Et : He went on to talk about his accident. *Ensuite il parla de son accident* (ce qui implique qu'il a parlé par exemple de lui-même, de son voyage, mais qu'il parle pour la première fois de son accident).

F. propose avec le sens de « **intend** » *avoir l'intention de* se construit généralement avec l'infinitif :

I propose to start tomorrow.
Je me propose de partir demain.

• **propose** avec le sens de « **suggest** » *suggérer* se construit avec le gérondif :

I propose waiting till the police get here.
Je suggère d'attendre jusqu'à ce que la police arrive.

(Notez que **police** est un pluriel.)

G. stop, signifiant « **cease** » *cesser de,* se construit avec le gérondif :
Stop talking.
Taisez-vous (= cessez de parler).

Il peut être suivi d'un complément + gérondif :

I can't stop him talking to the press.
Je ne peux pas l'empêcher de parler à la presse.

Un adjectif possessif ne serait pas impossible ici, mais ne se rencontre que très rarement.

• **stop** signifiant « **halt** » *s'arrêter* peut être suivi d'un infinitif exprimant le but (ce pour quoi on s'arrête) :

I stopped to ask the way (= in order to ask).
Je m'arrêtai pour demander mon chemin.

H. try signifiant « **attempt** » *essayer* est suivi de l'infinitif :
They tried to put wire netting all round the garden.
Ils ont essayé de mettre un grillage autour du jardin.

La phrase ne nous dit pas si la tentative a été couronnée de succès.

• **try** peut également signifier « *faire l'essai de* », se livrer à une expérience, et dans ce cas il est suivi d'un gérondif (ou d'un substantif) :

As the door was locked he tried the window.
Comme la porte était fermée à clé, il essaya la fenêtre.

They tried putting wire netting all round the garden.
Ils ont essayé la solution du grillage tout autour du jardin. (Ils ont mis un grillage autour du jardin pour résoudre un problème, par ex. pour empêcher des lapins d'y entrer. Nous savons qu'ils ont réussi à poser le grillage, mais nous ne savons pas si l'effet recherché a été obtenu.)

I. Sujet + used + infinitif complet exprime la notion d'habitude dans le passé, du fait coutumier dans le passé :

I used to swim all the year round.
Je me baignais toute l'année (voir **158**).

Mais sujet + **be/become/get** + **used** + **to** (préposition) est construit avec un nom, un pronom, ou un gérondif, et signifie *être habitué à* **(be)** ou *s'habituer à* **(become, get)** :

I am used to heat.
Je suis habitué à la chaleur.

I am used to living in a hot climate.
Je suis habitué à vivre dans un pays chaud (= J'ai déjà vécu dans un pays chaud et cela ne me dérange pas) ; (voir **159**).

Participe présent ou infinitif

272 Verbes de perception

A. Les principaux verbes de perception sont : **see** *voir,* **hear** *entendre,* **feel** *sentir* ou *toucher,* **smell** *sentir* (odorat), et les verbes **listen (to)** *écouter,* **notice** *remarquer,* **watch** *observer* et **find** *trouver.* Ils peuvent se construire avec complément + participe présent :

I see him passing my house every day.
Je le vois passer devant chez moi tous les jours.

I heard her booking tickets.
Je l'ai entendue prendre des billets.

They felt the house shaking.
Ils ont senti la maison trembler.

She smelt something burning.
Elle sentit que quelque chose brûlait.

I watched them rehearsing the play.
Je les ai regardés répéter la pièce.

I found her lying at the foot of the stairs.
Je l'ai trouvée gisant au bas de l'escalier.

L'action exprimée par le participe présent peut être achevée ou non.

I saw him changing the wheel of his car.
Je l'ai vu changer/qui changeait la roue de sa voiture peut vouloir dire que j'ai assisté à toute l'opération, ou que je n'ai assisté qu'à une partie de celle-ci (je suis parti avant la fin).

B. see, hear, feel, et, de manière moins courante, **listen (to), notice** et **watch** peuvent également se construire avec un complément d'objet + infinitif **sans to** :

We saw him leave the house.
Nous l'avons vu sortir de la maison.

I heard him make arrangements for his journey.
Je l'ai entendu prendre des dispositions pour son voyage.

L'infinitif implique que l'action est achevée :

I saw him change the wheel of the car signifie que j'ai assisté à toute l'opération (*Je l'ai vu changer la roue de sa voiture,* et c'était terminé quand je suis parti).

C. Comparaison des deux constructions

On emploiera de préférence le participe présent puisqu'il peut exprimer l'action représentée par le verbe sous ses deux aspects, inachevé ou achevé. Mais si l'on veut souligner le fait que l'action est achevée on emploiera l'infinitif (sans **to**) ; il est également moins lourd que le participe quand il s'agit d'une succession d'actions (dont certaines ont nécessairement l'aspect accompli ou achevé) :

I saw him enter the room, unlock a drawer, take out a document, photograph it and put it back.
Je l'ai vu entrer dans la pièce, ouvrir un tiroir, en sortir un document, le photographier et le remettre à sa place.

D. Lorsque les verbes de perception sont **au passif**, la construction se fait à l'aide de l'**infinitif complet** (avec **to**) :

He was heard to say that the minister had been bribed.
On l'a entendu dire que le ministre avait été acheté.

273 go *aller* et come *venir*

• **Go** et **come** peuvent être suivis d'un infinitif complet, exprimant le but :

He is going to London to see his mother.
Il va à Londres (pour) voir sa mère.

She is coming (here) to learn French.
Elle vient (ici) (pour) étudier le français.

(Voir également **254**.)

• Ils peuvent également être suivis du participe présent des verbes indiquant une activité physique ou sportive, et du verbe **shop** *faire les courses* :

They are going riding/skiing/sailing.
Ils vont faire du cheval/du ski/du bateau.

They go walking.
Ils font des randonnées à pied.

Notez la différence entre **I am going to ride** et **I go riding**
(**I am going to** = intention, ou futur immédiat, **I go** = activité habituelle).

Come dancing.
Venez danser.

I'm going shopping this afternoon.
Cet après-midi je vais faire des courses.

XXV. — LES PARTICIPES

274 Le participe présent (ou présent actif)

Forme

Il se forme en ajoutant **-ing** à l'infinitif (voir **162** pour les ajustements orthographiques).

Emplois

A. Il s'emploie comme **adjectif** :

running water
eau courante

floating wreckage
épave flottante

dripping taps
des robinets qui coulent

growing crops
des récoltes sur pied

B. Avec le verbe **be** pour construire les formes continues des verbes :

He is working.
Il travaille.

You have been dreaming.
Vous avez rêvé.

We are being followed.
On nous suit/Nous sommes suivis.

C. Après les verbes de perception (voir **272**) :

I saw flames rising and heard people shouting.
J'ai vu s'élever des flammes et j'ai entendu des gens crier.

I heard him booking seats.
Je l'ai entendu qui louait des places.

Every day I see them passing the house.
Tous les jours je les vois passer devant la maison.

I smell something burning.
Je sens quelque chose qui brûle.

I saw him kissing her.
Je l'ai vu qui l'embrassait.

You can hear the clock ticking.
On entend le tic-tac de l'horloge.

I felt the house shaking.
J'ai senti la maison trembler.

D. catch *prendre,* **find** *trouver* + complément + participe présent :

I caught them stealing my apples.
Je les ai pris en train de voler mes pommes.

If she catches you reading her diary, she'll be furious.
Si elle vous surprend en train de lire son journal intime, elle sera furieuse.

• Avec **catch**, l'action exprimée par le participe est toujours quelque chose de déplaisant pour le sujet du verbe principal.

• Avec **find**, il n'y a aucune indication de déplaisir ou de désagrément :

I found him standing at the door (= He was standing at the door when I arrived).
Je l'ai trouvé à la porte (= Il était à la porte quand je suis arrivé).

Avec **find** le complément peut être un non-animé :
He found a tree lying across the road.
Il trouva un arbre couché en travers de la route.

E. have + complément + participe présent :
1. I'll have him driving after two lessons.
Je le ferai conduire en deux leçons/Je lui apprendrai à conduire...
(= As a result of my efforts he will be driving after two lessons.)
(Grâce à mes efforts il sera capable de conduire après deux leçons.)
He had me swimming in a week.
Il m'a appris à nager en une semaine.

Have, dans ce cas, ne s'emploie normalement pas aux formes continues, ou à la forme négative.

2. **have** + complément + participe présent peut également être employé dans les phrases de type suivant :
There is a bus stop outside our door so we have people standing on our steps all day.
Il y a un arrêt de bus juste devant notre porte, aussi nous avons toute la journée des gens sur nos marches.

Cette tournure s'emploie surtout lorsqu'il s'agit d'un fait que réprouve le locuteur. **Have** dans ce cas peut s'employer à n'importe quel temps.

• Pour les emplois 1 et 2 on remarque que la construction exprime un rapport de cause à effet. La différence est qu'en 1 il s'agit d'un effet, d'un résultat délibérément recherché par le sujet de **have**, alors qu'en 2 il s'agit d'une conséquence d'une situation indépendante de la volonté du sujet de **have**, conséquence que celui-ci déplore ou regrette (voir **118 B**).

3. On notera également :
I won't have him cleaning his bicycle in the kitchen (= I won't allow him to clean...)
Je ne veux pas le voir nettoyer sa bicyclette dans la cuisine (= Je ne permets pas que...).

F. spend *passer*, **waste** *perdre, gaspiller* + une expression désignant une durée ou une somme + participe présent :
He spends two hours travelling a day.
Il passe deux heures par jour en trajet.
He doesn't spend much time preparing his lessons.
Il ne passe pas beaucoup de temps à préparer ses leçons.
We wasted a whole afternoon trying to repair the car.
Nous avons perdu tout un après-midi à essayer de réparer la voiture.
He spent a lot of money modernizing the house.
Il a dépensé beaucoup d'argent pour moderniser la maison.

G. be busy *être occupé à* + participe présent :

She is/was busy packing.
Elle est/était occupée à faire les valises.

H. Un participe peut introduire un énoncé au discours indirect (voir **305 C**).

275 Un participe présent peut remplacer une phrase ou une proposition principale

A. Quand deux actions accomplies par le même sujet le sont simultanément, il est en général possible d'exprimer l'une d'elles par le participe présent. Le participe présent peut précéder ou suivre le verbe à la forme finie (verbe avec un sujet à un temps et une personne précis) :

He rode away. He whistled as he went. *Il s'éloigna. Il sifflait chemin faisant.*

= He rode away whistling. *Il s'éloigna en sifflant.*

He holds the rope with one hand and stretches out the other to the boy in the water.
D'une main il tient la corde, et tend l'autre au garçon qui est dans l'eau.

= Holding the rope with one hand, he stretches, *etc.*
Tenant la corde d'une main, il tend l'autre...

B. Lorsqu'une action est immédiatement suivie d'une autre (ayant le même sujet), cette première action peut être exprimée par un participe présent qui doit alors précéder l'autre verbe :

He opened the drawer and took out a revolver.
Il ouvrit le tiroir et prit un revolver.

= Opening the drawer he took out a revolver.
Ouvrant le tiroir, il prit un revolver.

She raised the trapdoor and pointed to a flight of steps.
Elle souleva la trappe et montra un escalier.

= Raising the trapdoor she pointed to a flight of steps.
Soulevant la trappe, elle montra un escalier.

We take off our shoes and creep cautiously along the passage.
Nous retirons nos chaussures et nous avançons à pas de loup dans le couloir.

= Taking off our shoes we creep cautiously along the passage.
Retirant nos chaussures nous nous avançons à pas de loup dans le couloir.

Il semblerait plus logique d'avoir recours à **having** + participe passé (**Having opened, Having raised, Having taken off**), mais ceci n'est nécessaire que si l'emploi du participe présent entraîne une ambiguïté de la phrase :

Eating his dinner he rushed out of the house.
Dînant, il se précipita dehors.
donnerait à entendre qu'il s'est précipité alors qu'il était en train de
dîner. On dira donc :
Having eaten his dinner, *etc.*
Après avoir dîné (Ayant dîné), etc.

C. Lorsque la seconde action peut être considérée comme faisant
un tout avec la première, cette seconde action peut être exprimée
par un participe présent :
She went out, slamming the door. *Elle sortit en claquant la porte.*
He fired, wounding one of the bandits.
Il tira, blessant l'un des bandits.
I fell, striking my head against the door and cutting it.
Je tombai, heurtant la porte de ma tête et me faisant une coupure.

• Il n'est pas nécessaire que le participe ait le même sujet que le
verbe principal :
The plane crashed, its bombs exploding as it hit the ground.
*L'avion s'écrasa au sol, ses bombes explosant au moment de
l'impact.*

---

276 **Un participe présent peut remplacer une proposition subordonnée**

A. Le participe présent peut remplacer une proposition introduite
par **as, since, because** *comme, étant donné que, parce que* + sujet
+ verbe, c'est-à-dire une proposition qui donne une explication du
fait principal :
Knowing that he wouldn't be able to buy food on his journey he
took large supplies with him (= As he knew, *etc.*).
*Sachant qu'il ne pourrait se ravitailler au cours de son voyage, il
emporta d'abondantes provisions (= comme/étant donné qu'il
savait...).*
Fearing that the police would recognize him he never went out in
daylight. (= As he feared, ... *etc.*)
*Craignant que la police ne le reconnaisse, il ne sortait jamais en
plein jour (= comme il craignait... etc.).*
On remarquera que **being** en tête de phrase signifie normalement **as
he/she** etc. **is/was** : *parce qu'il/elle* etc. *est/était*, etc. :
Being a student he was naturally interested in museums.
Étant étudiant, il s'intéressait naturellement aux musées.
Being a student ne peut pas signifier **while he was a student** *alors
qu'il était étudiant.*

• Il n'est pas nécessaire que le sujet du participe soit le même que
celui du verbe principal :
The day being fine, we decided to go swimming.
Comme il faisait beau, nous décidâmes d'aller nous baigner.

Mais dans ce cas, le participe doit suivre immédiatement le nom ou
pronom sujet :

Being fine the day, we decided etc. est incorrect, alors que **Being athletic, Tom found the climb easy.** *Étant sportif, Tom trouva que l'ascension était facile* est correct, puisque Tom est sujet du participe et du verbe principal.

• Il est possible d'employer deux ou plusieurs participes à la suite les uns des autres :

Realizing that he hadn't enough money and not wanting to borrow from his father, he decided to pawn his watch.
Se rendant compte qu'il n'avait pas assez d'argent et ne voulant pas en emprunter à son père, il décida de mettre sa montre en gage.

Not knowing the language and having no friends in the country, he found it impossible to get a job.
Ne parlant pas la langue et n'ayant aucun ami dans le pays, il ne put trouver de travail.

B. Un participe présent peut souvent remplacer une proposition relative (voir **55 c**) :

People who wish to visit the caves = People wishing to visit the caves.
Les gens qui souhaitent visiter les grottes = Les gens souhaitant visiter les grottes.

Children who need medical attention = Children needing medical attention.
Les enfants qui ont besoin de soins médicaux = Les enfants ayant besoin de soins médicaux.

A map which marks the political boundaries = A map marking the political boundaries.
Une carte qui indique les frontières politiques = Une carte indiquant les frontières politiques.

277 Le participe parfait actif

Forme

Having + participe passé (actif).

Emplois

Cette construction peut remplacer le participe présent dans des phrases comme celles que l'on a citées en **275 B**, c'est-à-dire lorsque deux actions ayant le même sujet sont consécutives :

Tying one end of the rope to his bed, he threw the other end out of the window.
Attachant un bout de la corde à son lit, il lança l'autre par la fenêtre.

Having tied one end of the rope to his bed, he threw the other end out of the window.
Ayant attaché, etc.

• **Having + participe passé** indique très clairement que la première action est achevée lorsque s'accomplit la seconde, mais son emploi ne s'impose que si le participe présent risque de créer une confusion :

Reading the instructions, he snatched up the fire extinguisher.
Lisant les instructions, il s'empara de l'extincteur.

pourrait donner l'impression qu'il s'empare de l'extincteur en même temps qu'il lit les instructions. C'est pourquoi on emploiera dans ce cas **having** :

Having read the instructions, he snatched up the fire extinguisher.
Ayant lu les instructions, il s'empara de l'extincteur.

• **Having + participe passé** est cependant obligatoire lorsqu'un certain temps sépare les deux actions :

Having failed twice, he didn't want to try again.
Ayant déjà échoué deux fois, il ne voulait pas recommencer.

Il s'emploie aussi lorsque la première action s'étend sur une certaine période :

Having been his own boss for such a long time, he found it hard to accept orders from another.
Ayant été son propre patron pendant si longtemps, il lui était pénible de recevoir des ordres d'autrui.

278 Le participe passé (passif) et le participe parfait passif (Having been + participe passé)

A. Forme

Le participe passé des verbes réguliers se forme en ajoutant **-ed** ou **-d** à l'infinitif : **worked** *travaillé,* **loved** *aimé.* Pour le participe passé des verbes irréguliers, voir **317.**

Emplois

1. Comme adjectif :

stolen money	a written report
de l'argent volé	*un rapport écrit*
fallen trees	broken glass
des arbres abattus	*du verre cassé*

2. Pour former le *present perfect,* l'infinitif passé et le passif :

he has seen	to have loved	it was broken
il a vu	*avoir aimé*	*il a été cassé*

3. Le participe passé peut remplacer un sujet + verbe passif, de la même manière que le participe présent peut remplacer un sujet + verbe actif :

She enters. She is accompanied by her mother.
Elle entre. Elle est accompagnée de sa mère.

= She enters, accompanied by her mother.
Elle entre, accompagnée de sa mère.

He was aroused by the crash and leapt to his feet.
= Aroused by the crash, he leapt to his feet.
Réveillé par le fracas, il se leva d'un bond.

The bridge has been weakened by successive storms and was no longer safe.
= Weakened by successive storms, the bridge was no longer safe.
Ou (voir ci-dessous) : Having been weakened...
Affaibli par des tempêtes successives, le pont n'offrait plus de sécurité.

As he was convinced that they were trying to poison him, he refused to eat anything. = Convinced that they were trying to poison him, he refused, *etc.*
Convaincu qu'on essayait de l'empoisonner, il refusait toute nourriture.

B. Le participe parfait passif (having been + participe passé) est employé lorsqu'il est nécessaire de bien marquer que l'action exprimée par le participe est antérieure à l'action exprimée par le verbe principal :

Having been warned about the bandits, he left his valuables at home.
Ayant été mis en garde contre les bandits, il laissa chez lui tout ce qui avait de la valeur.

Having been bitten twice, the postman refused to deliver our letters unless we chained up our dog.
Ayant déjà été mordu deux fois, le facteur refusa de nous apporter nos lettres si nous n'attachions pas notre chien.

279 Participes mal construits

Un participe se rapporte en principe au nom ou au pronom qui le précède :

Tom, horrified at what he had done, could at first say nothing.
Tom, horrifié de ce qu'il avait fait, fut d'abord incapable de dire un mot.

Romeo, believing that Juliet was dead, decided to kill himself.
Roméo, croyant que Juliette était morte, résolut de se tuer.

A man carrying a large parcel got out of the bus.
Un homme portant un gros colis descendit de l'autobus.

• On remarquera que le participe peut être séparé du nom ou du pronom auquel il se rapporte par le verbe principal :

Jones and Smith came in, followed by their wives.
Jones et Smith entrèrent, suivis de leurs femmes.

She rushed past the policeman, hoping he wouldn't ask what she had in her suitcase.
Elle passa à toute vitesse devant l'agent, espérant qu'il ne lui demanderait pas ce qu'elle avait dans sa valise.

• S'il n'y a pas de nom ou de pronom placé avant le participe, ce dernier se rapportera au sujet du verbe principal :

Stunned by the blow, Peter fell heavily (Peter had been stunned).
Étourdi par le coup, Peter tomba lourdement.

Believing that he is alone, the villain expresses his thoughts aloud.
Se croyant seul, le misérable exprime à haute voix ses pensées.

• Si l'on ne se conforme pas à cette règle, la phrase devient confuse ou inintelligible. Si l'on dit **Waiting for a bus a brick fell on my head**, on dit en fait, comme du reste en français : *Attendant un autobus une brique me tomba sur la tête,* c'est-à-dire que la brique attendait l'autobus. Ce que l'on veut dire, en réalité, doit s'exprimer ainsi :

As I was waiting for a bus a brick fell on my head.
Alors que j'attendais un bus une brique m'est tombée sur la tête.

• **Autres exemples.**

Il ne faut pas dire : When using this machine it must be remembered... *(En utilisant... il faut se rappeler...),* ou encore :

Believing that I was the only person who knew about this beach, the sight of someone else on it annoyed me very much. *(Croyant que..., la vue...)*

Mais : When using this machine you must remember...
En utilisant cette machine, vous devez vous souvenir...

Using se rapporte à **you**, et non comme précédemment à **it** qui ne peut pas en l'occurrence être sujet de **using.**

As I believed that I was the only person who knew about this beach, the sight of someone else on it annoyed me very much.
Comme je croyais être le seul à connaître l'existence de cette plage, cela m'ennuyait beaucoup d'y voir quelqu'un d'autre.

Believing ne peut avoir comme sujet **the sight of**, comme le suggère le premier énoncé.

280 Participe présent et participe passé employés comme adjectifs

Il faut veiller attentivement à ne pas faire de confusion entre participe présent et participe passé employés comme adjectifs.

Les adjectifs à forme de participe présent, par exemple : **amusing** *amusant,* **tiring** *fatigant,* **horrifying** *horrifiant* ont un sens actif = *qui amuse, qui fatigue, qui horrifie.*

Les adjectifs à forme de participe passé, par exemple : **amused** *amusé,* **tired** *fatigué,* **bored** *ennuyé* ont un sens passif : *qui est amusé, fatigué, ennuyé.*

The play was boring	The audience was bored
La pièce était ennuyeuse	*Le public s'ennuyait*
	(= était ennuyé)
The work was tiring	The workers soon became tired
Le travail était fatigant	*Les ouvriers se fatiguèrent vite*
	(= furent bientôt fatigués)

The scene was horrifying
La scène était épouvantable

The spectators were horrified
Les spectateurs étaient épouvantés

An infuriating woman
Une femme exaspérante

An infuriated woman
Une femme exaspérée

XXVI. — ORDRES, DEMANDES, CONSEILS

281 Ordres exprimés par l'impératif

A. Deuxième personne de l'impératif

1. Elle a la même forme que l'infinitif

Hurry !	Wait !	Stop !
Dépêche toi/	*Attends/attendez !*	*Arrête/arrêtez !*
dépêchez-vous !		

Pour la négation, on emploie **do not (don't)** devant le verbe :

Don't hurry ! *Ne te presse pas/Ne vous pressez pas !*

2. En général, il n'est pas fait mention de la personne à qui l'on s'adresse, mais on peut placer un nom après l'impératif pour préciser à qui l'on s'adresse :

Eat your dinner, boys	Be quiet, Tom
Dînez, les garçons	*Tais-toi, Tom*

Le pronom **you** s'emploie très rarement dans cette position, mais peut être placé avant le verbe, pour établir une distinction :

You go on, I'll wait for Bill.
Vous partez ! (Moi) j'attendrai Bill.

3. **do** peut être placé devant l'impératif affirmatif :

Do hurry !	Do be quiet !
Dépêchez-vous donc !	*Tais-toi donc !*

Ce **do** rend l'impératif plus persuasif, mais il peut aussi exprimer l'irritation du locuteur. (Pour les ordres au discours indirect, voir **301-302**.)

B. L'impératif à la première personne

• Il se forme avec **let us/(let's)** + infinitif :

Let's wait for Bill. *Attendons Bill.*

Pour la négation, on place généralement **not** devant l'infinitif :

Let's not tell anyone. *N'en parlons à personne.*

• Mais il est possible, en anglais familier, de former la négation avec **don't** devant **let's** :

Don't let's tell anyone. *N'en parlons à personne.*

Avec **let's** le locuteur peut inviter ses interlocuteurs à agir d'une certaine manière, il peut exprimer une décision qu'ils sont censés accepter, ou une suggestion.

• **Shall we ?** est parfois employé, comme clausule interrogative, dans l'expression de la suggestion. L'approbation de la suggestion peut se faire avec **yes, let's.**

Let's go by taxi, shall we ? Yes, let's.
Prenons un taxi, voulez-vous ? Oui, c'est ça.

C. L'impératif à la troisième personne

• Il se forme avec **Let him/her/it/them** + infinitif sans **to** :

Let them go by train. *Qu'ils prennent le train.*

• Mais ceci n'est pas une construction extrêmement courante en anglais moderne. On dit plus généralement :

They had better go by train.	They must go by train.
Ils feraient mieux de prendre le train = qu'ils prennent donc le train.	*Il faut qu'ils prennent le train.*

De même à la forme négative :

They had better not go by train.
Ils feraient mieux de ne pas prendre le train.

They must not go by train.
Il ne faut pas qu'ils prennent le train.

L'impératif négatif de la troisième personne, **let him**/etc. **not go** ne s'emploie pas en anglais moderne. (Pour le discours indirect, voir **303**.)

282 Autres moyens d'exprimer les ordres et instructions, recommandations...

A. Sujet + **shall** pour les ordres ou instructions à la troisième personne (en anglais écrit) :

• **Shall** peut être employé dans la rédaction officielle de règlements qui resteront en vigueur pendant une certaine période. C'est généralement le passif qui est utilisé :

The Chairman, Secretary and Treasurer shall be elected annually.
Le président, le secrétaire et le trésorier seront élus tous les ans (règlement d'un club).

A record shall be kept of the number of students attending each class.
Il sera tenu un registre du nombre d'étudiants présents à chaque classe (règlement universitaire).

B. Sujet + **will,** principalement pour des ordres à la troisième personne :

When the alarm rings passengers and crew will assemble at their boat stations.
Au signal d'alarme, passagers et équipage se rassembleront aux points d'évacuation qui leur seront désignés.

Will ainsi employé signifie que la personne qui donne l'ordre a la certitude d'être obéi (donc l'ordre s'assimile à une prédiction certaine, ce qui explique l'emploi de **will**).

• **Will** s'emploie principalement dans la rédaction d'instructions écrites par les personnes disposant d'une autorité sur un personnel, comme par ex. un commandant de navire, un directeur d'école, un entraîneur ou directeur sportif, etc.

The team will report to the gymnasium for weight-lifting training.
L'équipe se présentera au gymnase pour une séance d'entraînement aux poids et haltères.

On remarquera que, si l'on inverse les positions de **will** et du sujet **(Will the team...)**, on formule une demande.

• Il est possible d'employer **you will** dans l'expression orale d'un ordre :

You will not mention this meeting to anyone.
Vous ne parlerez de cette réunion à personne.

Mais il est plus usuel, et plus courtois, d'employer **must** :
You must not mention *etc.*

C. Les ordres sont souvent exprimés sous la forme d'obligation avec **must** :

You must not smoke in the petrol store.
Il est interdit de fumer dans le dépôt d'essence.

Passengers must cross the line by the footbridge.
Les voyageurs doivent emprunter la passerelle pour traverser la voie.

Dogs must be kept on leads in this area.
Prière de tenir les chiens en laisse dans cette zone.

D. Les instructions ou ordres peuvent être donnés à l'aide de **be + infinitif** :

You are to report for duty immediately.
Vous devez vous présenter immédiatement pour prendre votre service.

The switchboard is to be manned at all times.
Un agent doit être constamment présent au standard.

E. Les interdictions peuvent faire l'objet d'instructions écrites exprimées par **may not** :

Candidates may not bring textbooks into the examination room.
Les candidats ne sont pas autorisés à apporter des livres dans la salle d'examen.

283 Demandes

A. Could you est une formule très usuelle :
Could you please show me the way to... ?
Pourriez-vous, s'il vous plaît, m'indiquer le chemin de...

Possibly peut être ajouté, pour souligner que le locuteur formule une demande qui sort de l'ordinaire :

Could you possibly lend me £ 500 ?
Vous serait-il possible de me prêter 500 livres ?

Couldn't exprime l'espoir du locuteur de recevoir une réponse plus favorable que ne le fait l'exemple précédent :

A : I can't wait. *Je ne peux pas attendre.*

B : Couldn't you wait five minutes ?
Ne pourrais-tu pas attendre cinq minutes ?

B. Will you/would you (please) :

Will you/Would you please count your change ?
Voulez-vous/voudriez-vous recompter votre monnaie, s'il vous plaît ?

Would est une forme plus courtoise que **will** et il est recommandé de l'utiliser de préférence.

Will/would you peut être placé en fin de phrase, mais ceci ne peut se faire que dans un dialogue entre personnes qui se connaissent très bien. Employé dans d'autres contextes, cette tournure serait considérée comme grossière.

• **Will/Would** peut également être employé pour formuler des demandes à la troisième personne :

Would Mrs. Jones, passenger to Leeds, please come to the Enquiry Desk ?
Mrs. Jones, à destination de Leeds, est invitée à se présenter au bureau des renseignements.

Will anyone who saw the accident please phone this number... ?
Tout témoin de l'accident est invité à appeler le numéro suivant (avis diffusé par la police).

C. Perhaps you would... implique que le locuteur est persuadé que le service qu'il demande lui sera rendu. L'expression ne s'emploierait pas au début d'une conversation ou d'une lettre, mais serait possible dans le cours de l'une ou l'autre :

Perhaps you would let me know when your new stock arrives = Please let me know...
Voulez-vous me faire savoir à quelle date arrive votre nouveau stock = *Je vous prie de me faire savoir...*

D. If you would... est très usuel ; on l'emploie en anglais parlé pour formuler des demandes ou invitations habituelles dont on sait qu'elles seront satisfaites :

Dans un bureau : If you'd fill up this form/take a seat/wait a few minutes.
Si vous voulez bien remplir ce formulaire/prendre un siège/attendre quelques instants.

Dans un hôtel : If you'd sign the register/follow the porter.
Si vous voulez bien signer le registre/suivre le porteur.

Dans un magasin : If you'd just put your address on the back of the cheque.
Si vous voulez bien mettre votre adresse au dos de votre chèque.

• **Just** peut être ajouté pour indiquer que ce qui est demandé est très simple et très facile.

E. I should/would be very grateful if you would... est une forme de demande officielle, que l'on trouve surtout dans des lettres, mais qui est aussi possible dans la langue parlée :

I should be very grateful if you would let me know if you have any vacancies...
Je vous serais très obligé de bien vouloir me faire savoir si vous avez des postes vacants.

F. Would you be good/kind enough to keep me informed... ?
Auriez-vous l'amabilité de me tenir informé... ?

Would you be so kind as to keep me informed... ?
Auriez-vous l'obligeance de me tenir informé... ?

G. Would you mind + -ing :

Would you mind signing this form ?
Voudriez-vous signer ce formulaire ?

H. You might peut exprimer une demande formulée sans insister :

You might post these letters for me...
Tu pourrais peut-être me mettre ces lettres à la poste...

Cette tournure ne peut s'employer que dans un rapport sans contrainte entre deux personnes très proches, sans quoi cette manière de demande paraîtrait impolie.

Avec une certaine intonation, **might** peut exprimer une demande faite sur un ton de reproche (voir **127**).

284 Conseils

A. Must, ought to et **should** peuvent être employés pour donner un conseil :

You must read this book. It's very interesting.
Il faut que tu lises ce livre. Il est très intéressant.

You should/ought to plant more trees.
Vous devriez planter plus d'arbres.

B. You had better + infinitif sans **to** :

You'd better take off your wet shoes.
Tu ferais mieux d'enlever tes chaussures mouillées.

You'd better not wait any longer.
Vous feriez mieux de ne pas attendre plus longtemps.

Malgré la forme de prétérit **had** l'expression a une valeur de présent/futur.

C. If I were you I should/would... :

If I were you I'd buy a small car.
A votre place (= si j'étais vous), j'achèterais une petite voiture.

Cette formulation peut se réduire à **I should/would...** avec un léger accent sur **I** :

I'd buy a small car. *Moi, j'achèterais une petite voiture.*

D. Why don't you... ?

Pourquoi ne + verbe + vous pas ? exprime soit un conseil, soit une suggestion.

E. It is (high) time + prétérit :

It is (high) time you bought a new coat (voir **288 B**).
Il serait (grand) temps que tu achètes un nouveau manteau.

XXVII. — LE SUBJONCTIF

285 Le subjonctif présent

Forme

Le subjonctif présent a exactement la même forme que l'infinitif, quelle que soit la personne : ainsi le subjonctif présent de **to be** est **I/you/he/she/it/we/they be**. Pour les autres verbes, le subjonctif a donc la même forme que le présent, ce qui rend son identification difficile, sauf à la troisième personne du singulier où il ne prend pas de **s**.

The queen lives here (*présent*). *La reine habite ici.*

Long live the queen ! (*subjonctif*). *Vive la reine !*

Emplois

A. Le subjonctif présent est employé dans certaines exclamations pour exprimer un souhait ou un espoir faisant très souvent appel à des forces surnaturelles :

God bless you ! *Dieu vous bénisse !*

God forgive you ! *Dieu vous pardonne !*

Heaven help us ! *Le ciel nous vienne en aide !*

Heaven be praised ! *Le ciel soit loué !*

Damn you ! *Allez au diable !*

Curse this fog ! *Maudit brouillard !*

B. Il s'emploie parfois dans la langue poétique pour exprimer un vœu, ou dans des subordonnées conditionnelles ou concessives :

Stevenson : Fair the day shine as it shone in my childhood (= may the day shine/I hope it will shine, *etc.*).
Que brille le jour comme il brillait en mon enfance.

Shakespeare : If this be error (= if this is an error).
Si c'est une erreur...

Byron : Though the heart be still as loving (= though the heart is).
Bien que le cœur aime autant encore...

• On remarquera aussi l'expression **if need be** (= **if it is necessary**), *si nécessaire* :

If need be we can always bring another car.
Si nécessaire, nous pourrons toujours amener une autre voiture.

C. Comme on l'a vu en **236**, certains verbes sont construits avec **should** + **infinitif**. Cette construction peut être remplacée par le subjonctif :

He suggested that a petition be drawn up (= should be...).
Il suggéra de rédiger une pétition.

I recommended that each competitor receive £ 1 (= should receive).
J'ai recommandé de verser une livre à chaque concurrent.

286 L'irréel du présent (subjonctif imparfait) et irréel du passé (subjonctif plus-que-parfait) après **wish** et **if only**

Voir chapitre XXI pour la correspondance réel-non réel.

A. Quand il s'agit de **to be** on peut dire **I/he/she/it was** ou **I/he/she/it were.**

Bien que **were** soit la forme en principe correcte, **was** est souvent employé, en particulier dans les conversations courantes. Cette différence mise à part, le subjonctif irréel du présent ou imparfait du subjonctif et le prétérit de l'indicatif ont les mêmes formes.

B. Wish (that) + sujet + irréel du présent (voir **231**) exprime un regret relatif à la situation présente :

I wish I knew his address (= I'm sorry I don't know...).
Si je connaissais son adresse (= je ne la connais pas et je le regrette).

I wish you could drive a car (= You can't drive a car).
Si seulement tu savais conduire (= Tu ne sais pas conduire).

I wish he was coming with us.
Si seulement il venait avec nous.
(= I am sorry he is not coming with us.)
(= Je regrette qu'il ne vienne pas avec nous.)

• **Wish** peut être mis au prétérit, sans changement du temps du verbe qui le suit :

He wished he knew the address (= He was sorry he didn't know the address).
Il regrettait de ne pas connaître l'adresse.

L'irréel du présent n'est pas modifié par le passage au discours indirect :

'I wish I lived nearer my work', he said.
« Je regrette de ne pas habiter plus près de mon travail ! », dit-il.
→ He said he wished he lived nearer his work.
  Il a dit qu'il regrettait de ne pas habiter plus près de son travail.

• **Wish (that)** + sujet + plus-que-parfait permet d'exprimer un regret relatif à un fait passé :

I wish (that) I hadn't spent so much money (= I'm sorry.I spent so much money).
Si seulement je n'avais pas dépensé tant d'argent.

I wish you had written to him (= I'm sorry you didn't write to him).
Si seulement tu lui avais écrit.

• Pour **wish** + **would,** voir **231.** Pour **wish** + infinitif complet, *désirer,* voir **241 C.**

C. If only, *si seulement,* peut s'employer de la même manière. **If only** + prétérit (irréel du présent) a le même sens que **wish,** mais exprime une nuance plus forte de regret (remarquez le point d'exclamation qui accentue cette idée) :

If only we knew where to look for him !
Ah ! si seulement nous savions où le chercher !

De même pour le plus-que-parfait (irréel du passé) :

If only she had asked someone's advice !
Ah ! si seulement elle avait demandé conseil à quelqu'un !

Prétérit et plus-que-parfait peuvent, bien sûr, suivre immédiatement **if.** Le prétérit exprime alors la notion d'irréalité, ou celle d'improbabilité. Le plus-que-parfait exprime la notion d'irréalité :

If Tom were here (= *non réel* : Tom is not here) he could tell us what to do.
Si Tom était ici, il pourrait nous dire ce qu'il faut faire.

If you jumped/were to jump from Westminster Bridge, it would be almost impossible to rescue you (= *improbabilité* : you do not intend to jump).
Si tu sautais (devais sauter) du pont de Westminster, il serait quasiment impossible de te porter secours.

If they had arrived ten minutes earlier (= *non réel* : they did not arrive ten minutes earlier) they would have caught the plane.
S'ils étaient arrivés dix minutes plus tôt, ils auraient eu l'avion (voir **216-217**).

287 As if/as though, *comme si* + irréel du présent et irréel du passé

L'imparfait du subjonctif peut être employé, de même, après **as if/as though** pour exprimer les notions d'irréalité, d'improbabilité ou de doute au présent (il n'y a pas de différence entre **as if** et **as though**) :

He talks as though he knew where she was.
Il parle comme s'il savait où elle se trouve (mais il ne sait pas, ou il est probable qu'il ne sait pas, ou nous ne savons pas s'il sait).

He talks as though he knew where she was.
Il parle comme s'il savait où elle se trouve (mais il ne sait pas, ou il est probable qu'il ne sait pas, ou nous ne savons pas qu'il sait).

He orders me about as if I were his wife.
Il me donne des ordres comme si j'étais sa femme (ce qui n'est pas le cas).

Le verbe de la proposition principale, dont **as if/as though** introduit la subordonnée, peut être mis au prétérit sans que le verbe de la subordonnée soit modifié :

He talks/talked as though he knew where she was.
Il parle comme s'il savait où elle se trouve/Il parlait comme s'il savait où elle se trouvait.

• La différence avec le français se situe ici dans le troisième verbe subordonné à **knew**. Il est au présent quand le verbe principal est au présent, à l'imparfait quand le verbe est à l'imparfait : *elle se* *trouve/elle se trouvait.* En anglais, la concordance se fait avec **knew** donc **she was** dans les deux cas.

• Avec **as if** et **as though** le plus-que-parfait s'emploie pour évoquer une action qui probablement n'a pas eu lieu dans le passé, ou dont on ignore si elle a vraiment eu lieu :

He talks about Rome as though he had been there himself.
Il parle de Rome comme s'il y était allé lui-même.

Le verbe principal, ici encore, peut être mis au prétérit sans que le reste de l'énoncé soit modifié :

He looks/looked as though he hadn't had a decent meal for a month.
On dirait qu'il n'a pas fait un repas correct depuis un mois/On aurait dit qu'il n'avait pas fait un repas correct depuis un mois.

288 Subjonctif imparfait et plus-que-parfait après **would rather/sooner** et **it is time** ou **it is high time** (voir 230)

A. Would rather/sooner sont suivis de l'infinitif sans **to** lorsque leur sujet est également sujet du verbe désignant l'action en cause :

A : Would you like to start today ?
B : I would rather/sooner wait till tomorrow.
A : *Voulez-vous partir aujourd'hui ?*
B : *Je préférerais attendre demain.*

Prefer + infinitif complet (avec **to**) peut s'employer avec le même sens :
I would prefer to wait till tomorrow.

• Si, cependant, l'action en cause a un autre sujet, **would rather/sooner** est suivi d'un irréel exprimant ce que le sujet de **would rather/sooner** souhaite par rapport à la situation existante envisagée :

A : Shall I give you a cheque for £ 10 ?
B : I'd rather you gave me £ 10 in notes.
A : *Est-ce que je vous donne un chèque de 10 livres ?*
B : *Je préférerais des billets.*

A : Would you like him to paint the door green ?
B : I'd rather he painted it blue.
A : *Veux-tu qu'il peigne la porte en vert ?*
B : *Je préférerais qu'il la peigne en bleu.*

• **Prefer**, cependant, comme **like**, peut être suivi d'un complément + infinitif complet :

I'd prefer you to give me £ 10 in notes.
Je préférerais que vous me donniez 10 livres en billets.

I'd prefer him to paint it blue.
Je préférerais qu'il la peigne en bleu.
(Voir également 270.)

B. It is time

• **It is time** peut être suivi d'une proposition infinitive : **it is time** (+ **for** + complément) + infinitif complet :

It is time to start. *Il est l'heure de partir.*

It is time for us to go. *Il est l'heure de nous en aller.*

• **It is time** (ou **it is high time**) peut également être suivi d'un irréel :

It is time we went. It is time we were leaving.
Il est temps que nous partions.

Les deux constructions n'ont pas le même sens, **it is time** + infinitif permet de faire un constat : l'heure prévue pour telle ou telle action est venue :

It is time to go to bed.
Il est l'heure d'aller te coucher.

It is time + irréel veut dire que l'action en cause aurait dû être accomplie ou engagée :

It is time you went to bed.
Il faudrait te coucher maintenant (= tu devrais déjà être couché).

Cette expression peut être renforcée par l'adjectif **high** :

It's high time we left. *Il est grand temps que nous partions.*

XXVIII. — LE PASSIF

289

A. Formes

1. Les formes de la voix passive s'obtiennent en prenant **to be** aux temps, mode, personne requis qu'on fait suivre du participe passé du verbe actif :

Actif : We keep the butter here.
Nous conservons le beurre ici.

Passif : The butter is kept here.
Le beurre est conservé ici.

Actif : They broke the window.
Ils ont cassé la fenêtre.

Passif : The window was broken.
La fenêtre a été cassée.

Actif : People have seen wolves in the streets.
Les gens ont vu des loups dans les rues.

Passif : Wolves have been seen in the streets.
Des loups ont été vus dans les rues.

Les formes continues existent au passif ; elles peuvent parfois paraître compliquées, puisqu'elles mettent en œuvre la forme continue de **to be** (**be + being**) et le participe passé du verbe : **be + being** + participe passé :

Actif : They are repairing the bridge.
Ils réparent le pont.

Passif : The bridge is being repaired.
On est en train de réparer le pont (voir **B**).

Actif : They were carrying the injured player off the field.
Ils portaient le joueur blessé hors du terrain.

Passif : The injured player was being carried off the field.
On sortait le joueur blessé du terrain (voir **B**).

L'emploi d'autres temps continus que le présent et le prétérit est extrêmement rare au passif, si bien que des énoncés comme :

They have/had been repairing the road.
Ils réparent/réparaient la route...

They will/would be repairing the road.
Ils seront/seraient en train de réparer la route...

ne se mettront pas, d'ordinaire, au passif.

2. Les constructions auxiliaire + infinitif se mettent au passif en employant l'infinitif passif (**be** + participe passé) :

Actif : You must shut these doors.
Vous devez fermer ces portes.

Passif : These doors must be shut.
Ces portes doivent être fermées.

Actif : You ought to open the windows.
  Tu devrais ouvrir ces fenêtres.

Passif : The windows ought to be opened.
  On devrait ouvrir ces fenêtres.

Actif : They should have told him *(infinitif passé actif).*

Passif : He should have been told *(infinitif passé actif).*
  On aurait dû lui dire (voir **B**).

On remarquera aussi des constructions telles que :

His decision is to be regretted.
Sa décision est regrettable (= *doit être regrettée*).

If he is to be believed.
S'il faut l'en croire.

3. Le gérondif passif se forme avec **being** + participe passé.

Actif : I remember my father taking me to the Zoo.
  Je me rappelle que mon père m'emmenait au zoo.

Passif : I remember being taken to the Zoo by my father.
  Je me rappelle avoir été emmené au zoo par mon père.

4. Voici le tableau des correspondances entre l'actif et le passif, en prenant comme exemple le verbe **keep**, *tenir.*

Temps/modes	Actif	Passif
Présent	**keeps**	**is kept**
Présent continu	**is keeping**	**is being kept**
Prétérit	**kept**	**was kept**
Prétérit continu	**was keeping**	**was being kept**
Present perfect	**has kept**	**has been kept**
Plus-que-parfait	**had kept**	**had been kept**
Futur	**will keep**	**will be kept**
Conditionnel	**would keep**	**would be kept**
Conditionnel passé	**would have kept**	**would have been kept**
Infinitif	**to keep**	**to be kept**
Infinitif passé	**to have kept**	**to have been kept**
Participe présent	**keeping**	**being kept**
Participe passé	**kept**	**been kept**

B. Emplois

Le passif s'emploie en anglais lorsque le locuteur trouve plus commode ou préférable de mettre en relief ce qui est fait plutôt que celui qui fait l'action, ou lorsqu'il ne connaît pas le sujet de l'action : **My watch was stolen,** *On m'a volé ma montre/Ma montre a été volée* est bien plus courant que **Thieves stole my watch** *Des voleurs ont pris ma montre*. Ce choix du passif, lorsque le sujet de l'action n'est pas connu, ou ne peut être précisé, correspond souvent, en français, à l'impersonnel *on*. Cette valeur impersonnelle du passif anglais, et (voir **290 B**) la possibilité de mettre au passif des verbes qui ont des compléments indirects (possibilité qui n'existe pas en français), expliquent pourquoi le passif est une voix beaucoup plus employée en anglais qu'en français :

The injured player was being carried off the field.
On était en train de sortir le joueur blessé.

It is said that (= People say)...
On dit que... (= Les gens disent...)

• En principe, il faut le remarquer (voir **290 B**), un énoncé comportant un double complément (cas de **give** *donner,* **tell** *dire quelque chose à quelqu'un,* etc.) pourrait avoir deux équivalents au passif :

Someone gave her a bulldog.
Quelqu'un lui a donné un bouledogue.

She was given a bulldog.
On lui a donné un bouledogue.

Ou : A bulldog was given to her.
Un bouledogue lui a été donné.

En général, cependant, c'est l'énoncé du type **She was given...** que l'on rencontre le plus fréquemment.

290 Verbes au passif + préposition

A. On a vu **(289)** que, dans une phrase au passif, il arrive souvent qu'on ne fasse pas référence à l'agent (celui ou ce qui fait l'action). Lorsque l'on fait référence à l'agent, ce « complément d'agent » est introduit par **by** :

Actif : Dufy painted this picture.
     Dufy a peint ce tableau.

Passif : This picture was painted by Dufy.
     Ce tableau a été peint par Dufy.

A la forme interrogative :

Actif : Who wrote it ?
     Qui l'a écrit ?

Passif : Who was it written by ?
     Par qui cela a-t-il été écrit ?

Actif : What caused this crack ?
     Qu'est-ce qui a provoqué cette fissure ?

Passif : What was this crack caused by ?
     Par quoi a été provoquée cette fissure ?

D'autre part, des phrases telles que :

Smoke filled the room.
De la fumée remplissait la pièce.

Paint covered the lock.
Il y avait de la peinture sur la serrure.

ont au passif les équivalents suivants :

The room was filled with smoke.
La pièce était emplie de fumée.

The lock was covered with paint.
La serrure était couverte de peinture.

Il ne s'agit plus de complément d'agent, mais d'un complément de moyen (répondant à la question *avec quoi ?*) introduit par **with.**

B. Lorsque la structure verbe + préposition + complément est mise au passif, la préposition reste immédiatement à la suite du verbe :

Actif : We must write to him.
         Nous devons lui écrire.

Passif : He must be written to.
         Il faut lui écrire.

Actif : You can play with these cubs quite safely.
         Tu peux jouer sans crainte avec ces oursons.

Passif : These cubs can be played with quite safely.
         On peut jouer sans crainte avec ces oursons.

• Il en est de même des structures verbe + préposition/adverbe :

Actif : They threw away the old newspapers.
         Ils jetèrent les vieux journaux.

Passif : The old newspapers were thrown away.
         Les vieux journaux furent jetés/On jeta...

Actif : He looked after the children well.
         Il s'occupa bien des enfants.

Passif : The children were well looked after.
         On s'occupa bien des enfants.

291 Passif + verbe à l'infinitif

A. Avec **acknowledge** *reconnaître*, **assume** *supposer*, **believe** *croire*, **claim** *prétendre*, **consider** *considérer*, **estimate** *estimer*, **feel** *sentir*, **find** *trouver*, **know** *savoir*, **presume** *présumer*, **report** *rapporter*, **say** *dire*, **think** *penser*, **understand** *comprendre* etc.

Des phrases telles que **People think, consider/know** etc. **that he is...**
Les gens pensent, considèrent, savent etc. *qu'il est...* peuvent se mettre au passif de deux façons :

It is thought/considered/known *etc.* that he is...
Ou : He is thought/considered/known *etc.* to be...
On pense/considère/sait qu'il est...

De même :
People said that he was jealous of her.
Les gens disaient qu'il était jaloux d'elle.

peut avoir deux passifs :
It was said that he was jealous of her.
Ou : He was said to be jealous of her.
On disait qu'il était jaloux d'elle.

Les francophones doivent veiller à ne pas confondre **say** *dire quelque chose* et **tell** *dire à quelqu'un* :

(1) He is said to be jealous.
On dit qu'il est jaloux.

She is said to be beautiful.
On dit qu'elle est belle.

(2) He was told to be quiet.
On lui dit de se taire.

She was told to be generous.
On lui a dit de se montrer généreuse.

Avec **said,** l'expression **be** + adjectif exprime un état (être jaloux, être belle).

Avec **told, be** + adjectif exprime un comportement qui dépend de la volonté du sujet, et peut être employé comme impératif : **Be quiet !** *Taisez-vous !* **Be generous !** *Faites preuve de générosité !*

A l'actif, les phrases (1) deviennent :

They say he is jealous.   People say she is beautiful.
Ils disent qu'il est jaloux.   *Les gens disent qu'elle est belle.*

Les phrases (2) correspondent à :

They told him to be quiet.
On lui a dit de se taire.

They told her to be generous.
On lui a dit de se montrer généreuse (voir **298**).

Entre **It was said that he was** et **He was said to be,** c'est cette dernière tournure que l'on emploie de préférence ; l'autre est considérée comme plus lourde. Cette construction passif + infinitif est principalement employée avec **to be,** bien qu'il soit possible de la rencontrer parfois avec d'autres verbes :

He is thought to have information which will be useful to the police.
On pense qu'il a des informations qui seront utiles à la police.

Lorsque le fait en cause appartient au passé, on emploie l'infinitif passé :

Actif : People know that he was...
         Les gens savent qu'il était...
         It is known that he was...
Ou :   He is known to have been...
         On dit qu'il était...
Actif : People believed that he was...
         Les gens croyaient qu'il était...
         It was believed that he was...
Ou :   He was believed to have been...
         On croyait qu'il était/avait été...

Ces constructions peuvent se faire avec l'infinitif passé de n'importe quel verbe.

B. Avec **suppose** *supposer*

1. **Suppose** au passif peut être suivi de l'infinitif présent de tout

verbe, mais cette construction exprime une notion de devoir, et n'est pas, du point de vue du sens, l'équivalent de la construction à l'actif :

You are supposed to know to drive.
= It is your duty to know/You should know how to drive.
Vous êtes censé savoir conduire/vous devez/devriez savoir conduire.

Une expression comme **he is supposed to be in Paris** a cependant deux sens possibles : *Il devrait être à Paris* ou *On suppose qu'il est à Paris*.

2. **Suppose** au passif peut également être suivi de l'infinitif passé de tout verbe. Cette construction peut exprimer la notion de devoir, mais le plus souvent elle a l'autre sens.

You are supposed to have finished (= You should have).
Vous devriez en principe avoir fini.

Mais : He is supposed to have escaped disguised as a woman (= People suppose that...).
On suppose qu'il s'est échappé déguisé en femme.

C. On remarquera que, normalement, l'infinitif qui suit un verbe au passif est un infinitif complet (avec **to**) :

Actif :   We saw them go out.
          Nous les avons vus sortir.

He made us work.
Il nous a fait travailler.

Passif : They were seen to go out.
          On les a vus sortir.

We were made to work.
On nous a fait travailler.

Le verbe **let** *autoriser, laisser* ne suit pas cet usage et se rencontre au passif suivi de l'infinitif sans **to.** Cet emploi de **let** au passif est très rare.

Actif :   They let us go.
          Ils nous ont laissés partir.

Passif : We were let go.
          On nous a laissés partir.

D. L'infinitif continu peut être employé après le passif des verbes **think, know, believe, understand, report, say, suppose** :

He is thought/known/believed to be living abroad.
(= People think... that he is living.)
On pense/sait/croit qu'il habite à l'étranger.

You are supposed to be working = You should be working.
Vous devriez en principe être en train de travailler.

L'infinitif passé continu est également possible :

He is believed to have been waiting for a message.
(= People believe that he was waiting.)
On croit qu'il attendait un message.

You are supposed to have been working.
(= You should have been working.)
Vous auriez en principe dû être au travail.

XXIX. — LE DISCOURS INDIRECT

292 Discours direct et discours indirect

Ce qu'une personne dit peut être présenté de deux manières : le discours direct, le discours indirect.

• Le discours direct consiste en une répétition exacte de ce que le locuteur a dit :

He said, 'I have lost my umbrella'.
Il a dit : « J'ai perdu mon parapluie ».

• Le discours indirect consiste à reproduire le sens exact de ce qui a été dit, dans une proposition subordonnée à un verbe introductif (ou déclaratif) principal, sans pour autant recourir aux mots précis employés par le locuteur.

He said that he had lost his umbrella.
Il disait qu'il avait perdu son parapluie.

• On remarquera qu'il n'y a pas de virgule après **said** et que **that** peut être omis. On emploie, normalement, le discours indirect pour rapporter verbalement une conversation, mais on emploiera parfois le style direct pour produire un effet plus dramatique.

Passer du discours direct au discours indirect implique un certain nombre de modifications de l'énoncé. Elles seront étudiées dans les paragraphes suivants, en distinguant, pour la commodité, phrases déclaratives, questions, et ordres.

293 Phrases déclaratives au discours indirect : changements de temps obligatoires

A. Une phrase déclarative est un énoncé par lequel le locuteur décrit ce qu'il constate, ce qui se passe, ce qu'il ressent, etc. On distingue deux sortes de discours indirect : le discours indirect introduit par un verbe au présent : **He says that...** *Il dit que...,* et le discours indirect introduit par un verbe au passé : **He said that...** *Il a dit/disait que...*

• Le discours indirect présent se rencontre d'ordinaire lorsque :

1. On rapporte une conversation qui n'est pas encore terminée.

2. On lit une lettre et l'on fait part de son contenu à quelqu'un.

3. On lit des instructions et on en informe quelqu'un.

4. On cite des propos que certaines personnes tiennent fréquemment, par exemple : **Tom says that he'll never get married.** *Tom dit qu'il ne se mariera jamais.*

Quand le verbe introductif est au présent, au *present perfect* ou au futur, on peut rapporter le discours direct sans en modifier le temps des verbes :

Paul (téléphonant de la gare) :
I'm trying to get a taxi.
J'essaie de trouver un taxi.

Ann (à Mary, qui se tient près d'elle) :
Paul says that he is trying to get a taxi.
Paul dit qu'il essaie de trouver un taxi.

B. Le discours indirect est le plus souvent introduit par un verbe au prétérit. Il est alors nécessaire de procéder à des changements de temps : il faudra employer les temps du passé qui correspondent aux temps du présent, selon le tableau ci-dessous :
Discours direct → Discours indirect.
Présent simple → Prétérit simple.
'I never eat meat', he explained.
« *Je ne mange jamais de viande* », *expliqua-t-il.*
= He explained that he never ate meat.
Il expliqua qu'il ne mangeait jamais de viande.

• Présent continu → Prétérit continu.
'I'm waiting for Ann', he said.
« *J'attends Ann* », *dit-il.*
= He said he was waiting for Ann.
Il a dit qu'il attendait Ann.

• *Present perfect* → Plus-que-parfait.
'I have found a flat', he said.
« *J'ai trouvé un appartement* », *dit-il.*
= He said he had found a flat.
Il a dit qu'il avait trouvé un appartement.

• *Present perfect* continu → Plus-que-parfait continu.
He said, 'I've been waiting for ages'.
Il a dit : « J'attends depuis une éternité ».
= He said he had been waiting for ages.
Il a dit qu'il attendait depuis une éternité.

• Prétérit → Plus-que-parfait.
'I took it home with me', he said.
« *Je l'ai emporté chez moi* », *dit-il.*
= He said he had taken it home with him.
Il a dit qu'il l'avait emporté avec lui.

• Futur → Conditionnel (= Futur dans le passé).
He said : 'Ann will be in Paris on Monday'.
Il a dit : « Ann sera à Paris lundi ».
= He said that Ann would be in Paris on Monday.
Il a dit qu'Ann serait à Paris lundi.

Futur continu → Conditionnel continu.
'I'll be using the car myself on the 24th', he said.
« *Je me servirai moi-même de la voiture le 24* », *dit-il.*
= He said he'd be using the car himself on the 24th.
Il a dit qu'il se servirait lui-même de la voiture le 24.

• On remarquera, cependant, que **I/we shall** employés à la place de **I/we will** se tranforment en **I/we would** au discours indirect :

'I shall/will be 21 tomorrow', said Bill.

« *J'aurai 21 ans demain », dit Bill.*

= Bill said he would be 21 the following day.

Bill a dit qu'il aurait 21 ans le lendemain.

Mais si la phrase est rapportée par celui même qui l'a prononcée **I/we shall** peuvent se transformer soit en **I/we should** soit en **I/we would. I/we would** est plus courant.

294 Les temps du passé peuvent parfois ne pas être modifiés lorsqu'on passe du discours direct au discours indirect

A. En principe, le prétérit se transforme en plus-que-parfait, mais en anglais parlé, on peut conserver le prétérit au discours indirect, à condition que cela n'entraîne aucune confusion dans le repérage dans le temps des différentes actions les unes par rapport aux autres. Par exemple :

1. He said 'I loved her'.
   Il a dit : « je l'ai aimée/je l'aimais ».

devient obligatoirement :

2. He said he had loved her.
   Il a dit qu'il l'avait aimée.

En effet, **loved** en (1) est antérieur à **said.**

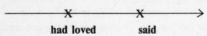

            had loved   said

Si l'on dit **He said he loved her, said** et **loved** se situent au même moment du passé.

Mais si l'on dit :

He said : 'Ann arrived on Monday'.
Il a dit : « Ann est arrivée lundi ».

On peut avoir soit :

He said **Ann had arrived on Monday,** où **had arrived** est repéré comme antérieur à **said.**

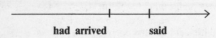

            had arrived   said

Soit :

He said Ann arrived on Monday où **said** et **arrived** ne sont pas repérés l'un par rapport à l'autre, mais le sont tous deux par rapport au présent, c'est-à-dire au moment où quelqu'un dit : **He said...** Il n'y a pas d'ambiguïté :

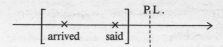

B. Le prétérit continu devrait, en principe, se transformer en plus-que-parfait continu, mais en pratique il ne change pas, sauf lorsqu'il exprime une action terminée :

She said, 'We were thinking of selling the house but we have decided not to'.

Elle a dit : « Nous pensions vendre la maison, mais nous avons pris la décision de ne pas le faire ».

= She said that they had been thinking of selling the house but they had decided not to.

Elle a dit qu'ils avaient pensé vendre la maison, mais qu'ils avaient décidé de ne pas le faire.

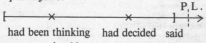

Repérage par rapport à **said**.

Mais : He said, 'When I saw them they were playing tennis'.

Il a dit : « Quand je les ai vus, ils jouaient au tennis ».

= He said that when he saw them they were playing tennis.

Il a dit que quand il les avait vus, ils étaient en train de jouer au tennis (action non terminée).

Même repérage des trois verbes par rapport à P.L. (Présent du locuteur).

C. Dans la langue écrite les présents suivent en général la règle de transformation en plus-que-parfait, mais cela ne se produit pas dans les cas suivants :

1. Les prétérits et prétérits continus, verbes d'une proposition subordonnée de temps, ne changent pas.

He said, 'When we were living/lived in Paris we often saw Paul'.

Il a dit : « Quand nous habitions Paris, nous voyions souvent Paul ».

= He said that when they were living/lived in Paris, they often saw/had often seen Paul.

Il a dit que quand ils habitaient Paris, ils voyaient souvent Paul.

On voit que **lived/were living**, dans la proposition commençant par **when**, ne changent pas. **Saw**, verbe principal, peut changer comme on l'a vu en **A** et **B**.

2. Un prétérit employé pour décrire un état de fait, une situation toujours actuels au moment où l'on rapporte le discours, ne change pas :

She said, 'I decided not to buy the house because it was on a main road'.

Elle a dit : « J'ai décidé de ne pas acheter la maison parce qu'elle est située près d'une grande route ».

= She said that she had decided not to buy the house because it was on a main road.

Elle a dit qu'elle avait décidé de ne pas acheter la maison parce qu'elle était située près d'une grande route.

Was on a main road ne change pas : la maison y est toujours.

3. Le subjonctif imparfait (irréel du présent) après **wish, would rather/sooner** et **it is time** ne change pas :

'We wish we didn't have to take exams', said the children.

« Si seulement nous n'avions pas à passer d'examens », disaient les enfants.

= The chidren said they wished they didn't have to take exams.

Les enfants disaient qu'ils aimeraient bien ne pas avoir à passer d'examens.

'Bill wants to go alone', said Ann, 'but I'd rather he went with a group'.

« Bill veut partir seul », dit Ann, « mais je préférerais qu'il parte avec un groupe ».

= Ann said that Bill wanted to go alone but that she'd rather he went with a group.

Ann a dit que Bill voulait partir seul, mais qu'elle préférerait qu'il parte avec un groupe.

'It is time we began thinking about our holidays', said Mr Pitt.

« Il est temps de songer à nos vacances », dit M. Pitt.

= Mr Pitt said that it was time they began thinking about their holidays.

M. Pitt a dit qu'il serait temps de penser à leurs vacances.

4. Les phrases au conditionnel de type 2 et 3 (voir **223 B, C**) ne changent pas :

'If my children were older I would emigrate', said Andrew.

« Si mes enfants étaient plus âgés, j'émigrerais », dit Andrew.

= Andrew said that if his chidren were older he would emigrate.

Andrew a dit que si ses enfants étaient plus âgés, il émigrerait.

• Mais il faut remarquer :

1) A la première personne (discours direct), on peut employer **should** ou **would**. **Should** première personne au discours direct est normalement remplacé par **would** au discours indirect.

'If I had the instruction manual', said Bill, 'I should/would know what to do'.

« Si j'avais le manuel d'entretien », dit Bill, « Je saurais quoi faire ».

= Bill said that if he had the instruction manual he would know what to do.
Bill a dit que s'il avait le manuel d'entretien, il saurait quoi faire.

Si, pourtant, une phrase avec **I should** est rapportée par celui-là même qui l'a prononcée, on pourra avoir **should** ou **would** au discours indirect.

2) L'expression d'un conseil **If I were you I should/would...** a pour équivalent, au discours indirect, **advise** + complément + infinitif complet :
'If I were you I'd wait', I said.
« A votre place, j'attendrais », dis-je.

= I advised him to wait.
Je lui ai conseillé d'attendre.

3) La demande exprimée par **I should/would be (very) grateful if you would...** a pour équivalent au discours indirect : **ask** + complément + infinitif complet :
'I'd be very grateful if you'd keep me informed', he said.
« Je vous serais très obligé de bien vouloir me tenir informé », dit-il.

= He asked me to keep him informed.
Il me demanda de le tenir informé.

5. Would, should, ought to, had better, might, used to, could et **must**, normalement, ne changent pas :

Pour la première personne **should/would**, voir **4.1** ci-dessus.

'I should/would like to take some photographs', said Mrs Pitt.
« J'aimerais prendre quelques photos », dit Mme Pitt.

Should, dans les autres cas, ne change pas au discours indirect.

'They ought to/should widen this road', said Peter.
« Ils devraient élargir cette route », dit Peter.

= Peter said that they ought to/should widen the road.
Peter a dit qu'ils devraient élargir la route.

• Mais **you ought to/you should**, exprimant un conseil plus qu'une obligation, peut avoir pour équivalent, au discours indirect, **advise** + complément + infinitif complet. **You must** peut également exprimer un conseil, et sera rapporté, dans ce cas, de la même manière :

'You ought to/should/must read the book', said Ann. 'It's much better than the film'.
« Vous devriez lire le livre », dit Ann. « Il est bien meilleur que le film ».

= Ann advised/urged me to read the book...
Ann me conseilla/recommanda vivement de lire le livre.

• **I/he/she/we/they had better,** ne change pas. **You had better** peut ne pas changer ou être rapporté sous la forme de **advise** + complément + infinitif complet (voir **301**) :

'The children had better go to bed early', said Tom.
« *Il vaudrait mieux que les enfants aillent se coucher de bonne heure* », *dit Tom.*

= Tom said that the children had better go to bed early.
Tom a dit qu'il vaudrait mieux que les enfants aillent se coucher de bonne heure.

'You'd better not drink the water till it has been boiled', she said.
« *Vous feriez mieux de ne pas boire cette eau tant qu'on ne l'a pas fait bouillir* », *dit-elle.*

= She advised (or warned) us not to drink the water till it had been boiled.
Elle nous a conseillé (mis en garde) de ne pas boire cette eau tant qu'on ne l'avait pas fait bouillir.

You might employé pour exprimer une demande doit être repris, au discours indirect, par **ask** + complément + infinitif complet (voir **127 C**). Dans les autres cas **might** ne change pas.
Pour **could**, voir **307**. Pour **must**, voit **306**.

295 Autres modifications obligatoires pour passer au discours indirect

A. Les pronoms et adjectifs possessifs de la première ou de la deuxième personne deviennent pronoms et adjectifs de la troisième personne, sauf lorsque c'est le locuteur lui-même qui rapporte ses propres paroles :
I said, 'I like my new house'.
J'ai dit : « J'aime ma nouvelle maison ».

= I said that I liked my new house.
J'ai dit que j'aimais ma nouvelle maison (je rapporte mes propres paroles).

He said, 'I've forgotten the combination of my safe'.
Il a dit : « J'ai oublié la combinaison de mon coffre ».

= He said that he had forgotten the combination of his safe.
Il a dit qu'il avait oublié la combinaison de son coffre.

• Il faut remarquer que parfois, pour éviter une ambiguïté, il sera nécessaire d'employer un nom :
Tom said, 'He came in through the window'.
Tom a dit : « Il est entré par la fenêtre. »

On ne pourrait pas, normalement, dire, au discours indirect :
Tom said he had come in through the window.
Tom a dit qu'il était entré par la fenêtre.

Cela peut laisser entendre que c'est Tom lui-même qui est entré ainsi. Il est préférable de préciser :
= Tom said that the man/burglar/cat, *etc.,* had come in...
Tom a dit que l'homme/le voleur/le chat, etc., était entré...

• Un changement de pronom peut affecter le verbe s'il s'agit d'un verbe au futur ou au conditionnel :

He says, 'I shall be there'.
Il dit : « J'y serai ».

= He says that he will be there.
Il dit qu'il y sera.

He said, 'I shall be there'.
Il a dit : « J'y serai ».

= He said that he would be there.
Il a dit qu'il y serait.

B. This et these

• **This** employé dans l'expression du temps devient généralement **that** :

He said, 'She is coming this week'.
Il a dit : « Elle vient cette semaine ».

= He said that she was coming that week.
Il a dit qu'elle venait cette semaine-là.

Autrement, **this** et **that,** employés comme adjectifs, sont d'ordinaire remplacés par **the** :

He said, 'I bought this pearl/these pearls for my mother'.
Il a dit : « J'ai acheté cette perle/ces perles pour ma mère ».

= He said that he had bought the pearl/pearls for his mother.
Il a dit qu'il avait acheté la perle/les perles pour sa mère.

• **This, these** employés comme pronoms peuvent être remplacés par **it, they/them** :

He showed me two bullets. 'I found these embedded in the panelling', he said.
Il me montra deux balles. « Je les ai trouvées logées dans la boiserie », dit-il.

= He said he had found them embedded in the panelling.
Il a dit qu'il les avait trouvées logées dans la boiserie.

He said, 'We will discuss this tomorrow'.
Il a dit : « Nous en discuterons demain ».

= He said that they would discuss it/the matter the next day.
Il a dit qu'ils en discuteraient/qu'ils discuteraient du problème le lendemain.

• **This, these** employés comme adjectifs ou pronoms pour exprimer un choix, ou distinguer une chose ou des choses parmi d'autres, deviennent généralement **the one near him,** *celui/celle qui est près de lui* ou **the one/ones that he had chosen,** *celui/celle/ceux/celles qu'il avait choisi/e/s* :

'Which will you have ?' I asked. 'This (one)', he said.
« Lequel prendrez-vous ? » demandai-je. « Celui-ci », dit-il.

= I asked which one he would have and he said he would have the one near him.
Je lui ai demandé lequel il voulait et il a dit qu'il voulait celui qui était le plus près.

296 Les adverbes et locutions de temps ont au discours indirect les équivalents suivants :

Discours direct	Discours indirect
today *aujourd'hui*	that day *ce jour-là*
yesterday *hier*	the day before *la veille*
the day before yesterday *avant-hier*	two days before *deux jours avant, l'avant-veille*
tomorrow *demain*	the next day/the following day *le lendemain*
the day after tomorrow *après-demain*	in two days'time *deux jours plus tard*
next week/year, *etc. la semaine/l'année, etc., prochaine*	the following week/year, *etc. la semaine/l'année d'après*
last week/year, *etc. la semaine/l'année dernière*	the previous week/year, *etc. la semaine/l'année précédente*
a year, *etc.,* ago *il y a un an*	a year before/the previous year *un an auparavant*

'I saw her the day before yesterday', he said.
« *Je l'ai vue avant-hier* », *dit-il.*

= He said he'd seen her two days before.
Il a dit qu'il l'avait vue deux jours auparavant.

'I'll do it tomorrow', he promised.
« *Je le ferai demain* », *promit-il.*

= He promised that he would do it the next day.
Il promit qu'il le ferait le lendemain.

'I'm starting the day after tomorrow, mother', he said.
« *Je commence après-demain, maman* », *dit-il.*

= He told his mother that he was starting in two days'time.
Il a dit à sa mère qu'il commençait deux jours plus tard.

She said, 'My father died a year ago'.
Elle a dit : « Mon père est mort il y a un an ».

= She said that her father had died a year before/the previous year.
Elle a dit que son père était mort un an auparavant, l'année précédente.

• Mais si le discours est tenu et rapporté le même jour ces changements de compléments de temps ne sont pas nécessaires :

At breakfast this morning he said, 'I'll be very busy today'.
Au petit déjeuner ce matin, il a dit : « J'aurai beaucoup à faire aujourd'hui ».

= At breakfast this morning he said that he would be very busy today.
Au petit déjeuner ce matin il a dit qu'il aurait beaucoup à faire aujourd'hui.

Des corrections imposées par la logique de la situation sont naturellement nécessaires si un discours direct est rapporté un ou deux jours plus tard. Le lundi, Jack dit à Tom :

'I'm leaving the day after tomorrow'.

« *Je pars après-demain* ».

Si Tom rapporte ces propos le lendemain, mardi, il dira probablement :

= Jack said he was leaving tomorrow.
Jack a dit qu'il partait demain.

Si Tom rapporte ces propos le mercredi, il dira probablement :
Jack said he was leaving today.
Jack a dit qu'il partait aujourd'hui.

• **Here,** *ici* peut avoir pour équivalent **there,** *là* à condition qu'il n'y ait pas d'ambiguïté quant au lieu désigné :

We met at the bridge and he said, 'I'll be here again tomorrow'.
Nous nous sommes rencontrés sur le pont et il a dit : « Je reviendrai ici demain ».

= We met at the bridge and he said that he'd be there again the next day.
Nous nous sommes rencontrés sur le pont et il a dit qu'il y reviendrait le lendemain.

D'ordinaire **here,** *ici,* doit être remplacé par une expression qui précise le lieu dont il est question :

She said, 'You can sit here, Tom'.
Elle a dit : « Tu peux t'asseoir ici, Tom ».

= She told Tom that he could sit beside her/on the rug, *etc.*
Elle a dit à Tom qu'il pouvait s'asseoir à côté d'elle/sur le tapis, etc.

Mais : **He said, 'Come here, boys'** *Il a dit : « Venez, les enfants »* serait normalement rapporté ainsi :

He called the boys. *Il appela les enfants.*

297 Constructions du discours indirect à l'aide de l'infinitif ou du gérondif

A. Agree, *accepter* ; **refuse,** *refuser* ; **offer,** *offrir* ; **promise,** *promettre* ; **threaten,** *menacer,* + infinitif, peuvent être employés pour remplacer **say that.**

Ann : 'Would you wait half an hour ?' Tom : 'All right'.
« *Veux-tu attendre une demi-heure ? » « D'accord ».*

= Tom agreed to wait/Tom said he would wait.
Tom accepta d'attendre/Tom a dit qu'il attendrait.

Ann : 'Would you lend me another £ 50 ?'
Tom : 'No, I won't lend you any more money',
Ann : « Voudrais-tu me prêter encore 50 livres ? »
Tom : « Non, je ne te prêterai plus d'argent ».

= Tom refused to lend her any more money.
Tom refusa de lui prêter encore de l'argent.
Ou : Tom said that he wouldn't lend, *etc.*

Paul : 'I'll help you if you like'.
« *Je t'aiderai si tu veux* ».

= Paul offered to help her/me.
Paul a offert de l'aider/m'aider.

Ou → Paul said that he'd help her/me.
Paul a dit qu'il l'aiderait/qu'il voulait bien m'aider (voir également
shall I ? 300).

Ann : 'I'll pay you back next week. Really I will'.
« *Je te les rembourserai la semaine prochaine. Je t'assure* ».

= Ann promised to pay him/me, *etc.*, back the following week.
Ann promit de le rembourser la semaine suivante.

Ou → Ann said that she would pay him back.
Ann dit qu'elle le rembourserait.

Ou → Ann assured him that she would pay him back.
Ann l'assura qu'elle le rembourserait.

Des ravisseurs : 'If you don't pay the ransom at once we'll kill
your daughter'.
« *Si vous ne versez pas immédiatement la rançon, nous tuerons
votre fille* ».

= The kidnappers threatened to kill his daughter if he didn't pay
the ransom at once.
*Les ravisseurs ont menacé de tuer sa fille s'il ne versait pas
immédiatement la rançon.*

Ou → The kidnappers said that they would kill, *etc.*
Les ravisseurs ont dit qu'ils tueraient...

(Pour les constructions complément + infinitif, voir **301**.)

B. Accuse + complément + **of**, *accuser...de ;* **admit**, *reconnaître/
avouer ;* **deny**, *nier ;* **apologize for**, *s'excuser de ;* **insist on**, *insister*
+ **-ing** peuvent parfois remplacer **say that** :

'**You took the money !**' pourrait être transposé en : « *Tu as pris
l'argent !* »

= He accused me of taking the money.
Il m'a accusé d'avoir pris l'argent.

De même :

'Yes, I took it/I did take it'.
« *Oui, je l'ai pris* ».

= I admitted taking it.
Je reconnus l'avoir pris.

'No, I didn't take it'.
« *Non, je ne l'ai pas pris* ».

= I denied taking it.
Je niai l'avoir pris.

Tom : 'I'll pay for both of us'.
Bill : 'Let's each pay our own share'.
Tom : 'No, I'll pay'.
Tom : « Je vais payer pour nous deux ».
Bill : « Payons chacun notre part ».
Tom : « Non, je paie ».

• **No, I'll pay**, peut être transposé en :
Tom insisted on paying.
Tom tint absolument à payer.

298 Say, tell, et autre verbes déclaratifs

A. Say et **tell** + discours direct

1. Say peut précéder ou suivre la déclaration :
Tom said, 'I've just heard the news'.
Tom dit : « Je viens d'apprendre la nouvelle ».
Ou : 'I've just heard the news', Tom said.

L'inversion du sujet et de **say** est possible quand **say** suit les propos cités :
'I've just heard the news', said Tom.

• **Say** + **to** + indication de la personne à qui l'on s'adresse est possible, mais cette construction doit suivre l'énoncé des propos, elle ne peut pas les précéder :
'I'm leaving at once', Tom said to me.
« Je pars immédiatement », me dit Tom.

L'inversion, dans ce cas, n'est pas possible.

2. Tell a pour premier complément la personne à laquelle on s'adresse :

Tell me	He told us	I'll tell Tom
Dites-moi	*Il nous a dit*	*Je dirai à Tom*

sauf dans les expressions **tell lies/stories/the truth**, *dire des mensonges/raconter des histoires/dire la vérité*, où il n'est pas nécessaire d'indiquer à quelle personne on s'adresse :
He told (me) lies. I'll tell (you) a story.
Il a dit/m'a dit des mensonges. Je vais raconter/vous raconter une histoire.

• **Tell** employé pour introduire le discours direct doit suivre l'énoncé des propos.
'I'm leaving at once', Tom told me.
« Je pars immédiatement », me dit Tom.
L'inversion n'est pas possible avec **tell**.

B. Say and tell + discours indirect

Le discours indirect est généralement introduit par les verbes **say** ou **tell** + complément.

• **Say** + **to** + complément est possible mais beaucoup moins usuel que **tell** + complément.

He said he'd just heard the news.
Il a dit qu'il venait d'apprendre la nouvelle.

He told me that he'd just heard the news.
Il m'a dit qu'il venait...

On rencontre aussi **tell... how** ou **tell...about** :

He told us how he had crossed the mountains
(dans ce cas **how** n'indique pas le moyen).
Il nous raconta qu'il avait franchi les montagnes.

He told us about crossing the mountains.
Il nous parla de la traversée des montagnes.

He told us about his journeys.
Il nous parla de ses voyages.

Pour **say** et **tell** + ordres indirects, voir **301, 302.**

Pour **say** et **tell** au passif, voir **291.**

[C.]   Autres verbes utilisés pour introduire le discours direct ou indirect : **add***, *ajouter ;* **admit***, *admettre ;* **argue***, *soutenir ;* **assure** + complément, *assurer (quelqu'un) ;* **boast***, *se vanter ;* **complain***, *se plaindre ;* **deny***, *nier ;* **explain***, *expliquer ;* **grumble***, *grommeler ;* **observe***, *faire remarquer ;* **object***, *objecter ;* **point out***, *faire remarquer ;* **promise**, *promettre ;* **remark***, *remarquer ;* **remind** + complément, *rappeler (à quelqu'un) ;* **reply***, *répliquer.*

Ces verbes suivent les énoncés au dicours direct :

'It won't cost more', Tom assured us.
« Cela ne coûtera pas davantage », nous assura Tom.

• Les verbes marqués d'un astérisque* peuvent avoir une construction inversée, à condition que le sujet soit un nom :

'But it will take longer', Bill objected/objected Bill.
« Mais cela prendra plus de temps », objecta Bill.

'It'll cost too much', Jack grumbled/grumbled Jack.
« Cela coûtera trop cher », grommela Jack.

Ces verbes peuvent tous introduire un énoncé au discours indirect, **that** devant être placé en tête de la proposition indirecte :

Tom assured us that it wouldn't cost more. But Bill objected that it would take longer.
Tom nous assura que cela ne coûterait pas plus cher, mais Bill objecta que cela prendrait plus longtemps.

[D.]   **murmur**, *murmurer ;* **mutter**, *marmonner ;* **shout**, *crier ;* **stammer**, *bredouiller ;* **whisper**, *chuchoter* peuvent précéder ou suivre des énoncés ou des questions au discours direct. Il peut y avoir inversion avec un nom sujet :

'You're late', whispered Tom/Tom whispered.
« *Vous êtes en retard* », *chuchota Tom.*

Ces verbes peuvent introduire le discours indirect et il est d'ordinaire nécessaire d'employer **that** :

Tom whispered that we were late.
Tom chuchota que nous étions en retard.

• Il existe, naturellement, d'autres verbes qui décrivent le ton de la voix, la manière dont on s'exprime : **bark**, *aboyer ;* **growl,** *grogner/gronder ;* **snarl,** *dire d'une voix hargneuse ;* **sneer,** *dire d'un ton méprisant ;* **roar**, *rugir ;* **scream**, *crier ;* **shriek,** *crier/hurler ;* **yell,** *hurler.*
Ces verbes sont plus communément employés avec le discours direct qu'avec le discours indirect.

299 Questions dans le discours indirect
Question directe : He said, 'Where is she going ?'.
Il demanda : « Où va-t-elle ? »
Question indirecte : He asked where she was going.
Il demanda où elle allait.

A. Pour passer d'une question directe à une question indirecte, il est nécessaire de procéder aux transformations suivantes :

• Temps, pronoms et adjectifs possessifs, adverbes de temps et de lieu, sont modifiés de la même manière que dans les phrases déclaratives.

• Le verbe introductif passe de la forme interrogative à la forme affirmative, et par conséquent le point d'interrogation disparaît :
He said, 'Where does she live ?' → He asked where she lived.
Il demanda : « Où habite-t-elle ? » → *Il demanda où elle habitait.*

Contrairement à ce qui se passe en français, il n'y a pas d'inversion sujet-verbe dans les questions au discours indirect :
He asked where her sister lived.
Il demanda où habitait sa sœur.

B. Si **say** est le verbe introductif, il faut le remplacer par un verbe comme **ask**, *demander ;* **inquire**, *demander ;* **wonder**, *se demander ;* **want to know**, *vouloir savoir*, etc. :
He said, 'Where is the station ?'.
Il demanda : « Où est la gare ? »
= He asked where the station was.
Il demanda où était la gare.

• **Ask, inquire, wonder** peuvent également être employés avec des énoncés au discours direct ; ils sont généralement placés en fin de phrase :
'Where is the station ?' he inquired.
« *Où est la gare ? », demanda-t-il.*

C. Ask peut être suivi du nom/pronom indiquant à qui la question s'adresse :

He asked, 'What have you got in your bag ?'.
Il demanda : « Qu'est-ce que vous avez dans votre sac ? »

= He asked (me) what I had got in my bag.
Il me demanda ce que j'avais dans mon sac.

Mais **inquire, wonder, want to know**, ne peuvent se construire avec ce complément. Par conséquent, si l'on veut indiquer à qui s'adresse la question, il faut employer **ask** :

He said, 'Mary, when is the next train ?'.
Il demanda : « Mary, à quelle heure est le prochain train ? »

= He asked Mary when the next train was.
Il demanda à Mary à quelle heure était le train suivant.

Si on emploie **inquire, wonder** ou **want to know**, il est nécessaire dans l'exemple ci-dessus de ne pas mentionner Mary.

D. Si la question directe commence par un mot interrogatif (**when, where, who, how, why,** etc.), ce mot est placé en tête de la proposition interrogative indirecte.

He said, 'Why didn't you put on the brake ?'.
Il demanda : « Pourquoi n'as-tu pas mis le frein ? »

= He asked (her) why she hadn't put on the brake.
Il lui demanda pourquoi elle n'avait pas mis le frein.

She said, 'What do you want ?'.
Elle demanda : « Que voulez-vous ? »

= She asked (them) what they wanted.
Elle (leur) demanda ce qu'ils voulaient.

E. S'il n'y a pas de mot interrogatif, la proposition interrogative indirecte sera introduite par **if** ou **whether,** *si* :

'Is anyone there ?' he asked.
« Il y a quelqu'un ? » demanda-t-il.

= He asked if/whether anyone was there.
Il demanda s'il y avait quelqu'un.

• **If** et **whether**

1. Normalement, on peut employer l'un ou l'autre, cependant, **if** est plus courant que **whether.**

'Do you know Bill ?', he said.
« Connaissez-vous Bill ? », demanda-t-il.

= He asked if/whether I knew Bill.
Il me demanda si je connaissais Bill.

'Did you see the accident ?', the policeman asked.
« Avez-vous vu l'accident ? », demanda l'agent.

= The policeman asked if/whether I had seen the accident.
L'agent me demanda si j'avais vu l'accident.

2. Whether peut indiquer qu'il faut procéder à un choix :

'Do you want to go by air or sea ?', the travel agent asked.
« *Voulez-vous y aller en avion ou en bateau ? »*, demanda le *voyagiste.*
= The travel agent asked whether I wanted to go by air or by sea.
Le voyagiste me demanda si je voulais y aller en avion ou en bateau.

• **Whether or not** s'emploie quand il faut choisir entre une proposition et son contraire :
'Do you want to insure your luggage or not ?', he asked.
« *Voulez-vous assurer vos bagages ou non ? »*, demanda-t-il.
= He asked whether or not I wanted to insure my luggage.
Il demanda si oui ou non je voulais assurer mes bagages.
Ou → He asked if I wanted to insure my luggage or not.
　　　Il me demanda si je voulais assurer ou non mes bagages.

3. Whether peut se construire avec l'infinitif, après **wonder, want to know** :
'Shall/Should I wait for them or go on ? ', he wondered.
« *Dois-je les attendre ou continuer ? »*, se demanda-t-il.
= He wondered whether to wait for them or go on.
Il se demanda s'il devait les attendre ou continuer.
Ou → He wondered whether he should wait for them or go on.

enquire + **whether** + infinitif est possible mais moins usuel (pour **whether** + infinitif, voir également **240**).

4. Whether est préférable si la question contient une proposition conditionnelle (introduite par **if**), car il permet d'éviter la répétition, jugée maladroite, de **if** (l'un interrogatif indirect, l'autre conditionnel) :
'If you get the job will you move to York ?', Bill asked.
« *Si tu obtiens ce poste, iras-tu habiter à York ? »*, demanda Bill.
= Bill asked whether, if I got the job, I'd move to York.
Bill demanda si j'irais habiter York au cas où j'obtiendrais ce poste (le français peut éviter la répétition de *si* en employant *au cas où* pour le conditionnel).

300 Questions commençant par **shall I/we** et **will you/-would you/could you ?**

A. Les questions commençant par **shall I/we ?** sont de quatre types.

1. Spéculation, ou demande d'information, relative à un événement ultérieur :
'Shall I ever see them again ?', he wondered.
« *Les reverrai-je jamais ? »*, se demanda-t-il.
'When shall I know the result of the test ?', she asked.
« *Quand est-ce que je saurai les résultats du test ? »*, demanda-t-elle.

Ces phrases obéissent à la règle ordinairement appliquée à **shall/will (293).** Les spéculations sur l'avenir sont généralement introduites au discours indirect par **wonder** :

= He wondered if he would ever see them again.
Il se demanda s'il les reverrait jamais.

She asked when she would know the result of her test.
Elle demanda quand elle saurait le résultat du test.

2. Demande d'instruction ou de conseil :

'What shall I do with it ?' = 'Tell me what to do with it.'
« *Qu'est-ce que je ferai avec ça ?* » = « *Dites-moi ce que je dois faire avec.* »

Ces demandes peuvent être introduites au discours indirect par **ask, inquire...,** etc., suivis d'une construction avec **should,** ou d'une construction **be** + infinitif. Les demandes de conseil sont généralement formulées à l'aide de **should** :

'Shall we send it to your flat, sir ?', he said.
« *Le ferons-nous porter à votre domicile, monsieur ?* », demanda-t-il.

= He asked the customer if they were to send/if they should send it to his flat.
Il demanda au client s'ils devaient le faire porter à son domicile.

'What shall I say, mother ?', she said.
« *Qu'est-ce que je dirai, maman ?* », demanda-t-elle.

= She asked her mother what she should say.
Elle demanda à sa mère ce qu'elle devait dire (demande de conseil).

• Quand il faut procéder à un choix on emploie normalement **whether.** On peut trouver la construction **whether** + infinitif.

'Shall I lock the car or leave it unlocked ?', he said.
« *Est-ce que je ferme la voiture ou est-ce que je la laisse ouverte ?* », demanda-t-il.

= He asked whether he should/was to lock the car or leave it unlocked.
Ou → He asked whether to lock the car, *etc.* (voir **299 E**).
        Il demanda s'il fallait qu'il ferme la voiture ou qu'il la laisse ouverte.

3. Offres, propositions :

'**Shall I bring you some tea ?**' « *Est-ce que je vous apporte du thé ?* » = (*Voulez-vous que...*) se transcrira, au discours indirect :

He offered to bring me some tea.
Il proposa de m'apporter du thé.

On remarquera que :

'Would you like me to bring you some tea ?'
« *Voulez-vous que je vous apporte du thé ?* »

et → 'I'll bring you some tea if you like'.
    « *Je vais vous apporter du thé, si vous voulez* ».
peuvent avoir pour équivalent au discours indirect une phrase introduite par **offer**, comme dans l'exemple ci-dessus.

4. Suggestions :
'Shall we meet at the theatre ?'
« *Est-ce que nous nous retrouverons au théâtre ? »*

A cette phrase correspond, au discours indirect :

He suggested meeting at the theatre.
Il suggéra de se donner rendez-vous au théâtre.

B. Les questions commençant par **will you/would you/could you** peuvent être des questions pures et simples, mais peuvent aussi être des demandes, des invitations ou, plus rarement, des ordres :

He said, 'Will you be there tomorrow ?' *(simple question).*
Il demanda : « Seras-tu là demain ? »

= He asked whether she would be there the next day.
Il lui demanda si elle serait là le lendemain.

Mais → He said, 'Will you help me, please ?'.
        Il dit : « Voulez-vous m'aider, s'il vous plaît ? »

= He asked me to help him (voir **301 D**).
Il me demanda de l'aider.

He said, 'Will you have a drink/Would you like a drink ?' *(invitation).*
Il demanda : « Voulez-vous prendre un verre ? »

= He offered me a drink.
Il m'offrit un verre.

Ou → He asked me whether I would have/would like a drink.
        Il me demanda si je voulais prendre un verre.

He said, 'Will you have lunch with me tomorrow ?'.
Il demanda : « Voulez-vous déjeuner avec moi demain ? »

Ou → 'Would you like to have lunch with me tomorrow', he said.
        « Voulez-vous déjeuner avec moi demain ? », dit-il.

Ou → 'Could you have lunch with me tomorrow ?' *(invitation).*
        « Pourriez-vous déjeuner avec moi demain ? »

= He invited me/asked me to lunch with him the following day.
Il m'invita à déjeuner avec lui le lendemain.

'Will you post this for me ?', he said.
« *Voulez-vous me mettre ceci à la poste ? », dit-il.*

= He asked if I would post it for him.
Il me demanda si je voulais le mettre à la poste pour lui.

Ou → He asked me to post it for him.
        Il me demanda de le mettre à la poste pour lui.

'Could/Would you wait a moment ?', he said.
« *Pourriez-vous/Voudriez-vous attendre un moment ? », dit-il.*

= He asked me to wait a moment.
Il me demanda d'attendre un moment.
(Pour **could I ?**, voir **307**.)

301 Ordres, demandes, conseils au discours indirect

• **Ordre direct :**

He said, 'Lie down, Tom'.
Il dit : « Allonge-toi, Tom ».

• **Ordre indirect :**

He told Tom to lie down.
Il dit à Tom de s'allonger.

Les ordres, demandes, conseils indirects s'expriment à l'aide de verbes exprimant la notion d'ordre, de demande, de conseil + complément + infinitif.

A. On peut employer les verbes suivants :

Advise *conseiller,* **ask** *demander,* **beg** *prier,* **command** *ordonner,* **encourage** *inciter,* **entreat** *supplier,* **forbid** *interdire,* **implore** *implorer,* **invite** *inviter,* **order** *ordonner,* **recommend** *recommander,* **remind** *rappeler,* **request** *demander de faire,* **tell** *dire,* **urge** *presser,* **warn** *déconseiller.*

• On remarquera que **say** ne figure pas dans cette liste. Pour les ordres indirects rapportés avec **say**, voir **302**.

He said, 'Get your coat, Tom !' = He told Tom to get his coat.
Il dit : « Prends ton manteau Tom ! » = Il dit à Tom de prendre son manteau.

'You had better hurry, Bill', she said = She advised Bill to hurry.
« Tu ferais mieux de te presser, Bill », dit-elle. = Elle conseilla à Bill de se presser.

B. Les ordres, demandes, conseils, etc., exprimés à la forme négative, sont généralement rapportés à l'aide de **not** + infinitif complet :

'Don't swim out too far, boys', I said.
« Ne vous éloignez pas trop du bord, les enfants ! » dis-je.

= I warned/told the boys not to swim out too far.
Je déconseillai aux enfants de s'éloigner trop du bord/Je dis aux enfants de ne pas trop s'éloigner...

• **Forbid** peut être employé, également, pour exprimer une interdiction, mais plus couramment au passif qu'à la voix active.

C. Les verbes de la liste indiquée en **A** doivent être construits avec complément + infinitif, c'est-à-dire qu'ils doivent être directement suivis (sans préposition — voir également **80**) du nom/pronom représentant la personne à qui l'on s'adresse. La personne à laquelle on s'adresse n'est pas indiquée dans les ordres, etc., formulés au discours direct :

He said, 'Go away !'.
« *Allez-vous-en* », *dit-il.*

Lorsqu'on rapporte des injonctions, ordres, *etc.* de ce genre, il convient par conséquent d'indiquer à qui ils s'adressent :

He told me/him/her/us/them/the children to go away.
Il m'ordonna/lui ordonna/nous/leur ordonna/ordonna aux enfants de s'en aller.

• **Ask** diffère des verbes de la liste **A**, parce qu'il peut être suivi directement de l'infinitif de certains verbes : **see** *voir,* **speak to, talk to** *parler à* :

He said, 'Could I see Tom, please ?'.
Il demanda : « Pourrais-je voir Tom, s'il vous plaît ? »

= He asked to see Tom (voir aussi **241**).
Il demanda à voir Tom.

Mais il s'agit là d'une expression différente de la formulation d'une demande par **ask** + complément + infinitif. En effet, dans le premier cas, le sujet de **ask** est également sujet de **see** et, dans le second cas, une personne demande à une autre de faire une chose.

• **Ask** et **beg** peuvent tous deux être suivis d'un infinitif passif :

'Do, please, send me to a warm climate', he asked/begged.
« *Envoyez-moi, je vous en prie, dans un pays chaud* », *demanda-t-il/supplia-t-il.*

= He asked/begged us to send him to a warm climate.
Il nous demanda/pria de l'envoyer dans un pays chaud.

Ou → He asked/begged to be sent to a warm climate.
Il demanda à être envoyé dans un pays chaud.

D. Exemples d'ordres, injonctions, demandes, conseils, recommandations, etc., au discours indirect :

'If I were you, I'd stop taking tranquillizers', I said.
« *A votre place, je cesserais de prendre des tranquillisants* », *dis-je.*

= I advised him to stop taking tranquillizers (voir aussi **294 C4 2**).
Je lui conseillai d'arrêter de prendre des tranquillisants.

'Why don't you take off your coat ?' he said.
« *Pourquoi n'enlevez-vous pas votre manteau ? » dit-il.*

= He advised me to take off my coat.
Il me conseilla d'enlever mon manteau.
(On pourrait employer également **suggest** + **-ing**.)

He suggested my/me taking off my coat.
Il me suggéra de retirer mon manteau.

'Would/Could you show me your passport, please ?', he said.
« *Voudriez-vous/Pourriez-vous me montrer votre passeport ? » dit-il.*

= He asked me to show him my passport.
Il me demanda de lui montrer mon passeport.

On pourrait dire aussi :

He asked me for my passport.
Il me demanda mon passeport.

Ou → He asked to see my passeport.
Il demanda à voir mon passeport.

'You might post some letters for me', said my boss.
« *Vous pourriez me mettre quelques lettres à la poste* », *dit mon patron.*

= My boss asked me to post some letters for him.
Mon patron me demanda de lui mettre quelques lettres à la poste.

'Yes, we have a room for you', said the receptionist. 'If you'd just sign the register !'
« *Oui, nous pouvons vous donner une chambre* », *dit la réceptionniste.* « *Si vous voulez bien signer le registre.* »

= The receptionist said that they had a room for him and asked him to sign the register.
La réceptionniste lui dit qu'il y avait une chambre pour lui, et lui demanda de signer le registre.

'Do sit down', said my hostess.
« *Asseyez-vous donc* », *me dit mon hôtesse.*

= My hostess asked/invited me to sit down.
Mon hôtesse me pria de m'asseoir/m'invita à m'asseoir.

'Would you like to come for a drive with me ?' said Andrew.
« *Veux-tu venir faire un tour en voiture avec moi ?* » *dit Andrew.*

= Andrew asked/invited her to come for a drive (with him).
Andrew l'invita à faire un tour en voiture (avec lui).

'Please, please don't take any risks', said his wife.
« *Je t'en prie, ne prends aucun risque* », *dit sa femme.*

= His wife begged/implored him not to take any risks.
Sa femme le pria/l'implora de ne prendre aucun risque.

'Forget all about this young man', said her parents. 'Don't see him again or answer his letters.'
« *Oublie ce jeune homme* », *dirent ses parents.* « *Ne le revois plus ou ne réponds plus à ses lettres.* »

= Her parents ordered her to forget all about the young man and told her not to see him again or answer his letters.
Ses parents lui enjoignirent d'oublier le jeune homme et lui dirent de ne plus le revoir, ou de ne plus répondre à ses lettres.

• Au passif on pourrait dire : **She was ordered to forget all about the young man and forbidden to see him again or answer his letters.**
= *On lui ordonna d'oublier.... et on lui interdit de...*

'Don't forget to order the wine', said Mrs Pitt.
« *N'oublie pas de commander le vin* », *dit Mme Pitt.*

= Mrs Pitt reminded her husband to order the wine.
Mme. Pitt rappela à son mari qu'il fallait commander le vin.

'Try again', said Ann's friends encouragingly.
« *Recommence* » *dirent les amis d'Ann pour l'encourager.*

= Ann's friends encouraged her to try again.
Les amis d'Ann l'encouragèrent à recommencer.

'Go on, apply for the job', said Jack.
« Vas-y, pose ta candidature », dit Jack.

= Jack urged/encouraged me to apply for the job.
Jack me pressa de/m'encouragea à poser ma candidature.

'You had better not leave your car unlocked', said my friends ;
'there's been a lot of stealing from cars'.
*« Tu ferais mieux de ne pas laisser ta voiture ouverte », dirent mes
amis ; « il y a eu beaucoup de vols dans les voitures. »*

My friends warned me not to leave my car unlocked as there had
been a lot of stealing from cars.
*Mes amis me déconseillèrent de laisser ma voiture ouverte, car il y
avait eu beaucoup de vols dans les voitures.*

• Les phrases commençant par **will you...** sont normalement traitées
comme des demandes et introduites au discours indirect par **ask** :

'Will all persons not travelling please go ashore, as the gangways
are about to be taken away', said one of the ship's officers over
the loudspeaker.
*« Les personnes qui n'effectuent pas la traversée sont priées de
débarquer, car les échelles de coupée vont être retirées dans quelques
instants », annonça l'un des officiers, au haut-parleur.*

= One of the ship's officers asked all persons not travelling to go
ashore...
*L'un des officiers invita les personnes... à débarquer car les échelles
de coupée allaient...*

• Mais si une phrase commençant par **will you** est prononcée
sèchement, ou sur un ton irrité, si le **please** est omis, on pourra la
rapporter avec **tell** ou **order**.

'Will you be quiet !' he said or 'Be quiet, will you !'.
« Voulez-vous vous taire ! » dit-il ou : « Silence, voulez-vous ! »

= He told/ordered us to be quiet.
Il nous ordonna de faire silence.

302 Autres manières d'exprimer les ordres ou injonctions au discours indirect

A. La construction **be** + infinitif avec **say** ou **tell** :

He told me/He said that I was to wait.
Il me dit/dit que je devais attendre.

C'est une construction qui peut se substituer à **tell** + infinitif **(301)**,
si bien que : **He said, 'Don't open the door'.** *Il dit : « N'ouvre pas
la porte »* peut être rapporté ainsi :

= He told me not to open the door.
Il me dit de ne pas ouvrir la porte.

Ou → He said that I wasn't to open the door.
Il dit que je ne devais pas ouvrir la porte.

La construction **be** + infinitif est particulièrement utile dans les cas suivants :

1. Quand l'ordre est introduit par un verbe au présent :
He says, 'Meet me at the station'.
Il dit : « Venez m'attendre à la gare ».

Cette phrase sera normalement rapportée au discours indirect, de la manière suivante :
He says that we are to meet him at the station.
Il dit que nous devons aller l'attendre à la gare.

Il serait possible de dire : **He tells us to meet him...** Mais cette construction est beaucoup plus rare.

2. Quand l'ordre est précédé d'une proposition subordonnée (généralement de temps, ou conditionnelle) :
He said, 'If she leaves the house follow her'.
Il dit : « Si elle sort, suivez-la ».
He said that if she left the house I was to follow her.
Il a dit que si elle sortait, je devais la suivre.

Il serait possible de dire :
He told me to follow her if she left the house.
Il me dit de la suivre si elle sortait.

Mais il faut remarquer que si l'on emploie la construction **tell** + infinitif, il est nécessaire de modifier l'ordre des propositions : l'infinitif exprimant l'injonction, etc., doit suivre **tell** et précède la proposition subordonnée. Cela peut parfois entraîner une certaine confusion.
Par exemple :
'If you see Ann tell her to ring me'.
« Si vous voyez Ann, dites-lui de m'appeler. »
deviendrait :
= He told me to tell Ann to ring him if I saw her.
Il a dit de dire à Ann de lui téléphoner si je la voyais.

Une telle demande ne peut être rapportée clairement qu'avec **be** + infinitif :
= He said that if I saw Ann I was to tell her to ring him.
Il m'a dit que si je la voyais je devais dire à Ann de lui téléphoner.

B. On peut même employer **say** ou **tell** avec **should**, mais cette construction exprime plutôt un conseil qu'un ordre ou une injonction :
He said, 'If your brakes are bad don't drive so fast'.
Il a dit : « Si tu n'as pas de bons freins, ne va pas si vite ».
= He said/told me that if my brakes were bad I shouldn't drive so fast.
Il m'a dit que si je n'avais pas de bon freins, je ne devais pas aller si vite.

Ou → He advised me not to drive so fast if my brakes were bad.
Il me conseilla d'aller moins vite, si je n'avais pas de bons freins...
(On observera l'ordre des propositions comme dans le cas de **tell** +
infinitif ci-dessus.)

C. Les conseils peuvent être rapportés à l'aide de **advise, recommend,
urge + should,** en particulier lorsqu'il s'agit d'infinitif au passif :

He advised/recommended/urged that the law should be changed
(*voir* **236 E**).
*Il conseilla/recommanda/recommanda instamment de changer la
loi.*

D. Command et **order** peuvent aussi s'employer avec **should,** pour
exprimer l'injonction ou l'ordre (et non le conseil, comme en **B** ci-
dessus) (voir **236 E**) :

    1) He ordered that the porter should lock the doors.
       Il ordonna que le gardien ferme les portes.
= 2) He ordered the porter to lock the doors.
       Il ordonna au gardien de fermer les portes.
    3) He ordered that the doors should be locked *(infinitif passif).*
       Il a dit que les portes devaient être fermées.
= 4) He ordered the doors to be locked.

E. Il faut remarquer que lorsqu'un ordre est rapporté au discours
indirect par une construction complément + infinitif, comme dans
la phrase **D 2**, cette construction indique normalement que l'ordre
a été donné directement à la personne chargée de l'exécuter. Quand
l'ordre est exprimé par la construction **be** + infinitif (voir **A**, ci-
dessus) ou par **should** (**B** et **D 1**), il n'est pas dit que l'on s'est
adressé directement à celui qui exécutera l'ordre : il peut lui avoir
été transmis par une tierce personne.

303 Let's, let him/them et les suggestions à la deuxième personne

A. Let's

1. Let's exprime généralement une suggestion qui sera rapportée au
discours indirect par l'intermédiaire de **suggest** :

He said, 'Let's leave the case at the station'.
Il dit : « Laissons la valise à la gare ».

He suggested leaving the case at the station.
Ou → He suggested that they/we should leave the case...
      Il suggéra de laisser la valise à la gare (voir **264** pour les
      constructions avec **suggest**).

He said, 'Let's stop now and finish it later'.
Il dit : « Arrêtons maintenant, et finissons-le plus tard ».

He suggested stopping then and finishing it later.
Il suggéra de s'arrêter alors et de le finir plus tard.
Ou → He suggested that they/we should stop then and finish it
later.

De même, avec des phrases négatives :

He said, 'Let's not say anything about it till we hear the facts'.
Il a dit : « N'en parlons pas tant que nous ne connaîtrons pas les faits ».

= He suggested not saying anything/saying nothing about it till they/we heard the facts.
Il suggéra de n'en rien dire/de ne pas en parler tant qu'on ne connaîtrait pas les faits.

Ou → He suggested that they/we shouldn't say anything till they/we heard the facts.

• Mais **let's not** employé seul, dans une réponse brève à une suggestion, est souvent rapporté à l'aide d'une expression telle que : **opposed the idea**, *s'y opposa* ; **was against it**, *exprima un avis contraire* ou **objected**, *objecta* :

'Let's sell the house', said Tom. 'Let's not', said Ann.
« Vendons la maison », dit Tom. « Non », répondit Ann.

Tom suggested selling the house but Ann was against it.
Tom suggéra de vendre la maison mais Ann s'y opposa/fut d'un avis contraire.

2. **Let's, let us** exprime parfois une invitation à agir. Il sera alors rapporté, d'ordinaire, à l'aide de **urge/advise** + complément + infinitif (voir également **301**) :

The strike leader said, 'Let's show the bosses that we are united'.
Le meneur de la grève dit : « Montrons aux patrons que nous sommes unis ».

= The strike leader urged the workers to show the bosses that they were united.
Le meneur de la grève invita les ouvriers à montrer aux patrons qu'ils étaient unis.

The headmaster said, 'Let us not miss this splendid opportunity'.
Le directeur dit : « Ne laissons pas passer cette chance magnifique ».

= The headmaster urged his staff not to miss the splendid opportunity.
Le directeur invita ses professeurs à ne pas laisser passer cette chance magnifique.

B. Let him/them

1. En principe **let him/them** exprime un ordre ; mais très souvent celui qui prononce la phrase n'a aucune autorité sur celui qui serait censé l'exécuter :

'It's not my business', said the postman. 'Let the government do something about it'.
« Ce n'est pas mon affaire », dit le facteur. « Que le gouvernement fasse quelque chose ».

Le locuteur, dans ce cas, ne donne pas un ordre, il exprime l'idée qu'il y a une obligation. Les phrases de ce genre seront donc rapportées, normalement, à l'aide de **ought to/should** :

He said that it wasn't his business and that the government ought to/should do something about it.
Il a dit que ce n'était pas son affaire et que le gouvernement devait faire quelque chose.

2. Parfois, cependant, **let him/them** peut exprimer un ordre ou une injonction véritable. Dans ce cas, la phrase sera rapportée à l'aide de **say** + **be** + infinitif, ou de **command/order** avec **should (302 D)** :

'Let the gates be left open', said the commander.
« *Qu'on laisse les portes ouvertes* », *dit le commandant.*

= The commander said the gates were to be left open.
Le commandant dit que les portes devaient rester ouvertes.

Ou → The commander ordered that the gates should be left open.
   Le commandant ordonna de laisser les portes ouvertes.

3. Parfois **let him/them** exprime davantage une suggestion qu'une injonction. Dans ce cas, le discours indirect est d'ordinaire introduit par **suggest,** ou **say** + **should** (voir **264-302 B**) :

She said, 'Let them go to their consul. Perhaps he'll be able to help them'.
Elle dit : « Qu'ils aillent voir leur consul. Il pourra peut-être les aider ».

= She suggested their/them going to their consul, *etc.*

Ou → She suggested that they should go to their consul.
   Elle dit qu'ils devraient aller voir leur consul.

4. Il faut se rappeler que **let** est également un verbe qui signifie *permettre* (= **allow/permit**) :

'Let him come with us, mother ; I'll take care of him', I said.
« *Laisse-le venir avec nous, maman ; je m'occuperai de lui* », *dis-je.*

= I asked my mother to let him come with us and promised to take care of him.
J'ai demandé à ma mère de le laisser venir avec nous et j'ai promis de m'occuper de lui.

C. Les suggestions à la deuxième personne peuvent être exprimées par **I suggest (your)** + **-ing** ou **what about (your)** + **-ing** ou **suppose you** + présent ou prétérit. (Ces constructions peuvent évidemment s'employer pour d'autres personnes.) Elles seraient toutes normalement rapportées par **suggest** + gérondif, ou **should** + infinitif, ou présent ou prétérit :

He said, 'I suggest (your) waiting till dark'.
Il a dit : « Je suggère que vous attendiez jusqu'à ce qu'il fasse nuit ».

Et → He said, 'What about waiting till dark ?'.
   Il dit : « Que diriez-vous d'attendre jusqu'à ce qu'il fasse nuit ?»

Et → He said, 'Suppose you wait till dark ?'.
Il a dit : « Et si vous attendiez jusqu'à ce qu'il fasse nuit ? »
He suggested my waiting/that I should wait/that I waited till dark.
Il me suggéra d'attendre jusqu'à ce qu'il fasse nuit.

• **Why don't you** + infinitif est également une tournure utile pour exprimer une suggestion. Cette suggestion sera rapportée au discours indirect, avec **suggest** ou **advise**.
He said, 'The job would suit you. Why don't you apply for it ?'.
Il a dit : « Ce travail vous conviendrait. Pourquoi ne posez-vous pas votre candidature ? »
= He said that the job would suit me and suggested my applying for it/advised me to apply for it.
Il dit que le travail me conviendrait et me suggéra de poser ma candidature/me conseilla de...

• Mais, bien entendu, **why don't you** peut être une question ordinaire :
'Why don't you play the oboe any more ?', I asked.
« Pourquoi ne jouez-vous plus du hautbois ? », demandai-je.
= I asked him why he didn't play the oboe any more.
Je lui demandai pourquoi il ne jouait plus du hautbois.

304 Exclamations : yes et no

A. Les exclamations deviennent des phrases déclaratives au discours indirect. Diverses constructions sont possibles :

• Les exclamations commençant par **what a...** et **how,** telles que **He said, 'What a dreadful thing !'**, *il dit : « quelle horreur ! »* ou **'How dreadful'**, *« que c'est horrible ! »*, seront transformées au discours indirect en : **He said that it was...** Les deux exclamations citées ci-dessus deviennent : **He said that it was a dreadful thing/that it was dreadful** = *il dit que c'était une chose horrible/que c'était horrible.*

• Des exclamations comme **ugh !** *pouah ! beurk !* **oh !,** *oh ! heavens !* *ciel !* sont généralement rapportées ainsi :
He exclaimed with/gave an exclamation of disgust/surprise, *etc.*
Il s'exclama avec dégoût/surprise, etc.

Remarquez aussi :

Discours direct	Discours indirect
He said, 'Thank you'.	He thanked me.
Il dit : « Merci ».	*Il me remercia.*
He said, 'Curse this wind'.	He cursed the wind.
Il dit : « Maudit vent ».	*Il maudit le vent.*
He said, 'Welcome !'	He welcomed me.
Il dit : « Soyez le bienvenu ».	*Il me souhaita la bienvenue.*
He said, 'Happy Christmas !'	He wished me a happy Christmas.
Il dit : « joyeux Noël ! »	*Il me souhaita un joyeux Noël.*
He said, 'Congratulations !'	He congratulated me.

Il dit : « Félicitations ».	*Il me félicita.*
He said, 'Liar !'	He called me a liar.
Il dit : « Menteur ! »	*Il me traita de menteur.*
He said, 'Damn !'	He swore.
Il dit : « Merde ! »	*Il jura.*

B. **Yes** et **no** sont rapportés, au discours indirect, par la construction sujet + verbe auxiliaire approprié :

He said, 'Can you swim ?' and I said 'No'.
Il dit : « Savez-vous nager ? » et je répondis : « Non ».

= He asked (me) if I could swim and I said that I couldn't.
Il (me) demanda si je savais nager, et je répondis que je ne savais pas/que non.

He said, 'Will you have time to do it ?' and I said 'Yes'.
Il dit : « Aurez-vous le temps de le faire ? » et je répondis «Oui ».

= He asked if I would have time to do it and I said that I would.
Il me demanda si j'aurais le temps de le faire, et je répondis que oui.

305 Discours indirect : phrases mixtes

Le discours direct peut être constitué par une déclaration suivie d'une question, d'une question suivie d'un ordre, d'un ordre suivi d'une phrase déclarative, ou par certains types d'énoncé à la fois.

A. Normalement, chacun de ces énoncés requiert l'emploi d'un verbe introductif.

'I don't know the way. Do you ?', he asked.
« Je ne connais pas le chemin. Et vous ? », demanda-t-il.

= He said he didn't know the way and asked her if she did/if she knew it.
Il dit qu'il ne connaissait pas le chemin et lui demanda si elle le connaissait.

'Someone's coming', he said. 'Get behind the screen'.
« Voici quelqu'un », dit-il. « Passez derrière le paravent. »

= He said that someone was coming and told me to get behind the screen.
Il dit que quelqu'un venait, et me dit de passer derrière le paravent.

'I'm going shopping. Can I get you anything ?' she said.
« Je vais faire des courses. Je peux te rapporter quelque chose ? » dit-elle.

= She said she was going shopping and asked if she could get me anything.
Elle dit qu'elle allait faire des courses et me demanda si elle pouvait me rapporter quelque chose.

'I can hardly hear the radio', he said. 'Could you turn it up ?'
« Je peux à peine entendre cette radio » dit-il. « Peux-tu la mettre plus fort ? »

= He said he could hardly hear the radio and asked her to turn it up.
Il dit qu'il pouvait à peine entendre la radio et lui demanda de la mettre plus fort.

B. Mais, parfois, quand la dernière proposition déclarative permet d'expliquer la première proposition, on peut employer **as**, au lieu d'avoir recours à un deuxième verbe introductif :
'You'd better wear a coat. It's very cold out', he said.
« *Tu devrais mettre un manteau. Il fait très froid dehors* », dit-il.

= He advised me to wear a coat as it was very cold out.
Il me conseilla de mettre un manteau car dehors il faisait très froid.

'You'd better not walk across the park alone. People have been mugged there', he said.
« *Vous feriez mieux de ne pas traverser seule le parc. Il y a eu des agressions* », dit-il.

= He warned her not to walk across the park alone as people had been mugged there.
Il lui déconseilla de traverser seule le parc, car il y avait eu des agressions.

C. Parfois, le second verbe introductif peut être un participe.
'Please, please, don't drink too much ! Remember that you'll have to drive home', she said.
« *Je t'en prie, ne bois pas trop ! Souviens-toi que tu dois rentrer en voiture.* »

= She begged him not to drink too much, reminding him that he'd have to drive home.
Elle le supplia de ne pas trop boire, lui rappelant qu'il devait rentrer en voiture.

'Let's shop on Friday. The supermarket will be very crowded on Saturday', she said.
« *Faisons les courses vendredi. Il y aura beaucoup de monde au supermarché samedi* », dit-elle.

= She suggested shopping on Friday, pointing out that the supermarket would be very crowded on Saturday.
Elle suggéra de faire les courses le vendredi, faisant remarquer qu'il y aurait beaucoup de monde au supermarché le samedi.

(**As** pourrait être employé dans ces deux derniers exemples.)

306 must et needn't

A. Must employé pour exprimer la déduction, des ordres ou interdictions à caractère permanent, et pour exprimer des intentions ou des conseils, ne change pas :

1. Déductions :
She said, 'I'm always running into him ; he must live near here !'.
Elle a dit : « Je tombe sans cesse sur lui ; il doit habiter dans le voisinage. »

= She said that she was always running into him and that he must live in the neighbourhood.
Elle dit qu'elle ne cessait de tomber sur lui et qu'il devait habiter dans le voisinage.

2. Injonction permanente :
He said, 'People must obey their country's laws'.
Il a dit : « Les gens doivent obéir aux lois de leur pays. »
= He said that people must obey their country's laws.
Il a dit que les gens devaient obéir aux lois de leur pays.

3. Must employé pour exprimer une intention :
She said, 'I must tell you about a dream I had last night'.
Elle a dit : « Il faut que je te raconte un rêve que j'ai fait la nuit dernière. »
= She said that she must tell me about a dream she had the previous night.
Elle dit qu'il fallait qu'elle me raconte un rêve qu'elle avait fait la nuit précédente.
He said, 'We must have a party to celebrate this'.
Il a dit : « Il faut organiser une réception pour célébrer cela. »
= He said that they must have a party to celebrate it.
Il dit qu'il fallait organiser une réception pour célébrer l'événement.

4. Conseils :
She said, 'You must see *Othello* ; it's marvellous'.
Elle a dit : « Il faut voir Othello, *c'est merveilleux. »*
= She said that I must see *Othello,* as it was a marvellous play.
Elle dit qu'il fallait que je voie Othello, *car c'était une pièce merveilleuse.*

On pourrait ici employer également **advise** ou **recommend,** etc.
She strongly advised me to see *Othello.*
Elle me recommanda vivement de voir Othello.

B. **Must** employé pour exprimer l'obligation peut ne pas être modifié, mais il peut changer comme suit :
I/we must peut se transformer en **would have to** ou **had to.**
Would have to est employé lorsque l'obligation est liée à une action ultérieure, ou s'il apparaît que cette obligation ne sera satisfaite que plus tard, ou si l'on n'est pas certain qu'on s'y soumettra, c'est-à-dire quand **must** peut être clairement remplacé, au discours direct, par **will have to** :

1. Quand **must** est associé à une proposition subordonnée temporelle, ou à l'expression d'un doute ou d'une condition :
'But perhaps he hasn't got a snorkel', said Tom. 'In that case, we must (will have to) lend him one', said Ann.
« Mais peut-être n'a-t-il pas de tuba », dit Tom. « En ce cas, il faudra que nous lui en prêtions un », dit Ann.

= Ann said that in that case they would have to lend him one.
Ann dit qu'en ce cas, il faudrait lui en prêter un.

'If the floods get any worse we must (will have to) leave the house',
he said.
« *Si les inondations s'aggravent, il faudra que nous quittions la maison.* »

= He said that if the floods got any worse they would have to leave the house.
Il a dit que si les inondations s'aggravaient, il faudrait qu'ils quittent la maison.

'When it stops snowing we must start digging ourselves out', I said.
« *Quand il arrêtera de neiger, il faudra commencer à dégager les accès de la maison* », dis-je.

= I said that when it stopped snowing we would have to start...
J'ai dit que quand il s'arrêterait de neiger, il faudrait que nous commencions...

2. Quand le moment où il faut se soumettre à l'obligation est assez éloigné :

'We must mend the roof properly next year', he said.
« *L'an prochain, il faudra que nous réparions convenablement le toit* », dit-il.

= He said that they would have to mend the roof properly the following year.
Il a dit qu'il faudrait qu'ils réparent convenablement le toit l'année suivante.

3. Lorsque aucune disposition n'a été arrêtée afin de se soumettre à l'obligation ; ceci se produit surtout dans les situations où l'obligation vient juste d'apparaître :

'I have just received a telegram', he said. 'I must go home at once', etc.
« *Je viens juste de recevoir un télégramme* », dit-il. « *Il faut que je rentre immédiatement.* »

= He said that he had just received a telegram and would have to go, etc.
Il a dit qu'il venait juste de recevoir un télégramme et qu'il devait rentrer immédiatement.

Mais **had to** serait plus usuel si, dans ce cas, la personne partait immédiatement, c'est-à-dire que **had to** est la forme usuelle de l'expression d'une obligation lorsque le moment auquel cette obligation doit être remplie a été fixé, que des dispositions ont été arrêtées, ou lorsque l'obligation est remplie assez rapidement, ou tout au moins qu'elle a été remplie au moment où le discours est rapporté :

He said, 'I must wash my hands'.
Il a dit : « Il faut que je me lave les mains. » (Et il est sans doute allé se les laver.)

= He said that he had to wash his hands.
Il a dit qu'il fallait qu'il se lave les mains.

Tom said, 'I must be there by nine tomorrow'.
Tom dit : « Il faut que j'y sois demain à neuf heures ! »

= Tom said that he had to be there by nine the next day.
Tom a dit qu'il fallait qu'il y soit le lendemain à neuf heures.

Would have to serait également possible, ici, mais impliquerait que l'obligation est imposée par le sujet à lui-même, et que nulle autorité extérieure n'est en cause. **Had to** pourrait indiquer soit qu'il y a eu intervention d'une autorité extérieure (quelqu'un a dit au sujet d'être là), soit qu'il s'agit d'une obligation que le sujet s'est imposée à lui-même.

Toutes les difficultés nées du choix entre **had to** et **would have to** peuvent être évitées en gardant **must** inchangé au discours indirect. Dans tous les exemples cités ci-dessus, on aurait pu employer **must** au lieu de **had to/would have to.**

C. **You/he/they must** peut toujours être conservé au discours indirect, et l'est généralement. Mais **must** peut aussi se transformer, dans ces cas, en **had to/would have to,** comme cela se passe pour **I/we must :**

He said, 'You must start at once'.
Il a dit : « Il faut que vous partiez immédiatement. »

= He said that she must/had to start at once.
Il (lui) dit qu'elle devait partir/qu'il fallait qu'elle parte immédiatement.

Dans l'exemple qui suit, **would have to** ne serait pas aussi usuel, car il ne permet pas de faire intervenir l'autorité du locuteur dans l'énoncé :

Tom said, 'If you want to stay on here you must work harder'.
Tom a dit : « Si vous voulez rester ici, il faudra travailler davantage ».

= Tom said that if she wanted to stay on she must/would have to work harder.
Tom (lui) a dit que si elle voulait rester, il faudrait qu'elle travaille davantage.

Must work harder implique que Tom lui enjoint de travailler davantage, sans quoi Tom ne la gardera pas.
Would have to work harder indique seulement qu'il lui est nécessaire de travailler davantage. Cela n'indique pas si la décision de garder la personne dépend de lui ou non.

D. **Must I/you/he... ?** peut changer, de la même manière, mais comme **must,** dans ce type de question, porte sur le présent ou le futur proche, il se transpose généralement en **had to :**

'Must you go so soon ?', I said.
« Faut-il que tu partes si tôt ? », dis-je.

= I asked him if he had to go so soon.
Je lui demandai s'il fallait qu'il parte si tôt.

E. **Must not**, généralement, ne change pas. **You/he must not** ne change pas ou s'exprime sous forme d'ordre négatif (voir **301** et **302**) :

He said, 'You mustn't tell anyone'.
Il a dit : « N'en parlez à personne ».

= He said that she mustn't tell/that she wasn't to tell anyone.
Il lui a dit qu'elle ne devait en parler à personne.

Ou → He told her not to tell anyone.
   Il lui dit de n'en parler à personne.

F. **Needn't**

Needn't peut ne pas changer, et c'est ce qui, généralement, se produit. Mais il est aussi possible de le transposer au discours indirect en **didn't have to/wouldn't have to** (indiquant l'absence de nécessité) de la même manière que **had to/would have to** correspond à **must** pour indiquer l'existence d'une nécessité :

I said, 'If you can lend me the money I needn't go to the bank'.
J'ai dit : « Si tu peux me prêter cet argent, je n'aurai pas besoin d'aller à la banque ».

= I said that if he could lend me the money I needn't/wouldn't have to go to the bank.
Je lui ai dit que s'il pouvait me prêter cet argent, je n'aurais pas besoin d'aller à la banque.

He said, 'I needn't be in the office till ten tomorrow morning'.
Il a dit : « Je n'ai pas besoin d'être au bureau avant dix heures demain matin ».

= He said that he needn't/didn't have to be in the office till ten the next morning.
Il a dit qu'il n'avait pas besoin d'être au bureau avant le lendemain à dix heures.

He said, 'You needn't wait'.
Il a dit : « Il est inutile d'attendre ».

= He said that I needn't wait.
Il m'a dit qu'il était inutile d'attendre.

Need I/you/he ? suit exactement les mêmes règles que **must I/you/he ?**, c'est-à-dire qu'il se transpose en **had to** :

'Need I finish my pudding ?', asked the small boy.
« Est-ce qu'il faut que je finisse mon pudding ? » demanda le petit garçon.

= The small boy asked if he had to finish his pudding.
Le petit garçon demanda s'il fallait qu'il finisse son pudding.

307 Could

A. Could you ? could I ? avec un sens présent ou futur.

1. Could you ? exprimant une invitation est rapporté à l'aide de **ask** ou **invite** :

'Could you have lunch with me tomorrow ?', he said.

« *Pouvez-vous déjeuner demain avec moi ? »*, dit-il.

= He invited me to have lunch with him the next day.

Il m'invita à déjeuner avec lui le lendemain.

Mais **could you have lunch with me tomorrow ?** peut également être considéré comme une simple question, et dans ce cas sera rapporté, au discours indirect, par **He asked if I could have lunch with him**, *il me demanda si je pouvais déjeuner avec lui* ou **He asked me if I would be free to have lunch with him**, *il me demanda si j'étais libre pour déjeuner avec lui.*

L'intonation employée par le locuteur indique en général clairement s'il s'agit d'une invitation ou d'une simple question.

2. Could you ? (demande) est normalement rapporté à l'aide de **ask** + complément + infinitif :

'Could you get tickets ?', he said.

« *Pourriez-vous prendre des billets ? »*, dit-il.

= He asked me to get the tickets.

Il me demanda de prendre les billets.

3. Could I have... ?/Could you give me ? sont généralement rapportés à l'aide de **ask for** :

'Could I have a drink ?'', he said.

« *Pourrais-je avoir à boire ? »*, dit-il.

= He asked (me) for a drink.

Il (me) demanda à boire.

4. Could I... ? (demande d'autorisation/permission) ne change pas, en général, au discours indirect.

'Could I use your phone, please ? ', she said.

« *S'il vous plaît, pourrais-je utiliser votre téléphone ? »*, dit-elle.

= She asked if she could use my phone.

Elle demanda si elle pouvait utiliser mon téléphone.

Mais **could I see/speak to/talk to ?** *Pourrais-je voir/parler à... ?*, peuvent être transposés en **ask for/ask to see**, etc. :

'Could I see Mr Smith, please ?', she said.

« *Pourrais-je voir M. Smith, s'il vous plaît ? »*, dit-elle.

She asked for Mr Smith/asked to see Mr Smith.

Elle demanda à voir M. Smith.

5. Could I/you/he/she/they... ? peut être une simple question portant sur le présent ou le futur. Dans ce cas **could** ne changerait pas au discours indirect :

'Could you live in London on £ 125 a week ?', he said.

« *Pourriez-vous vivre à Londres avec 125 livres par semaine ? »* demanda-t-il.

= He asked if I could live/if anyone could live in London on £ 125 a week.
Il demanda s'il (m') était possible de vivre à Londres avec 125 livres par semaine.

'Could you get off early tomorrow ?', he said.
«Pourriez-vous partir de bonne heure demain ? » dit-il.

= He asked if I could get off early the next day.
Il me demanda si je pouvais partir de bonne heure le lendemain (= si cela m'était possible, ou si j'en aurais l'autorisation).

B. Could avec un sens passé

Could exprimant la notion de permission ne change pas ou bien se transpose en **was/were allowed to** ou en **had been allowed to** :
He said, 'When I was young I couldn't interrupt my parents'.
Il a dit : « Quand j'étais jeune je n'avais pas le droit d'interrompre mes parents ».

= He said that when he was young he couldn't/wasn't allowed to interrupt his parents.
Il déclara que lorsqu'il était jeune, il n'avait pas le droit d'interrompre ses parents.

C. Could exprimant la notion d'aptitude

• **Could** exprimant l'aptitude avec un sens présent ne change pas :
I said, 'Could you stand on your head ?'.
Je demandai : « Pourrais-tu te tenir sur la tête ? »

= I asked him if he could stand on his head.
Je lui demandai s'il pouvait se tenir sur la tête.

• **Could** exprimant l'aptitude avec un sens passé peut ne pas changer ou peut se transposer en **had been able** (à condition qu'il s'agisse d'un sujet animé/humain) :
He said, 'I could read when I was three'.
Il a dit : « Je savais lire à trois ans ».

= He said that he could read/had been able to read when he was three.
Il a dit qu'il savait lire/était capable de lire à trois ans.

D. Could dans les propositions conditionnelles de type 2 (irréel du présent) :

• **Could**, dans les propositions subordonnées en **if**, ne change pas :
She said, 'If I could drive I'd take you there myself'.
Elle a dit : « Si je savais conduire, je vous y conduirais moi-même ».

= She said that if she could drive she'd take me there herself.
Elle a dit que si elle savait conduire elle m'y conduirait elle-même.

• **Could** dans la proposition principale ne change pas quand l'hypothèse ou la supposition est contraire aux faits :

She said, 'If I had some flour I could make a cake' (but she has no flour).

Elle a dit : « Si j'avais de la farine, je pourrais faire un gâteau » (mais elle n'en a pas).

= She said that if she had some flour she could make a cake.

Elle a dit que si elle avait de la farine, elle pourrait faire un gâteau.

• Mais **could** peut être remplacé par **would be able to** dans les phrases où la condition pourrait être remplie :

She said, 'If you got out of my light I could see what I am doing'.

Elle a dit : « Si tu t'enlevais de devant moi, je pourrais voir ce que je fais ».

= She said that if I got out of her light she would be able to see what she was doing.

Elle a dit que si je m'enlevais de devant elle, elle pourrait voir ce qu'elle faisait.

XXX. — PROPOSITIONS SUBORDONNÉES DE BUT, DE COMPARAISON, DE CAUSE, DE TEMPS, DE CONSÉQUENCE, DE CONCESSION

308

A. Le but s'exprime, normalement, par un infinitif complet :

He went to France to learn French.
Il est allé en France pour apprendre le français.

They stopped to ask someone the way.
Ils s'arrêtèrent pour demander leur chemin à quelqu'un.

Lorsque le verbe de la proposition principale est suivi d'un complément désignant une personne, c'est cette personne qui est le sujet du verbe exprimé à l'infinitif (et non le sujet du verbe principal) :

He sent Tom to the post office to buy stamps. (Tom was to buy the stamps.)
Il envoya Tom à la poste acheter des timbres.

B. so as et **in order** + infinitif complet s'emploient :

1. Avec un infinitif négatif, pour exprimer un but à la forme négative :

He left his gun outside so as not to frighten his wife.
Il laissa son fusil dehors pour ne pas effrayer sa femme.

He came in quietly so as not to wake the child.
Il entra sans bruit pour ne pas réveiller l'enfant.

2. Avec **to be** et **to have** :

She left work early in order to be at home when he arrived.
Elle quitta son travail de bonne heure afin d'être à la maison quand il arriverait.

3. Quand le but n'as pas un caractère immédiat :

He is studying mathematics so as to qualify for a higher salary.
Il étudie les mathématiques afin de pouvoir obtenir un salaire plus élevé.

She learnt typing in order to help her husband with his work.
Elle a appris à taper à la machine pour pouvoir aider son mari dans son travail.

4. Quand un complément direct du verbe principal représente une personne, mais que l'on veut indiquer que le sujet du verbe à l'infinitif est le même que celui du verbe principal :

He sent his sons to a boarding school in order to have some peace.
Il mit ses fils en pension pour avoir la paix (c'est lui qui voulait avoir la paix).

Comparez avec la phrase suivante :

He sent his sons to a boarding school to learn to live in a community (= for them to learn...).
Il mit ses fils en pension pour qu'ils apprennent à vivre en communauté.

• Cependant cette construction avec **in order/so as** n'est pas très courante. On dira, de manière plus usuelle :

He sent his sons to a boarding school because he wanted to have some peace.
Il mit ses fils en pension parce qu'il voulait avoir la paix.

5. In order (et non **so as**) peut être employé :

1) pour marquer que le sujet a bien le but exprimé présent à l'esprit, et agit délibérément :

A : He bought diamonds when he was in Amsterdam. Wasn't that extraordinary ?
B : It wasn't extraordinary at all. He went to Amsterdam in order to buy diamonds.
A : *Il a acheté des diamants à Amsterdam. N'est-ce pas extraordinaire ?*
B : *Cela n'a rien d'extraordinaire ! Il est allé à Amsterdam exprès pour acheter des diamants.*

On pourrait aussi dire la même chose en accentuant le verbe principal, sans utiliser **in order** :

He 'went to Amsterdam to buy diamonds.

2) **In order** peut également s'employer quand le verbe principal et l'infinitif sont séparés par un certain nombre de mots :

He took much more trouble over the figures than he usually did in order to show his new boss what a careful worker he was.
Il se donna beaucoup plus de mal que d'habitude pour faire ses calculs afin de montrer à son nouveau patron quel soin il apportait à son travail.

(Mais **in order** n'est pas indispensable et peut être omis.)

3) Quand l'infinitif exprimant le but précède le verbe principal, il peut être introduit par **in order** :

In order to show his boss what a careful worker he was, he took extra trouble over the figures.
Pour montrer à son nouveau patron quel soin il apportait à son travail, il se donna encore plus de mal pour faire ses calculs.

(Dans ce cas, **in order** peut également être omis.)

C. for + gérondif s'emploie pour exprimer la destination générale d'un objet :

A corkscrew is a tool for opening bottles.
Un tire-bouchon est un instrument pour ouvrir les bouteilles.

Mais lorsqu'il s'agit d'une destination particulière on emploie l'infinitif :

I'm looking for a corkscrew to open the bottle with.
Je cherche un tire-bouchon pour ouvrir cette bouteille.

De même :

This is a case for keeping records in *(destination générale)*.
C'est une boîte pour ranger des disques.

Mais ⟶ I want a case to keep my records in *(destination particulière)*.
Je veux une boîte pour ranger mes disques.

309 Expression de but par une proposition subordonnée de but

Une proposition subordonnée est nécessaire quand on indique explicitement la personne en relation avec la notion de but exprimée, au lieu de la laisser sous-entendue, comme en 308 :

Ships carry lifeboats so that the crew can escape if the ship sinks.
Les bateaux sont équipés de canots de sauvetage pour que l'équipage puisse être sauvé si le bateau coule.

A. Les propositions de but se construisent généralement avec so that + will/would ou can/could + infinitif (sans to).

• Can/could est employé ici dans le sens de will/would be able to (expression de l'intention) :

They make £ 10 notes a different size from £ 5 notes so that blind people can (= will be able to) tell the difference between them.
On fait les billets de 10 livres d'un format différent de ceux de 5 livres pour que les aveugles puissent les distinguer.

They wrote the notices in several languages so that foreign tourists could (= would be able to) understand them.
Il ont rédigé les avis en plusieurs langues pour que les touristes étrangers puissent les comprendre.

• Can et will sont employés quand le verbe principal est au présent, au *present perfect,* ou au futur. Could et would sont employés quand le verbe principal est à un temps du passé (voir les exemples cités ci-dessus) :

I light/am lighting/have lit/will light the fire so that the house will be warm when they return.
J'allume/j'ai allumé/j'allumerai le feu pour que la maison soit chaude à leur retour.

I have given/will give him a key so that he can get into the house whenever he likes.
Je lui ai donné/je lui donnerai une clé pour qu'il puisse rentrer quand il le veut.

I pinned the note to his pillow so that he would be sure to see it.

J'ai épinglé le mot sur son oreiller pour être sûr qu'il le verrait.

There were telephone points every kilometre so that drivers whose cars had broken down would be able to/could summon help.

Il y avait des postes téléphoniques tous les kilomètres pour que les automobilistes dont les voitures tombaient en panne puissent faire venir de l'aide.

• Il faut remarquer que si l'on omet **that** dans une proposition avec **can/could,** la notion de but n'est plus exprimée. Une phrase comme : **He took my shoes so that I couldn't leave the house,** signifie normalement : **to prevent me leaving** etc.

Il a pris mes chaussures pour que je ne puisse pas sortir = pour m'empêcher de sortir.

Mais → He took my shoes so I couldn't leave the house. (Therefore I wasn't able to leave.)

Il a pris mes chaussures, si bien que je ne pouvais pas sortir (= par conséquent, je ne pouvais pas sortir).

B. Les propositions de but peuvent être formées également avec **so that/in order that/that** + **may/might** ou **shall/should** + infinitif sans **to.**

Il s'agit de constructions plus recherchées que celles étudiées en **A.** Il n'y a pas de différence du point de vue du sens.

• On remarquera que **so that** peut être suivi de **will/can/may/shall** ou de leur prétérit, tandis que **in order that** ou **that** ne peuvent être suivis que de **may/shall** ou de leur prétérit.

• On trouve rarement **that** employé seul ou en ce sens, sauf dans un discours (écrit/oral) où l'on recherche un fort effet dramatique (ou dans la langue poétique) :

And wretches hang that jurymen may dine *(poème du XVIIIᵉ siècle).*
Et les malheureux sont pendus pour que leurs juges puissent dîner.

Les règles concernant la concordance des temps sont semblables à celles que l'on a vues en **A** :

We carved their names on the stone so that/in order that future generations should/might know what they had done.

Nous avons gravé leur nom dans la pierre pour que les générations futures sachent ce qu'ils ont accompli.

These men risk their lives so that/in order that we may live more safely.

Ces hommes risquent leur vie pour que nous vivions en sécurité.

• Au présent, **may** est beaucoup plus fréquent que **shall,** qui s'emploie assez rarement avec le présent.

• Au passé, on peut employer soit **might** soit **should.**

• En principe **might** exprime l'aptitude (se substituant à **could** ci-dessus) et **should** est employé dans les autres cas (se substituant à **would** ci-dessus). En pratique, cependant, ces distinctions tendent à s'oublier.

• Si l'on veut se contenter d'une construction sûre et simple **so that** + **can/could** ou **will/would** sera très suffisant.

C. Les propositions négatives de but s'obtiennent en mettant le verbe auxiliaire (généralement **will/would** ou **should**) à la forme négative :

He wrote his diary in cipher so that his wife wouldn't be able to read it.
Il a écrit son journal en langage codé pour que sa femme ne puisse pas le lire.

He changed his name so that his new friends wouldn't/shouldn't know that he had once been accused of murder.
Il changea de nom pour que ses nouveaux amis ne sachent pas qu'il avait, naguère, été accusé d'un meurtre.

Criminals usually telephone from public telephone boxes so that the police won't be able to trace the call.
Les criminels téléphonent d'ordinaire d'une cabine publique pour que la police ne puisse pas repérer l'origine de l'appel.

• Les propositions de but négatives peuvent, cependant, être ordinairement remplacées par une construction avec **to prevent** + nom/pronom + **-ing** *empêcher* ou **to avoid** + **-ing** *éviter* :

She always shopped in another village so that she wouldn't meet her own neighbours/to avoid meeting her own neighbours.
Elle allait toujours faire ses courses dans un autre village pour ne pas rencontrer/pour éviter de rencontrer ses voisins.

He dyed his beard so that we shouldn't recognize him/to prevent us recognizing him/to avoid being recognized (**being recognized** = gérondif passif).
Il a teint sa barbe pour que nous ne le reconnaissions pas/pour nous empêcher de le reconnaître/pour éviter d'être reconnu.

Ces constructions avec l'infinitif sont préférables aux propositions de but négatives construites avec **so that,** etc.

310 In case et lest

A. In case, *au cas où/de peur que/pour que... ne pas* :

1. In case + sujet + verbe peut suivre un énoncé déclaratif ou un ordre :

I don't let him climb trees in case he tears his trousers.
Je ne le laisse pas monter aux arbres pour qu'il ne déchire pas son pantalon.

• **In case** + présent signifie normalement **because this may happen** *(= parce que quelque chose peut se produire)/***because perhaps this will happen** *(= parce que quelque chose pourra peut-être se produire)/***for fear that something may happen** *(= de peur que quelque chose n'arrive).*

• **in case** + prétérit signifie normalement **because this might happen/because perhaps this would happen/for fear that this would**

happen, *parce que cela pouvait se produire/se produirait peut-être/de peur que cela ne se produisît.*

• Le présent et le prétérit peuvent être ici remplacés par **should** + infinitif, mais cette construction est moins usuelle.

• Dans les phrases constituées d'un énoncé déclaratif + une proposition introduite par **in case** la première action est une préparation de la seconde, ou une précaution prise pour prévenir un événement ultérieur :

Don't let the baby play with your watch in case he breaks it.
Ne laissez pas le bébé jouer avec votre montre, au cas où il la casserait.

I carry a spare wheel in case I have a puncture.
J'ai une roue de secours en cas de crevaison.

I'll make a cake in case someone drops in at the weekend.
Je vais faire un gâteau au cas où quelqu'un viendrait à l'improviste pendant le week-end.

• Il ne faut pas confondre une proposition introduite par **in case** avec une proposition introduite par **if** (voir 221).

2. Emploi des temps avec **in case**

Verbe principal

Futur		présent
Présent	+ **in case** +	ou
Present perfect		**should** + infinitif
Conditionnel		prétérit
Prétérit	+ **in case** +	ou
Plus-que-parfait		**should** + infinitif

I always keep candles in the house in case there is a power cut.
J'ai toujours des bougies à la maison au cas où il y aurait une panne d'électricité.

I always kept candles in the house in case there was a power cut.
J'avais toujours des bougies à la maison au cas où il y aurait eu une panne d'électricité.

In case there should be serait également possible dans ces deux phrases.

B. Lest signifie **for fear that,** *de peur que,* et se construit avec **should** :

He doesn't/didn't dare to leave the house lest someone should recognize him.
Il n'ose pas/n'osait pas sortir de peur d'être reconnu.

• On pourrait aussi avoir **lest someone recognize him** (subjonctif).
Lest est rare, sauf dans une langue écrite recherchée.

311 Comparaisons

A. Comparaisons avec **like**

Like peut être suivi d'un nom/pronom ou gérondif. En principe, il ne peut être suivi d'un sujet + verbe (bien que cela puisse se rencontrer dans une langue familière et fréquemment en américain).

There was a terrible storm ; it was like the end of the world.
Il y eut une terrible tempête ; c'était comme la fin du monde.

Getting money from him is like getting blood from a stone.
Lui demander de l'argent c'est comme essayer de faire saigner une pierre.

B. Comparaisons avec **as... as** et comparaison avec **than** (après un comparatif)

• **As... as** et **not so/as** s'emploient avec un adverbe ou un adjectif.

• **Than** s'emploie après le comparatif.

Quand le même verbe doit être employé dans les deux propositions, on reprend ce verbe par l'auxiliaire correspondant dans la seconde :

I can't run as/so fast as he can.
Je ne peux pas courir aussi vite que lui.

He runs faster than me/than I do.
Il court plus vite que moi.

It is even darker today than it was yesterday.
Il fait encore plus sombre aujourd'hui qu'hier.
(Remarquez **even** + comparatif = *encore* + comparatif.)

She had no sooner left the house than it began to rain.
Elle n'était pas plutôt sortie qu'il se mit à pleuvoir.

1. As/than peuvent être parfois suivis d'un nom/pronom seul, le verbe étant sous-entendu.

She is taller than her brother (= than her brother is).
Elle est plus grande que son frère.

Tom drove more carefully than Ann (= than Ann did).
Tom conduisait plus prudemment qu'Ann.

Small cars are easier to park than big ones (= than big ones are).
Les petites voitures sont plus faciles à garer que les grosses.

• Cela n'est toutefois possible que si le même verbe au même temps est requis dans la principale et dans la subordonnée, et à condition que le sujet de la subordonnée soit différent de celui de la principale.

• Lorsqu'on emploie un pronom sans verbe, il s'agit généralement du pronom complément. C'est l'usage courant en anglais familier. En anglais écrit, il est préférable d'employer le pronom sujet + verbe auxiliaire :

She doesn't work as hard as me/as hard as I do.
Elle ne travaille pas autant que moi.

He is older than you/than you are.
Il est plus vieux que vous.

I can swim better than him/better than he can.
Je nage mieux que lui.

We pay more rent than them/than they do.
Nous payons un loyer plus élevé qu'eux.

2. Il faut observer que le verbe est nécessaire, et ne peut donc être omis dans la seconde proposition, quand les deux propositions ont le même sujet, quand il y a un changement de verbe ou de temps, et quand la seconde proposition est développée par des compléments du verbe.

The trains are more crowded at nine than they are at eight.
Il y a plus de monde dans les trains à neuf heures qu'à huit (qu'il n'y en a à huit).

He is stronger than he looks.
Il est plus fort qu'il n'en a l'air.

He works harder than I did at his age.
Il travaille plus que moi à son âge (que je ne le faisais...).

She makes more money in a week than I do/make in a fortnight.
Elle gagne plus en une semaine que moi en quinze jours.

3. As/than peuvent également être suivis d'un infinitif ou d'un gérondif.

It is better to say too little than (to) say too much.
Il vaut mieux ne pas en dire assez qu'en dire trop.

He found riding as tiring as walking.
Il s'aperçut qu'il était aussi fatigant de monter à cheval que de marcher.

• On emploie l'infinitif si le verbe qui précède **as/than** est un infinitif ou contient un infinitif :

He finds it easier to do the cooking himself than (to) teach his wife to cook.
Il s'aperçut qu'il était plus facile de faire la cuisine lui-même que d'apprendre à sa femme à la faire.

It is as easy to do it right as (to) do it wrong.
Il est aussi facile de le faire correctement que de le faire de travers.

Even lazy people would rather work than starve.
Même les paresseux préfèrent travailler plutôt que mourir de faim.

• Lorsque **as/than** sont précédés d'un infinitif sans **to** ils sont suivis d'un infinitif sans **to**. Autrement **to** n'est pas obligatoire.

• Le gérondif s'emploie dans d'autres cas, c'est-à-dire quand le verbe qui précède **as/than** est un gérondif ou lorsque l'action est représentée par un pronom :

This is more amusing than sitting in an office.
C'est plus amusant que de rester assis dans un bureau.

Skiing is more exciting than skating.
Faire du ski est plus grisant que faire du patin.

It is as easy as falling off a log.
C'est simple comme bonjour.

He cleaned his shoes, which was better than doing nothing..
Il nettoya ses chaussures, ce qui valait mieux que de ne rien faire.

312 Propositions exprimant la cause et la raison

Elles sont introduites par les conjonctions **because** *parce que*, **as** *comme*, **since** *puisque* et parfois **if** = **since**.
(Pour la différence entre **because** conjonction de subordination et **for** conjonction de coordination = *car*, voir **93**.)

We camped there because it was too dark to go on.
Nous avons campé là parce qu'il ne faisait plus assez clair pour continuer.

As we hadn't any money we couldn't buy anything to eat. (Voir également **95**.)
Comme nous n'avions pas d'argent nous ne pouvions rien acheter à manger.

Since you won't take advice there is no point in asking for it.
Puisque tu ne veux pas suivre les conseils ce n'est pas la peine d'en demander.

If (= since) you wanted to go to sea, why didn't you ?
Si/Puisque tu voulais être marin, pourquoi ne l'as-tu pas fait ?

• Les phrases qui précèdent peuvent aussi être construites sous la forme de deux propositions reliées par **so** *aussi* ou **therefore** *par conséquent*.

It was too dark to go on, so we camped there.
Il ne faisait pas assez clair pour continuer, aussi avons-nous campé là.

We hadn't any money so we couldn't buy anything to eat.
Nous n'avions pas d'argent, aussi ne pouvions-nous rien acheter à manger.

You don't take advice so there's no point in asking for it.
Tu ne suis pas les conseils, donc cela ne sert à rien d'en demander.

• **Therefore** pourrait remplacer **so** dans les phrases citées ci-dessus, mais s'emploie normalement à un niveau de langue plus recherché :

The delegate from Finland has not yet arrived ; we have therefore decided to postpone the meeting till tomorrow morning.
Le délégué finlandais n'est pas encore arrivé ; nous avons par conséquent décidé de remettre la réunion à demain matin.

Therefore peut se placer avant le sujet de la phrase, ou avant le verbe. Cette seconde position est la plus courante.

313 Propositions subordonnées de temps

Ces propositions sont introduites par les conjonctions ou locutions conjonctives telles que : **where** *quand*, **as** *comme*, **while** *pendant que* (voir **95**, **190**), **until/till** *jusqu'à ce que* (voir **83**), **after** *après que*, **as soon as** *dès que*, **the sooner** *plus tôt...*, **no sooner... than** *à peine... que*, **hardly... when** *à peine... que*, **immediately** *dès l'instant que*, **whenever** *chaque fois que*, **since** *depuis que*, etc.

Elles peuvent être introduites par **the moment, the minute** *dès que.*

A. Attention : il n'est pas possible d'employer un temps ou une forme du futur, non plus qu'un conditionnel, dans une proposition subordonnée de temps.

1. Un futur devient un présent, quand la proposition dans laquelle il est employé devient subordonnée de temps :
You'll be back soon. I'll stay till then.
Tu seras bientôt de retour. Je resterai jusqu'à ce moment-là.
= I'll stay till you get back.
Je resterai jusqu'à ce que tu reviennes.

2. Le présent continu employé avec valeur de futur devient, de même, un présent simple :
He's arriving at six. *Il arrive/arrivera à six heures.*
= When he arrives he'll tell us all about the match.
Quand il arrivera, il nous racontera tout sur le match.

3. Be going to est également modifié :
The parachutist is going to jump and his parachute will open soon afterwards.
Le parachutiste va sauter et son parachute s'ouvrira quelques instants après.
= Soon after he jumps his parachute will open.
Son parachute s'ouvrira peu de temps après qu'il aura sauté.
We'll be landing soon and leaving the plane.
Nous atterrirons dans quelques instants et quitterons l'appareil.
Mais → Immediately we leave the plane mechanics will start work on it.
Dès que nous aurons quitté l'avion, les mécaniciens se mettront au travail.

4. Le temps continu peut, naturellement, être employé lorsqu'il exprime la continuité d'une action :
Peter and John will be playing/are playing/are going to play tennis tonight. While they are playing we'll go to the beach.
Peter et John jouent/vont jouer au tennis ce soir. Pendant qu'ils joueront, nous irons à la plage.

5. Le futur antérieur devient un *present perfect,* et le futur antérieur continu devient un *present perfect* continu.
I'll have finished in the bathroom in a few minutes.
J'aurai terminé dans la salle de bains dans quelques minutes.
As soon as I have finished I'll give you a call.
Dès que j'aurai terminé je t'appellerai.

6. Un conditionnel (= futur dans le passé) devient un prétérit :
We knew that he would arrive/would be arriving about six.
Nous savions qu'il arriverait vers six heures.

We knew that till he arrived nothing would be done.
Nous savions que tant qu'il ne serait pas arrivé, rien ne serait fait.

• Attention : on peut trouver un conditionnel ou un futur après **when** lorsque le mot a le sens de *à quelle date, à quel moment* (au style direct ou indirect). Dans ce cas **when** est adverbe interrogatif :

He asked when the train would get in (*interrogative indirecte complément de* **asked**).
Il demanda à quelle heure arriverait le train.

B. No sooner...than, hardly...when

He had no sooner drunk the coffee than he began to feel drowsy.
Ou → No sooner had he drunk the coffee than he began to feel drowsy.
A peine avait-il bu le café qu'il fut pris de somnolence.

• Voir **72 A** pour le passage de **no sooner/hardly** en tête de phrase, entraînant l'inversion sujet-auxiliaire :

The performance had hardly begun when the lights went out.
Ou → Hardly had the performance begun when the lights went out.
A peine la représentation était-elle commencée que les lumières s'éteignirent.

• **The sooner... the sooner :**

The sooner we start, the sooner we'll be there.
Plus tôt nous partirons, plus tôt nous arriverons.

C. Autres exemples :

Immediately he earns any money he spends it.
Dès l'instant qu'il gagne de l'argent, il le dépense.

They've moved house three times since they got married.
Ils ont déménagé trois fois depuis qu'ils se sont mariés.

He rides whenever he can.
Il monte chaque fois qu'il le peut.

314 Propositions subordonnées de conséquence

Ces propositions sont introduites par **so... that** ou **such... that**, *si/tellement... que* et suivent les règles usuelles en ce qui concerne les temps (voir **212**).

• **Such** est un adjectif, mais qui a la particularité d'être placé devant le groupe nominal :
au singulier : (article indéfini) + (adjectif) + nom ; au pluriel : (adjectif) + nom :

They had such a fierce dog that no one dared to go near their house.
Ils avaient un chien si féroce que personne n'osait s'approcher de leur maison.

He spoke for such a long time that people began to fall asleep.
Il parla si longtemps que les gens commencèrent à s'endormir.

• **So** est un adverbe portant sur un autre adverbe ou sur un adjectif sorti du groupe nominal (**so** + adjectif + **a/an** + nom), ce qui explique que la construction **so** + adjectif + nom pluriel soit impossible. Lorsqu'il s'agit de **much** et **many**, devant lesquels on ne peut employer **such**, on emploie **so**, même si **much** et **many** sont suivis d'un nom :

The snow fell so fast that our footsteps were covered up in a few minutes.
La neige tombait si vite que les traces de nos pas furent effacées en quelques minutes.

Their dog was so fierce that no one dared come near it.
Leur chien était si féroce que personne n'osait s'en approcher.

His speech went on for so long that people began to fall asleep.
Son discours dura si longtemps que les gens commencèrent à s'endormir.

There was so much dust that we couldn't see what was happening.
Il y avait tant de poussière que nous ne pouvions pas voir ce qui se passait.

So many people complained that in the end they took the programme off.
Ils ont reçu tant de plaintes qu'en fin de compte ils ont supprimé l'émission.

• On remarquera que **such** + **a** + adjectif + nom peut être remplacé au singulier par **so** + adjectif + **a** + nom. **Such a good man** peut être remplacé par **so good a man**, *un homme si bon*. Ce n'est pas très usuel dans la langue courante, mais cela se rencontre dans la langue littéraire.
Parfois, pour produire un effet d'accentuation, **so** peut être placé en tête de phrase ; en ce cas, il faut employer la forme inversée du verbe (voir 72) :

So terrible was the storm that whole roofs were ripped off.
Si terrible fut la tempête que des toits entiers furent arrachés.

315 Propositions subordonnées concessives

Ces propositions sont introduites par des conjonctions ou locutions conjonctives telles que **though, although,** *bien que* (voir 91) ; **even if,** *même si ;* **no matter,** *peu importe ;* **however** + adjectif/adverbe, *quel/quel(le)s.../aussi... que* et, parfois, **whatever,** *quel que soit/quoi que.*

• **As** est également possible, mais seulement dans la construction : adjectif + **as** + **be** (on peut aussi avoir : adjectif + **though**).

Even if/Though you don't like him you can still be polite.
Même si/Bien que tu ne l'aimes pas, tu peux tout de même être poli.

No matter what you do, don't touch this switch.
Peu importe ce que vous faites, ne touchez pas à cet interrupteur.

However rich people are, they always seem anxious to make more money.
Aussi riches que soient les gens, ils semblent toujours désirer gagner davantage.

However carefully you drive, you will probably have an accident eventually.
Quelle que soit votre prudence au volant, vous finirez probablement par avoir un accident.

Whatever you do, don't tell him that I told you this.
Quoi que vous fassiez, ne lui dites pas que je vous ai dit cela.

Patient as though he was, he had no intention of waiting for three hours (= though he was patient).
Pour patient qu'il fût, il n'avait pas l'intention d'attendre trois heures (= bien qu'il fût patient).

• **May** + infinitif peut être utilisé quand on envisage un cas hypothétique :

However frightened you may be yourself, you must remain outwardly calm.
Quelle que soit votre frayeur, vous devez continuer à paraître calme.

• **Should** + infinitif peut être employé après **even if** comme il peut l'être après **if** dans les subordonnées conditionnelles, pour exprimer l'idée que l'événement ou l'action envisagés ne sont pas très probables.

Even if he should find out he won't do anything about it.
Même si d'aventure il s'en aperçoit, il ne fera rien.

316 Propositions nominales introduites par **that**

Une proposition est dite nominale lorsqu'elle remplit la même fonction qu'un nom par rapport à un verbe, c'est-à-dire comme sujet ou, beaucoup plus fréquemment, comme complément.

A. La construction **that** + sujet + verbe peut être le complément d'un grand nombre de verbes, dont les plus usuels sont indiqués ci-dessous :

• Quand un verbe est marqué d'un astérisque, cela signifie que d'autres verbes équivalents ont la même construction (voir **298**).

admit* *admettre*	forget *oublier*	prove *prouver*
agree *accepter*	guarantee *garantir*	realize *se rendre compte*
announce *annoncer*	happen *arriver*	recognize *reconnaître*
appear *apparaître*	hear *apprendre*	recommend *recommander*
arrange *convenir*	hope *espérer*	remark *remarquer*
assume *supposer*	imagine *imaginer*	remind *rappeler*
be afraid *craindre*	imply *impliquer*	resolve *décider*
be anxious *tenir à*	indicate *indiquer*	reveal *révéler*
believe *croire*	inform *informer*	say* *dire*
command *ordonner*	insist *tenir à ce que*	see *voir*
confess *avouer*	know *savoir*	seem *sembler*

declare *déclarer*	learn *apprendre*	show *montrer*
decide *décider*	make out *comprendre*	stipulate *stipuler*
demand *exiger*	mean *vouloir dire*	suggest *suggérer*
demonstrate *démontrer*	notice *remarquer*	teach *enseigner*
determine *résoudre*	observe *observer*	
be determined *être décidé à*	occur + to + (complément) *venir à l'esprit*	tell *dire* think *penser*
discover *découvrir*	order *ordonner*	threaten *menacer*
estimate *estimer*	perceive *percevoir*	turn out *s'avérer*
expect *s'attendre à*	presume *présumer*	vow *jurer*
fear *craindre*	pretend *prétendre*	warn *avertir*
feel *sentir*	promise *promettre*	wish *souhaiter*
find *trouver*	propose *proposer*	

• La plupart de ces verbes peuvent avoir une autre construction (voir les chapitres **22, 23, 24** consacrés à l'infinitif, au gérondif et au participe présent).

• Mais il faut noter qu'un verbe construit avec **that** peut ne pas avoir le même sens que s'il est suivi de l'infinitif ou de **-ing** :

He saw her sweeping under the beds.
Il la vit balayer sous les lits.

Mais → He saw that she swept under the beds *peut avoir deux sens.*
1. *Il vit qu'elle balayait sous les lits.*
2. *Il veilla à ce qu'elle balaie sous les lits.*

• **Concordance des temps** (voir 212) :

Le temps du verbe principal influe sur le temps du verbe de la proposition nominale :

I hope I haven't made a mistake.
J'espère que je n'ai pas fait d'erreur.

= I hoped I hadn't made a mistake.
J'espérais que je n'avais pas fait d'erreur.

I promise I will help you.
Je promets de vous aider.

= I promised I would help you.
J'ai promis que je vous aiderais.

Tom thinks it is going to rain.
Tom pense qu'il va pleuvoir.

= Tom thought it was going to rain.
Tom pensait qu'il allait pleuvoir.

• **Appear, occur, happen, seem, turn out** ne s'emploient qu'en tournure impersonnelle avec le sujet **it** :

It occurred to me that he might be lying.
Il me vint à l'esprit que, peut-être, il mentait.

It turned out that nobody remembered the address.
Il s'avéra que personne ne se rappelait l'adresse.

It appears that we have come on the wrong day.
Il semble que nous ne sommes pas venus le bon jour.

• **That** + sujet + **should** peut être employé après **agree, arrange, be anxious, command, decide, demand, determine, be determined, order, resolve** et **urge**, au lieu de l'infinitif, après **insist** et **suggest**, au lieu du gérondif :

They decided/agreed to put up a statue.
Ils décidèrent/acceptèrent d'ériger une statue.

= They decided/agreed that a statue should be put up.
He suggested offering a reward.
Il suggéra d'offrir une récompense.

= He suggested that a reward should be offered (voir **236**).

B. That + sujet + verbe peut être employé après **be** + adjectif exprimant un sentiment, une réaction à un événement : **be astonished** *étonné,* **delighted** *ravi,* **glad** *heureux,* **relieved** *soulagé,* etc. (voir **254 A**) :

I am delighted that you can come.
Je suis ravi que vous puissiez venir.

He was relieved that no one had been hurt.
Il fut soulagé de voir que personne n'avait été blessé.

C. That + sujet + verbe peut également suivre un nom abstrait (mais que l'on peut associer à un verbe exprimant la notion d'énonciation ou d'opinion), tels **belief** *croyance,* **fact** *fait,* **fear** *crainte,* **hope** *espoir,* **report** *rapport,* **rumour** *bruit* :

The rumour that prices were going to rise led to a rush on the shops.
Le bruit selon lequel les prix allaient augmenter a provoqué une ruée sur les magasins.

D. Pour les propositions de type **so... that,** voir **314.**

E. Une proposition nominale en **that** peut également être sujet d'une phrase :

That he needed the money was no excuse.
Qu'il ait eu besoin d'argent n'était pas une excuse.

Mais le plus souvent la phrase commence par **it** + **be** + adjectif/nom :

It is unfortunate that you were not insured.
Il est regrettable que vous n'ayez pas été assuré.

It is a pity that he didn't come earlier.
Il est dommage qu'il ne soit pas venu plus tôt.

Pour les constructions avec **that** + **should,** voir **236-237.**

XXXI. — LISTE DES VERBES IRRÉGULIERS

317

Les verbes en *italique*, dans la liste suivante, sont des verbes qui ne sont pas très courants en anglais moderne, mais se rencontrent dans la langue littéraire.

Lorsqu'un verbe a deux formes possibles et lorsque l'une est moins usuelle, cette dernière est indiquée en italique.

• Les verbes dérivés, à l'aide d'un préfixe, d'un verbe irrégulier forment leur prétérit et leur participe passé comme le verbe dont ils sont dérivés.

	come	came	come
→	overcome	overcame	overcome

	set	set	set
→	upset	upset	upset

• Les participes passés marqués d'un astérisque ne peuvent pas s'employer indifféremment ; chacune des formes a un sens différent :
Ex. : **hanged** = *exécuté par pendaison,* mais **hung** = *pendu/suspendu*
borne = *porté,* mais **born** = *né*

• Le signe † indique que le verbe n'a pas d'infinitif. Seul le sens premier est, en général, indiqué en traduction.

Infinitif + Présent	Prétérit	Participe passé	
abide	*abode*	*abode*	*demeurer*
arise	arose	arisen	*se lever*
awake	awoke/awaked	awoken/*awaked*	éveiller
be/am/is/are	was	been	*être*
bear	bore	borne/born*	*porter*
beat	beat	beaten	*battre*
become	became	become	*devenir*
befall	*befell*	*befallen*	*advenir*
beget	*begot*	*begotten*	*engendrer*
begin	began	begun	*commencer*
behold	*beheld*	*beheld*	*voir*
bend	bent	bent	*courber*
bereave	bereaved	bereaved/bereft*	*priver*
beseech	*besought*	*besought*	*solliciter*
bet	betted/bet	betted/bet	*parier*
bid (=command)	*bade*	*bidden*	*ordonner*
bid (= offer)	bid	bid	*offrir*
bind	bound	bound	*lier*

Infinitif + Présent	Prétérit	Participe passé	
bite	bit	bitten	*mordre*
bleed	bled	bled	*saigner*
blow	blew	blown	*souffler*
break	broke	broken	*briser*
breed	bred	bred	*élever (un enfant)*
bring	brought	brought	*apporter*
broadcast	broadcast	broadcast	*diffuser*
build	built	built	*bâtir*
burn	burned/burnt	burned/burnt	*brûler*
burst	burst	burst	*éclater*
buy	bought	bought	*acheter*
can †	could	been able	*pouvoir*
cast	cast	cast	*jeter*
catch	caught	caught	*attraper*
chide	*chid*	*chidden*	*rabrouer*
choose	chose	chosen	*choisir*
cleave	clove/cleft	cloven/cleft*	*fendre*
cling	clung	clung	*s'attacher*
clothe	clothed/clad	clothed/clad	*vêtir*
come	came	come	*venir*
cost	cost	cost	*coûter*
creep	crept	crept	*ramper*
crow	crowed/*crew*	crowed	*chanter (pour un coq)*
cut	cut	cut	*couper*
dare	dared/*durst*	dared/*durst*	*oser*
deal [di:l]	dealt [delt]	dealt [delt]	*distribuer*
dig	dug	dug	*creuser*
do	did	done	*faire*
draw	drew	drawn	*tirer*
dream [dri:m]	dreamed/dreamt [dremt]	dreamed/dreamt [dremt]	*rêver*
drink	drank	drunk	*boire*
drive	drove	driven	*conduire*
dwell	*dwelled*/dwelt	*dwelled*/dwelt	*habiter*
eat	ate	eaten	*manger*
fall	fell	fallen	*tomber*
feed	fed	fed	*nourrir*
feel	felt	felt	*sentir*
fight	fought	fought	*combattre*
find	found	found	*trouver*
flee	fled	fled	*fuir (s'enfuir)*
fling	flung	flung	*lancer*
fly	flew	flown	*voler (oiseau)*
forbear	forbore	forborne	*s'abstenir*

Infinitif + Présent	Prétérit	Participe passé	
forbid	forbade	forbidden	*interdire*
forget	forgot	forgotten	*oublier*
forgive	forgave	forgiven	*pardonner*
forsake	forsook	forsaken	*abandonner*
freeze	froze	frozen	*geler*
get	got	got	*obtenir*
gild	gilded/gilt	gilded/gilt	*dorer*
gird	*girded/girt*	*girded/girt*	*ceindre*
give	gave	given	*donner*
go	went	gone	*aller*
grind	ground	ground	*moudre*
grow	grew	grown	*croître*
hang	hanged/hung	hanged*/hung	*pendre*
have/has	had	had	*avoir*
hear [hɪə]	heard [hə:d]	heard [hə:d]	*entendre*
hew	hewed	hewed/hewn	*tailler*
hide	hid	hidden	*cacher*
hit	hit	hit	*frapper*
hold	held	held	*tenir*
hurt	hurt	hurt	*blesser*
keep	kept	kept	*garder*
kneel	knelt	knelt	*s'agenouiller*
knit**	knit	knit	*unir*
know	knew	known	*savoir*
lay	laid	laid	*poser*
lead	led	led	*conduire*
lean [li:n]	leaned/leant [lent]	leaned/leant [lent]	*pencher*
leap [li:p]	leaped/leapt [lept]	leaped/leapt [lept]	*sauter*
learn	learned/learnt	learned/learnt	*apprendre*
leave	left	left	*laisser*
lend	lent	lent	*prêter*
let	let	let	*laisser*
lie	lay	lain	*être couché- /situé*
light	lighted/lit	lighted/lit	*allumer*
lose	lost	lost	*perdre*
make	made	made	*faire*
may †	might	—	*pouvoir*
mean [mi:n]	meant [ment]	meant [ment]	*signifier*
meet	met	met	*rencontrer*
mow	mowed	mowed/mown	*faucher*
must †	had to	—	*devoir*

** knit *tricoter* est régulier (knitted)

Infinitif + Présent	Prétérit	Participe passé	
ought †	—	—	*devoir*
pay	paid	paid	*payer*
put	put	put	*mettre*
read [ri:d]	read [red]	read [red]	*lire*
rend	*rent*	*rent*	*déchirer*
rid	rid	rid	*débarrasser*
ride	rode	ridden	*aller (à cheval)*
ring **	rang	rung	*sonner*
rise	rose	risen [rɪzn]	*se lever/ augmenter*
run	ran	run	*courir*
saw	sawed	sawed/sawn	*scier*
say	said	said	*dire*
see	saw	seen	*voir*
seek	sought	sought	*chercher*
sell	sold	sold	*vendre*
send	sent	sent	*envoyer*
set	set	set	*placer*
sew	sewed	sewed/sewn	*coudre*
shake	shook	shaken	*secouer*
shall †	should	—	
shear	sheared/*shore*	sheared/shorn	*tondre (un animal)*
shed	shed	shed	*verser*
shine	shone	shone	*briller*
shoe	shoed/*shod*	shoed/*shod*	*chausser*
shoot	shot	shot	*tirer (arme à feu)*
show	showed	showed/shown	*montrer*
shrink	shrank	shrunk	*rétrécir*
shut	shut	shut	*fermer*
sing	sang	sung	*chanter*
sink	sank	sunk	*s'enfoncer (som- brer)*
sit	sat	sat	*être assis*
slay	*slew*	*slain*	*tuer*
sleep	slept	slept	*dormir*
slide	slid	slid	*glisser*
sling	slung	slung	*lancer*
slink	slunk	slunk	*s'en aller furtivement*
slit	slit	slit	*inciser*
smell	smelled/smelt	smelled/smelt	*sentir*
smite	*smote*	*smitten*	*frapper*

** ring = *entourer* est régulier (ringed)
† présent seulement

Infinitif + Présent	Prétérit	Participe passé	
sow	sowed	sowed/sown	*semer*
speak	spoke	spoken	*parler*
speed	speeded/sped	speeded/sped	*se hâter*
spell	spelled/spelt	spelled/spelt	*épeler/signifier*
spend	spent	spent	*passer/dépenser*
spill	spilled/spilt	spilled/spilt	*renverser*
spin	spun	spun	*filer (de la laine, etc.)*
spit	spat	spat	*cracher*
split	split	split	*fendre*
spread	spread	spread	*étendre*
spring	sprang	sprung	*bondir*
stand	stood	stood	*être debout/ se tenir*
steal	stole	stolen	*voler (dérober)*
stick	stuck	stuck	*coller*
sting	stung	stung	*piquer*
stink	stank/*stunk*	stunk	*puer*
strew	strewed	strewed/strewn	*répandre*
stride	strode	stridden	*marcher à grands pas*
strike	struck	struck	*frapper*
string	strung	strung	*ficeler/enfiler*
strive	strove	striven	*s'efforcer*
swear	swore	sworn	*jurer*
sweep	swept	swept	*balayer*
swell	swelled	swelled/swollen	*se gonfler*
swim	swam	swum	*nager*
swing	swung	swung	*balancer*
take	took	taken	*prendre*
teach	taught	taught	*enseigner*
tear	tore	torn	*déchirer*
tell	told	told	*dire*
think	thought	thought	*penser*
thrive	thrived/throve	thrived/thriven	*prospérer*
throw	threw	thrown	*jeter*
thrust	thrust	thrust	*pousser*
tread	trod	trodden/trod	*fouler (marcher)*
understand	understood	understood	*comprendre*
undertake	undertook	undertaken	*entreprendre*
wake	waked/woke	waked/woken	*s'éveiller*
wear	wore	worn	*porter (un vêtement)*
weave	wove	woven	*tisser*
weep	*wept*	*wept*	*pleurer*

Infinitif + Présent	Prétérit	Participe passé	
wet	wetted/wet	wetted/wet	*mouiller*
will †	would	—	
win	won	won	*gagner*
wind [waɪnd]	wound	wound	*enrouler*
wring	wrung	wrung	*tordre*
write	wrote	written	*écrire*

XXXII. — LES VERBES A PARTICULE
(VERBE + PRÉPOSITION OU ADVERBE)

318

C'est une des caractéristiques de l'anglais d'employer très fréquemment une préposition ou un adverbe après un verbe, pour préciser ou modifier le sens du verbe.

- **Look for** = *chercher*
- **Look out** = *faire attention*
- **Look after** = *s'occuper de*
- **Give up** = *renoncer à*
- **Give away** = *distribuer*

Il n'est pas nécessaire de se demander d'abord si la particule est un adverbe ou une préposition, bien que ceci soit important quand il s'agit de la place du complément éventuel. Il est nécessaire de savoir s'il s'agit d'un verbe composé transitif (c'est-à-dire qui requiert un complément d'objet) ou intransitif (c'est-à-dire sans complément d'objet).

- **Look for** est transitif :

I am looking for my passport.
Je cherche mon passeport.

- **Look out** est intransitif :

Look out ! This ice isn't safe !
Fais attention ! Cette glace n'est pas solide.

Les verbes étudiés dans les pages suivantes seront suivis de l'indication "tr" (= transitif) ou "intr" (= intransitif), et les exemples donnés permettront de bien faire cette distinction.

Il est possible, en effet, qu'un même verbe à particule (qu'on appelle aussi verbe composé, locution verbale, ou verbe à postposition) ait plusieurs sens, et soit transitif dans un sens et intransitif dans un autre :

- **Take off** peut signifier *enlever* et être transitif :

He took off his hat.
Il enleva son chapeau.

Take off peut aussi signifier *décoller*, et dans ce sens être intransitif :

The plane took off at ten o'clock.
L'avion a décollé à dix heures.

Le sens des verbes à particule pose un problème sérieux pour les étrangers. S'il est parfois possible de déduire le sens de l'expression du sens propre de chacun de ses éléments, c'est loin d'être une règle générale. Il peut-être facile par exemple de deviner que **knock out** signifie *mettre hors de combat,* il est moins sûr que l'on puisse conclure que **fall behind** signifie *prendre du retard.*

Les francophones doivent être très attentifs lorsqu'il s'agit d'interpréter ces verbes. En effet, dans ces constructions, c'est généralement la particule qui indique quelle action est accomplie, et le verbe indique de quelle manière cette action est accomplie :

They kicked him out.
Ils l'ont expulsé à coups de pied.

A. Verbes composés transitifs

• Place du complément :

Le nom complément se place généralement après le verbe composé :

I am looking for my glasses.
Je cherche mes lunettes.

Dans certains cas, cependant, le nom complément peut se placer après le verbe composé ou entre le verbe et la particule. On peut dire :

He took off his coat *ou* He took his coat off.
Il enleva son manteau.

Si le complément est un pronom, il se place après la particule préposition :

I am looking for them.
Je les cherche.

et avant la particule adverbe :

He took if off.
Il l'enleva.

On peut résumer ainsi les constructions du verbe à particule transitif.

1) V + préposition + nom → verbe + préposition + pronom :

I'm looking for my glasses. → I'm looking for them.
Je cherche mes lunettes. → *Je les cherche.*

2) V + complément + préposition + nom/pronom :

I took him for his brother.
Je l'ai pris pour son frère.

3)

ou $\left.\begin{array}{l} \text{V + adverbe + nom} \\ \text{V + nom + adverbe} \end{array}\right\}$ Verbe + pronom + adverbe

ou $\left.\begin{array}{l} \textbf{I took off my coat} \\ \textbf{I took my coat off} \\ \textit{J'ai enlevé mon manteau.} \end{array}\right\}$ → **I took it off** *Je l'ai enlevé.*

Les exemples qui seront donnés pour chaque verbe indiqueront quelles sont les constructions possibles. Par exemple :

I'll give this old coat away/Give away this old coat/Give it away.
Je donnerai ce vieux manteau/Je le donnerai.

Lorsqu'un seul exemple est donné on peut en conclure que le nom et le pronom se placent de la même manière par rapport à la particule.

B. Lorsque les locutions verbales peuvent avoir un gérondif pour complément, ceci sera indiqué dans les exemples qui suivent :

He kept on blowing his horn.
Il n'arrêtait pas de faire fonctionner son avertisseur.

Certains verbes peuvent être suivis de l'infinitif :

It is up to you to decide this for yourself.
C'est à vous de décider.

Some of the younger members called on the minister to resign.
Certains députés, parmi les plus jeunes, demandèrent au ministre de démissionner.

The lecturer set out to show that most illnesses were avoidable.
Le conférencier entreprit de montrer que la plupart des maladies étaient évitables.

Go on peut être suivi de l'infinitif ou du gérondif mais on verra, plus loin, que chacune de ces constructions correspond à un sens très différent de l'autre (voir **271**).

319 Principaux verbes à particule

Account

• **Account for** (tr.) : *expliquer, justifier.*

A treasurer must account for the money he spends.
Un trésorier doit justifier les dépenses qu'il effectue.

He has behaved in the most extraordinary way ; I can't account for his actions at all/I can't account for his behaving like that.
Il s'est conduit de la façon la plus extraordinaire ; je ne peux expliquer ses actes/expliquer sa conduite.

Allow

• **Allow for** (tr.) = *tenir compte* (à l'avance) *de* (en général d'une exigence, d'une dépense nouvelle, d'un retard nouveau, etc.).

Tom : It is 800 kilometres and I drive at 100 k.p.h., so I'll be there in eight hours.
Ann : But you'll have to allow for delays going through towns and for stops for refuelling.
Tom : *Cela fait 800 km et je roule à 100 km/h. Donc j'y serai en huit heures.*
Ann : *Mais il faudra que tu tiennes compte des retards dus à la traversée des villes et des arrêts pour prendre de l'essence.*

Allowing for depreciation your car should be worth £ 2,000 this time next year.
En tenant compte de la dépréciation, votre voiture devrait valoir 2 000 livres dans un an.

Answer

• **Answer back** (intr.), **answer** somebody **back** = *répondre* (à quelqu'un) *avec impertinence.*

Father : Why were you so late last night ? You weren't in till 2 a.m.
Son : You should have been asleep.
Father : Don't answer me back. Answer my question.
Le père : Pourquoi es-tu rentré si tard hier ? Tu n'es pas rentré avant deux heures du matin.
Le fils : Tu aurais dû dormir à cette heure-là.
Le père : Pas d'impertinence ! Réponds à ma question.

Ask

• **Ask after/for** somebody = *demander des nouvelles* de quelqu'un.

I met Tom at the party ; he asked after you.
J'ai rencontré Tom à la réception ; il m'a demandé de tes nouvelles.

• **Ask for**

a = *demander à parler à quelqu'un* :

Go to the office and ask for my secretary.
Allez au bureau et demandez ma secrétaire.

b = *exiger, demander, réclamer* :

The men asked for more pay and shorter hours.
Les ouvriers ont demandé un meilleur salaire et une réduction du temps de travail.

• **Ask** someone **in** = *inviter* quelqu'un *à entrer*.

He didn't ask me in ; he kept me standing at the door while he read the message.
Il ne m'a pas fait entrer ; il m'a laissé debout à la porte pendant qu'il lisait le message.

• **Ask** someone **out** = *inviter* quelqu'un (à un spectacle, au restaurant... dans un lieu public).

She had a lot of friends and was usually asked out in the evenings, so she very seldom spent an evening at home.
Elle avait beaucoup d'amis et d'ordinaire elle était invitée le soir, elle ne passait donc que rarement la soirée chez elle.

Back

• **Back away** (intr.) = *reculer* (devant un danger).

When he took a snake out of his pocket everyone backed away and stood watching it from a safe distance.
Lorsqu'il sortit un serpent de sa poche, chacun recula pour l'observer à distance respectueuse.

• **Back out** (intr.) = *se retirer* (d'une entreprise commune), *retirer* ou *refuser son appui*.

He agreed to help but backed out when he found how difficult it was.
Il accepta d'apporter son aide mais fit machine arrière lorsqu'il se rendit compte de la difficulté.

• **Back** somebody **up** = *soutenir* (moralement ou verbalement).

The headmaster never backed up his staff (backed them up). If a parent complained about a master he assumed that the master was in the wrong.
Le proviseur ne soutenait jamais ses professeurs. Lorsqu'un parent d'élève se plaignait d'un professeur, il présumait que c'était le professeur qui avait tort.

Be

• **Be in** (intr.) = *être chez soi/être là*.

• **Be out** (intr.) = *être sorti/être momentanément absent* (et non jusqu'au lendemain).

• **Be away** (intr.) = *être absent de chez soi/être absent* (pour au moins une nuit).

• **Be back** (intr.) = *être de retour*.

I want to see Mrs Pitt. Is she in ?
Je voudrais voir Mme Pitt. Est-elle là ?

No, I'm afraid she's out at the moment.
Non, je crois qu'elle est sortie pour le moment.

Ou : No, I'm afraid she's away for the weekend.
Non, je crois qu'elle s'est absentée pour le week-end.

When will she be back ?
Quand sera-t-elle de retour ?

She'll be back in half an hour/next week.
Elle sera de retour dans une demi-heure/la semaine prochaine.

• **Be for** (tr.) = *être en faveur de* (souvent + gérondif).

• **Be against** (tr.) = *être contre* (souvent + gérondif).

I'm for doing nothing till the police arrive/I'm against doing anything till the police arrive.
A mon avis, il ne faut rien faire avant l'arrivée de la police.

• **Be in for** (tr.) = *aller avoir* (une expérience déplaisante).

Did you listen to the weather forecast ? I'm afraid we're in for a bumpy flight.
Vous avez pris la météo ? Je crois bien que nous allons avoir un vol agité.

If you think that the work is going to be easy you're in for a shock.
Si tu crois que ce travail sera facile, tu vas avoir un choc.

• **Be over** (intr.) = *être terminé*.

The storm is over now ; we can go on.
L'orage est terminé maintenant ; nous pouvons continuer.

• **Be up** (intr.) = *être levé* (sorti du lit).

Don't expect her to answer the door bell at eight o'clock on Sunday morning. She won't be up.
Ne t'attends pas à ce qu'elle réponde à ton coup de sonnette un dimanche matin, à huit heures. Elle ne sera pas levée.

• **Be up to** (tr.) = *être* (physiquement ou intellectuellement) *apte à* quelque chose. Le complément est généralement **it,** bien qu'un gérondif soit possible.

After his illness the Minister continued in office though he was no longer up to the work/up to doing the work.
Après sa maladie le ministre a conservé son poste, bien qu'il ne fût plus en mesure d'assumer sa tâche.

• **Be up to** something/some mischief/some trick/no good
= *manigancer un tour, un mauvais coup.*

Don't trust him ; he is up to something/some trick.
Ne te fie pas à lui. Il manigance quelque chose.

On remarquera que le complément de **up to** est toujours, dans cette construction, quelque chose de très indéfini. On n'emploie jamais **to be up to** avec un complément précis. Mais on peut poser la question :

What are you up to ? *Qu'est-ce que tu mijotes ?*

• **It is up to** someone... *(souvent suivi de l'infinitif)*
= *il est du devoir, de la responsabilité de quelqu'un...*

It is up to parents to teach their children manners.
Il incombe aux parents d'apprendre à leurs enfants à se tenir convenablement.

I have helped you as much as I can. Now it is up to you.
Je t'ai aidé de mon mieux. Maintenant c'est à toi de prendre les choses en main.

Bear

• **Bear out** (tr.) = *confirmer.*

This report bears out my theory (bears my theory out/bears it out).
Ce rapport confirme ma théorie.

• **Bear up** (intr.) = *ne pas se laisser abattre/supporter courageusement, dissimuler sa douleur.*

The news of her death was a great shock to him but he bore up bravely and none of us realized how much he felt it.
L'annonce de sa mort lui causa un grand choc mais il eut le courage de n'en rien laisser paraître, et aucun d'entre nous ne comprit combien il en était affecté.

Blow

• **Blow out** (tr.) = *éteindre* (en soufflant).

The wind blew out the candle (blew the candle out/blew it out).
Le vent éteignit la bougie.

• **Blow up** (tr. ou intr.).

a = *détruire* (à l'explosif), *exploser, être détruit.*

They blew up the bridges so that the enemy couldn't follow them (blew the bridges up/blew them up).
Ils firent sauter les ponts pour que l'ennemi ne puisse les suivre.

Just as we got to the bridge it blew up.
Au moment où nous y arrivions, le pont sauta.

b = *gonfler.*

The children blew up their balloons and threw them into the air (blew the balloons up/blew them up).
Les enfants gonflèrent leurs ballons et les lancèrent en l'air.

Boil

• **Boil away** (intr.) = *s'évaporer* (à force de bouillir).

I put the kettle on the gas ring and then went away and forgot about it. When I returned, the water had all boiled away and the flame had burnt a hole in the kettle.
J'ai mis la bouilloire sur le gaz, puis je suis parti et je l'ai oubliée. Quand je suis rentrée, toute l'eau s'était évaporée et la flamme avait fait un trou dans la bouilloire.

• **Boil over** (intr.) = *déborder* (uniquement en parlant d'un liquide très chaud).

The milk boiled over and there was a horrible smell of burning.
Le lait déborda et il se répandit une horrible odeur de brûlé.

Break

• **Break down** figures = *analyser, décomposer un total.*

You say that 10,000 people use this library. Could you break that down into age-groups ?
Vous dites que 10 000 personnes fréquentent cette bibliothèque. Pourriez-vous décomposer ce total selon les catégories d'âge ?

• **Break down a door** etc. = *enfoncer une porte,* etc., *démolir.*

The firemen had to break down the door to get into the burning house (break the door down/break it down).
Les pompiers durent enfoncer la porte pour pénétrer dans la maison en flammes.

• **Break down** (intr.)

1. Employé lorsqu'il s'agit d'une personne, ce verbe signifie que celle-ci cède momentanément à son chagrin :

He broke down when telling me about his son's tragic death.
Il fut pris de sanglots en me parlant de la mort tragique de son fils.

2. Il peut également signifier un effondrement de la résistance psychologique ou mentale :

At first he refused to admit his guilt but when he was shown the evidence he broke down and confessed.
Il refusa d'abord de reconnaître sa culpabilité mais, confronté à l'évidence, il craqua et avoua.

3. En parlant de la santé, ce verbe signifie *s'effondrer physiquement* :

After years of overwork his health broke down and he had to retire from business.
Après des années de surmenage, sa santé se détériora, et il dut se retirer des affaires.

4. Ce verbe s'emploie très souvent en parlant de machines :

The car broke down when we were driving through the desert and it took us two days to repair it.
La voiture tomba en panne alors que nous traversions le désert, et il nous fallut deux jours pour réparer.

5. On peut l'employer en parlant de négociations :

The negotiations broke down because neither side would compromise.
Les négociations furent rompues car aucune des deux parties ne voulait accepter un compromis.

• **Break in** (intr.), **break into** (tr.) = *pénétrer par force ou effraction.*

Thieves broke in and stole the silver.
Des voleurs sont entrés par effraction et ont volé l'argenterie.

Thieves broke into the house, *etc.*
Des voleurs pénétrèrent par effraction dans la maison, etc.

• **Break in** (intr.), **break into** (a conversation, *etc.*) (tr.) = *interrompre quelqu'un qui parle, un discours.*

I was telling them about my travels when he broke in with a story of his own.
Je leur racontais mes voyages lorsqu'il m'interrompit pour placer sa propre histoire.

• **Break in** (a young horse/pony *etc.*) (tr.) = *dresser un jeune cheval, un poney...*

You cannot ride or drive a young horse safely before he has been broken in.
Il est dangereux de monter ou de mener un jeune cheval avant qu'il n'ait été dressé.

• **Break off** (tr. ou intr.) = *détacher, se détacher.*

He took a bar of chocolate and broke off a bit/broke a bit off/broke it off.
Il prit une barre de chocolat et en cassa un morceau.

A piece of rock broke off and fell into the pool at the foot of the cliff.
Un rocher se détacha et tomba dans le plan d'eau au pied de la falaise.

• **Break off** (tr.) = *rompre (des accords, des négociations, etc.).*

Ann has broken off her engagement to Tom (broken her engagement off/broken it off).
Ann a rompu ses fiançailles avec Tom.

• **Break off** (intr.) = *cesser brusquement de parler, interrompre.*

They were arguing but broke off when someone came into the room.
Ils étaient en train de discuter mais s'interrompirent quand quelqu'un entra dans la pièce.

• **Break out** (intr.)

a = *éclater* (guerre, épidémie, incendie, etc.) :

War broke out on August 4th.
La guerre éclata le 4 août.

b = *s'échapper* (de prison, etc.) *par la force* :
They locked him up in a room but he broke out (= smashed the door and escaped).
Ils l'enfermèrent mais il s'échappa (= enfonça la porte et se sauva).
The police are looking for two men who broke out of prison last night.
La police recherche deux hommes qui se sont échappés de prison hier soir.

• **Break up** (tr. ou intr.) = *briser, se briser*.
If that ship stays there she will break up/be broken up by the waves.
Si ce bateau reste là, il va se briser/les vagues vont le briser.
The old ship was towed away to be broken up and sold as scrap.
Le vieux bateau fut remorqué, afin d'être mis à la casse et vendu comme ferraille.
Divorce breaks up a lot of families (breaks families up/breaks them up).
Le divorce brise de nombreuses familles.

• **Break up** (intr.) = *se terminer* (période scolaire, réunion, etc.).
The school broke up on July 30 and all the boys went home for the holidays.
L'école se termina le 30 juillet et tous les garçons rentrèrent chez eux pour les vacances.
The meeting broke up in confusion.
La réunion s'acheva dans la confusion.

Bring

• **Bring** someone **round** (tr. ; le complément se place généralement devant **round**)

a = *Persuader* quelqu'un d'accepter une proposition d'abord repoussée :
After a lot of argument I brought him round to my point of view.
Après une longue discussion je l'ai rallié à mon point de vue.

b = *Faire reprendre connaissance* :
She fainted when she heard the news but a little brandy soon brought her round.
Elle s'évanouit en apprenant la nouvelle mais un peu de cognac la fit revenir à elle.

c = **Bring** a person/thing **round** (tr. ; le complément est généralement placé devant **round**) = *ramener, rapporter* (à la maison).
I have finished that book you lent me ; I'll bring it round tonight.
J'ai fini ce livre que tu m'as prêté ; je te le rapporterai ce soir.

• **Bring up** (tr.)

a = *élever* (des enfants) :

She brought up her children to be truthful (brought her children up/brought them up).
Elle a élevé ses enfants dans le respect de la vérité.

b = *mentionner, soulever* (une question, etc.) :

At the last committee meeting, the treasurer brought up the question of raising the annual subscription (brought the question up/brought it up).
Lors de la dernière réunion du comité, le trésorier souleva la question de l'augmentation de la cotisation annuelle.

Burn

• **Burn down** (tr. ou intr.) = *brûler, être détruit par le feu* (en parlant de bâtiments) :

The mob burnt down the embassy (burnt the embassy down/burnt it down).
La foule incendia l'ambassade.

The hotel burnt down before help came.
L'hôtel fut détruit avant l'arrivée des secours.

Call

1) • **Call** dans le sens de *faire une brève visite* :

Call at a place = *aller, se rendre* :

I called at the bank and arranged to transfer some money.
Je suis allé à la banque et j'ai pris des dispositions pour faire un virement.

• **Call for** = *aller chercher* quelque chose ou quelqu'un :

I am going to a pop concert with Tom. He is calling for me at eight so I must be ready then.
Je vais à un concert pop avec Tom. Il passe me prendre à huit heures ; il faut donc que je sois prête.

Let's leave our suitcases in the left luggage office and call for them later on when we have the car.
Laissons nos valises à la consigne et revenons les prendre plus tard, quand nous aurons la voiture.

• **Call in** (intr.) comme **look in, drop in** (familier) = *passer* (faire une visite rapide) :

Call in/Look in on your way home and tell me how the interview went.
Passe me voir en rentrant chez toi pour me dire comment s'est passé l'entretien.

• **Call on** a person :

He called on all the housewives in the area and asked them to sign the petition.
Il est allé voir toutes les ménagères du secteur pour leur demander de signer la pétition.

2) Autres sens de **call on, in, for** :

• **Call for** (tr.) = *exiger, requérir* (le sujet est généralement une

expression ou un mot impersonnels, tels **the situation** *la situation,*
this sort of work *ce genre de travail,* **this** *ceci,* etc. Le complément
est généralement un nom désignant une qualité ou aptitude, etc.,
tels **courage** *courage,* **patience** *patience,* **a steady hand** *une main
sûre* :

The situation calls for tact.
La situation exige du doigté.

You've got the job ! This calls for a celebration.
On t'a donné la place ! Cela se fête.

Mais on peut également l'employer avec un sujet désignant des
personnes :

The workers are calling for strike action.
Les travailleurs exigent une action de grève.

The relations of the dead men are calling for an inquiry.
Les familles des victimes demandent une enquête.

• **Call in** a person/**call** him **in** = *envoyer chercher, faire venir.*
Send for implique une plus grande autorité que **call in** qui est, par
conséquent, plus courtois :

It was too late to call in an electrician (to call an electrician in/to
call him in).
Il était trop tard pour faire venir un électricien.

There is some mystery about his death ; the police have been called
in.
*Il y a quelque chose de mystérieux dans son décès ; on a appelé la
police.*

• **Call on** somebody (+ infinitif, généralement) = *appeler quelqu'un
à...*

C'est une manière plutôt recherchée de formuler une demande, qui
s'emploie principalement dans un discours ou dans une situation
difficile. L'idée impliquée est en général que la personne à qui l'on
fait appel considérera qu'il est de son devoir de faire ce qui est
demandé :

The president called on his people to make sacrifices for the good
of their country.
*Le président appela son peuple à consentir des sacrifices pour le
bien du pays.*

The chairman called on the secretary to read the minutes of the last
meeting.
*Le président invita le secrétaire à lire le procès-verbal de la dernière
réunion.*

3) Autres locutions avec **call** :

• **Call off** (tr.) = *annuler, abandonner* :

They had to call off (cancel) the match (call the match off/call it
off) as the ground was too wet to play on.
Ils durent annuler le match car le terrain était trop humide.

When the fog got thicker the search was called off.
Quand le brouillard devint plus épais les recherches furent abandon-nées.

• **Call out** (tr.) = *appeler* (quelqu'un) *au-dehors,* s'emploie souvent lorsqu'il s'agit de faire sortir des troupes de leur cantonnement en cas de troubles de l'ordre public :

The police couldn't control the mob so troops were called out.
La police ne pouvait contenir la foule si bien qu'on dut faire appel à la troupe.

The Fire Brigade was called out several times on the night of November 5th to put out fires started by fireworks.
Les pompiers furent appelés à diverses reprises le soir du 5 novembre pour éteindre des feux allumés par des feux d'artifice.

Doctors don't much like being called out at night.
Les médecins n'aiment pas beaucoup être appelés la nuit.

• **Call up** (tr.).

a = *appeler (au service militaire)* :

In countries where there is conscription men are called up at the age of eighteen (they call up men/call men up/call them up).
Dans les pays où existe le service militaire, les hommes sont appelés à l'âge de dix-huit ans.

b = *appeler (au téléphone)* :

I called Tom up and told him the news (call up Tom/call him up).
J'ai téléphoné à Tom pour lui annoncer la nouvelle.

Care

• **Not to care about** (tr.) = *être indifférent à* :

The professor said that he was interested only in research ; he didn't really care about students.
Le professeur dit qu'il s'intéressait seulement à la recherche ; il ne se souciait guère des étudiants.

• **Care for** (tr.).

a = *aimer* (rarement employé à la forme affirmative) :

He doesn't care for films about war.
Il n'aime pas les films de guerre.

b = *s'occuper de* (peu employé, sauf au passif) :

The house looked well cared for.
La maison paraissait bien entretenue.

Carry

• **Carry on** (intr.) = *continuer* (une tâche, un service, etc.) :

I can't carry on alone any longer ; I'll have to get help.
Je ne peux plus continuer seul ; il me faudra de l'aide.

• **Carry on with** (tr.) a le même sens :

The doctor told her to carry on with the treatment.
Le médecin lui a dit de poursuivre le traitement.

• **Carry out** (tr.) = *accomplir* (une tâche), *exécuter* (un ordre), *mettre à exécution* (des menaces...) :

You are not meant to think for yourself ; you are here to carry out my orders.
Vous n'êtes pas censé avoir des idées, vous êtes ici pour exécuter mes ordres.

He carried out his threat to cut off our water supply.
Il a mis à exécution sa menace de nous couper l'eau.

He read the instructions but he didn't carry them out.
Il a lu les instructions mais il ne les a pas suivies.

Catch

• **Catch up with** (tr.), **catch up** (tr. ou intr.) = *rattraper* :

I started last in the race but I soon caught up with the others (caught them up/caught up).
Je suis parti dernier dans cette course mais j'eus vite fait de rattraper les autres.

You've missed a whole term ; you'll have to work hard to catch up with the class (catch them up/catch up).
Vous avez manqué un trimestre ; il va falloir travailler d'arrache-pied pour rattraper la classe.

Clean

• **Clean out** (tr.) a room/cupboard/drawer *etc.* = *nettoyer et mettre en ordre* (une pièce, un placard, un tiroir) :

I must clean out the spare room (clean the spare room out/clean it out).
Il faut que je fasse le ménage à fond dans la chambre d'amis.

• **Clean up** (tr.) *nettoyer/enlever* (un liquide répandu, renversé) :

Clean up any spilt paint (clean the spilt paint up/clean it up).
Nettoyez toute peinture renversée.

• **Clean up** (intr.) s'emploie de la même manière :

These painters always clean up when they've finished.
Ces peintres nettoient toujours lorsqu'ils ont terminé.

Clear

• **Clear away** (tr.) = *enlever* (pour faire de la place) :

Could you clear away these papers (clear these papers away/clear them away) ?
Pourriez-vous enlever ces papiers ?

• **Clear away** (intr.) = *se disperser* :

The clouds soon cleared away and it became quite warm.
Les nuages se dispersèrent rapidement et il se mit à faire vraiment bon.

• **Clear off** (intr.) *s'en aller* (d'un lieu ouvert), **clear out** (intr.) *s'en aller* (d'un lieu clos : pièce, bâtiment) :

'You clear off', said the farmer angrily. 'You've no right to put your caravans in my field without even asking permission'.

« Allez-vous-en », dit le fermier en colère. « Vous n'avez pas le droit de mettre vos caravanes dans mon champ sans même me demander la permission ».

Clear out ! If I find you in this building again, I'll report you to the police.

Dehors ! Si je vous retrouve ici, je vous signale à la police.

• **Clear out** (tr.) (une pièce, un tiroir) = *vider* :

I'll clear out this drawer and you can put your things in it (clear this drawer out/clear it out).

Je vais vider ce tiroir pour que tu puisses y mettre tes affaires.

• **Clear up** (intr.) = *se dégager, s'éclaircir* (en parlant du temps) :

The sky looks a bit cloudy now but I think it will clear up.

Le ciel a l'air un peu couvert, maintenant, mais je crois que cela va se dégager.

• **Clear up** (tr. ou intr.) = *mettre de l'ordre et nettoyer* :

When you are cooking it's best to clear up as you go, instead of leaving everything to the end and having a terrible pile of things to deal with.

Quand vous faites la cuisine, le mieux c'est de nettoyer au fur et à mesure, au lieu de tout laisser pour la fin et d'avoir une pile terrible de vaisselle à faire.

Clear up this mess ! (Clear this mess up/Clear it up !)

Nettoyez-moi ce chantier !

• **Clear up** (tr.)

a = *terminer* (ce qui reste à faire) :

I have some letters which I must clear up before I leave tonight.

J'ai quelques lettres à écrire, il faut que je liquide cela avant de partir ce soir.

b = *résoudre* (un mystère) :

In a great many detective stories when the police are baffled an amateur detective comes along and clears up the mystery (clears it up).

Dans un grand nombre de romans policiers, lorsque la police ne trouve aucune piste, un détective amateur arrive et éclaircit le mystère.

Close

• **Close down** (tr. ou intr.) = *fermer définitivement* (un magasin, une entreprise) :

Trade was so bad that many small shops closed down and big shops closed some of their branches down (closed down some branches/closed them down).

Le commerce marchait si mal que de nombreux petits magasins fermèrent et que les grands magasins fermèrent un certain nombre de leurs succursales.

• **Close in** (intr.) = *se rapprocher, arriver, descendre en venant de tous les côtés* (en parlant du brouillard, de l'obscurité, des ennemis, etc.) :

As the mist was closing in we decided to stay where we were.
Comme la brume descendait, nous avons décidé de rester où nous étions.

• **Close up** (intr.) = *resserrer (les rangs), se rapprocher* :

If you children closed up a bit there'd be room for another one on this seat.
Les enfants, si vous vous serriez un peu, il y aurait une place de plus sur ce siège.

Come

• **Come across/upon** (tr.) = *trouver, rencontrer par hasard* :

When I was looking for my passport I came across these old photographs.
En cherchant mon passeport, j'ai trouvé ces vieilles photos.

• **Come along/on** (intr.) = **Come on** ; est souvent employé pour encourager quelqu'un qui hésite ou s'attarde :

Come on, or we'll be late.
Allez, on va être en retard.

• **Come away** (intr.) = *s'en aller* :

Come away now. It's time to go home.
Viens maintenant. Il est l'heure de rentrer.

• **Come away/off** (intr.) = *se détacher* :

When I picked up the teapot the handle came away in my hand.
Quand j'ai pris la théière la poignée m'est restée dans la main.

• **Come in** (intr.), **come into** (tr.) = *entrer* :

Someone knocked at my door and I said, 'Come in'.
Quelqu'un frappa à ma porte et je répondis : « Entrez ».

Come into the garden and I'll show you my roses.
Venez dans le jardin et je vous montrerai mes roses.

• **Come off** (intr.)

a = *réussir* (en parlant d'un plan). S'emploie à la forme négative :

She told her husband that she was going to spend the week with her mother in York whereas in fact she was going to Paris. She tried to cover her tracks by writing postcards to her husband and asking a friend in York to post them. But the scheme didn't come off because the friend forgot to post them till the following week.
Elle dit à son mari qu'elle allait passer la semaine avec sa mère à York lorsqu'en fait elle allait à Paris. Elle essaya de brouiller les pistes en écrivant des cartes postales à son mari, et en demandant à une amie de York de les mettre à la poste. Mais le stratagème ne réussit point car l'amie oublia pendant huit jours de poster les cartes.

b = *se produire* (comme prévu) :

'When is the wedding coming off ?' 'Next June'.
« *C'est pour quand le mariage ?* » « *Pour juin.* »

If we say 'The duchess was to have opened the bazaar' we imply that this plan was made but didn't come off.
Si l'on dit : « La duchesse aurait dû inaugurer la vente de charité » on veut dire que cela était prévu mais ne s'est pas produit.

c = *quitter l'affiche* (d'une pièce), *se terminer* (d'une exposition, etc.) :

Lady Windermere's Fan is coming off next week. You'd better hurry if you want to see it.
L'Éventail de Lady Windermere se termine la semaine prochaine. Vous feriez mieux de vous dépêcher si vous voulez le voir.

• **Come out** (intr.)

a = *être révélé*. Le sujet sera en général un terme ou une expression comme **the truth** *la vérité,* **the facts** *les faits,* **the whole story** *toute l'histoire...* et renvoie à des choses que l'on ne souhaitait pas faire connaître :

They deceived everybody till they quarrelled among themselves ; then one publicly denounced the others and the whole truth came out.
Ils abusèrent tout le monde jusqu'à ce qu'ils se querellent ; alors l'un d'entre eux dénonça publiquement les autres et toute l'histoire éclata au grand jour.

b = *paraître, être publié* (d'un livre, etc.) :

Her new novel will be coming out in time for the Christmas sales.
Son nouveau roman paraîtra à temps pour être mis en vente au moment de Noël.

c = *disparaître* (d'une tache) :

Tomato stains don't usually come out.
En général les taches de tomate ne s'en vont pas.

• **Come round** (intr.)

a = *se rallier* (à une proposition, etc.) :

Her father at first refused to let her study abroad but he came round (to it) in the end.
Son père refusa d'abord de la laisser faire des études à l'étranger, mais il s'est finalement rallié à cette idée.

b = *venir* :

I can't come to dinner but I could come round after dinner and tell you the plan.
Je ne peux pas venir dîner, mais je pourrais passer ensuite pour vous parler de ce plan.

• **Come round/come to** (intr.) ; (accent sur **to**) *reprendre conscience.*

When we found him he was unconscious but he came round/ to in half an hour and explained that he had been attacked and robbed.
Quand nous l'avons trouvé, il était inconscient mais, en une demi-heure, il reprit connaissance et expliqua qu'il avait été agressé et volé.

• **Come up** (intr.)

a = *remonter à la surface, apparaître :*

A diver with an aqualung doesn't have to keep coming up for air ; he can stay underwater for quite a long time.
Un plongeur muni de bouteilles n'a pas besoin de remonter constamment pour respirer ; il peut demeurer longtemps sous l'eau.

Weeds are coming up everywhere.
Des mauvaises herbes poussent partout.

b = *être abordé, mentionné* (d'un sujet, d'une question) :

The question of the caretaker's wages came up at the last meeting.
La question du salaire du gardien a été évoquée lors de la dernière réunion.

• **Come up** (intr.), **come up to** (tr.) *approcher* (jusqu'à pouvoir parler) :

A policeman was standing a few yards away. He came up to me and said, 'You can't park here'.
Un agent se tenait à quelques mètres. Il vint vers moi et dit : « Vous ne pouvez pas vous garer ici ».

Crop

• **Crop up** (intr.) *apparaître par hasard* (le sujet est normalement un nom abstrait comme **difficulties** *des difficultés,* **the subject** *le sujet,* **a problem,** *un problème,* etc., ou un pronom) :

At first all sorts of difficulties cropped up and delayed us. Later we learnt how to anticipate these.
D'abord surgirent toutes sortes de difficultés qui nous retardèrent. Par la suite nous avons appris à les prévoir.

Cut

• **Cut down** a tree = *abattre un arbre :*

If you cut down all the trees you will ruin the land (cut all the trees down/cut them down).
Si vous coupez tous les arbres vous allez appauvrir la terre.

• **Cut down** (tr.) = *réduire :*

We must cut down expenses or we'll be getting into debt.
Nous devons réduire les dépenses, sinon nous allons faire des dettes.

'This article is too long', said the editor. 'Could you cut it down to 2,000 words ?'
« Cet article est trop long », dit le rédacteur en chef. « Pourriez-vous le réduire à 2 000 mots ? »

• **Cut in** (intr.) = *faire une queue de poisson* (en voiture) :

Accidents are often caused by drivers cutting in.
Les accidents sont souvent dus à des queues de poisson.

• **Cut off** (tr.) = *couper* (l'eau, le gaz, l'électricité, etc.). Le complément peut être soit le nom qui désigne le produit ou le service interrompu, soit le nom qui désigne la personne victime de cette interruption :

The Company has cut off our electricity supply (cut our supply off/cut it off) because we haven't paid our bill.
La Compagnie nous a coupé l'électricité parce que nous n'avons pas payé notre facture.

They've cut off the water (our water supply) temporarily because they are repairing one of the main pipes.
Ils ont coupé temporairement l'eau parce qu'ils réparent une des conduites principales.

We were cut off in the middle of our telephone conversation.
Nous avons été coupés au milieu de notre communication.

• **Cut** someone **off** = *isoler, couper* (se dit souvent de la marée, et s'emploie principalement au passif) :

We were cut off by the tide and had to be rescued by boat.
Nous avons été cernés par la marée et un bateau a dû venir nous secourir.

• **Be cut off** (intr.) = *être isolé* (d'un lieu ou des gens qui s'y trouvent) :

You will be completely cut off if you go to live in that village because there is a bus only once a week.
Vous serez complètement coupé du monde si vous allez habiter ce village, car il n'y a qu'un bus une fois par semaine.

• **Cut out** (tr.)

a = *découper une pièce* (dans un morceau de papier, tissu, etc.) :

When I am making a dress I mark the cloth with chalk and then cut it out (cut out the dress/cut the dress out).
Quand je fais une robe, je marque le tissu à la craie, puis je le découpe.

b = *omettre, supprimer* :

If you want to get thin you must cut out sugar (cut it out).
Si vous voulez maigrir, vous devez supprimer le sucre.

• **be cut out for** (tr.) = *être adapté* à/ *de taille* à (en parlant de personnes, généralement à la forme négative) :

His father got him a job in a bank but it became clear that he was not cut out for that kind of work.
Son père lui a trouvé un emploi dans une banque, mais il est apparu qu'il n'était pas fait pour ce genre de travail.

• **cut up** (tr.) = *couper en petits morceaux* :

They cut down the tree and cut it up for firewood (cut the tree up/cut up the tree).
Ils coupèrent l'arbre et le débitèrent en bois de chauffage.

Die

• **die away** (intr.) = *s'atténuer jusqu'à être inaudible* :

The prisoners waited till the sound of the warder's footsteps died away.
Les prisonniers attendirent jusqu'à ce qu'on n'entende plus le bruit des pas du gardien.

• **die down** (intr.) = *se calmer, s'apaiser* :

When the excitement had died down the shopkeepers took down their shutters and reopened their shops.
Quand l'agitation se fut calmée les commerçants relevèrent leurs rideaux de fer et ouvrirent à nouveau leurs magasins.

• **die out** (intr.) = *s'éteindre, disparaître* (coutumes, races, espèces animales, etc.) :

Elephants would die out if men were allowed to shoot as many as they wished.
Les éléphants disparaîtraient si les chasseurs étaient autorisés à en tuer autant qu'ils le souhaitent.

Do

• **Do away with** (tr.) = *abolir* :

The government should do away with the regulations restricting drinking hours.
Le gouvernement devrait abolir la réglementation qui limite les heures d'ouverture des débits de boissons.

• **Do up** (tr.) = *redécorer/refaire* (une pièce) :

When I do this room up I'll paint the walls in stripes (do up this room/do it up).
Quand je referai cette pièce, je la peindrai en raies de différentes couleurs.

• **Do without** (tr.) = *se passer de* :

We had to do without petrol during the fuel crisis.
Nous avons dû nous passer d'essence pendant la crise.

Le complément d'objet est parfois sous-entendu :

If there isn't any milk we'll have to do without (it).
S'il n'y a pas de lait nous devrons nous en passer.

Draw

• **Draw back** (intr.) = *reculer, se retirer* :

It's too late to draw back now ; the plans are all made.
Il est trop tard pour reculer maintenant. Les plans sont prêts.

• **Draw up** (tr.) = *dresser* (un plan), *rédiger* (un contrat, etc.) :

My solicitor drew up the lease and we both signed it (drew it up).
Mon conseil a établi le bail et nous l'avons signé tous deux.

• **Draw up** (intr.) = *s'arrêter* (d'un véhicule) :

The car drew up at the kerb and the driver got out.
La voiture s'arrêta le long du trottoir et le conducteur en sortit.

Drop

• **Drop in** (intr.) = *faire une brève visite (impromptu).* **Drop in** est plus familier que **'call in'** :

He dropped in for a few minutes to ask if he could borrow your power drill.

Il est venu quelques minutes pour demander s'il pouvait emprunter ta perceuse.

• **Drop out** (intr.) = *renoncer, se retirer* (d'un projet, d'une organisation, etc.) :

We planned to hire a bus for the excursion but now so many people have dropped out that it will not be needed.

Nous avions projeté de louer un bus pour l'excursion, mais maintenant tant de personnes y ont renoncé que nous n'en avons pas besoin.

Enter

• **Enter for** (tr.) = *s'inscrire* (à un examen, à une compétition) :

Two hundred competitors have entered for the motor-cycle race.

Deux cents concurrents se sont engagés dans la course de motos.

Fade

• **Fade away** (intr.) = *disparaître, s'atténuer progressivement* (en parlant de sons, généralement) :

The band moved on and the music faded away.

La fanfare passa, et la musique se fit de plus en plus lointaine.

Fall

• **Fall back** (intr.) = *se retirer* (délibérément, contrairement à **fall behind,** qui n'est pas une action volontaire) :

As the enemy advanced we fell back.

Lorsque l'ennemi avança, nous reculâmes.

• **Fall back on** (tr.) = *avoir recours* à (faute de mieux) :

We had to fall back on dried milk as fresh milk wasn't available.

Nous avons dû utiliser du lait en poudre, faute d'avoir du lait frais.

He fell back on the old argument that if you educate women they won't be such good wives and mothers.

Il ressortit le vieil argument que si l'on éduque les femmes, on en fera de moins bonnes épouses et de moins bonnes mères.

• **Fall behind** (intr.) = *perdre du terrain, prendre du retard ; ne pas payer à la date prévue* :

At the beginning the whole party kept together but by the end of the day the women and weaker men had fallen behind.

Au début nous sommes restés groupés, mais à la fin de la journée les femmes et les hommes les moins robustes étaient à la traîne.

He fell behind with his rent and the landlord began to become impatient.

Il prit du retard dans le paiement de son loyer et le propriétaire commença à s'impatienter.

• **Fall in with** someone's plans : *accepter les propositions de quelqu'un,* et être d'accord pour coopérer :

Tom à Harry (avec lequel il projette de partager un appartement) : 'I'll fall in with whatever you suggest as regards sharing expenses'.
« *En ce qui concerne le partage des dépenses, je ferai ce que tu décideras.* »

• **Fall in** (intr.) = *former les rangs* (troupe, etc.).

• **Fall out** (intr.) = *rompre les rangs* (troupe, etc.).

The troops fell in and were inspected. After the parade they fell out and went back to their barracks.
Les troupes formèrent les rangs et furent passées en revue. Après le défilé, elles rompirent les rangs et rentrèrent dans leur caserne.

• **Fall off** (intr.) = *baisser* (nombre, fréquentation, etc.) :

Orders have been falling off lately ; we must advertise more.
Les commandes sont en baisse depuis quelque temps. Nous devons faire davantage de publicité.

If the price of seats goes up much more theatre attendances will begin to fall off.
Si le prix des places augmente, beaucoup de théâtres verront se réduire leur public.

• **Fall on** (tr.) = *attaquer violemment* (la victime n'a aucune chance de se défendre, l'assaillant étant trop fort). Se dit aussi de personnes affamées se jetant sur de la nourriture :

The wolves fell on the flock of sheep and killed them all.
Les loups se jetèrent sur le troupeau et tuèrent tous les moutons.

The starving men fell on the food.
Les hommes, affamés, se jetèrent sur la nourriture.

• **Fall out** (intr.) = *se quereller* :

When thieves fall out honest men get their own *(proverbe).*
Quand les larrons se battent, les honnêtes gens reprennent leurs biens.

• **Fall through** (intr.) = *ne pas se réaliser* (plans, projets, etc.) :

My plans to go to Greece fell through because the journey turned out to be much more expensive than I had expected.
Mon projet d'aller en Grèce est tombé à l'eau parce qu'il s'est avéré que le voyage coûtait beaucoup plus cher que ce à quoi je m'attendais.

Feed

• **Be fed up** (intr.), **be fed up with** (tr.) (très familier) = *en avoir assez, en avoir marre de...*

I'm fed up with this wet weather.
J'en ai marre de cette pluie.

I'm fed up with waiting ; I'm going home.
J'en ai assez d'attendre ; je rentre chez moi.

Feel

• **Feel up to** (tr.) = *se sentir de taille à faire quelque chose* :

I don't feel up to dealing with the matter now. I'll do it in the morning.
Je ne me sens pas la force de traiter ce problème maintenant. Je le ferai demain matin.

I don't feel up to it.
Je ne m'en sens pas la force.

Fill

• **Fill in/up forms** etc... *remplir des formulaires* etc.

I had to fill in three forms to get my new passport (fill three forms in/fill them in).
J'ai dû remplir trois formulaires pour avoir mon nouveau passeport.

Find

• **Find out** (tr.) = *découvrir* (après une recherche délibérée) :

In the end I found out what was wrong with my hi-fi.
J'ai fini par découvrir ce qui n'allait pas dans ma chaîne hi-fi.

The dog found out the way to open the door/found it out.
Le chien a trouvé le moyen d'ouvrir la porte.

• **Find** someone **out** = *découvrir* (généralement par surprise) qu'une personne est coupable d'un abus de confiance, d'un méfait, etc. :

The cashier had been robbing the till for months before he was found out.
Le caissier puisait dans le tiroir-caisse depuis des mois quand son indélicatesse fut découverte.

Fix

• **Fix up** (tr.) = *arranger/prendre des dispositions pour* :

The club has already fixed up several matches for next season (fixed several matches up/fixed them up).
Le club a déjà conclu plusieurs rencontres pour la saison prochaine.

Get

• **Get about** (intr.) = *circuler, se déplacer* :

The news got about that he had won the first prize in the state lottery and everybody began asking him for money.
La nouvelle se répandit qu'il avait gagné le gros lot à la loterie nationale, et tout le monde se mit à lui demander de l'argent.

He is a semi-invalid now and can't get about as well as he used to.
Il est aujourd'hui à moitié impotent et ne peut se déplacer comme il le faisait.

• **Get away** (intr.) = *s'échapper, se libérer* :

Don't ask him how he is because if he starts talking about his health you'll never get away from him.
Ne lui demandez pas comment il va, car s'il se met à vous parler de sa santé, il ne vous lâchera pas.

I hooked an enormous fish but it got away.
J'ai piqué un poisson énorme ; mais il s'est décroché.

I had a lot to do in the office and didn't get away till eight.
J'avais beaucoup à faire au bureau et je ne me suis libéré qu'à huit heures.

• **Get away with** (tr.) = *commettre un méfait* (délit, etc.) *sans être puni* (ni même, généralement, se faire prendre) :

He began forging cheques and at first he got away with it but in the end he was caught and sent to prison.
Il se mit à maquiller des chèques, d'abord en toute impunité, puis il se fit prendre et fut envoyé en prison.

• **Get back** (tr.) = *reprendre possession de* :

If you lend him a book he'll lend it to someone else and you'll never get it back (get back your book/get your book back).
Si vous lui prêtez un livre, il le prêtera à quelqu'un d'autre et vous ne le récupérerez jamais.

• **Get back** (intr.) = *rentrer* :

We spent the whole day in the hills and didn't get back till dark.
Nous avons passé la journée entière dans la montagne et nous ne sommes rentrés qu'à la nuit.

• **Get off** (intr.) = *être acquitté, ne pas être puni* (comparez avec **get away with it**, qui implique que le coupable ne se fait pas prendre) :

He was tried for theft but got off because there wasn't sufficient evidence against him.
Il fut jugé pour vol mais fut acquitté faute de preuves suffisantes.

The boy had to appear before a magistrate but he got off as it was his first offence.
Le garçon dut comparaître devant un juge mais il ne fut pas sanctionné, car c'était la première fois qu'il commettait un délit.

• **Get on** (intr.), **get on with** (tr.)

a = *marcher/aller* (en parlant d'études, de ce que l'on entreprend etc.) :

How is he getting on at school ?
Comment marche-t-il à l'école ?

He is getting on very well with his English.
Il marche très bien en anglais.

b = *s'entendre avec quelqu'un* :

He is a pleasant friendly man who gets on well with nearly everybody.
C'est un homme charmant et sympathique qui s'entend bien avec presque tout le monde.

How are you and Mr Pitt getting on ?
Comment ça va avec M. Pitt ?

• **Get out** (intr.) = *s'échapper, sortir* (d'un lieu clos) :

Don't worry about the snake. I've put it in a cardboard box. It can't get out.
Ne t'en fais pas pour le serpent. Je l'ai mis dans une boîte en carton. Il ne peut pas se sauver.

News of the Budget got out before it was officially announced.
Des informations concernant le Budget furent révélées avant que celui-ci ne fût officiellement présenté.

I don't very often get out because I have too much to do.
Je ne sors pas très souvent car j'ai beaucoup à faire.

→ On notera que l'impératif **'Get out'** est très impoli sauf lorsqu'il est employé dans le sens de *descendre* (d'un véhicule).

• **Get out of** (tr.) = *se libérer* (d'une obligation, d'une habitude, etc.) :

I said that I'd help him. Now I don't want to but I can't get out of it.
J'ai dit que je l'aiderais. Maintenant je ne veux plus le faire, et je ne peux pas m'en sortir.

He knows that he smokes too much but says that he can't get out of the habit.
Il sait qu'il fume trop mais il ne peut pas se défaire de cette habitude.

Some people live abroad to get out of paying heavy taxes.
Certains vivent à l'étranger pour éviter de payer de lourds impôts.

• **Get over** (tr.) = *se remettre* (d'une maladie, d'un chagrin, d'un malaise physique ou moral, etc.) :

He is just getting over a bad heart attack.
Il se remet tout juste d'une alerte cardiaque sérieuse.

I can't get over her leaving her husband like that.
Qu'elle ait quitté son mari comme ça, je n'en reviens pas.

He used to be afraid of heights but he has got over that now.
Il avait le vertige, dans le temps, mais il en est maintenant guéri.

• **Get it over** (le complément est généralement **it**) = *en finir* (avec quelque chose). Ne pas confondre avec le précédent :

If you have to go to the dentist why not go at once and get it over ?
S'il faut que tu ailles chez le dentiste, pourquoi ne pas y aller maintenant et en finir avec ça ?

• **Get round** a person = *circonvenir, amadouer,* etc. :

Girls can usually get round their fathers.
Les filles savent généralement amadouer leur père.

• **Get round** (a difficulty/regulation) = *tourner* (un obstacle, une réglementation) :

If we charge people for admission we will have to pay entertainment tax on our receipts ; but we can get round this regulation by saying that we are charging not for admission but for refreshments. Money paid for refreshments is not taxed.

Si nous faisons payer l'entrée, nos recettes seront soumises à la taxe sur les loisirs ; mais on peut tourner la réglementation en disant que nous faisons payer les consommations et non l'entrée. La recette des consommations n'est pas imposée.

• **Get through** (tr. ou intr.) = *terminer, achever* (une entreprise, un ouvrage) avec succès :

He got through his exam all right.
Il a passé son examen sans problème.

• **Get through** (intr.) = *avoir la communication* (au téléphone) :

I am trying to call London but I can't get through ; I think all the lines are engaged.
J'essaie d'appeler Londres mais je n'arrive pas à avoir la communication ; je crois que toutes les lignes sont occupées.

• **Get up** (tr.) = *organiser, monter* (généralement en amateur, un divertissement, un spectacle, une kermesse) :

We got up a subscription for his widow (got a subscription up).
Nous avons organisé une souscription au profit de sa veuve.

They got up a concert in aid of cancer research (they got it up).
Ils ont organisé un concert pour aider la recherche sur le cancer.

• **Get up** (intr.) = *se lever, se dresser* :

I get up at seven o'clock every morning.
Je me lève à sept heures tous les matins.

• Pour **get** employé dans le sens de *monter/descendre* (d'un véhicule) voir **84 D.**

Give

• **Give something away** = *donner quelque chose à quelqu'un* (sans dire de qui il s'agit) :

I'll give this old coat away (give away this old coat/give it away).
Je vais donner ce vieux manteau.

• **Give someone away** (le complément se place avant **away**) = *trahir quelqu'un* :

He said that he was not an American but his accent gave him away.
Il disait qu'il n'était pas américain mais son accent l'a trahi.

• **Give back** (tr.) = *rendre* (quelque chose à son propriétaire) :

I must call at the library to give back this book (to give this book back/to give it back).
Il faut que je passe à la bibliothèque pour rendre ce livre.

• **Give in** (intr.) = *céder, cesser de résister.*

At first he wouldn't let her drive the car but she was so persuasive that he eventually gave in.
Au début, il ne voulait pas la laisser conduire, mais elle se montra si persuasive qu'en fin de compte il céda.

• **Give out** (intr.) = *s'épuiser* (provisions, réserve, etc.) :

The champagne gave out long before the end of the reception.
On manqua de champagne bien avant la fin de la réception.

His patience gave out and he slapped the child hard.
Il perdit patience et il gifla violemment l'enfant.

• **Give out** (tr.)

a = *annoncer* (verbalement) :

They gave out the names of the winners (gave the names out/gave them out).
Ils proclamèrent le nom des gagnants.

b = *distribuer, émettre* :

The teacher gave out the books.
Le maître distribua les livres.

• **Give up** (tr. ou intr.) = *renoncer à une tentative* :

I tried to climb the wall but after I had failed three times I gave up/gave up the attempt/gave the attempt up/gave it up.
J'ai essayé d'escalader le mur, mais après trois échecs, j'y ai renoncé.

A really determined person never gives up/never gives up trying.
Une personne vraiment déterminée ne renonce jamais.

• **Give up** (tr.) = *renoncer à* (une habitude, un sport, une occupation, etc.) :

Have you given up drinking whisky before breakfast ?
Avez-vous renoncé à votre whisky avant le petit déjeuner ?

He gave up cigarettes/gave them up.
Il a renoncé à la cigarette.

He tried to learn Greek but soon got tired of it and gave it up.
Il essaya d'apprendre le grec mais il s'en lassa rapidement et renonça.

• **Give oneself up** (le complément avant **up**) = *se rendre, se livrer* (à la police, aux autorités, etc.) :

I'm tired of being chased by the police ; I'm going to give myself up.
J'en ai assez d'être traqué par la police, je vais me rendre.

He gave himself up to despair.
Il s'abandonna au désespoir.

Go

• **Go ahead** (intr.) = *continuer, procéder, montrer le chemin* :

While she was away he went ahead with the work and got a lot done.
Tandis qu'elle était absente, il avança le travail, et en fit un bon morceau.

You go ahead and I'll follow.
Passez devant et je vous suis.

• **Go away** (intr.) = *partir* (quitter quelqu'un, un lieu) :
Are you going away for your holiday ? No, I'm going to stay at home.
Est-ce que vous partez, pendant les vacances ? Non, je reste chez moi.

Please, go away ; I can't work unless I am alone.
Je t'en prie, va-t'en, je ne peux pas travailler à moins d'être seul.

• **Go back** (intr.) = *retourner, se retirer* :
I have left that hotel and I'm never going back to it. It is a most uncomfortable place.
J'ai quitté cet hôtel et je n'y retournerai jamais. C'est un endroit extrêmement inconfortable.

• **Go back on** (tr.) = *retirer* ou *rompre* (une promesse) :
He went back on his promise to tell nobody about this.
Il est revenu sur sa promesse de n'en parler à personne.

• **Go down** (intr.)

a = *être approuvé, bien accueilli* (généralement en parlant d'une idée, proposition, etc.) :
I suggested that she should look for a job but this suggestion did not go down at all well. She said that it was up to her relations to support her at home, now that she was a widow.
Je lui suggérai de chercher un travail, mais cette suggestion fut fort mal reçue. Elle déclara que c'était à sa famille de subvenir à ses besoins chez elle, maintenant qu'elle était veuve.

b = *diminuer, baisser* (vent, mer, prix, etc.) :
During her illness, her weight went down from 50 kilos to 40 kilos.
Au cours de sa maladie, son poids est passé de 50 à 40 kilos.

The wind went down and the sea became quite calm.
Le vent a baissé, et la mer s'est calmée complètement.

• **Go for** (tr.) = *attaquer* :
The cat went for the dog and chased him out of the hall.
Le chat se précipita sur le chien et le chassa de la salle.

• **Go in for** (tr.) = *s'intéresser à, pratiquer, s'engager* (dans une compétition) :
This restaurant goes in for vegetarian dishes.
Ce restaurant se spécialise dans les menus végétariens.

She plays a lot of golf and goes in for all the competitions.
Elle joue beaucoup au golf et participe à toutes les compétitions.

• **Go into** (tr.) = *examiner, approfondir* (une question, un problème) :
'We shall have to go into this very carefully', said the detective.
« Il va falloir que nous étudions cela de très près », dit le détective.

• **Go off** (intr.)

a = *exploser* (munitions, pétards, etc.), *partir* (en général accidentellement, en parlant d'une arme) :
As he was cleaning his gun it went off and killed him.
Alors qu'il nettoyait son fusil, le coup partit et le tua.

b = *connaître le succès* (réunion, réception, cérémonie, etc.) :
The party went off very well.
La réception a été un grand succès.

c = *partir* (en voyage) :
He went off in a great hurry.
Il partit en toute hâte.

• **Go on** (intr.) = *poursuivre* (sa route, etc.) :
Go on till you come to the cross-roads.
Continuez jusqu'au croisement.

• **Go on** (intr.), **go on with** (tr.), **go on** + gérondif = *continuer* :
Please go on playing ; I like it.
Je vous en prie, continuez de jouer, j'aime cela.
Go on with the treatment. It is doing you good.
Continuez le traitement. Il vous fait du bien.

• **Go on** + infinitif :
He began by describing the route and went on to tell us what the trip would probably cost.
Il commença par nous décrire l'itinéraire et poursuivit en nous disant ce que coûterait probablement ce voyage.

• **Go out** (intr.)

a = *sortir* (de chez soi) :
She is always indoors ; she doesn't go out enough.
Elle reste toujours enfermée ; elle ne sort pas assez.

b = *sortir* (pour se distraire, aller en société) :
She is very pretty and goes out a lot.
Elle est très jolie, et sort beaucoup.

c = *disparaître, cesser* (en parlant d'une mode) :
Crinolines went out about the middle of the last century.
La mode des crinolines disparut vers le milieu du siècle dernier.

d = *s'éteindre* (feux, lumière, etc.) :
The light went out and we were left in the dark.
La lumière s'éteignit et nous restâmes dans l'obscurité.

• **Go over** (tr.) = *examiner, étudier* ou *répéter avec soin* :
He went over the plans again and discovered two very serious mistakes.
Il examina de nouveau les plans attentivement et découvrit deux erreurs graves.

• **Go round** (intr.)

a = *suffire* (pour un nombre donné de personnes) :

Will there be enough wine to go round ?
Y aura-t-il assez de vin pour tout le monde ?

b = *aller* (chez quelqu'un) :

I said that I'd go round and see her during the weekend.
J'ai dit que je passerais la voir au cours du week-end.

I think I'll go round tonight.
Je crois que j'irai y faire un tour ce soir.

• **Go through** (tr.) = *examiner avec soin* (généralement un certain nombre de choses. **Go through** signifie la même chose que **look through,** mais avec l'idée d'un examen plus attentif) :

There is a mistake somewhere ; we'll have to go through the accounts and see where it is.
Il y a une erreur quelque part. Il faudra que nous reprenions les comptes avec soin pour voir où elle se trouve.

The police went through their files, to see if they could find any fingerprints to match those that they had found on the handle of the weapon.
La police étudia ses fichiers pour voir s'il était possible de trouver des empreintes digitales correspondant à celles que l'on avait trouvées sur la poignée de l'arme.

• **Go through** (tr. ou intr.) = *souffrir, endurer* :

No one knows what I went through while I was waiting for the verdict.
Nul ne sait ce que j'ai enduré, en attendant le verdict.

• **Go through with** (tr.) = *finir, terminer* (généralement dans des conditions difficiles) :

He went through with his plan although all his friends advised him to abandon it.
Il mena son projet à bien, bien que ses amis lui aient conseillé d'y renoncer.

• **Go up** (intr.)

a = *augmenter* (prix, etc.) :

The price of strawberries went up towards the end of the season.
Le prix des fraises a augmenté en fin de saison.

b = *s'enflammer et brûler, exploser* (en parlant d'un immeuble, d'un bateau, etc.) :

When the fire reached the cargo of chemicals the whole ship went up.
Quand le feu atteignit la cargaison de produits chimiques, le bateau entier s'embrasa.

• **Go without** (tr.) = *se passer* (d'une chose) (**go without a person** n'a que le sens littéral de *partir, aller sans quelqu'un*) :

She can't go without tea.
Elle ne peut pas se passer de thé.

Grow

• **Grow out of** (tr.) = *abandonner,* avec le temps, une habitude puérile (et généralement mauvaise) :

He used to tell a lot of lies as a young boy but he grew out of that later on.
Il disait beaucoup de mensonges lorsqu'il était petit mais peu à peu il s'est débarrassé de cette habitude.

• **Grow up** (intr.)
a = *devenir adulte* :

'What are you going to do when you grow up ?' I asked. 'I'm going to be a pop star', said the boy.
« Que feras-tu, quand tu seras grand ? » demandai-je. « Je serai une vedette pop », répondit le garçon.

b = *se développer* (habitudes, etc.) :

The custom of going away for one's holiday has grown up during the last thirty years.
L'habitude de partir en vacances s'est développée au cours des trente dernières années.

Hand

• **Hand down** (tr.) = *léguer, transmettre* (traditions, biens, informations) :

This legend has been handed down from father to son.
Cette légende s'est transmise de père en fils.

• **Hand in** (tr.) = *remettre* (à quelqu'un qu'il n'est pas nécessaire de désigner car la personne à qui l'on s'adresse sait de qui il s'agit) :
I handed in my resignation.
J'ai remis ma démission.

Someone handed this parcel in this morning/handed it in.
Quelqu'un a remis ce paquet dans la matinée.

• **Hand out** (tr.) = *distribuer* :

He was standing at the door of the theatre handing out leaflets (handing leaflets out/handing them out).
Il était à la porte du théâtre, distribuant des prospectus.

• **Hand over** (tr. ou intr.) = *remettre* (sa responsabilité ou son autorité) à autrui :

The outgoing Minister handed over his department to his successor (handed his department over/handed it over).
Le ministre sortant passa ses pouvoirs à son successeur.

• **Hand round** (tr.) = *donner, montrer,* à chacune des personnes présentes :

The hostess handed round coffee and cakes (handed them round).
L'hôtesse fit passer du café et des gâteaux.

Hang

• **Hang about/around** (tr. ou intr.) = *traîner, s'attarder* (à proximité d'un lieu), *hanter un lieu* :

He hung about the entrance all day, hoping for a chance to speak to the director.
Il demeura à proximité de l'entrée toute la journée, dans l'espoir de pouvoir parler au directeur.

• **Hang back** (intr.) = *hésiter à agir* :

Everyone approved of the scheme but when we asked for volunteers they all hung back.
Chacun approuva le plan, mais lorsqu'on demanda des volontaires tous se montrèrent réticents.

• **Hang on to** (tr.) = *garder, retenir en sa possession* (familier) :

I'd hang on to that old coat if I were you. It might be useful.
Je garderais ce vieux manteau, à votre place. Il pourrait être utile.

Hold

• **Hold off** (intr.) = *se tenir à distance ;* en parlant de la pluie, *ne pas tomber* :

The rain fortunately held off till after the school sports day.
La pluie, heureusement, attendit la fin de la fête sportive de l'école.

• **Hold on** (intr.) = *attendre* (en particulier au téléphone) :

Yes, Mr Pitt is in. If you hold on for a moment I'll get him for you.
Oui, M. Pitt est là. Quelques instants, ne quittez pas, je vous l'appelle.

• **Hold on/out** (intr.) = *persister* (en dépit des difficultés ou des dangers) ; *tenir bon* :

The survivors on the rock signalled that they were short of water but could hold out for another day.
Les survivants, sur le rocher, signalèrent qu'ils manquaient d'eau mais pouvaient encore tenir un jour.

The enemy besieged the town but it held out for six weeks.
L'ennemi assiégea la ville mais celle-ci résista pendant six semaines.

• **Hold up** (tr.)

a = *arrêter* (pour voler, le plus souvent) *sous la menace* :
The terrorists held up the train and kept the passengers as hostages.
Les terroristes arrêtèrent le train et prirent les voyageurs en otages.
Masked men held up the cashier and robbed the bank (held him up).
Des hommes masqués braquèrent le caissier et dévalisèrent la banque.
b = *arrêter, retarder* (s'emploie en particulier au passif) :
The bus was held up because a tree had fallen across the road.
Le bus fut retardé parce qu'un arbre était tombé en travers de la route.

Join

• **Join up** (intr.) = *s'engager* (dans l'armée) :

When war was declared he joined up at once.
Quand la guerre fut déclarée, il s'engagea aussitôt.

Jump

● **Jump at** (tr.) = *accepter avec enthousiasme* (une proposition, une offre) :

He was offered a place in the Himalayan expedition and jumped at the chance.
On lui offrit une place dans l'expédition en Himalaya et il saisit l'occasion avec enthousiasme.

Keep

● **Keep** somebody **back** (complément placé avant **back**) = *retenir quelqu'un, l'empêcher de pousser plus loin* :

Frequent illnesses kept him back.
De fréquentes maladies l'empêchèrent de progresser normalement.

● **Keep down** (tr.) = *réprimer, maîtriser* :

What is the best way to keep down rats/keep them down ?
Quelle est le meilleur moyen de se protéger contre les rats ?

Try to remember to turn off the light when you leave the room. I am trying to keep down expenses/keep expenses down.
Essayez de penser à éteindre en quittant la pièce. J'essaie de limiter les frais.

● **Keep in** (a schoolboy) = *garder* (un écolier en retenue) :

The teacher kept Tom in/kept him in because he had been inattentive.
Le maître a gardé Tom en retenue parce qu'il n'avait pas été attentif en classe.

● **Keep off** (tr. ou intr.) = *ne pas marcher sur, se tenir à l'écart de* :

'Keep off the grass.'
Défense de marcher sur le gazon.

● **Keep on** (souvent + gérondif) = *continuer* :

I wanted to explain but he kept on talking and didn't give me a chance to say anything.
Je voulais m'expliquer, mais il n'arrêtait pas de parler et il ne me laissait aucune chance de dire un mot.

● **Keep out** (tr.) = *empêcher d'entrer* :

My shoes are very old and don't keep out the water (keep the water out/keep it out).
Mes chaussures sont très vieilles, elles prennent l'eau.

● **Keep out** (intr.) = *rester à l'extérieur* :

'Private. Keep out.'
Propriété privée. Défense d'entrer.

● **Keep up** (tr.) = *soutenir* (un effort, etc.) :

He began walking at four miles an hour but he couldn't keep up that speed and soon began to walk more slowly (he couldn't keep it up).
Il marchait d'abord à quatre miles à l'heure mais fut incapable de soutenir ce train et se mit bientôt à marcher plus lentement.

It is difficult to keep up a conversation with someone who only says 'Yes' and 'No'.
Il n'est pas facile de soutenir une conversation avec quelqu'un qui ne dit que « oui » et « non ».

• **Keep up** (intr.), **keep up with** (tr.) = *rester au niveau de quelqu'un, avancer à la même allure* :

A runner can't keep up with a cyclist.
Un coureur à pied ne peut aller aussi vite qu'un cycliste.

The work that the class is doing is too difficult for me. I won't be able to keep up (to keep up with them).
Le travail que l'on fait en classe, en ce moment, est trop difficile pour moi. Je ne pourrai pas suivre.

It is impossible to keep up with the news unless you read the newspapers.
Il est impossible de se tenir au courant des nouvelles si on ne lit pas les journaux.

Knock

• **Knock off** (tr. ou intr.) = *cesser le travail pour la journée* (familier) :

English workmen usually knock off at 5.30 or 6.00 p.m.
Les ouvriers anglais s'arrêtent généralement à 5 h 1/2 ou 6 heures.

We knock off work in time for tea.
Nous arrêtons à temps pour le thé.

• **Knock out** (tr.) = *assommer quelqu'un, mettre hors de combat* :

In the finals of the boxing championship he knocked out his opponent, who was carried out of the ring (knocked his opponent out/knocked him out).
Au cours de la finale du championnat, il abattit son adversaire, qu'il fallut transporter inconscient hors du ring.

Lay

• **Lay in** (tr.) = *entasser, faire des réserves de...* :

She expected a shortage of dried fruit so she laid in a large supply.
Elle s'attendait à une pénurie de fruits secs, aussi en fit-elle d'abondantes provisions.

• **Lay out** (tr.) = *dessiner* (des jardins) *aménager* (un site, etc.) :

Le Nôtre laid out the gardens at Versailles (laid the gardens out/laid them out).
Le Nôtre a dessiné les jardins de Versailles.

• **Lay up** (tr.) = *ranger avec soin* (jusqu'à une utilisation ultérieure), *remiser* (une voiture), *désarmer* (un bateau), etc. :

Before he went to Brazil for a year, he laid up his car, as he didn't want to sell it (laid it up).
Avant de partir pour le Brésil toute une année, il remisa sa voiture, car il ne voulait pas la vendre.

• **Be laid up** = *être alité* (par suite de maladie, etc.) :

She was laid up for weeks with a slipped disk.
Elle a été obligée de rester couchée pendant des semaines avec une hernie discale.

Lead

• **Lead up to** (tr.) = *préparer le terrain* (métaphoriquement) :

He wanted to borrow my binoculars, but he didn't say so at once.
He led up to the subject by talking about his holidays.
*Il voulait emprunter mes jumelles, mais il ne me le dit point d'abord.
Il amena le sujet en me parlant de ses vacances.*

Leave

• **Leave off** (généralement intr.) = *s'arrêter* (de faire quelque chose) :

He was playing his trumpet but I told him to leave off because the neighbours were complaining about the noise.
Il était en train de jouer de la trompette mais je lui ai dit de s'arrêter car les voisins se plaignaient du bruit.

• **Leave out** (tr.) = *omettre* :

We'll sing our School Song leaving out the last ten verses.
Nous chanterons l'hymne de notre école à l'exception des dix derniers vers.

They gave each competitor a number ; but they left out No. 13 as no one wanted to have it (left No. 13 out/left it out).
Ils attribuèrent un numéro à chaque concurrent, sauf le n° 13, dont personne ne voulait.

Let

• **Let down** (tr.) = *laisser tomber, laisser pendre,* etc. :

When she lets her hair down it reaches her waist (lets down her hair/lets it down).
Lorsqu'elle laisse tomber ses cheveux, ils lui arrivent à la taille.

You can let a coat down by using the hem.
On peut faire tomber (= rallonger) un manteau un peu plus, en utilisant l'ourlet.

• **Let** someone **down** (complément avant **down**) = *laisser tomber quelqu'un ; lui refuser l'aide promise ; le décevoir en agissant moins bien que prévu,* etc. :

I promised him that you would work well. Why did you let me down by doing so little ?
Je lui avais promis que tu travaillerais bien. Pourquoi m'as-tu déçu en en faisant si peu ?

He said he'd come to help me ; but he let me down. He never turned up.
Il m'a dit qu'il viendrait m'aider, mais il m'a laissé tomber. Je ne l'ai pas vu.

• **Let in** (tr.) = *laisser rentrer* :

They let in the ticket-holders (let the ticket-holders in/let them in).
Ils laissèrent rentrer ceux qui avaient un billet.

If you mention my name to the doorkeeper he will let you in.
Si vous vous recommandez de moi auprès du portier, il vous laissera entrer.

• **Let** someone **off** (complément devant **off**) = *ne pas punir* (comparer avec **get off**) :

I thought that the magistrate was going to fine me, but he let me off.
Je pensais que le juge allait me mettre une amende mais il ne m'infligea aucune sanction.

• **Let out** (tr.)

a = *agrandir, élargir* (des vêtements) :

That boy is getting fatter. You'll have to let out his clothes (let his clothes out/let them out).
Ce garçon grossit. Il va falloir que tu lui élargisses ses vêtements.

b = *libérer, lâcher* :

He opened the door and let out the dog (let the dog out/let it out).
Il ouvrit la porte et laissa sortir le chien.

Listen

• **Listen in** (intr.) = *écouter* (la radio) :

I only listen in if there is a good concert.
Je n'écoute la radio que lorsqu'il y a un bon concert.

Live

• **Live down** a bad reputation = *faire oublier, par sa conduite, des fautes passées* :

He has never quite been able to live down a reputation for drinking too much which he got when he was a young man (live it down).
Il n'a jamais pu faire tout à fait oublier cette réputation de buveur qu'il s'était faite lorsqu'il était jeune.

• **Live in** (intr.) = *habiter là où l'on travaille* (en parlant principalement de domestiques, d'employés) :

Advertisement : Cook wanted. £ 80 a week. Live in.
Petite annonce : Recherche cuisinier. 80 livres par semaine. Logé.

• **Live on** (tr.) = *se nourrir principalement de* :

It is said that for a certain period of his life Byron lived on vinegar and potatoes in order to keep thin.
On dit qu'à une certaine époque de sa vie, Byron, pour rester mince, se nourrissait de vinaigre et de pommes de terre.

• **Live up to** (tr.) = *maintenir certaines valeurs morales, économiques, ou certaines règles de conduite* :

He had high ideals and tried to live up to them.
Il avait un idéal et cherchait à y conformer ses actes.

Lock

• **Lock up** a house (tr. ou intr.) = *fermer toutes les portes* :

People usually lock up before they go to bed at night.
Le soir, les gens ferment généralement toutes les portes avant d'aller se coucher.

• **Lock up** a person or thing = *enfermer, mettre sous clé* (dans une boîte, un coffre, une prison, etc.) :

She locked up her diamonds every night (locked her diamonds up/locked them up).
Tous les soirs elle mettait ses diamants sous clé.

Look

• **Look after** (tr.) = *s'occuper de* :

Will you look after my parrot when I am away ?
Veux-tu t'occuper de mon perroquet quand je serai partie ?

• **Look ahead** (intr.) = *envisager l'avenir pour s'y préparer* :

Everyone should look ahead and save a little money each year for when he retires.
Chacun devrait songer à l'avenir et mettre un peu d'argent de côté, tous les ans, pour sa retraite.

• **Look at** (tr.) = *regarder* :

He looked at the clock and said, 'It is midnight'.
Il regarda l'horloge et dit : « Il est minuit ».

• **Look back** (intr.), **look back on** (tr.) = *considérer le passé.*

Looking back, I don't suppose we are any worse now than people were a hundred years ago.
Si l'on regarde le passé, je ne crois pas que nous soyons pire que les gens d'il y a un siècle.

Perhaps some day it will be pleasant to look back on these things.
Peut-être qu'un jour cela nous fera plaisir de jeter un regard rétrospectif sur ces choses.

• **Look back/round** (intr.) = *regarder derrière soi* :

Don't look round now, but the woman behind us is wearing the most extraordinary clothes.
Ne te retourne pas maintenant, mais la femme qui est derrière nous est vêtue de la manière la plus extraordinaire.

• **Look for** (tr.) = *chercher* :

I have lost my watch. Will you help me to look for it ?
J'ai perdu ma montre. Veux-tu m'aider à la chercher ?

• **Look out for** (tr.) = *ouvrir l'œil pour repérer* (quelqu'un, quelque chose, de généralement bien visible) :

I'm going to the party too, so look out for me.
Je vais à cette soirée moi aussi, alors essaie de m'y repérer.

• **Look out** (intr.) = *faire attention* :

A quelqu'un qui va traverser la rue :
'Look out ! There's a lorry coming !'
« *Attention ! Voilà un camion !* »

• **Look forward to** (tr.) = *attendre, espérer quelque chose d'agréable, être impatient de,* etc. (employé avec le gérondif) :

I am looking forward to her arrival/to seeing her.
J'ai hâte de la voir arriver/de la voir.

• **Look in** (intr.) = *rendre une brève visite* (généralement à l'improviste) ; (semblable à **call in**) :

I'll look in this evening to see how she is.
Je passerai ce soir pour voir comment elle va.

• **Look into** (tr.) = *étudier, soumettre à l'investigation* :

There is a mystery about his death and the police are looking into it.
Il y a un mystère à propos de sa mort, que la police cherche à élucider.

• **Look on... as** (tr.) = *considérer... comme* :

Most people look on a television set as an essential piece of furniture.
La plupart des gens considèrent le poste de télévision comme un meuble indispensable.

These children seem to look on their teachers as their enemies.
Ces enfants semblent considérer leurs maîtres comme des ennemis.

• **Look on** (intr.) = *assister à* (sans participer) ; *être spectateur* :

Two men were fighting. The rest were looking on.
Deux hommes se battaient. Les autres regardaient.

• **Look on** (tr.), **look out on** (tr.) = (en parlant d'une fenêtre, d'une maison, etc.) *donner sur, avoir vue sur* :

His house looks (out) on to the sea.
Sa maison donne sur la mer.

• **Look over** (tr.) = *examiner, relire, revoir rapidement* (même sens que **go over,** mais d'une manière moins méticuleuse) :

I'm going to look over a house that I'm thinking of buying.
Je vais aller jeter un coup d'œil à une maison que je pense acheter.

Look over what you've written before handing it to the examiner.
Relisez ce que vous avez écrit avant de le rendre à l'examinateur.

• **Look through** (tr.) = *examiner un certain nombre de choses* (souvent en vue de faire un choix), *feuilleter* (un livre, etc., à la recherche d'un renseignement) :

Look through your old clothes and see if you have anything to give away.
Regarde parmi tes vieux vêtements pour voir si tu n'as rien à donner.

Look through these photographs and try to pick out the man you saw.
Regardez ces photos et essayez d'identifier l'homme que vous avez vu.

He looked through the books and decided that he wouldn't like them.
Il feuilleta les livres et en tira la conclusion qu'ils ne lui plairaient pas.

• **Look through** someone = *regarder quelqu'un en feignant de ne pas le voir* (pour manifester un refus délibéré de courtoisie) :
She has to be polite to me in the office but when we meet outside she always looks through me.
Elle est obligée de se montrer polie avec moi au bureau mais lorsque nous nous rencontrons ailleurs, elle fait comme si je n'existais pas.

• **Look up** an address/a name/word/train time/telephone number, etc.) = *chercher une adresse, un nom, un horaire de train, un numéro de téléphone,* etc., dans un indicateur, etc. :
If you don't know the meaning of the word look it up (look up the word/look the word up).
Si vous ne connaissez pas le sens de ce mot, cherchez-le dans le dictionnaire.

I must look up the time of your train.
Il faut que je regarde l'heure de ton train.

• **Look** somebody **up** peut signifier *rendre visite.* La personne visitée habite relativement loin et on ne la voit pas souvent. **Look up** est donc différent de **look in** qui, lui, implique une grande proximité :
Any time you come to London do look me up.
Quand vous venez à Londres, n'hésitez pas, venez me voir.

I haven't seen Tom for ages. I must find out where he lives and look him up (look Tom up/look up Tom).
Cela fait une éternité que je n'ai vu Tom. Il faut que je trouve où il habite et que j'aille le voir.

• **Look up** (intr.) = *s'améliorer.* Le sujet de ce verbe est généralement un nom comme **things** *les choses,* **business** *les affaires,* **world affairs** *la situation,* **the weather** *le temps,* c'est-à-dire des choses pas très définies :
Business has been very bad lately but things are beginning to look up now.
Les affaires étaient assez mauvaises ces temps derniers, mais maintenant les choses commencent à s'arranger.

• **Look** someone **up and down** = *regarder, toiser quelqu'un avec mépris* (en le regardant de haut en bas et de bas en haut) :

The policeman looked the drunk man up and down very deliberately before replying to his question.
L'agent regarda l'ivrogne avec un mépris très délibéré avant de répondre à sa question.

• **Look up to** (tr.) = *respecter, admirer* :

Schoolboys usually look up to great athletes.
Les écoliers admirent souvent les athlètes célèbres.

• **Look down on** (tr.) = *mépriser* :

Small boys usually look down on little girls and refuse to play with them.
Les petits garçons méprisent d'ordinaire les petites filles et refusent de jouer avec elles.

She thinks her neighbours look down on her a bit because she's never been abroad.
Elle pense que ses voisins la méprisent un peu parce qu'elle n'est jamais allée à l'étranger.

Make

• **Make for** (tr.) = *se diriger vers* :

The escaped prisoner was making for the coast.
Le prisonnier évadé cherchait à gagner la côte.

• **Make off** (intr.) = *s'enfuir* (voleurs, etc.) :

The boys made off when they saw the policemen.
Les garçons s'enfuirent quand ils virent les agents.

• **Make out** (tr.)

a = *découvrir le sens de, comprendre, voir, entendre clairement,* etc. :

I can't make out the address, he has written it so badly (make the address out/make it out).
Je n'arrive pas à lire l'adresse ; il l'a tellement mal écrite.

Can you hear what the man with the loud-hailer is saying ? I can't make it out at all.
Entends-tu ce que dit l'homme avec son mégaphone ? Je ne distingue rien du tout.

I can't make out why he isn't here yet.
Je n'arrive pas à comprendre pourquoi il n'est pas encore là.

b = *déclarer* (faussement, peut-être) :

He made out that he was a student looking for a job. We later learnt that this wasn't true at all.
Il affirma qu'il était étudiant et cherchait un travail. Nous avons appris, par la suite, que ce n'était pas vrai.

The English climate isn't so bad as some English people like to make out.
Le climat anglais n'est pas si mauvais que certains Anglais aiment à le prétendre.

c = *libeller un chèque* :

Customer : Who shall I make it out to ?
Shopkeeper : Make it out to Jones and Company.
Le client : *A quel ordre dois-je libeller le chèque ?*
Le commerçant : *A l'ordre de Jones et Compagnie.*

• **Make up** one's mind = *se décider, prendre une décision* :
In the end he made up his mind to go by train.
En fin de compte, il décida d'y aller par le train.

• **Make up** a quarrel/**make** it **up** = *mettre un terme à une querelle* :
Isn't it time you and Ann made up your quarrel/made it up ?
N'est-il pas temps pour Ann et vous de mettre un terme à votre querelle/de faire la paix ?

• **Make up** a story/excuse/explanation = *inventer une histoire, une excuse, une explication* :
I don't believe your story at all. I think you are just making it up.
Je ne crois pas du tout à votre histoire. Je pense que vous ne faites pas autre chose qu'inventer.

• **Make up** (tr. ou intr.) = *maquiller, se maquiller* :
Most women make up/make up their faces/make their faces up/make them up.
La plupart des femmes se maquillent.

Actors have to be made up before they appear on the stage.
Les acteurs doivent être maquillés avant de paraître en scène.

• **Make up** (tr.) = *assembler, composer,* etc. :
Take this prescription to the chemist's. They will make it up for you there (make up the prescription/make the prescription up).
Portez cette ordonnance à la pharmacie. On vous la préparera.

Notice in tailor's window : Customers' own materials made up.
Avis à la vitrine d'un tailleur : Les clients peuvent fournir leur tissu.

The audience was made up of very young children.
L'auditoire était composé de très jeunes enfants.

• **Make up for** (tr.) = *compenser* (le complément est très souvent **it**), *rattraper* :
You'll have to work very hard today to make up for the time you wasted yesterday (*ou* to make up for being late yesterday).
Il va falloir travailler beaucoup pour rattraper le temps que vous avez perdu hier (ou votre retard d'hier).

We aren't allowed to drink when we are in training but we intend to make up for it after the race is over.
Nous n'avons pas le droit de boire pendant l'entraînement, mais nous comptons bien nous rattraper après la course.

Miss

• **Miss out** (tr.) = comme **leave out,** qui est plus fréquent = *omettre.*

Mix

• **Mix up** (tr.) = *confondre, mélanger* :

He mixed up the addresses so that no one got the right letters/mixed them up.
Il a confondu les adresses si bien que personne n'a reçu la bonne lettre.

• **Be/get mixed up with** = *être impliqué* (dans une affaire ou avec des gens peu recommandables) :

I don't want to get mixed up with any illegal organization.
Je ne veux me trouver mêlé à aucune organisation illégale.

Move

• **Move in** (intr.) = *emménager.*

• **Move out** (intr.) = *déménager, libérer les lieux* :

I have found a new flat. The present tenant is moving out this weekend and I am moving in on Wednesday.
J'ai trouvé un appartement. Le locataire actuel déménage ce week-end et j'emménage mercredi.

• **Move on** ou **up** (intr.) = *avancer, monter* :

Normally in schools boys move up every year.
Normalement, à l'école, les garçons montent d'une classe tous les ans.

Order

• **Order** somebody **about** (complément avant **about**) = *donner constamment des ordres à quelqu'un* (sans se préoccuper de ce qu'il peut penser ou avoir à faire d'autre) :

He is a retired admiral and still has the habit of ordering people about.
C'est un amiral en retraite, et il a gardé l'habitude de donner des ordres à droite et à gauche.

Pay

• **Pay back** (tr.), **pay** someone **back** (tr. ou intr.) = *rembourser* :

I must pay back the money that I borrowed (pay the money back/pay it back).
Il faut que je rembourse l'argent que j'ai emprunté.

I must pay back Mr Pitt (pay Mr Pitt back/pay him back).
Il faut que je rembourse M. Pitt.

I must pay Mr Pitt back the money he lent me.
Il faut que je rembourse à M. Pitt l'argent qu'il m'a prêté.

I must pay him back the money. I must pay it back to him.
Il faut que je rembourse cet argent. Il faut que je le lui rembourse.

• **Pay** someone **back/out** = *rendre à quelqu'un la monnaie de sa pièce, se venger* :

I'll pay you back for this.
Je vous ferai payer ça.

• **Pay up** (intr.) = *payer totalement ce que l'on doit* :

Unless you pay up I shall tell my solicitor to write to you.
Si vous ne payez pas la totalité de la somme, je demanderai à mon avocat de vous écrire.

Pick

• **Pick out** (tr.) = *choisir, distinguer* (dans un groupe) :

Here are six diamonds. Pick out the one you like best (pick it out).
Voici six diamants. Choisissez celui que vous préférez.

In an identity parade the witness has to try to pick out the criminal from a group of about eight men (pick the criminal out/pick him out).
Lors d'une séance d'identification le témoin doit essayer de reconnaître le criminel parmi un groupe de huit personnes.

I know that you are in this photograph but I can't pick you out.
Je sais que tu es sur cette photo, mais je n'arrive pas à te reconnaître.

• **Pick up** (tr.)

a = *ramasser, relever* (quelque chose ou quelqu'un qui est tombé) :

He picked up the child and carried him into the house/picked the child up.
Il releva l'enfant et le porta dans la maison.

She scatters toys all over the floor and I have to pick them up.
Elle laisse traîner ses jouets partout et c'est moi qui dois les ramasser.

b = *passer prendre, emmener* (en voiture) :

I won't have time to come to your house but I could pick you up at the end of your road.
Je n'aurai pas le temps d'aller jusque chez vous mais je peux vous prendre au bout de votre rue.

The coach stops at the principal hotels to pick up tourists, but only if they arrange this in advance (pick tourists up/pick them up).
Le car s'arrête aux principaux hôtels pour prendre les touristes, mais seulement s'ils en ont fait la demande.

The crew of the wrecked yacht were picked up by helicopter.
L'équipage du yacht naufragé fut recueilli par hélicoptère.

c = *recevoir, capter* (par hasard) *un signal radio* :

Their S.O.S. was picked up by another ship which informed the lifeboat headquarters.
Leur S.O.S. fut capté par un autre bateau qui avertit le centre de sauvetage

d = *acquérir à bas prix, apprendre sans effort* :

Sometimes you pick up wonderful bargains in these markets.
On trouve parfois des affaires extraordinaires sur ces marchés.

Children usually pick up foreign languages very quickly.
D'ordinaire les enfants apprennent très vite les langues étrangères.

Point

• **Point out** (tr.) = *indiquer, montrer* :

As we drove through the city the guide pointed out the most important buildings (pointed the building out/pointed them out).
En traversant la ville, le guide nous montra les bâtiments les plus importants.

Pull

• **Pull down** (tr.) = *démolir* (une construction, un immeuble, etc.) :
Everywhere elegant old buildings are being pulled down and mediocre modern erections are being put up (pull down houses/pull them down).
Partout on démolit de beaux vieux immeubles pour construire de médiocres bâtiments modernes.

• **Pull off** (tr.) = *réussir* (le complément est généralement **it**) :
Much to our surprise he pulled off the deal/pulled it off.
A notre grande surprise, il réussit a obtenir le contrat/il a réussi à obtenir le contrat.

• **Pull through** (intr. ou tr.) = *se remettre d'une maladie/aider quelqu'un à se remettre* :
We thought that she was going to die but her own will power pulled her through (tr.).
Nous pensions qu'elle allait mourir mais sa volonté lui a permis de s'en tirer.
He is very ill but he'll pull through if we look after him carefully (intr.).
Il est très malade mais il s'en tirera si nous nous occupons bien de lui.

• **Pull up** (intr.) = *s'arrêter* (d'un véhicule) :
A lay-by is a space at the side of a main road, where drivers can pull up if they want a rest.
Une aire de stationnement est un endroit, sur le bas-côté d'une grande route, où les automobilistes peuvent s'arrêter s'ils veulent se reposer.

Put

• **Put aside/by** (tr.) = *mettre de côté* (de l'argent, en général) ; **put aside** implique souvent que l'argent est mis de côté dans une intention précise :
He puts aside £ 50 a month to pay for his summer holiday (puts it aside).
Il met 50 livres de côté chaque mois pour payer ses vacances d'été.
Don't spend all your salary. Try to put something by each month.
Ne dépense pas tout ton salaire. Essaie de mettre quelque chose de côté chaque mois.

• **Put away** (tr.) = *ranger avec soin* (dans un tiroir, un placard, etc.) :
Put your toys away, children ; it's bedtime (put away the toys/put them away).
Rangez vos jouets, les enfants ; il est l'heure d'aller au lit.

• **Put** something **back** = *remettre quelque chose à sa place* :

When you've finished with the book put it back on the shelf.
Lorsque vous en aurez fini avec ce livre remettez-le sur l'étagère.

• **Put back** a clock/watch = *retarder une horloge, une montre.*
L'expression **put the clock back** est parfois utilisée, au sens figuré, pour exprimer l'idée d'un retour à des pratiques du passé, à un état de fait antérieur :

Mother : Your father and I will arrange a marriage for you when the time comes.
Daughter : You're trying to put the clock back. Parents don't arrange marriages these days (put back the clock/put it back).
La mère : *Ton père et moi, le moment venu, nous t'arrangerons un mariage.*
La fille : *Tu essaies de revenir en arrière. Les parents n'arrangent plus les mariages aujourd'hui.*

• **Put down** (tr.)

a = *poser* (contraire de **pick up**), *reposer* :

He picked up the saucepan and put it down at once because the handle was almost red-hot (put the saucepan down/put it down).
Il prit la casserole et la reposa aussitôt parce que le manche était presque rouge.

b = *écraser* (une révolte, un mouvement) :

Troops were used to put down the rebellion (put the rebellion down/put it down).
On fit appel à la troupe pour écraser la rébellion.

c = **write** : *écrire, noter* :

Put down his phone number before you forget it (put the number down/put it down).
Note son numéro de téléphone avant de l'oublier.

Le client, au vendeur :
I'll take that one. Please put it down to me/to my account.
Je vais prendre celui-ci. Voulez-vous mettre cela sur mon compte.

• **Put** something **down to** (tr.) = *attribuer à* (à titre d'explication) :

The children wouldn't answer him, but he wasn't annoyed as he put it down to shyness.
Les enfants ne voulurent pas lui répondre, mais cela ne l'ennuyait pas car il attribuait ce silence à la timidité.

She hasn't been well since she came to this country ; I put it down to the climate.
Elle n'est pas très bien depuis qu'elle est arrivée dans ce pays ; je pense que cela vient du climat.

• **Put forward** a suggestion/proposal *etc.* = *soumettre à examen une suggestion, une proposition* :

The older members of the committee are inclined to veto any suggestions put forward by the younger ones (put a suggestion forward/put it forward).
Les plus anciens membres du comité ont tendance à opposer leur veto à toute suggestion avancée par les plus jeunes.

• **Put forward/on** clocks and watches = *avancer les horloges et les montres* (contraire de **put back**) :

In March people in England put their clocks forward/on an hour. When summer time ends they put them back an hour.
En mars, les Anglais avancent leur montre d'une heure. Quand l'heure d'été se termine, ils la retardent d'une heure.

• **Put in** a claim = *faire une réclamation* :

He put in a claim for compensation because he had lost his luggage in the train crash.
Il a fait une demande d'indemnisation parce qu'il avait perdu ses bagages lors de la collision ferroviaire.

• **Put in for** a job/a post = *poser sa candidature à un emploi, à un poste* :

They are looking for a lecturer in geography. Why don't you put in for it ?
Ils cherchent un maître-assistant en géographie. Pourquoi ne poses-tu pas ta candidature ?

• **Put in** (intr.) = *faire escale* (en parlant de bateaux) :

Ships on their way to Australia via the Suez Canal used to put in at Genoa/put in there.
Les bateaux qui allaient en Australie par le canal de Suez faisaient escale à Gênes/y faisaient escale.

• **Put off** an action = *reporter, retarder une action* (peut se construire avec le gérondif) :

Some people put off making their wills till it is too late.
Certains remettent la rédaction de leur testament, jusqu'à ce qu'il soit trop tard.

I'll put off my visit to Scotland till the weather is warmer (put my visit off/put it off).
Je vais remettre ma visite en Écosse jusqu'à ce qu'il fasse meilleur.

• **Put** a person **off**

a = *lui dire de retarder sa visite* :

I had invited some guests to dinner but I had to put them off because a power cut prevented me from cooking anything.
J'avais des invités à dîner mais j'ai dû les décommander parce qu'une panne d'électricité m'a empêché de faire la moindre cuisine.

b = *repousser, dissuader* :

I wanted to see the exhibition but the queue put me off.
Je voulais voir l'exposition, mais la queue m'en a dissuadé.

Many people who want to come to England are put off by the stories they hear about English weather.
De nombreuses personnes qui veulent venir en Angleterre en sont dissuadées par ce qu'elles entendent dire du temps qu'il y fait.

• **Put on** clothes/glasses/jewellery = *porter, mettre des vêtements, des lunettes, des bijoux* (contraire = **take off**) :

He put on a black coat so that he would be inconspicuous (put a coat on/put it on).
Il mit un manteau noir pour ne pas se faire remarquer.

She put on her glasses and took the letter from my hand.
Elle mit ses lunettes et me prit la lettre des mains.

• **Put on** an expression = *prendre une expression* :

He put on an air of indifference, which didn't deceive anybody for a moment.
Il prit un air d'indifférence, ce qui ne trompa personne un seul instant.

• **Put on** a play = *produire, jouer une pièce* :

The students usually put on a play at the end of the year.
Les étudiants, d'habitude, jouent une pièce à la fin de l'année.

• **Put on** a light/gas or electric fire/wireless, *etc.* = *allumer une lumière, le chauffage au gaz ou électrique, la radio,* etc. :

Put on the light (put the light on/put it on) = *allume la lumière.*

• **Put out** = *éteindre* (toute lumière, tout feu) :

Put out that light/(put the light out/put it out) = *éteignez cette lumière.*

• **Put** someone **out** = *déranger, gêner* :

He is very selfish. He wouldn't put himself out for anyone.
Il est très égoïste. Il ne se dérangerait pour personne.

• **Be put out** = *être ennuyé* :

She was very put out when I said that her new summer dress didn't suit her.
Elle fut très ennuyée quand je dis que sa nouvelle robe d'été ne lui allait pas.

• **Put up** (tr.)

a = *ériger* (un bâtiment, une statue, etc.) :

He put up a shed in the garden to keep tools in (he put a shed up/put it up).
Il a construit une cabane dans son jardin pour y ranger des outils.

b = *augmenter* (tr.) *des prix* :

When the importation of foreign tomatoes was forbidden, home growers put up their prices (they put their prices up/put them up).
Quand l'importation de tomates étrangères fut interdite, les producteurs locaux augmentèrent leurs prix.

• **Put** someone **up** (le complément, d'ordinaire, avant **up**) = *offrir* *temporairement l'hospitalité* :

If you come to Paris I will put you up. You needn't look for an hotel.

Si vous venez à Paris, je vous offre l'hospitalité. Inutile de chercher un hôtel.

• **Put** someone **up to** something (*généralement* **some trick**) = *donner à quelqu'un l'idée* (d'un tour, d'une farce, d'une blague, etc.), *lui montrer comment faire* (un tour) :

He couldn't have thought of that trick by himself. Someone must have put him up to it.

Il n'aurait pas pu imaginer ce tour lui-même. Quelqu'un a dû lui en donner l'idée.

• **Put up with** (tr.) = *supporter avec patience* :

We had to put up with a lot of noise when the children were at home.

Il fallait supporter pas mal de bruit quand les enfants étaient à la maison.

Ring

• **Ring up** (tr. ou intr.) = *téléphoner* :

I rang up the theatre to book seats for tonight (I rang the theatre up/rang them up).

J'ai téléphoné au théâtre pour retenir des places pour ce soir.

If you can't come ring up and let me know.

Si vous ne pouvez pas venir, téléphonez-moi pour me le faire savoir.

• **Ring off** (intr.) = *terminer une conversation téléphonique, raccrocher* :

He rang off before I could ask his name.

Il raccrocha avant que j'aie pu lui demander son nom.

Round

• **Round up** (tr.) = *rassembler, conduire ensemble* (des gens ou des animaux) :

The sheepdog rounded up the sheep and drove them through the gate.

Le chien de berger rassembla les moutons et leur fit franchir la barrière.

On the day after the riots the police rounded up all suspects/rounded them up.

Le lendemain des émeutes la police procéda à une rafle de tous les suspects.

Rub

• **Rub out** (tr.) = *effacer* (avec une gomme) :

The child wrote down the wrong word and then rubbed it out. (He rubbed the word out/rubbed out the word.)

L'enfant écrivit un mot impropre puis l'effaça.

• **Rub up** (tr.) = *réviser ses connaissances sur un sujet* :

I am going to France next month ; I must rub up my French/rub it up.
Je vais en France le mois prochain. Il faut que je dérouille mon français.

Run

• **Run after** (tr.) = *poursuivre, courir après.*

• **Run away** (intr.) = *s'enfuir* :

The thief ran away and the policeman ran after him.
Le voleur s'enfuit et l'agent se lança à sa poursuite.

He ran away from home and got a job as a shelf-filler in a supermarket.
Il s'enfuit de chez lui et trouva un emploi de magasinier dans un supermarché.

• **Run away with** (tr.) = *ne pas pouvoir se maîtriser* (sentiment, émotion, etc.), *s'emballer* (cheval) :

My tongue ran away with me and I said things that I afterwards regretted.
J'ai parlé sans faire attention et j'ai dit des choses que, plus tard, j'ai regrettées.

His horse ran away with him and he had a bad fall.
Son cheval s'emballa, et il fit une mauvaise chute.

• **Run away with** the idea = *accepter trop rapidement l'idée que* :

Don't run away with the idea that I am unsociable ; I just haven't time to go out much.
Ne vous empressez pas de me juger peu sociable. C'est simplement que je n'ai pas tellement le temps de sortir.

• **Run down** (tr.) = *parler en mauvaise part de, dénigrer* :

He is always running down his neighbours (running his neighbours down/running them down).
Il est toujours en train de dénigrer ses voisins.

• **Run down** (intr.) = *s'arrêter* (d'une horloge à poids, ou à ressort) ; *être à plat* (pile) ; *se décharger* (accumulateur) :

This torch is useless ; the battery has run down.
Cette lampe-torche est inutile, la pile est à plat.

• **Be run down** (intr.) = *être en mauvaise forme, être à plat* (par suite de maladie, de surmenage, etc.) :

He is still run down after his illness and unfit for work.
Il est encore à plat, à la suite de sa maladie, et incapable de travailler.

• **Run in** (tr.) = *roder* (une auto, un moteur) :

I can't go more than 50 kilometres an hour as this is a new car and I am still running it in (I am running in a new car/running a new car in).
Je ne peux pas dépasser le 50 km/h car cette voiture est neuve et je suis encore en rodage.

Notice on the back window of a new car : 'Running in. Please pass'.
Avis collé sur la lunette arrière d'une voiture neuve : « En rodage, doublez. »

• **Run into** (tr.) = *entrer en collision avec* (véhicules) :

The car skidded and ran into a lamp-post.
La voiture dérapa et heurta un lampadaire.

• **Run into/across** someone = *rencontrer quelqu'un par hasard* :

I ran into my cousin in Harrods recently.
J'ai par hasard rencontré mon cousin chez Harrods, récemment.

• **Run out of** (tr.) = *manquer de* :

I have run out of milk. Put some lemon in your tea instead.
Je n'ai plus de lait. Mettez un peu de citron dans votre thé, à la place.

• **Run over** (tr.) = *renverser* (avec un véhicule) :

The drunk man stepped into the road right in front of the oncoming car. The driver couldn't stop in time and ran over him.
L'ivrogne s'avança sur la chaussée juste devant la voiture qui arrivait. Le conducteur ne put s'arrêter à temps et le renversa.

• **Run over** (tr. ou intr.) = *déborder* :

He turned on both taps full and left the bathroom. When he came back he found that the water was running over (*ou* running over the edge of the bath).
*Il ouvrit les deux robinets à fond et sortit de la salle de bains. Lorsqu'il revint, il vit que l'eau débordait (*ou* que la baignoire débordait).*

• **Run over/through** (tr.) = *répéter, contrôler, réviser, etc., rapidement* :

We've got a few minutes before the train goes, so I'll just run through your instructions again.
Nous disposons de quelques minutes avant le départ du train, je vais donc vous répéter rapidement quelles sont les instructions.

• **Run through** (tr.) = *consommer de façon exagérée, gâcher* (provisions, argent), *dilapider* :

I laid in a good stock of provisions but he ran through it all in a couple of weeks.
J'avais fait de bonnes réserves, mais il m'a tout dilapidé en quinze jours.

• **Run up** clothes = *faire très vite des vêtements* :

Do you like this blouse ? I ran it up myself this afternoon.
Aimes-tu ce corsage ? Je l'ai fait en deux temps trois mouvements cet après-midi.

• **Run up** bills = *accumuler les factures, avoir une ardoise* :

Her husband said that she must pay for things at once and not run up bills.
Son mari lui a dit de payer au fur et à mesure de ses achats au lieu de laisser s'accumuler les factures.

• **Run up against** difficulties/opposition = *rencontrer des difficultés, de l'opposition* :

If he tries to change the rules of the club he will run up against a lot of opposition.
S'il essaie de modifier le règlement du club, il va se heurter à une forte opposition.

See

• **See about** (tr.) = *se renseigner sur, prendre des dispositions pour* (avec gérondif, le plus souvent) :

I must see about getting a room ready for him.
Il faut que je m'occupe de lui faire préparer une chambre.

• **See** somebody **off** = *accompagner quelqu'un* (à son train, son avion, etc.) :

The station was crowded with boys going back to school and parents who were seeing them off.
Il y avait à la gare une foule de garçons qui retournaient à l'école et de parents qui les accompagnaient au train.

• **See** somebody **out** = *reconduire un invité à la porte* :

When guests leave the host usually sees them out.
D'ordinaire, quand les invités s'en vont, l'hôte les raccompagne jusqu'à la porte.

Don't bother to come to the door with me. I can see myself out.
Ne vous dérangez pas pour me raccompagner. Je connais le chemin.

• **See over** a house/a building = *visiter chaque pièce d'une maison, d'un immeuble* (dans l'intention d'acheter, de louer). Cette expression s'emploie généralement à l'infinitif :

I'm definitely interested in the house. I'd like to see over it as soon as possible.
Cette maison m'intéresse vraiment. J'aimerais la visiter le plus vite possible.

• **See through** (tr.) = *ne pas se laisser duper par, voir dans le jeu de,* etc. :

She pretended that she loved him but he saw through her, and realized that she was only after his money (*voir* **take in**).
Elle prétendait qu'elle l'aimait, mais il vit clair dans son jeu, et se rendit compte qu'elle ne s'intéressait qu'à son argent.

• **See to** (tr.) = *prendre des dispositions pour ; remettre en état, réparer* :

If you can provide the wine I'll see to the food.
Si tu peux fournir le vin je m'occuperai de la nourriture.

That electric fire isn't safe. You should have it seen to.
Ce radiateur électrique est dangereux. Tu devrais le faire réparer.

Noter la construction : **see to it that** = *veiller à ce que* :

Please, see to it that the door is shut.
Veillez, s'il vous plaît, à ce que la porte soit fermée.

Sell

• **Sell off** (tr.) = *brader* (ce qui reste des stocks), *liquider* :

Le vendeur : This line is being discontinued so we are selling off the remainder of our stock ; that's why they are so cheap (sell the rest off/sell it off).
C'est une fin de série, aussi nous liquidons ce qui nous reste en stock ; c'est pourquoi ces articles sont si bon marché.

• **Sell out** (intr.) = *vendre tout ce que l'on a en stock* :

When all the seats for a certain performance have been booked theatres put a notice saying 'Sold out' outside the booking office.
Quand toutes les places pour une certaine représentation sont louées, les théâtres mettent un avis au bureau de location, sur lequel on peut lire « Complet » (= tout est vendu).

Send

• **Be sent down** (intr.) = *être renvoyé* (de l'Université) *pour mauvaise conduite* :

He behaved so badly in college that he was sent down and never got his degree.
Il s'est si mal tenu à l'Université qu'on l'a renvoyé et qu'il n'a jamais pu avoir son diplôme.

• **Send for** (tr.) = *envoyer chercher* (la personne peut déjà être présente dans les lieux) ; *faire venir* :

One of our water pipes has burst. We must send for the plumber.
Une de nos conduites d'eau a éclaté. Il faut faire venir le plombier.

The director sent for me and asked for an explanation.
Le directeur m'a fait appeler et m'a demandé une explication.

• **Send in** (tr.) = *envoyer à quelqu'un* (qu'il n'est pas nécessaire de préciser, car l'interlocuteur sait de qui il s'agit) :

You must send in your application for the job before Friday (send your application in/send it in).
Vous devez envoyer votre candidature avant vendredi.

• **Send on** (tr.) = *faire suivre, réexpédier* :

If any letters come for you after you have gone I will send them on (I'll send on your letters/send your letters on).
Si des lettres arrivent après votre départ je vous les ferai suivre.

Set

• **Set in** (intr.) = *commencer* (en parlant d'une période, généralement désagréable ou difficile) :

Winter has set in early this year.
L'hiver est précoce, cette année.

• **Set off** (tr.) = *déclencher* (une série d'événements) :

That strike set off a series of strikes throughout the country (set them off).
Cette grève-là a déclenché une vague de grèves dans tout le pays.

• **Set off/out** (intr.) = *se mettre en route* :

They set out/off at six and hoped to arrive before dark.
Ils sont partis à six heures et ils espéraient arriver avant la nuit.

On emploie **for** pour introduire le complément exprimant la destination :

They set out/off for Rome.
Ils sont partis pour Rome.

• **Set out** + infinitif (souvent **to show** *montrer,* **to prove** *prouver,* **to explain** *expliquer*) = *entreprendre de* :

In this book the author sets out to prove that the inhabitants of the islands came from South America.
Dans son ouvrage l'auteur entreprend de démontrer que les habitants de ces îles sont venus d'Amérique du Sud.

• **Set up** (tr.) = *établir* (un record) :

He set up a new record when he ran a mile in under four minutes (He set a new record up/set it up).
Il établit un nouveau record lorsqu'il courut le mile en moins de quatre minutes.

• **Set up** (intr.) = *s'établir* (dans les affaires) :

When he married he left his father's shop and set up on his own.
Lorsqu'il se maria, il quitta le magasin de son père et s'établit à son compte.

Settle

• **Settle down** (intr.) = *s'habituer, et trouver satisfaction, à* :

He was unhappy when he first went to school but he soon settled down and liked it very much.
Il fut malheureux les premiers temps où il alla à l'école, mais il s'adapta rapidement, et il s'y plut beaucoup.

• **Settle up** (intr.) = *payer, régler ce qui est dû* :

Tell me what I owe you at the end of the week and I'll settle up with you then.
Dites-moi ce que je vous dois à la fin de la semaine et je vous réglerai à ce moment-là.

Shout

• **Shout down** (tr.) = *crier pour faire taire quelqu'un* :

Tom tried to make a speech defending himself but the crowd wouldn't listen to his explanation and shouted him down (shouted Tom down).
Tom essaya de prendre la parole pour se défendre mais la foule refusa d'entendre ses explications et par ses cris le réduisit au silence.

The moderate speakers were shouted down.
Les orateurs modérés furent réduits au silence par les vociférations.

Show

• **Show off** (tr. ou intr.) = *faire étalage* d'adresse, de savoir, etc. , pour se faire remarquer, applaudir, etc. :

Although Jules speaks English perfectly, my cousin spoke French to him all the time just to show off.
Bien que Jules parle l'anglais à la perfection, mon cousin lui a parlé français tout le temps, juste pour montrer sa science.

He is always picking up very heavy things just to show off his strength (show it off).
Il soulève toujours des choses extrêmement lourdes, juste pour faire étalage de sa force.

Shut

• **Shut down** (tr. ou intr.) = *fermer* (voir **close down**).

Sit

• **Sit back** (intr.) = *s'installer confortablement ; ne pas agir ; ne plus travailler* :

I have worked hard all my life and now I'm going to sit back and watch other people working.
J'ai travaillé dur toute ma vie et maintenant je vais ne plus rien faire et regarder les autres travailler.

• **Sit out** (tr. ou intr.) = *demeurer assis, au lieu de danser* :

I'm quite tired ; let's sit this one out (sit out this dance).
Je suis fatiguée ; reposons-nous pendant cette danse.

• **Sit up** (intr.) = *veiller* (pour lire, travailler, attendre quelqu'un) :

I was very worried when he didn't come in and I sat up till 3 a.m. waiting for him.
J'étais très inquiet de ne pas le voir rentrer et j'ai veillé jusqu'à trois heures du matin pour l'attendre.

She sat up all night with the sick child.
Elle a veillé toute la nuit avec l'enfant malade.

Stand

• **Stand by someone** (tr.) = *continuer de soutenir, d'aider* :

No matter what happens I'll stand by you, so don't be afraid.
Quoi qu'il arrive, n'ayez crainte, je serai à vos côtés.

• **Stand for** (tr.) = *représenter* :

The symbol 'x' usually stands for the unknown quantity in mathematics.
En mathématique, le symbole « x » représente généralement l'inconnue.

• **Stand for** Parliament = *être candidat à un siège de député*.

Mr Pitt stood for Parliament five years ago but he wasn't elected.
M. Pitt s'est présenté aux législatives il y a cinq ans mais n'a pas été élu.

• **Stand up for** (tr.) = *défendre* (par le discours) :

His father blamed him, but his mother stood up for him and said that he had acted sensibly.
Son père lui fit des reproches, mais sa mère le défendit et dit qu'il avait agi avec discernement.

• **Stand up to** (tr.) = *résister à, se défendre contre* (une personne, une force) :

This type of building stands up to the gales very well.
Ce type de bâtiment résiste très bien aux coups de vent.

• **Stand out** (intr.) = *être visible, se détacher* :

She stood out from the crowd because of her height and her flaming red hair.
Elle se distinguait, dans la foule, par sa grande taille et sa chevelure flamboyante.

Stay

• **Stay up** (intr.) = comparable à **sit up** *veiller,* à la différence que **sit up** implique le travail, l'étude, l'attente, alors que **stay up** = *veiller* (pour le plaisir, la compagnie, la distraction, etc.) :

Children never want to go to bed at the proper time ; they always want to stay up late.
Les enfants ne veulent jamais aller se coucher quand il faut. Ils veulent toujours rester très tard avec les autres.

Step

• **Step up** (tr.) = *accélérer le rythme, la cadence,* etc. (se dit en général de la production industrielle) :

This new machine will step up production (step it up).
Cette nouvelle machine accélérera la production.

Take

• **Be taken aback** (intr.) = *être surpris et décontenancé* :

When she told me that she was going to ride the horse herself in the race I was completely taken aback and at first couldn't think of anything to say.
Lorsqu'elle me dit qu'elle monterait le cheval elle-même dans cette course, j'en eus le souffle coupé et je n'ai rien trouvé à dire.

• **Take after** (tr.) = *ressembler* (à ses parents) :

He takes after his grandmother ; she had red hair too.
Il ressemble à sa grand-mère ; elle avait les cheveux roux, elle aussi.

My great-grandfather was terribly forgetful and I take after him ; I can never remember anything.
Mon arrière-grand-père était terriblement tête en l'air et je lui ressemble : je n'arrive pas à me souvenir de quoi que ce soit.

• **Take back** (tr.) = *retirer* (des remarques, une accusation) :

I blamed him bitterly at first but later, when I heard the whole story, I realized that he had been right and I went to him and took back my remarks (took them back).

D'abord, je lui fis des reproches véhéments, mais, plus tard, quand j'eus appris toute l'histoire, je compris qu'il avait eu raison, alors je suis allé le trouver et j'ai retiré ce que j'avais dit.

• **Take down** (tr.) = *écrire* (en général sous la dictée) :

He read out the names and his secretary took them down (she took down the names/took the names down).

Il lut les noms à haute voix, et sa secrétaire les nota.

• **Take for** (tr.) = *confondre, attribuer à tort* (une identité, des qualités, à quelqu'un) :

I took him for his brother. They are extremely alike.

Je l'ai pris pour son frère. Ils se ressemblent beaucoup.

Do you take me for a fool ?

Me prenez-vous pour un imbécile ?

• **Take in** (tr.)

a = *tromper* :

At first he took us in by his stories and we tried to help him ; but later we learnt that his stories were all lies.

Il nous a trompés, d'abord, avec des histoires, et nous avons essayé de l'aider, mais nous avons appris par la suite que ses histoires étaient toutes des mensonges.

b = *recevoir, donner l'hospitalité* :

When our car broke down I knocked on the door of the nearest house. The owner very kindly took us in and gave us a bed for the night.

Quand notre voiture tomba en panne, je suis allé frapper à la porte de la maison la plus proche. Le propriétaire nous reçut très aimablement et nous donna un lit pour la nuit.

People who live by the sea often take in paying guests during the summer (take paying guests in/take them in).

Les gens qui habitent sur la côte prennent souvent des hôtes payants, pendant l'été.

c = *comprendre* :

I was thinking of something else while she was speaking and I didn't really take in what she was saying.

Je pensais à autre chose alors qu'elle parlait et je n'ai pas bien compris ce qu'elle disait.

I couldn't take in the lecture at all. It was too difficult for me (I couldn't take it in).

Je n'arrivais pas à comprendre ce cours. C'était trop difficile pour moi.

d = *diminuer, reprendre* (un vêtement) :

I'm getting much thinner ; I'll have to take in my clothes (take my clothes in/take them in).
Je deviens beaucoup plus mince. Il faudra que je reprenne mes vêtements.

• **Take off** (tr.) = *enlever* (des vêtements, contraire de **put on**) :

He took off his coat when he entered the house and put it on again when he went out. (He took his coat off/took it off.)
Il enleva son manteau en entrant, et le remit lorsqu'il sortit.

• **Take off** (intr.) = *décoller* (avions, etc.) :

There is often a spectators' balcony at airports, where people can watch the planes taking off and landing.
Il y a souvent une terrasse pour les visiteurs, dans les aéroports, d'où l'on peut regarder les avions décoller et atterrir.

• **Take on** (tr.)

a = *entreprendre un travail* :

She wants someone to look after her children. I shouldn't care to take on the job. They are terribly spoilt. (Take the job on/take it on.)
Elle cherche quelqu'un pour s'occuper de ses enfants. Cela ne me dirait rien de faire ce travail. Ils sont terriblement gâtés.

b = *accepter comme adversaire* :

I'll take you on at table tennis.
Je te prendrai au ping-pong.

I took on Mr Pitt at draughts.
J'ai pris M. Pitt aux dames.

• **Take out** (tr.) = *enlever, extraire* :

Petrol will take out that stain (take the stain out/take it out).
Cette tache partira avec de l'essence.

The dentist took out two of her teeth.
Le dentiste lui a enlevé deux dents.

• **Take** somebody **out** = *sortir quelqu'un* (l'inviter au théâtre, au restaurant, etc.) :

Her small boy is at a boarding school quite near here. I take him out every month (and give him a meal in a restaurant).
Son petit garçon est pensionnaire non loin d'ici. Je le sors (et je l'emmène au restaurant) tous les mois.

• **Take over** (tr. ou intr.) = *prendre en charge, prendre le contrôle de, à la suite de quelqu'un, prendre le relais, relever* :

We stop work at ten o'clock and the night shift takes over until the following morning.
Nous arrêtons à dix heures, et l'équipe de nuit nous remplace jusqu'au lendemain matin.

Miss Smith is leaving to get married and Miss Jones will be taking over the class/Miss Jones will be taking over from Miss Smith (*voir* **hand over**).
Mlle Smith nous quitte pour se marier et Mlle Jones prendra sa classe/Mlle Jones prendra la succession de Mlle Smith.

• **Take to** (tr.)

a = *prendre l'habitude de, se mettre à*. Le locuteur laisse entendre que cette habitude est mauvaise, stupide (mais ce n'est pas une règle générale). Cette expression est souvent suivie d'un gérondif :

He took to drink.
Il s'adonna à la boisson (**drink** est ici un substantif).

He took to borrowing money from the petty cash.
Il se mit à puiser dans la caisse.

b = *trouver quelqu'un aimable, sympathique* (en particulier à la première rencontre) :

I was introduced to the new headmistress yesterday. I can't say I took to her.
J'ai été présenté à la nouvelle directrice hier. Je ne peux pas dire que j'ai sympathisé avec elle.

He went to sea and took to the life like a duck to water.
Il s'embarqua et se trouva comme un poisson dans l'eau dans cette vie de marin.

c = *chercher refuge, abri, dans...* :

When they saw that the ship was sinking the crew took to the boats.
Voyant que le bateau coulait, l'équipage embarqua dans les canots.

After the failure of the coup many of the rebels took to the hills and became guerillas.
Après l'échec du coup de force, de nombreux rebelles se réfugièrent dans la montagne et se lancèrent dans la guérilla (littéralement : **guerillas** = *guérilleros).*

• **Take up** (tr.)

a = *se mettre à un passe-temps, un sport, une étude* (sans idée de critique ou de reproche) :

He took up golf and became very keen on it (took it up).
Il se mit au golf et se passionna pour ce sport.

b = *occuper* (une position dans l'espace, le temps) :

He has a very small room and most of the space is taken up by a grand piano.
Il a une toute petite pièce et presque tout l'espace est occupé par un piano à queue.

A lot of an MP's time is taken up with answering letters from his constituents.
Une grande partie du temps d'un député est consacrée à répondre aux lettres de ses électeurs.

Talk

• **Talk over** (tr.) = *discuter* :

Talk it over with your wife and give me your answer tomorrow (talk over my suggestion/talk my suggestion over).
Parlez-en avec votre femme et donnez-moi votre réponse demain.

Think

• **Think over** (tr.) = *considérer, examiner, réfléchir à* :

I can't decide straight away but I'll think over your idea and let you know what I decide (I'll think your idea over/think it over).
Je ne peux décider sur-le-champ, mais je réfléchirai à votre idée et je vous ferai connaître ma décision.

Throw

• **Throw away/out** (tr.) = *jeter* (des choses usées, etc.) :

Throw away those old shoes. Nobody could wear them now. (Throw the shoes away/throw them away.)
Jette ces vieilles chaussures. Personne ne pourrait les mettre maintenant.

• **Throw up** (tr.) = *abandonner tout d'un coup* (un plan, un travail) :

He suddenly got tired of the job and threw it up. (He threw up the job/threw the job up.)
Il se lassa soudain de ce travail et y renonça.

Tie

• **Tie** someone **up** = *ligoter quelqu'un* :

The thieves tied up the night watchman before opening the safe (they tied the man up/tied him up).
Les voleurs ligotèrent le veilleur de nuit avant d'ouvrir le coffre.

Try

• **Try on** (tr.) = *essayer* (un vêtement) :

La cliente dans le magasin de confection : I like this dress, could I try it on ? (could I try this dress on/try on this dress ?).
Cette robe me plaît ; pourrais-je l'essayer ?

• **Try out** (tr.) = *faire l'essai de quelque chose* :

We won't know the plan works till we have tried it out.
Nous ne saurons pas que le plan marche tant que nous ne l'aurons pas essayé.

They are trying out new ways of preventing noise in hospitals (trying them out).
Ils essaient de nouvelles méthodes pour réduire le bruit dans les hôpitaux.

Turn

• **Turn away** (tr.) = *refuser l'entrée à quelqu'un* :

The man at the door turned away anybody who hadn't an invitation card (turned them away).
Celui qui était à la porte refusait l'entrée à tous ceux qui n'avaient pas de carte d'invitation.

• **Turn down** (tr.) = *refuser, rejeter* (une offre, une demande, un candidat) :

I applied for the job but they turned me down/turned down my application because I didn't know German.
J'ai posé ma candidature à cet emploi mais ils m'ont refusé/ils ont refusé ma demande parce que je ne savais pas l'allemand.

He was offered £ 500 for the picture but he turned it down (turned down the offer/turned the offer down).
On lui offrit 500 livres pour le tableau mais il les refusa/il refusa cette offre.

• **Turn into** (tr.) = *changer en, transformer en* :

I am going to turn my garage into a playroom for the children.
Je vais transformer mon garage en salle de jeux pour les enfants.

She turned the silver candlestick into an electric lamp.
Elle transforma le chandelier d'argent en lampe électrique.

• **Turn in** (intr.) = *aller se coucher* (en parlant surtout de campeurs, de marins, etc.) :

The campers usually turned in as soon as it got dark.
Les campeurs se couchaient généralement dès qu'il faisait noir.

The captain turned in, not realizing that the icebergs were so close.
Le capitaine se retira pour la nuit, ne se rendant pas compte que les icebergs étaient si proches.

• **Turn on** (tr.) (l'accent est placé sur **turn**) = *attaquer soudainement* (l'agresseur est en général un ami ou un animal considéré jusque-là comme pacifique) :

The tigress turned on the trainer and struck him to the ground.
La tigresse se jeta sur le dompteur et le terrassa.

• **Turn on/off** (tr.) = *allumer/éteindre* (le gaz, la lumière, la radio, etc.) :

• **Turn up/down** (tr.) = *accroître/diminuer* (la pression, la force, le volume sonore, etc.) :

Turn up the gas ; it is much too low. Vegetables should be cooked quickly.
Mets le gaz plus fort, il est bien trop bas. Les légumes doivent se cuire rapidement.

I wish the people in the next flat would turn down their radio. You can hear every word (turn the sound down/turn it down).
J'aimerais que les voisins veuillent bien baisser leur radio. On entend tout.

• **Turn out** (tr.)

a = *produire* :

That creamery turns out two hundred tons of butter a week (turns it out).
Cette laiterie produit deux cents tonnes de beurre par semaine.

b = *vider, expulser* :

1. Turn a person **out** = *l'expulser de son domicile* :

At one time if tenants didn't pay their rent, the landlord could turn them out.
A une époque le propriétaire pouvait expulser les locataires qui ne payaient pas leur loyer.

2. Turn out one's pockets/handbags/drawers, *etc.* = *vider ses poches/son sac/ses tiroirs, etc.,* (en général pour chercher quelque chose) :

'Turn out your pockets', said the detective.
« Vide tes poches », dit l'inspecteur.

3. Turn out a room = *faire le ménage à fond, en commençant par sortir les meubles* :

I try to turn out one room every month if I have time.
J'essaie de faire à fond une pièce par mois si j'ai le temps.

• **Turn out** (intr.)

a = *se rassembler, sortir dans les rues* (généralement pour accueillir quelqu'un) :

The whole town turned out to welcome the winning football team when they came back with the Cup.
Toute la ville était dans les rues pour accueillir l'équipe de football victorieuse lorsqu'elle revint avec la Coupe.

b = *tourner, devenir, avoir tel résultat, etc.* :

I've never made Yorkshire pudding before so I am not quite sure how it is going to turn out.
Je n'ai jamais fait de Yorkshire pudding, aussi je ne sais pas trop ce que cela va donner.

Marriages arranged by marriage bureaux frequently turn out very well.
Les mariages conclus par l'intermédiaire d'agences matrimoniales donnent souvent de bons résultats.

c = *se révéler.* On notera les deux constructions possibles :

It turned out that he was...   He turned out to be...
Il se révéla qu'il était...   *Il se révéla être...*

He told her that he was a bachelor but it turned out that he was married with six children.
Il lui dit qu'il était célibataire, mais il se révéla qu'il était marié et qu'il avait six enfants.

Our car broke down half way through the journey but the hiker we had picked up turned out to be an expert mechanic and was able to put things right.

Notre voiture est tombée en panne à mi-parcours, mais l'auto-stoppeur que nous avions pris se révéla être un excellent mécanicien qui put nous arranger ça.

On remarquera la différence entre **turn out** et **come out**. Avec **turn out** le fait révélé est toujours exprimé précisément et il n'est pas laissé entendre qu'on peut porter sur ce fait un jugement défavorable. Avec **come out** on nous dit simplement que certains faits (généralement peu honorables) viennent au jour, mais on ne nous dit pas de quoi il s'agit exactement.

• **Turn over** (tr.) = *retourner quelque chose* :

He turned over the stone/turned the stone over/turned it over.

Il retourna la pierre.

The initials 'P.T.O.' at the bottom of a page mean 'Please turn over'.

Les initiales « T.S.V.P. », au bas d'une page, signifient « Tournez s'il vous plaît ».

'Let's turn over a new leaf' (begin again, meaning to do better).

« Tournons une nouvelle page » (recommençons, dans l'intention de mieux faire).

• **Turn over** (intr.)

a = *se retourner, chavirer, capoter* (véhicules, bateaux) :

The car struck the wall and turned over.

La voiture heurta le mur et se retourna.

The canoe turned over, throwing the boys into the water.

Le canoë chavira, projetant les garçons à l'eau.

b = (en parlant de personnes) *se retourner* (changer de position) :

It is difficult to turn over in a hammock.

Il n'est pas facile de se retourner dans un hamac.

When his alarm went off he just turned over and went to sleep again.

Quand son réveil sonna, il se contenta de se retourner et il se rendormit.

• **Turn up** (intr.) = *arriver, apparaître* (généralement du point de vue d'une personne qui attend ou cherche) :

We arranged to meet at the station but she didn't turn up.

Nous avions décidé de nous retrouver à la gare mais elle n'est pas venue/je ne l'ai pas vue.

Don't bother to look for my umbrella ; it will turn up some day.

Ne te fatigue pas à chercher mon parapluie, on le retrouvera bien un jour ou l'autre.

Wait

• **Wait on** (tr.) = *servir* (au restaurant, à la maison) :

He expected his wife to wait on him hand and foot.
Il s'attendait à être servi comme un prince par sa femme.

The man who was waiting on us seemed very inexperienced ; he got all our orders mixed up.
Le garçon qui nous servait semblait singulièrement manquer d'expérience. Il a mélangé toutes nos commandes.

Wash

• **Wash up** (tr. ou intr.) = *laver, faire la vaisselle* :

When we have dinner very late we don't wash up till the next morning (wash up the dishes/wash them up).
Quand nous dînons très tard nous ne faisons la vaisselle que le lendemain.

Watch

• **Watch out** (intr.) = **look out** = *faire attention.*

• **Watch out for** (tr.) = **look out for** = *ouvrir l'œil pour repérer quelqu'un/quelque chose* (voir **look**).

Wear

• **Wear away** (intr.) = *s'user, s'effacer,* etc. (sous l'effet des intempéries, du contact, du passage des gens) :

It is almost impossible to read the inscription on the monument as most of the letters have been worn away.
Il était presque impossible de lire l'inscription sur ce monument ; la plupart des lettres s'étaient effacées.

• **Wear off** (intr.) = *disparaître peu à peu* (peut être employé au sens propre, mais s'utilise surtout au sens figuré en parlant de sensations physiques ou mentales).

These glasses may seem uncomfortable at first but that feeling will soon wear off.
Ces lunettes vous sembleront peut-être peu confortables au début, mais cette impression disparaîtra rapidement.

When her first feeling of shyness had worn off she started to enjoy herself.
Quand sa première réaction de timidité eut disparu, elle commença à s'amuser.

He began to try to sit up, which showed us that the effects of the drug were wearing off.
Il commença à essayer de se redresser, ce qui indiquait que les effets de la drogue s'atténuaient.

• **Wear out** (tr. ou intr.)

a = (tr.) *utiliser jusqu'à usure complète ;* (intr.) = *être usé* (en parlant de vêtements, en particulier) :

Children wear out their shoes very quickly (wear their shoes out/wear them out).
Les enfants usent leurs chaussures très vite.

Cheap clothes wear out quickly.
Des vêtements bon marché s'usent vite.

b = (tr.) *épuiser* (en parlant de personnes ; très souvent employé au passif) :

He worked all night and wanted to go on working the next day, but we saw that he was completely worn out and persuaded him to stop.
Il travailla toute la nuit et voulait continuer à travailler le lendemain, mais nous avons vu qu'il était complètement épuisé et l'avons persuadé de s'arrêter.

Wind [waɪnd]

• **Wind up** (tr. ou intr.) = *terminer* (un discours, une réunion) ; *liquider* (une affaire) :

The headmaster wound up by saying that the school had had a most successful year (wound the meeting up/wound it up).
Le directeur conclut (mit un terme à la réunion) en disant que l'école avait connu une année couronnée de succès.

Wink

• **Wink at** (tr.) = *ne pas voir* (délibérément), *ignorer* (une erreur, une infraction) :

People are not supposed to park here at all but the police seem to wink at it provided cars don't cause an obstruction.
En principe on n'a pas le droit de se garer ici, mais la police semble fermer les yeux, pourvu que les voitures ne fassent pas obstruction.

Wipe

• **Wipe out** (tr.) = *détruire* (complément) ; *anéantir* :

The epidemic wiped out whole families (wiped whole families out/wiped them out).
L'épidémie a anéanti des familles entières.

Work

• **Work out** (tr.) = *trouver, imaginer* (par le calcul, la réflexion, la solution d'un problème, une méthode pour le résoudre) ; *décider* (après études, les détails d'un plan) :

He used his pocket calculator to work out the cost/work the cost out.
Il utilisa sa calculette pour calculer le coût.

Tell me where you want to go and I'll work out a route.
Dis-moi où tu veux aller et je t'établirai un itinéraire.

This is the outline of the plan. We want the committee to work out the details (work them out).
Telles sont les grandes lignes du plan. Nous voulons que le comité étudie et fixe les détails.

320 Noms et verbes formés par les combinaisons étudiées en 319

Quelques exemples :
On remarquera que certaines constructions se font avec un trait d'union, certaines sans trait d'union. On remarquera aussi que l'élément verbal vient en première ou en seconde place dans le mot composé. Des définitions seront données, comme dans le paragraphe **319**, en utilisant le signe ← *(vient de)*.

Break

• **Outbreak** (nom) ← **to break out** = *éclater* :
At the outbreak of war in 1939 the children were evacuated to the country.
Au début de la guerre, en 1939, les enfants furent évacués à la campagne.

• **Breakout** (nom) ← **to break out** = *s'évader* :
There has been another prison breakout. Five men got away and are still at large.
Il y a encore eu une évasion à la prison. Cinq hommes se sont échappés et sont toujours en liberté.

• **Breakdown** (nom) ← **to break down** :
a = He had a nervous breakdown last year and spent some months in a mental hospital.
Il a eu une dépression nerveuse, l'année dernière, et a passé quelques mois dans un hôpital psychiatrique.

b = A breakdown in the middle of a desert might be fatal for the driver of the car.
Une panne au milieu du désert pourrait être fatale au conducteur.

c = A breakdown of these figures would give us a lot of useful information.
Une analyse détaillée de ces chiffres nous donnerait nombre de renseignements utiles.

Bring

• **Upbringing** (nom) ← **to bring up** : *élever, éduquer* :
An adult's personality is said to be the combined result of inheritance, environment and upbringing.
La personnalité d'un adulte est, dit-on, le résultat d'une action combinée de l'hérédité, de l'environnement, et de l'éducation.

Call

• **Call-up** (nom) ← **to call up** = *appeler, mobiliser* :
In countries where there is conscription some young men go abroad at the age of 18 to avoid call-up.
Dans les pays où existe le service militaire, certains jeunes partent pour l'étranger à l'âge de 18 ans pour éviter l'appel sous les drapeaux.

Come

• **Outcome** (nom) ← *résultat* ← **to come out** :

The directors have been discussing this matter, but we don't yet know the outcome of these discussions.
Les directeurs ont discuté de ce problème, mais on ne connaît pas encore le résultat (= ce qui est sorti) de leurs discussions.

Do

• **Overdo** (verbe) = *exagérer ; en faire trop*, etc. :

It's a good thing to be polite but you needn't overdo it. I don't expect you to stand up every time I come into the room.
C'est une bonne chose d'être poli, mais il est inutile d'en rajouter. Je ne vous demande pas de vous lever à chaque fois que j'entre dans cette pièce.

This steak has been overdone ; it's as tough as an old boot.
Ce steak est trop cuit, il est dur comme de la semelle.

Fall

• **Fall-out** (nom) = *retombées* (radioactives, technologiques, etc.) :

Countries experimenting with nuclear explosives always maintain that the fall-out will be negligible.
Les pays qui se livrent à des essais d'explosifs nucléaires prétendent toujours que les retombées seront négligeables.

Hold

• **Hold-up** (nom) ← **to hold up** = *arrêter, « braquer »* :

Hold-ups quite often take place in daylight in a crowded street, but everything is done so quickly that the thieves get away before the passers-by realize what has happened.
Les braquages ont lieu souvent en plein jour, dans une rue fréquentée, mais tout se passe si vite que les voleurs s'enfuient avant que les passants aient pu se rendre compte de ce qui s'est passé.

• **Uphold** (verbe) = *approuver, soutenir*, etc.

The magistrate sentenced him to a year's imprisonment. He appealed, but the court of appeal upheld the magistrate's verdict.
Le juge l'a condamné à un an de prison. Il a fait appel, mais la cour d'appel a confirmé le verdict du juge.

Keep

• **Upkeep** (nom) ← **to keep up** = *entretenir* :

The upkeep of a house costs more every year, for builders and decorators keep raising their charges.
L'entretien d'une maison coûte chaque année plus cher, car les entrepreneurs et les décorateurs ne cessent d'augmenter leurs prix.

Lay

• **Layout** (nom) ← **to lay out** = *dessiner, disposer* (un jardin, etc.) :

The new owners of the paper changed the layout completely.
Les nouveaux propriétaires du journal en ont complètement transformé la mise en pages.

• **Outlay** (nom) = *mise de fonds, de capital* :

The initial outlay will be heavy as we shall have to buy and equip the factory.
La mise de fonds initiale sera importante car nous devrons acheter et équiper l'usine.

Let

• **Outlet** (nom) = *exutoire, débouché* ← **to let out** = *laisser sortir* :
Children living in small flats in towns often haven't enough outlet for their energy.
Les enfants qui habitent dans des petits appartements en ville n'ont pas toujours un exutoire suffisant pour leur énergie.

Look

• **Look-out** (nom) ← **to look out for,** *ouvrir l'œil pour repérer* :
He's on the look-out for a new job. If you hear of anything you might let him know.
Il est à la recherche d'un nouvel emploi. Si vous entendez parler de quelque chose, vous pourriez le lui faire savoir.

• **Outlook** (nom) = *perspective* (d'une évolution) :
Weather report : Showers and bright intervals. Further outlook : unsettled.
Bulletin météo : Averses et belles éclaircies. Évolution : temps incertain.

• **Overlook** (verbe) = *ne pas remarquer, négliger,* etc.

• **Overlook** an offence = *pardonner une offense.*
We are afraid that your order has been overlooked. We apologize for this oversight and will deal with the matter directly.
Nous craignons que votre commande n'ait été négligée. Nous nous excusons de cet oubli, et nous allons régler immédiatement ce problème.
You're late, Jones. I'll overlook it this time, but see that it doesn't happen again.
Vous êtes en retard, Jones. Cela ira pour cette fois-ci, mais veillez à ce que cela ne se reproduise plus.

Overlook peut également être pris dans le sens littéral de **to look over** *donner sur* :
His house overlooks the park.
Sa maison donne sur le parc.

Mix

• **Mix-up** (nom) ← **to mix up** = *confondre* :
They sent Mr Jones's order to Mr Brown, and Mr Brown's to Mr Jones, a mix-up which lost them both customers.
Ils ont envoyé la commande de M. Jones à M. Brown et celle de M. Brown à M. Jones, confusion qui leur a coûté ces deux clients.

Make

• **Make-up** (nom) ← **to make up** = *se maquiller* :

The actress said that it took her an hour to put on her make-up.
La comédienne a dit qu'il lui fallait une heure pour mettre son maquillage.

Round

• **Round-up** (nom) ← **to round up** = *faire une rafle.*

Before the arrival of the visiting president the government ordered a round-up of everyone known to have connections with terrorist organizations.

Avant la visite du président étranger, le gouvernement fit procéder à une rafle de tous ceux qui étaient connus pour avoir des liens avec une organisation terroriste.

Run

• **Runaway** (nom, adjectif) ← **to run away** = *s'échapper* :

The runaways/runaway slaves/were making for the coast.
Les fugitifs/Les esclaves fugitifs se dirigeaient vers la côte.

See

• **Oversee** (verbe) : *superviser le travail* (une équipe d'ouvriers, etc.).

• **Overseer** (nom) = *contremaître* :

In the early factories overseers used to walk up and down seeing that everyone worked as fast as possible.

Dans les premières usines les contremaîtres circulaient dans les allées pour s'assurer que tous les ouvriers travaillaient aussi vite que possible.

Sell

• **Sell-out** (nom) ← **to be sold out** = *avoir épuisé le stock, avoir tout vendu* :

There was not a single copy left in any of the shops. The first edition had been a complete sell-out.

Il n'en est pas resté un seul exemplaire dans aucune librairie. La première édition a été totalement épuisée.

The play has been a complete sell-out.
La pièce s'est jouée à guichets fermés.

Set

• **Offset** (verbe) = *équilibrer, faire contrepoids à* :

The advantage of buying things cheaply in the market is sometimes offset by the terrible trouble of carrying them home.

L'avantage d'acheter des choses à bon prix au marché est parfois compensé par les ennuis terribles que l'on a pour les emporter.

• **Upset** (verbe, nom) = *renverser* (un récipient) ; *déranger, bouleverser* :

That vase is top-heavy ; it's very easily upset.
Ce vase est trop lourd du haut ; il se renverse facilement.

The canoe upset and the children had to swim to the bank.
Le canoë se renversa et les enfants durent regagner la rive à la nage.

All my plans were upset by the sudden change in weather.
Le changement brutal de temps a dérangé tous mes plans.

She was very much upset when she heard about your accident.
Elle a été très bouleversée en apprenant votre accident.

• **Outset** (nom) ← **to set out** = *se mettre en route* :

I warned you at the outset not to trust him, but you wouldn't listen to me.
Je vous ai prévenu, dès le départ, de ne pas lui faire confiance, mais vous n'avez pas voulu m'écouter.

Take

• **Intake** (nom) = *nombre, quantité reçue dans une période donnée, (flux d') admission* :

This college has a yearly intake of 2,000 students.
Ce collège admet 2 000 étudiants chaque année.

• **Overtake** (verbe) = *rattraper et dépasser ; doubler* :

It is dangerous to overtake at a corner.
Il est dangereux de doubler dans un virage.

The roadsign said : No overtaking.
Le panneau annonçait : Défense de doubler.

• **Take-off** (nom) ← **to take off** = *décoller* :

The aeroplane crashed soon after take-off.
L'avion s'est écrasé peu après le décollage.

• **Take-over** (nom/adjectif) = *prise de contrôle* (d'une entreprise) :

The new owners say that the take-over will not be followed by any staff changes.
Les nouveaux propriétaires disent que la prise de contrôle n'entraînera pas de changements dans le personnel.

A take-over bid is an offer to buy a controlling number of shares in a company.
Une offre publique d'achat est une offre pour acheter un nombre d'actions permettant de prendre le contrôle d'une société.

Turn

• **Overturn** (verbe) = *renverser, retourner* (particulièrement en parlant de bateaux) :

You can overturn a kayak and right it again if you are sufficiently skilful.
Avec suffisamment d'adresse, on peut retourner un kayak et le redresser.

• **Turnover** (nom)

a = *chiffre d'affaires* :

He said he had a yearly turnover of £ 20,000, but he didn't say how much of that was profit.
Il a dit qu'il faisait un chiffre d'affaires annuel de 20 000 livres mais il n'a pas dit quelle était la part du bénéfice dans cette somme.

b = *rotation du stock* :

I sell cheaply, aiming at a rapid turnover of stock.
Je vends bon marché, visant à une rotation rapide du stock.

• **Turn-out** (nom) ← **to turn out** = *sortir* :

There was a good turn-out for the football match.
Il y a eu un public assez nombreux au match de football.

XXXIII. — NOMBRES, NOMS ET ADJECTIFS CARDINAUX ET ORDINAUX DATES, POIDS ET MESURES

Les nombres

321 Les cardinaux

1	one	11	eleven	21	twenty-one	31	thirty-one
2	two	12	twelve	22	twenty-two	40	forty
3	three	13	thirteen	23	twenty-three	50	fifty
4	four	14	fourteen	24	twenty-four	60	sixty
5	five	15	fifteen	25	twenty-five	70	seventy
6	six	16	sixteen	26	twenty-six	80	eighty
7	seven	17	seventeen	27	twenty-seven	90	ninety
8	eight	18	eighteen	28	twenty-eight	100	a hundred
9	nine	19	nineteen	29	twenty-nine	1,000	a thousand
10	ten	20	twenty	30	thirty	1,000,000	a million

400 four hundred.
140 a hundred and forty, *ou* one hundred and forty.
1,006 a thousand and six, *ou* one thousand and six.
60,127 sixty thousand, one hundred and twenty-seven.
7,000 seven thousand.

322 Remarques sur les cardinaux

A. Lorsqu'on écrit en toutes lettres, ou que l'on lit un nombre supérieur à cent, on met **and** avant le dernier mot qui compose le nombre :

3,713 three thousand, seven hundred and thirteen.
5,102 five thousand, one hundred and two.
110,365 one hundred and ten thousand, three hundred and sixty-five.

• Les ordres de grandeur *mille, million*, etc., sont indiqués par une virgule. Le point sert à indiquer les décimales :

3.40 = three point forty.
0.6 = 0 (prononcez [əʊ]) *ou* nought [nɔːt] point six.
Ou : **.6** = point six.

Le *milliard* se dit **one thousand million.**

Le mot **billion** en anglais signifie *mille milliards* (10^{12}) alors qu'il signifie *milliard* (10^9) en américain.

• Notez l'orthographe de **forty** *quarante* par rapport à **four** *quatre* et **fourteen** *quatorze*.

B. Les mots **hundred** *cent*, **thousand** *mille*, **million** *million*, **dozen** *douzaine*, **score** *vingtaine* (rarement employé en anglais moderne), etc., lorsqu'ils sont utilisés avec un nombre défini, sont considérés comme adjectifs cardinaux et ne prennent pas la marque du pluriel :

Six hundred men = *six cents hommes*.
Two thousand and ten pounds = *deux mille dix livres*.
Five dozen eggs = *cinq douzaines d'œufs*.
Two score = *quarante*.

Toutefois, si ces mots sont employés pour donner simplement l'idée d'un ordre de grandeur, ils se mettent au pluriel et sont suivis de **of**.

Hundreds of people = *des centaines de personnes*.
Thousands of birds = *des milliers d'oiseaux*.
Dozens of eggs = *des douzaines d'œufs*.
Scores of people = *des vingtaines de personnes*.

C. Un nombre cardinal défini n'est jamais suivi de **of** sauf devant **the, them, these, those, my/mine, their/theirs**, etc., ou un nom dans le cas possessif.

Ten of the boys...   Ten of them...
Dix des garçons...   *Dix d'entre eux...*

Two of our team and three of theirs.
Deux de notre équipe et trois de la leur.

Five of Tom's children and four of mine.
Cinq des enfants de Tom et quatre des miens.

dozen suit la même règle :

Two dozen eggs mais → two dozen of these brown ones/eggs.
Deux douzaines d'œufs   deux douzaines de ces œufs bruns.

D. L'article **a** est plus usuel que **one** devant **hundred, thousand**, etc., lorsque ces cardinaux sont employés seuls, ou au début d'une expression numérale.

100 = a hundred   **1,000** = a thousand
100,000 = a hundred thousand

On peut également dire **a hundred and one**, *cent un*, **a hundred and two**, etc., jusqu'à **a hundred and ninety-nine**, et **a thousand and one**, *mille un*, etc., jusqu'à **a thousand and ninety-nine**, *mille quatre-vingt-dix-neuf*. Autrement on emploie **one** et non **a** (voir **321**).

1,140 = one thousand, one hundred and forty.

323 Les noms et adjectifs ordinaux

first	*1er*	eleventh	*11e*	twenty-first	*21e*
second	*2e*	twelfth	*12e*	twenty-second	*22^e*
third	*3^e*	thirteenth	*13^e*	twenty-third	*23^e*
fourth	*4^e*	fourteenth	*14^e*	twenty-fourth	*24^e*
fifth	*5^e*	fifteenth	*15^e*	twenty-fifth	*25e*
sixth	*6e*	sixteenth	*16e*	twenty-sixth	*26e*
seventh	*7e*	seventeenth	*17e*	twenty-seventh	*27e*
eighth	*8e*	eighteenth	*18e*	twenty-eighth	*28e*
ninth	*9e*	nineteenth	*19e*	twenty-ninth	*29e*
tenth	*10e*	twentieth	*20e*	thirtieth	*30e*

thirty-first, *etc.*	*trente et unième.*
fortieth	*quarantième.*
fiftieth	*cinquantième.*
sixtieth	*soixantième.*
seventieth	*soixante-dixième.*
eightieth	*quatre-vingtième.*
ninetieth	*quatre-vingt-dixième.*
hundredth	*centième.*
thousandth	*millième.*
millionth	*millionième.*

324 Remarques sur les ordinaux

A. Remarquez l'orthographe particulière de **fifth** *cinquième,* **eighth** *huitième,* **ninth** *neuvième* et **twelfth** *douzième.*

B. Lorsqu'un ordinal est écrit en chiffres il faut y ajouter les deux dernières lettres du mot écrit, sauf en ce qui concerne les dates (voir **325 A**) :

first = 1st *premier*   twenty-first = 21st *vingt et unième.*
third = 3rd *troisième*   forty-second = 42nd *quarante-deuxième.*
second = 2nd *second*   sixty-third = 63rd *soixante-troisième.*
fourth = 4th *quatrième*   eightieth = 80th *quatre-vingtième.*

C. Dans les nombres ordinaux la règle concernant **and** est la même que pour les cardinaux :

101st = the hundred and first.

• L'article **the** précède normalement un ordinal :

The sixtieth day = *le soixantième jour.*
The fortieth visitor = *le quarantième visiteur.*

Les noms des rois, etc., sont suivis du rang écrit en chiffres romains :
Charles V, James III, Elizabeth II
mais dans la langue parlée on emploie l'adjectif ordinal précédé de **the** :
Charles the Fifth, James the Third, Elizabeth the Second.

• Pour les latitudes on emploie le substantif cardinal au pluriel :

The roaring forties = *les quarantièmes rugissants.*
The howling fifties = *les cinquantièmes hurlants.*

325 Les dates

A.

• *Les jours de la semaine*

Sunday (Sun.)	*dimanche*
Monday (Mon.)	*lundi*
Tuesday (Tues.)	*mardi*
Wednesday (Wed.)	*mercredi*
Thursday (Thurs.)	*jeudi*

Friday (Fri.)   *vendredi*
Saturday (Sat.)   *samedi*

• *Les mois*

January (Jan.)	*janvier*	July	*juillet*
February (Feb.)	*février*	August (Aug.)	*août*
March (Mar.)	*mars*	September (Sept.)	*septembre*
April (Apr.)	*avril*	October (Oct.)	*octobre*
May	*mai*	November (Nov.)	*novembre*
June	*juin*	December (Dec.)	*décembre*

Les noms de jours et de mois sont toujours écrits avec une majuscule.
Les dates s'expriment, oralement, avec des nombres ordinaux.
Aussi, en parlant ou en lisant, on dira : **March the tenth** *le 10 mars,* **July the fourteenth** *le quatorze juillet,* ou **the tenth of March, the fourteenth of July.**

Ces dates peuvent s'écrire de plusieurs façons (toujours exprimées oralement comme on vient de l'indiquer) :
March 10, March 10th, 10 March, 10th March, 10th of March, March the 10th.

B. L'année

Dans la langue parlée on emploie le mot **hundred** et non le mot **thousand.** L'année 1987 se dira **nineteen hundred and eighty-seven** ou encore **nineteen eighty-seven.**
Les années précédant l'ère chrétienne sont suivies des lettres **B.C.** (**before Christ** = *avant J.-C.*) et les années de l'ère chrétienne peuvent être, à l'occasion, suivies ou précédées des lettres **A.D.** (**Anno Domini** = *Année du Seigneur*). On peut lire **1 500 B.C.** soit **one thousand five hundred** ou **fifteen hundred B.C.**

326 Poids, longueurs et capacités

A. Poids

Le système britannique de poids est le suivant :

16 ounces (oz.)	=	1 pound (lb.)
14 pounds	=	1 stone (st.)
8 stone	=	1 hundredweight (cwt)
20 cwt	=	1 ton
1 pound	=	0.454 kilogram (kg)
2.2 pounds	=	1 kilogram
16 onces	=	1 livre *(453,6 g)*
14 livres	=	1 stone *(6,348 kg)*
8 stone	=	1 hundredweight*
20 cwt	=	1 tonne**

* **hundredweight** = 112 livres dans le système britannique = *50,7 kg* mais 100 livres dans le système américain = *45,3 kg.*

** **ton** = La tonne représente *1 016,06 kg* dans le système britannique mais *907,20 kg* dans le système américain.

Les Anglais emploient aussi la tonne métrique = **metric ton** de *1 000 kg.*

• Pluriels

ounce, pound et **ton** peuvent prendre un s au pluriel lorsqu'ils sont employés comme noms. **Stone** et **hundredweight** ne prennent pas de s : par exemple on dit :

Six stone three pounds   *six stone trois livres.*

Utilisés dans des adjectifs composés ces termes ne prennent pas la marque du pluriel s. Par exemple :

A ten-ton lorry   *un camion de dix tonnes.*

Le système métrique fondé sur le kilo remplace peu à peu le système traditionnel (appelé « avoir du poids ») anglais.
Kilo ou **kilogram** prennent d'ordinaire s au pluriel lorsqu'ils sont utilisés comme noms :

Two kilos of apples (two kilograms of apples).
Deux kilos de pommes.

B. Longueurs

Le système britannique est le suivant :

12 inches (in.), pouces	= 1 foot (ft.),	*pied*
3 feet	= 1 yard (yd.)	
1,760 yards	= 1 mile (m.)*	
1 inch	= 2.54 centimetres (cm)	
1 yard	= 0.914 metre (m)	
1 mile	= 1,609 kilometres (km)	

* Ne pas confondre avec le mille marin *(1 852 mètres).* Les mesures verticales (profondeurs, altitudes) s'expriment toujours en pieds (jamais en yards).

• Pluriels

Lorsqu'il y a plus d'un **inch, mile, centimetre** on emploie normalement la marque du pluriel s.

one inch, ten inches   *un pouce, dix pouces*
one mile, four miles   *un mile, quatre miles*
one centimetre, five centimetres   *un centimètre, cinq centimètres*

Quand il y a plus d'un **foot** *(pied)* on peut employer soit **foot** soit **feet**. **Feet** est plus courant pour les mesures de hauteur. On peut dire :

six foot tall *ou* six feet tall *(mesurant six pieds de haut)*
two foot long *ou* two feet long *(long de deux pieds)*

Lorsqu'ils sont employés dans des adjectifs composés les mots ci-dessus ne prennent jamais la forme du pluriel.

a two-mile walk   *une promenade de deux miles*
a six-inch ruler   *une règle de six pouces*

C. Mesures de capacité (liquides)

2 pints (pts.)	= 1 quart (qt.)	2 *pintes* = 1 *quart*
4 quarts	= 1 gallon (gal.)	
1 pint	= 0.568 litre (l)	
1 gallon*	= 4.55 litres	

* Le gallon américain fait *3,785 litres*.

Le système métrique tend à se généraliser et à remplacer les mesures traditionnelles anglaises et américaines.

XXXIV. — RÈGLES ORTHOGRAPHIQUES

Introduction

Les voyelles : **a, e, i, o, u**
Les consonnes : **b, c, d, f, g, h, j, k, l, m, n, p, q, r, s, t, v, w, x, y, z**
Un suffixe est un groupe de lettres ajoutées à la fin d'un mot. Par exemple **beauty** *beauté,* **beautiful** *beau* ; **ful** est le suffixe.

327 Redoublement des consonnes

A. Les mots d'une syllabe contenant une voyelle, et terminés par une seule consonne, doublent cette consonne devant un suffixe commençant par une voyelle : /-vc. ⇒ /-vccv- :

run + er → **runner** *coureur*
hit + ing → **hitting** *frappant*
knit + ed → **knitted** *tricoté*

Mais :
keep → **keeping** *gardant* : 2 voyelles
help → **helped** *aidé* : 2 consonnes
love → **loved** *aimé* : terminé par une voyelle

B. Les mots de deux ou trois syllabes se terminant par une seule consonne suivant une seule voyelle doublent leur consonne finale quand la dernière syllabe est accentuée (la syllabe accentuée est en gras dans les exemples qui suivent) :

be**gin** + er → be**gin**ner *débutant*
de**ter** + ed → de**ter**red *dissuadé*
re**cur** + ing → re**cur**ring *récurrent*

Mais :
murmur + ed → murmured *murmurer*
answer + er → answerer *répondeur*
orbit + ing → orbiting *tournant en orbite*

C. La consonne finale de **kidnap** *enlever,* **worship** *adorer,* **handicap** *handicaper* est également doublée :

kidnap, **kidnapper** *ravisseur*
worship, **worshipping** *adorant*
handicap, **handicapped** *handicapé*

D. Les mots terminés par **l** suivant une seule voyelle ou deux voyelles prononcées séparément doublent généralement ce **l** final (ceci n'est pas la règle en américain) :

quarrel → **quarrelling** *se querellant*
model → **modelling** *modelage*
duel → **duellist** *duelliste*
signal → **signalled** *signalé*

repel → **repellent**	*repoussant*
refuel → **refuelled**	*ravitaillé en carburant*
distil → **distilled**	*distillateur*
dial → **dialled**	*composé* (un numéro sur cadran)
cruel → **cruelly**	*cruellement*
appal → **appalled**	*épouvanté*

On remarquera que dans le cadre des règles ci-dessus énoncées **qu** est considéré comme une seule consonne.

acquit → **acquitted** *acquitté*

328 Chute du e final

A. Les mots se terminant par un **e** suivant une consonne perdent ce **e** devant un suffixe commençant par une voyelle :

love + **ing** → **loving** *aimant*
believe + **ing** → **believing** *croyant*
move + **able** → **movable** *mobile*

mais **e** subsiste dans :

age + **ing** → **ageing** *vieillissant*
dye + **ing** → **dyeing** *teignant*
singe + **ing** → **singeing** *brûlant légèrement*

Remarque : **likable** *aimable* peut s'écrire **likeable**.

Les mots terminés par **ce** ou **ge**, toutefois, gardent le **e** final (voir **329**).

B. Le **e** final subsiste, devant un suffixe commençant par une consonne :

engage → **engagement** *engagement, fiançailles*
hope → **hopeful** *plein d'espoir*
fortunate → **fortunately** *heureusement*
immediate → **immediately** *immédiatement*
sincere → **sincerely** *sincèrement*

Mais le **e** edes suffixes **able/ible** tombe dans la formation de l'adverbe correspondant :

comfortable → **comfortably** *confortablement*
incredible → **incredibly** *incroyablement*

Le **e** final tombe également dans les mots suivants :

true → **truly** *vraiment*
due → **duly** *dûment*
whole → **wholly** *totalement* (Remarquer le double l.)
argue → **argument** *discussion*
judge → **judgement** ou **judgment** *jugement*

C. Les mots terminés en **ee** ne perdent pas le **e** final devant un suffixe :

foresee → **foreseeing** *prévoyant* → **foreseeable** *prévisible*
agree → **agreed** *accepté* → **agreeing** *acceptant* **agreement** *accord*

329 Mots terminés par **ce** et **ge**

A. Les mots terminés par **ce** ou **ge** gardent le **e** devant un suffixe commençant par **a, o** ou **u** :

courage → **courageous** *courageux*
peace → **peaceable** *paisible*
manage → **manageable** *manœuvrable*
trace → **traceable** *retrouvable*
outrage → **outrageous** *monstrueux*
replace → **replaceable** *remplaçable*

Ceci permet d'éviter une modification de la prononciation, étant donné qu'en général **c** et **g** sont doux devant **e** et **i** mais durs devant **a, o** ou **u**.

B. Les mots terminés par **ce** changent le **e** en **i** devant le suffixe **ous** (la consonne change du point de vue phonétique de [s] en [ʃ]) :

space → **spacious** ['speɪʃəs] *spacieux*
grace → **gracious** *gracieux*
vice → **vicious** *vicieux*
malice → **malicious** *malveillant*

330 Le suffixe **ful**

Lorsque l'adjectif **full** *plein* est utilisé comme suffixe il perd son deuxième **l** :

beauty → **beautiful** *beau* mais **beautifully** *magnifiquement*
use → **useful** *utile* mais **usefully** *utilement*

Si le mot auquel est adjoint le suffixe se termine par **ll** le second **l** de ce mot tombe également :

skill + **full** → **skilful** *habile*
On notera aussi :
full + **fill** → **fulfil** *accomplir*

331 Mots se terminant en **y**

Les mots se terminant en **y** suivant une consonne changent ce **y** en **i** avant tout suffixe sauf **ing** :

carry + **ed** → **carried** *porté* mais carry + **ing** → **carrying** *portant*
sunny + **er** → **sunnier** *plus ensoleillé*
happy + **ly** → **happily** *heureusement*

y suivant une voyelle ne change pas :

obey + **ed** → **obeyed** *obéi*
play + **er** → **player** *joueur*

332 **ie** et **ei** (prononciation en général [iː])

La règle, normalement, est que **i** précède **e** sauf après un **c** : **believe** *croire*, **sieve** *tamis*, mais **deceive** *tromper*, **receipt** *réception/reçu*.

Il y a cependant un certain nombre d'exceptions (nous indiquons la prononciation lorsqu'elle n'est pas en [iː]) :

beige [beɪʒ]	*beige*
counterfeit	*faux*
deign [deɪn]	*daigner*
eiderdown ['aidədaun]	*édredon*
eight [eɪt]	*huit*
either [aɪːðə]	*ou, soit*
feign [feɪn]	*feindre*
feint [feɪnt]	*feinte*
foreign ['fɔrən]	*étranger*
forfeit ['fɔfɪt]	*perdu ses droits*
freight [freɪt]	*fret*
heifer ['hefə]	*génisse*
height [haɪt]	*hauteur*
heinous ['heɪnəs]	*odieux*
heir [ɛə]	*hériter*
inveigh [ɪn'veɪ]	*invectiver*
inveigle	*entraîner par la ruse*
leisure ['leʒə]	*loisirs*
neigh [neɪ]	*hennir*
neighbour ['neɪbə]	*voisin*
neither ['naɪðə]	*ni*
reign [reɪn]	*règne*
rein [reɪn]	*rêne*
seize [siːʒ]	*saisir*
skein [skeɪn]	*écheveau*
sleigh [sleɪ]	*traîneau*
sleight [slaɪt]	*tour de passe-passe*
surfeit ['sɔːfɪt]	*excès*
their [ðɛə]	*leur*
veil [veɪl]	*voile*
vein [veɪn]	*veine*
weigh [weɪ]	*peser*
weight [weɪt]	*poids*
weir [wɪə]	*barrage*
weird [wɪəd]	*étrange*

498

XXXV. — PRONONCIATION ET SYSTÈME DE REPRÉSENTATION PHONÉTIQUE

333 Prononciation

Dans le cours de cet ouvrage apparaît entre crochets [ ], figurée à l'aide de symboles, la représentation de la prononciation de certains mots.

Ces symboles sont ceux de l'Alphabet Phonétique International (A.P.I.) (cf. English Pronouncing Dictionnary de Daniel Jones, édition revue par A.C. Gimson, éd. J.M. Dent & Sons Ltd-London). Ils sont rassemblés sur le tableau ci-contre. Pour en tirer parti, il faut avoir toujours présent à l'esprit les principes suivants :

• Les mots anglais comportent un accent « tonique ». Dans la figuration phonétique une apostrophe ['] précède les syllabes sur lesquelles tombe cet accent.

Attention : ce dernier fait partie du sens du mot ; aussi son déplacement entraîne une modification de sa signification ou de son usage. Ainsi :

to record [ri'kɔːd] = *enregistrer*
a record ['rekəd] = *disque, rapport*

• Toute lettre symbole doit être prononcée ; par exemple l'anglais **contract** se transcrit [kən'trækt], ce qui montre que les consonnes finales **c** et **t** sont prononcées.

• Les voyelles de l'anglais peuvent avoir un son court ou long ; dans ce dernier cas, on fera suivre la voyelle symbole par deux points [ː].

Ainsi le [iː] de **seat** [siːt] est plus long que le [ɪ] de **sit** [sit].

• L'anglais possède des sons voyelles doubles (diphtongues) dont certaines lui sont spécifiques (voir tableau ci-contre).

• Les consonnes qui posent un problème particulier sont également indiquées dans ce tableau.

334 Alphabet

a [ei]	h [eitʃ]	o [əʊ]	v [viː]
b [biː]	i [ai]	p [piː]	w ['dʌbljuː]
c [siː]	j [djei]	q [kjuː]	x [eks]
d [diː]	k [kei]	r [ɑː]	y [wɑi]
e [iː]	l [el]	s [es]	z [zed]
f [ef]	m [em]	t [tiː]	[ziː]
g [dʒiː]	n [en]	u [juː]	(U.S.)

335 Symboles

Symboles	Exemples et transcription	Explication
	Sons voyelles courts	
I	sit [sit]	entre le *i* de *mini* et le *é* de *été*, en plus bref
æ	flat [flæt]	comme le *a* de *patte*, en plus bref
ɒ	not [nɒt]	comme le *o* de *note*, en plus bref
ʊ	book [bʊk]	un peu le *ou* de *cou*, en plus bref
e	let [let]	un peu le *è* de *brève*, en plus bref
ʌ	but [bʌt]	entre le *a* de *patte* et le *eu* de *neuf*
ə	ɑ [ə] doctor ['dɒktə]	un peu le *e* de *le* très inaccentué
	Sons voyelles longs	
iː	seat [siːt]	un peu le *i* dans *amie*, en plus long
aː	car [kaː]	un peu le *â* de *âme*, en plus long
ɔː	more [mɔː]	un peu le *o* de *gorge*, en plus long
uː	cool [kuːl]	un peu le *ou* de *moue*, en plus long
ɜː	burn [bɜːn]	un peu le *eu* de *beurre*, en plus long
	Sons voyelles doubles (diphtongues)	
ai	my [mai]	comme dans *aille* ou *aïe* !
ei	may [mei]	un peu le *eil* dans *veille*
ɔi	boy [bɔi]	comme le *oy* de l'ancien français *oyez* !
aʊ	now [naʊ]	un peu comme le *aou* de *caoutchouc*
aʊ	go [gəʊ]	un peu comme *e* glissant sur *ou*
ʊə	tour [tʊə]	un peu comme *ou* glissant sur *e*
iə	near [niə]	un peu comme *i* glissant sur *e*
eə	care [keə]	un peu comme *è* glissant sur *e*
	Consonnes	
θ	thrill [θril]	un peu *s* avec pointe de la langue entre les dents
ð	this [ðis]	un peu *z* avec pointe de la langue entre les dents
ŋ	taking ['teikiŋ]	un peu le *in* dans *ding dong* (son mouillé)
ʒ	measure ['meʒə]	le *s* a le son du *j* de *jeu*
dʒ	job [dʒɒb]	les *j* anglais se prononcent *dj*
ʃ	shut [ʃʌt]	le *sh* anglais se prononce *ch*
tʃ	child [tʃaild]	les *ch* anglais se prononcent *tch* (sauf exceptions)
h	hat [hæt]	les *h* anglais sont expirés et prononcés (sauf exceptions)
r	rain [rein]	assez proche du *l* prononcé avec la pointe de la langue remontant vers le palais ; imperceptible en finale
	Semi-consonnes	
j	you [juː]	le *y* de *you* comme celui de *yougoslave*
w	week [wiːk]	un peu le *ou* dans *oui* (très bref)

INDEX

Les références renvoient aux numéros de rubriques. Lorsqu'un numéro plus élevé précède un numéro moins élevé cela signifie que la question est principalement traitée dans la rubrique affectée du numéro le plus élevé. Certaines rubriques, ou paragraphes, portent un numéro encadré, ou une lettre encadrée, par ex. : $\boxed{276}$, $\boxed{E}$. Cela signifie que ces paragraphes ou rubriques traitent d'un point particulièrement délicat. On peut, lors d'une première approche, ne pas s'y arrêter.

exprimer la taille ou le poids : **114
C** ; **there is/it is 113 B** ; **there
is/there are 112 B**
• employé comme subjonctif **285**

be able et **can** employés pour
exprimer l'aptitude (voir également **can**)
• formes **130**
• emploi **131 A**
• **was able** et **could**, différence **131
C**

because et **for 93**

both... and 94 A

both adjectif et pronom : *both
boys, both of the boys* **22**

but for employé dans les phrases
conditionnelles **220 B**

but (expression de but).
• exprimé par des prépositions de
but :
so that avec **will/would** ou **can** ;
could + infinitif, **so that/in order
that** avec **shall/should** ou **may/mi-
ght** + infinitif **309**
in case et **lest 310**
• exprimé par l'infinitif **308**
proposition négative de but **309 C**
so as/in order to + infinitif **308**

C
can (prétérit **could**)
• formes **128**
• emploi :
expression de la capacité, l'aptitude : *He can drive* **130-1** ; **can/-
could** employé dans les réponses
brèves, les clausules interrogatives,
etc. **104-8**. Différence entre **could**
et **was able 131 C** ; **could** substitué
à **may/might 133** ; **could** + infinitif passé ou infinitif présent *be*
pour exprimer une déduction négative : *He can't have taken the
money as he wasn't in the house*
134, 152 ; pour exprimer la permission **128, 215 B** ; pour exprimer
la possibilité en général : *You can
get to the top of the mountain in
a day* **129** ;
can/could dans le discours indirect
307 ; **could you ?** pour formuler
une demande **131 B**
• clausules interrogatives :

*Prices have gone up, haven't
they ? They won't come today,
will they ?* **106**

COMPARAISON
• propositions comparatives **311**
• comparaison des adjectifs :
small, smaller, the smallest ; **pleasant, more pleasant, the most pleasant 15-17** (voir adjectifs)
• comparaison des adverbes : **quickly, more quickly, most quickly
65** (voir adverbes)
• compléments d'objet indirect **79**
• concession
proposition concessive : *He went
out though it was raining* **315**
• conseil
formes d'expression **284**
CONDITIONNEL
• propositions conditionnelles
type 1 : *If I miss the first train I'll
carch the next one* **215**
type 2 : *If I knew French I would
apply for the job* ; *If I died my
hair green everyone would laugh*
216
type 3 : *If I had known his address
I would have invited him to my
party* **217**
• phrases conditionnelles ou discours indirect **223**
• temps du conditionnel **213-214**
• **if** et **in case 221**
• **if only** : *if only we knew the
solution* **222**
if remplacé par **but, for, otherwise,
provided, suppose 220 B-E**
• **if** + **were** au lieu de **was** : *if he
were older* **219**
• inversion du sujet et de l'auxiliaire et omission de **if** : *were I
you* ; *had he known* **220 F**
• **unless** + verbe   affirmatif
= **if** + verbe négatif **220 A**
• emplois particuliers de **will** et
would dans des propositions introduites par **if 218**
    if + **should** : *If you should
    have any difficulty* **218 E** ;
    if + **would like/care**, au lieu
    de **if** + **want/wish** : *if you'd
    like to come earlier* **218 D** ;
    expression de l'obstination : *If
    you will leave your door unloc-*

à la première personne **202**
• le présent simple employé pour exprimer le futur : *The new restaurant opens on Monday* **194**
• le présent continu comme forme du futur : *I'm leaving tonight* **197**
• **will** + infinitif comparé à **be going to 199**
• **will** comparé à **want/wish/-would like 204**. Voir **will** et **shall** pour d'autres emplois.

G
genre des noms **8**
GERONDIF
• formes **257**
• le verbe *mind* : *Would you mind waiting ? I don't mind helping* **263**
• noms + gérondif : *I don't remember my mother's complaining* **262 E**
• gérondif passif : *Being shown how to do it is better than being told* **266**
• gérondif passé (**having** + participe passé) : *He denied having taken it* **265**
• gérondif après les prépositions *He spoke without thinking* **259**
• pronoms et adjectifs possessifs + gérondif : *I don't like him/his coming in late* **262**
• gérondif employé comme sujet : *Smoking affects the health* **258**
• **suggest** et **propose** + gérondif ou **that** + sujet + verbe : *I suggest his paying in instalments* ; *I suggest that he should pay in instalments* **264**
• **to** préposition et **to** particule de l'infinitif : *I used to go, I am used to going* **260**
• verbes suivis du gérondif **261**
• verbes suivis du gérondif ou de l'infinitif **267-71**

  advise, allow, permit, recommend, 267 C ; **agree, be afraid (of), be about to/be on the point of, mean, go on, propose, stop, try, used (to) 271** ; **attempt, intend, can't bear 267 B** ; **begin, start, continue 267 A** ; **like, prefer, would rather** exprimant la préférence **270** ;

love, like, hate, prefer 269 ; **needs/requires/wants 267 D** ; **regret, remember, forget 268**

get + complément + participe passé : *He got his hair cut* **117**

got construit avec **have** : *I've got no time* ; *I've got to go* **116, 119, 138**

great deal of, a 28

H
hard, adjectif et adverbe **64 B 3**
hardly, barely, scarcely 76
hardly any = little/few 29 B
hardly... when : *Hardly had I sat down when the telephone rang* **72, 313**
have
• formes **115**
• **have** aux temps continus **117 A, 120 B**
• **got** construit avec **have 116, 119, 138**
• **have** conjugué avec **do** à la forme interrogative et à la forme négative **119**
• **have** employé comme verbe auxiliaire
had better + infinitif sans **to**
You had better write at once **118 A, 294 C5** ; expression de l'obligation : *He has to leave at 6.00 to catch the 6.30 train* **116, 135-138** (voir aussi **have to**) ; **have** + complément + participe passé : *I have my car serviced every three months* **117** ; **have** + complément + participe présent : *I'll have you speaking English in three months* **118 B, 274 E** ; *If you win £ 100.000 in the lottery, you'll have people asking you for money all the time* **118 C, 274 E** ; **have** dans les clausules interrogatives : *You've got enough, haven't you ?* **106** ; **have** dans la formation de temps **115 B**
• **have** employé comme verbe ordinaire signifiant « posséder » **119** ; signifiant « prendre », « éprouver », etc. **120** ; he's = he is he has, he'd = he had o

IMPRIMÉ EN FRANCE PAR BRODARD ET TAUPIN
7, bd Romain-Rolland - Montrouge.
Usine de La Flèche, le 29-02-1984.
6072-5 - N° d'Editeur 2065, mars 1984.

PRESSES POCKET - 8, rue Garancière - 75006 Paris
Tél. 634.12.80